羅傳賢 著

警察法規
概論

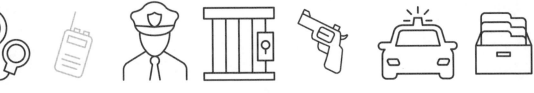

五南圖書出版公司 印行

編者序

在考試競爭越來越激烈、準備速度比快的環境下，誰可以搶先抓到重點，領先競爭者的籌碼才會更多。亦即，化繁為簡的重點整合能力，已成為考生面對高度競爭的基本要領。

考試院已修正規則，自民國107年起四等警察特考一般警察人員（外軌）行政警察及交通警察人員的考科，新增「警察法規概要」，其內容包括警察法、警察職權行使法、社會秩序維護法、警械使用條例、集會遊行法、行政程序法、行政執行法、公務人員行政中立法共八個科目，範圍非常龐大。

警察法雖只有20個條文，但衍生了特別的官制官規及職權。

警察職權行使法分為總則、身分查證及資料蒐集、即時強制、救濟、附則共五章32條條文；社會秩序維護法，具有輕刑法之性質，分為總則、處罰程序、分則、附則四編，編內有又分14章共94條條文；警械使用條例有15條條文；集會遊行法有35條條文；行政程序法分為總則、行政處分、行政契約、法規命令及行政規則、行政計畫、行政指導、陳情、附則共八章174條條文；行政執行法則分總則、公法上金錢給付義務之執行、行為或不行為義務之執行、即時強制、附則共五章44條條文；公務人員行政中立法也有20條條文。可見，警察法規的準備變成繁瑣複雜，如不能化繁為簡，想於短時間內克服困難，確實不易。

本書把握了去蕪存菁、化繁為簡、集中火力的原則，從各科複雜資料內容中，找出可以聚焦的關鍵詞句為重點，並舉實務例證說明，適時提供了讀者重要的參考，期盼考生能夠用簡單方法理解，而達事半功倍之效。

羅傳賢 謹識
2017年12月

目錄 | **CONTENTS**

CHAPTER

1

警察法規基本概念

第一節 警察法規之概念

壹、警察之意義

警察爲一種組織與職業，主要職責爲執行法律、維持公共安全、保護性命及保障財產。依大法官釋字第588號解釋理由書謂：警察係指以維持社會秩序或增進公共利益爲目的，而具強制（干預、取締）手段特質之國家行政作用或國家行政主體，概念上原屬多義之用語，有廣狹，即實質、形式兩意義之分如下：

一、實質之警察意義

將凡具有以維持社會公共安寧秩序或公共利益爲目的，並以命令強制爲手段等特質之國家行政作用或國家行政主體，概稱之爲警察，又稱爲廣義警察或功能之警察意義。

除一般所理解之警察機關及其人員外，治安行政之情報、海巡、移民機關，法務行政中具有刑事訴訟法上司法警察身分之調查局人員、檢察事務官，以及行政執行官、監獄官等皆屬之。

另外，普通行政之建管、環保、衛生、交通、消防和戶政等秩序機關及其人員，甚至可能行使強制干預權力之社政、醫政機關及其人員亦屬之。最後，受委託行使公權力之私人亦包括在內。

二、形式之警察意義

實定法上所用警察一語，可從組織法觀點詮釋之，不論從內涵或形式上，組織法應可再分類爲組織及人員二部分。但警察法施行細則第10條第1項前段明定：本法第九條所稱依法行使職權之警察，爲警察機關與警察人員之總稱；此又被稱爲狹義、組織上之警察意義。

貳、警察法規之意義

一、實質意義之警察法規

指規定警察組織與警察職權及警察行政救濟之各種警察法規，析述如下：

（一）警察法規為行政法之一部分。警察法規因係有關警察行政之法，自為行政法之一部分。

（二）警察法規乃於警察組織及其作用與救濟之法規。警察法規包括警察行政組織法規、警察行政作用法規及警察行政救濟法規三部分。

（三）警察法規為有關警察行政法規之總稱，並非一種警察行政法典。警察法規為一切警察行政法規之概括名稱，並非專一之法典名稱，與刑法、民法為專一的法典不同。

二、警察特考之警察法規

警察人員必須一切依法行政，執法公正、秉持公平正義原則，實踐法治行政之理想目標，故必須了解警察法規。本書所稱警察法規，係以國家考試警察特考之警察法、行政程序法、警察職權行使法、社會秩序維護法、警械使用條例、行政執行法、集會遊行法及公務人員行政中立法等八大法律為內容。

第 二 節　警察依法行政之「法」

警察法規為警察機關內部本身運用依據或規範人民行為之準繩，警察法規亦為人民作為或不作為與警察人員執法之準則。因警察具有干預、強制、取締之權，故其依法行政之「法」，應依實質的法規範依法行政，即除以形式法律為根據外，尚須受司法院大法官解釋、法規命令及行政規則之支配；亦應受到法之一般原則與公益原則，及行政法院判例等之規範，包括中央法規、自治法規、解釋、判例、國際法與條約、一般法律原則。

警察應依實質的法規範行政，實質的法規範之範圍包括如下：

壹、中央法規

一、法律

（一）法律之意義

依憲法與中央法規標準法規定，經國家最高立法機關之立法院通過，總統公布者，其名稱為法、律、條例或通則。例如警察法、警察人員人事條例、駐

外機構組織通則。

（二）法律之附表及附圖

附表、附圖，置於法規末端，以說明法規內容的輔助性資料或文字，包括公式、符號、附件等，並成為法規之一部分。其目的在使人簡明易懂。例如公務人員俸給法之俸給表（本俸、年功俸之俸級及俸點）、各機關組織法之編制表、警察機關配備警械種類及規格表、槍砲彈藥刀械管制條例第4條第3款之附圖。

二、行政命令

行政命令為行政機關所發布命令之泛稱，是行政機關行使公權力單方面所制定，具有抽象及一般拘束力之規範。除了憲法規定之緊急命令外，行政程序法又規定有二種：

（一）法規命令

行政程序法第150條規定：「本法所稱法規命令，係指行政機關基於法律授權，對多數不特定人民就一般事項所作抽象之對外發生法律效果之規定（第1項）。法規命令之內容應明列其法律授權之依據，並不得逾越法律授權之範圍與立法精神（第2項）。」

（二）行政規則

1.行政規則之定義

行政程序法第159條規定：「本法所稱行政規則，係指上級機關對下級機關，或長官對屬官，依其權限或職權為規範機關內部秩序及運作，所為非直接對外發生法規範效力之一般、抽象之規定（第1項）。

行政規則包括下列各款之規定：

一、關於機關內部之組織、事務之分配、業務處理方式、人事管理等一般性規定。

二、為協助下級機關或屬官統一解釋法令、認定事實、及行政裁量權，而訂頒之解釋性規定及裁量基準（第2項）。」

2.行政規則之定名

行政規則只能扮演行政機關內部「行事準則」的角色，不受中央法規標準法名稱之支配，實務使用之訂名為要點、注意事項、基準、須知、規範、方

案、簡章、程序、守則、手冊、作業規定、補充規定等，例如警察機關辦理人民申請集會遊行作業要點、失蹤人數查尋作業要點、處理查尋人口案件獎懲實施要點、兒童及少年性交易防制檢警專責任務編組實施要點。

貳、自治法規

自治法規，包括自治條例與自治規則，分述如下：

一、自治條例

（一）自治條例之意義

自治條例，指經地方立法機關通過，並由各該行政機關公布者，此為地方制度法第2條所明定，形式上具有之地方性之法律或區域性之特別法律。

（二）自治立法之定位與界限

地方立法機關得制定自治條例並得創設、剝奪或限制居民之權利義務，而具有法規創造力。即地方制度法第26條規定：「直轄市法規、縣（市）規章就違反地方自治事項之行政業務者，得規定處以罰鍰或其他種類之行政罰。但法律另有規定者，不在此限。其為罰鍰之處罰，逾期不繳納者，得依相關法律移送強制執行（第1項）。前項罰鍰之處罰，最高以新臺幣十萬元為限；並得規定連續處罰之。其他行政罰之種類限於勒令停工、停止營業、吊扣執照或其他一定期限內限制或禁止為一定行為之不利處分（第2項）。」

二、自治規則

（一）自治規則之定位

自治規則，指地方政府所訂定適用於地方的自治法規，規範無涉及人民權利義務之事項，而僅係行政機關貫徹依法行政之內部作業規定，性質上類似職權命令，其位階則低於法規命令，而與行政規則相較則有其相似之處。自治規則係由地方政府訂定，雖不須送地方立法機關審議，但須送地方立法機關查照。

（二）自治規則之名稱

依地方制度法第27條第2項規定，自治規則應分別冠以各該地方自治團體之名稱，並得依其性質，定名為規程、規則、細則、辦法、綱要、標準或準則。

參、解　釋

指憲法、中央法規（法律與命令）、自治法規無明文規定或意義不明確或各種法規位階發生疑義時，經有權解釋機關所作之解釋，包括行政解釋與司法解釋。大法官釋字第185號解釋宣示：本院所爲之解釋「自有拘束全國各機關及人民之效力，各機關處理有關事項，應依解釋意旨爲之」，依此，大法官解釋因而取得一般拘束力，所有的機關、法院、人民等均受其拘束。

肆、判　例

指法院就具體的案件依法對外所做出意思表示，包括裁定與判決。判決，係各級法院對審理結束案件所作出之裁決，故各級法院都有判決，判決只有個案效力。至於判例，是將最高法院具有重要性的判決，經過揀選審核程序，分別經由院長、庭長、法官組成之民事庭會議、刑事庭會議或民、刑事庭總會決議後，報請司法院備查，對將來發生之同類事件有一般之拘束力。

伍、條約與國際公約

國與國間基於互惠關係或其他原因，依國際法或簽訂之條約、協定等相互遵守之規範，包括公民與政治權利國際公約、經濟社會文化權利國際公約與消除對婦女一切形式歧視公約及其施行之法律。

陸、一般法律原則

一、一般法律原則之意義

行政程序法第4條規定：「行政行爲應受法律及一般法律原則之拘束。」若行政行爲的作成未遵循一般法律原則，亦屬違法之行爲。一般法律原則，又稱爲超實證法、超立法原理或法理，指不限定於特別之事項，而得普遍適用於各行政行爲之法律原則。其爲整個法律體系之內容是否合乎法治理想之準據，此即違憲審查制度之法理基礎。

二、一般法律原則之內涵

（一）依法行政原則

依法行政原則包括法律優位原則及法律保留原則：法律優位原則指行政行為或其他一切行政活動，均不得與法律相牴觸；法律保留原則指針對法律保留原則，大法官釋字第443號揭示之「層級化保留」，將法律保留原則劃分以下層級：

1. 第一級：憲法保留，憲法第8條之人民身體自由須以憲法規定保障之。

2. 第二級：絕對法律保留，如剝奪人民生命或限制人民身體自由者，須以制定法律之方式為之。

3. 第三級：相對法律保留，即涉及人民其他自由權利之限制者，亦應由法律加以規定，如以法律授權主管機關發布命令為補充規定時，其授權應符合具體明確之原則。

4. 第四級：不須法律保留，若僅屬執行法律之細節性、技術性次要事項，則得由主管機關發布命令為必要之規範。

5. 給付行政：倘涉及公共利益之重大事項者，應有法律或法律授權之命令為依據之必要。所謂給付行政重大事項，指花費龐大、牽涉範圍極廣、應有長遠計畫領域之事項，應有法律或法律授權之命令為依據之必要，例如發放敬老生活津貼。如給付行政之非重大事項，則不須法律保留。

（二）明確性原則

指法律本身、法規命令、行政處分等之規定，內容必須明白正確，涉及人民權利義務事項時，始有清楚之界限與範圍，對於何者為法律所許可，何者屬於禁止，亦可事先預見及考量，或採有效之法律救濟。

法律若授權行政機關發布法規命令，其授權內容、目的、範圍，須具體明確。

（三）平等原則

指相同之事件應為相同之處理，不同之事件則應為不同之處理，除有合理正當之事由外，不得為差別待遇。如：禁止恣意原則、行政自我約束原則，皆是平等原則的展現。

（四）比例原則

即不可爲求目的不擇手段。因此，採取一項措施以達成一項目的時，該方法必須合適、必要及合比例。又稱爲「禁止過當原則」、「損害最小原則」。其包括三個意義：1.適當性原則；2.必要性原則；3.禁止過當之衡平性原則。

（五）誠實信用原則

誠信原則爲私法上之帝王條款，是法律倫理價值的崇高表現，我國行政法院認爲其在公法上當然亦有其適用。基此，在行政法領域，誠實信用原則強調行政機關應遵守對人民的承諾，不可出爾反爾。

（六）信賴保護原則

信賴保護原則係指人民因相信既存之法秩序，而安排其生活或處置其財產，則不能因嗣後法規之廢止或修正，而使其遭受不能預見之損害，用以保護人民之既得權，並維護法律尊嚴者而言。信賴保護原則之適用，須符合下列要件：

1. 須有信賴基礎：須有足以引起當事人信賴之國家行爲，例如行政處分、行政法規。

2. 信賴表現：當事人因信賴該國家行爲而展開具體信賴行爲，且該信賴行爲與信賴基礎間須有因果關係。

3. 信賴值得保護：出於授益處分當事人之善意，即無行政程序法第119條各款情形之一。

（七）有利不利應予注意原則

有利不利應予注意原則又稱一體注意原則，即行政機關就該管行政程序，應於當事人有利及不利之情形，一律注意。另行政程序法第36條亦規定，行政機關於調查證據時，對於當事人有利不利之事項一律注意，無須受當事人意思之拘束。

（八）裁量權正當行使原則

所謂行政裁量，乃行政機關根據法律授權，基於行政目的，斟酌、選擇自己認爲正確的行爲，而原則上不受法院審查者。行政機關依法行使其裁量權時，須注意在法律範圍內，且合法律目的。裁量係法律許可行政機關行使職權時，得爲之判斷，但裁量並非完全之放任，行政機關行使裁量權限仍須遵守法律優越原則，所作之個別判斷，亦應避免違背誠信原則、平等原則、比例原則

等一般法的規範，如裁量係基於法律之授權時，尤其不得違反授權之目的或超越授權之範圍，凡此均屬裁量時應遵守之義務。裁量與上述義務有悖者，構成裁量瑕疵。

第二節　警察法之概念

壹、警察法之分類

一、形式或狹義的警察法

狹義警察法，指總統令公布之「警察法」。亦即，警察為達成任務、行使職權所依據或執行有關法令之總稱，為特別行政法之一。狹義警察法則排除刑事法。

二、實質或廣義之警察法

警察法之範圍，主要包括警察行政法與警察刑事法，此二者亦可稱為廣義警察法。由於警察刑事法已劃歸刑事法領域，警察行政法乃成為警察法之核心領域。

貳、警察法之性質

一、警察法為基本法

基本法之性質係屬有關重要事務之原則性、綱領性、方針性規範。其在規範位階上雖然與一般法律相同。但是可確定重要事務法制之根本目的與原則，亦可達成指引並導正整個重要事務法制及活動之規範功能。

故警察法為原則性規定，須再依據警察法訂頒各種法規補充。

二、警察法為組織法

警察有依法發布警察命令之職權，僅具組織法之劃定職權與管轄事務之性質，欠缺行為法之功能，不足以作為發布限制人民自由及權利之警察命令之授權依據。

依大法官釋字第570號解釋：內政部為中央警察主管機關，依警察法第2條

暨第9條第1款規定，固得依法行使職權發布警察命令。然警察命令內容涉及人民自由權利者，亦應受法律保留原則之拘束。

參、警察法之立法依據

凡有法源者，在其第1條將法源列出，表明其與母法之關係，確定其在法規體系中所處之地位，也就是決定其位階性，一旦發生法規競合，則依上位法優於下位法之原則辦理。

憲法為警察法的法源。故警察法第1條明定：本法依憲法第108條第1項第17款制定之。

第 ④ 節　警察任務

壹、警察任務之概念

一、任務之概念

任務指所擔任的事務職責。警察法賦予警察機關所應擔任之事務範圍，稱為警察任務。警察任務為警察機關與警察人員工作之指標。有如燈塔之於航輪，所以警察任務對於警察工作的方向、幅度，乃至深淺程度等，都具有決定性的作用。

🔍 概念區辨

■ 警察組織法與警察行為法之區別

警察組織法	警察行為法
為規範各級警察組織之結構、管轄（權限）、分支單位、執掌分工、人員配置及內部紀律等事項之法規，不得作為發布限制人民自由及權利之警察命令之授權依據。	主要規範警察機關行使公權力而為行政行為的內容、目的、程序、方法，以做為行政機關行使職權時的法律依據。

二、警察任務與警察職權之關係

警察任務為警察機關與警察人員工作之指標。而職權是執行職務的權力，警察職權為一般統治權下警察機關所為之命令、禁止與強制之權力。因此，職權是達成任務之作用。

三、任務規定之作用

任務規定為宣示性之概括規定，具有加強執法觀念之價值共識，促進人民信服接受，以及於無法律規定或功能不足時，彌補結構規範之遺漏之功能。

貳、警察任務之種類

一、學理上之警察任務

（一）保護人權之任務

人權保障之法源來自憲法規定，為憲法主要目的之一，警察為國家行政機關之一，自應有保障人權之責任。

（二）維護治安之任務

又可分為危害防止、犯行追緝二部分，當任務發生競合而情況急迫時，應依法益衡量原則作一合理判斷。

1. 危害防止：防止公共性危害之發生與抑制該種危害情形，是警察首要任務，指警察基於治安目的之單純行政作用，與協助檢察官偵查犯罪之司法行政作用或類似司法作用之性質不同。

2. 犯行追緝：警察依法協助檢察官偵查犯罪，並以犯行追緝為其主要內容。在警察法及其施行細則中均有相關規定，其任務主要在於協助偵查犯罪、執行搜索、扣押、逮捕、拘提等職權，並依刑事訴訟法及調度司法警察條例之規定為之，屬於輔助刑事司法作用。

二、警察法上之警察任務

警察法第2條規定：「警察任務為依法維持公共秩序，保護社會安全，防止一切危害，促進人民福利。」警察任務為宣示性概括規定，可作為警察發動非干預性措施之依據。但不可作為干預人民自由權利之依據。茲分述如下：

（一）警察之主要任務

即依法維持公共秩序，保護社會安全，防止一切危害。

1. 維持公共秩序：希望人人各守其分，使社會不發生紊亂現象，而保持圓滿安和狀態。例如社會秩序維護、交通秩序維持、市容整理、廣告物管理、特定營業管理等是。

2. 保護社會安全：泛指保護個人、社會、國家之安全法益而言。例如自衛槍枝管理、槍砲彈藥刀械管制、集會遊行管理、民用航空器之安全檢查等是。

3. 防止一切危害：危害的種類乃指天然和人為的危害，前者如水災、火災、風災、震災等是；後者如侵害國家利益、社會利益、個人權益之犯罪行為及依法應處行政罰之行為。

（二）警察之輔助任務

警察之輔助任務為依法促進人民福利，指協助一般行政機關推行一般行政而言，其協助並應以遇有障礙非警察協助不足以排除，或因障礙而有妨害安寧秩序時為限。

第 五 節　警察法所定之警察職權

警察法性質上屬於組織法，故其所定警察職權之意義，應為警察機關為達成其法定任務，所得採取公權力措施之範圍與界限，亦即所謂警察之權限。

依警察法第9條之規定，警察依法行使之職權，包括發布警察命令、違警處分、協助偵查犯罪、執行搜索、扣押、拘提及逮捕、行政執行、使用警械、有關警察業務之保安、正俗、交通、衛生、消防、救災、營業建築、市容整理、戶口查察、外事處理等事項及其他應執行法令事項。茲分別說明如下：

壹、發布警察命令

一、警察命令之概念

警察命令乃行政命令之一，行政命令在形式上為行政行為之範圍，實質上則為準立法之作用。

發布警察命令，中央由內政部、直轄市由直轄市政府、縣（市）由縣（市）政府為之。

二、警察命令之意義

警察命令為警察機關所發布命令之泛稱，是警察機關行使公權力單方面所制定，具有抽象及一般拘束力之規範。依行政程序法之規定，警察命令應可分法規命令及行政規則二種。行政命令之說明，詳見第二節中壹之二。

貳、違警處分

廣義的警察處分指警察機關本於警察權所為公共之意思表示，而發生法律效果之行政行為。依警察法第9條及同法施行細則第10條之規定，違警處分權之行使，依警察法令規定之程序為之，且行使之範圍，不僅限於社會秩序維護法的規定，例如違反交通管理處罰條例等。

狹義的警察處分是指依「社會秩序維護法」之規定，對違反社會秩序行為者所科之處罰。詳細內容分述於第七章。

參、協助偵查犯罪

一、協助犯罪偵查之概念

刑事訴訟法第228條第1項明定，檢察官因告訴、告發、自首或其他情事知有犯罪嫌疑者，應即開始偵查。因此，偵查犯罪為檢察官的職務，而授予警察以司法警察的身分，協助檢察官偵查犯罪之職權。

二、司法警察身分之分類

（一）協助檢察官偵查之司法警察官

警政署署長、警察局局長或警察總隊總隊長於其管轄區域內為司法警察官，有協助檢察官偵查犯罪之職權；其應將調查之結果，移送該管檢察官；如接受被拘提或逮捕之犯罪嫌疑人，除有特別規定外，應解送該管檢察官。但檢察官命其解送者，應即解送。

（二）聽從檢察官指揮之司法警察官

警察官長為司法警察官，應受檢察官之指揮，偵查犯罪；其知有犯罪嫌疑者，應即開始調查，並將調查之情形報告該管檢察官及協助檢察官偵查之司法警察官。

（三）司法警察

警察為司法警察，應受檢察官及司法警察官之命令，偵查犯罪；其知有犯罪嫌疑者，應即開始調查，並將調查之情形報告該管檢察官及司法警察官。

三、刑事警察兼受當地檢察署檢察官之指揮監督

刑事警察受檢察官之命執行職務時，如有廢弛職務情事，其主管長官應接受檢察官之提請，依法予以懲處。刑事警察抗拒檢察官之命令而有廢弛職務之情事，其懲處權屬刑事警察所屬長官。

肆、執行搜索扣押拘提及逮捕

警察協助偵查犯罪與執行搜索、扣押、拘提及逮捕，警察維護治安之犯行追緝之任務，大多依刑事法令行事，即依刑事訴訟法及調度司法警察條例之規定行之，並接受檢察官指揮監督，屬於輔助刑事司法作用之範圍。

一、搜索

（一）搜索之意義

搜索係檢察機關為發現被告、犯罪證據或得沒收之物品，而對於被告或第三人之身體、物件、電磁紀錄、住宅或其他處所，所實施之強制處分行為。

（二）搜索之分類

1.有令狀搜索

即有搜索票的搜索，搜索原則上應使用搜索票，搜索票上有應記載之事項，如案由、有效期間、法官簽名等，記載事項為法定要件，如有欠缺，受搜索單位得拒絕之。

2.無令狀搜索

即無搜索票的搜索，有以下幾種類型：

(1)附帶搜索：逮捕被告、犯罪嫌疑人或執行拘提、羈押時，雖無搜索

票，得逕行搜索其身體、隨身攜帶之物件、所使用之交通工具及其立即可觸及之處所執行。

(2)對人逕行搜索：下列情形之一雖無搜索票，可以直接搜索住宅或其他處所：因逮捕被告、犯罪嫌疑人或執行拘提、羈押，有事實足認被告或犯罪嫌疑人確實在內者。因追躡現行犯或逮捕脫犯人，有事實足認現行犯或脫逃犯人確實在內者。有明顯事實足信為有人在內犯罪而情形急迫者。

(3)對物逕行搜索：檢察官依刑事訴訟法指揮司法警察（官）執行逕行搜索，司法警察官（員）不得逕行為之。

二、扣押

（一）扣押之意義

扣押，係檢調機關因保全證物或得沒收之物，命令所有人、持有人或保管人交出該物之強制處分行為。扣押應由檢察官或法官親自實施，或由檢察官或法官簽發搜索票記載其事由，命由司法警察或司法警察官執行之。司法警察或司法警察官並無逕以強制或命令扣押之處分權限。

（二）扣押之執行

扣押物品後，必需製作收據，詳記扣押物之名目，付與所有人、持有人或保管人。執行搜索或扣押時，發現本案應扣押之物為搜索票所未記載者，亦得扣押之。應扣押物之所有人、持有人或保管人無正當理由拒絕提出或交付或抗拒扣押者，得用強制力扣押之。

三、拘提

（一）拘提之意義

拘提，乃被告經合法傳喚，無正當理由不到場者，以強制力拘束被告自由，強制其到達一定處所，接受訊問之強制處分。

（二）逕行拘提之要件及效力

1. 要件：被告「犯罪嫌疑重大」，而有下列情形之一者：(1)無一定之住所或居所者；(2)逃亡或有事實足認為有逃亡之虞者；(3)有事實足認為有湮滅、偽造、變造證據或勾串共犯或證人之虞者；(4)所犯為死刑、無期徒刑或最輕本刑為五年以上有期徒刑之罪者。

2. 效力：得不經傳喚，逕行持「拘票」執行拘提。

（三）緊急拘提之要件及效力

1. 要件：有下列情形之一，而「情況急迫」者：(1)因現行犯之供述，且有事實足認為共犯嫌疑重大者；(2)在執行或在押中之脫逃者；(3)有事實足認為犯罪嫌疑重大，經被盤查而逃逸者。但所犯顯係最重本刑為一年以下有期徒刑、拘役或專科罰金之罪者，不在此限；(4)所犯為死刑、無期徒刑或最輕本刑為五年以上有期徒刑之罪，嫌疑重大，有事實足認為有逃亡之虞者。

2. 效力：(1)檢察官親自執行者：得不用拘票；(2)由司法警察執行者：以情況急迫不及報告檢察官者為限，於執行後報請檢察官簽發拘票。如檢察官不簽發拘票，應即釋放。

（四）拘提之執行

拘提應用拘票，偵查中由檢察官簽名，審判中由審判長或受命推事簽名。交由司法警察或司法警察官執行。拘票得作數張，分交數人各別執行。拘票並應備二聯，執行拘提時，應以一聯交被告或其家屬。執行拘提時，應注意被告之身體及名譽，被告抗拒拘提或脫逃者，得用強制力拘提之，但不得逾必要之程度。拘獲後，應即解送拘票上所載應送之指定處所。

四、逮捕

（一）逮捕之意義

逮捕，為瞬間剝奪犯罪人身體自由之公權力行為；與拘提同屬強制特定人到場就訊之一種處分。其與拘提不同者，拘提為要式處分，須用拘票；而逮捕則為不要式處分，不用拘票。

（二）逮捕之對象

1. 現行犯

所謂現行犯，指犯罪在實施中或實施後被即時發覺者而言，對於現行犯之逮捕，不問何人均得為之。其有下列情形之一者，以現行犯論：

(1)被追呼為犯罪人者。

(2)因持有兇器、贓物或其他物件，或於身體、衣服等處，露有犯罪痕跡，顯可疑為犯罪人者。

2. 通緝犯

所謂通緝犯，指逃亡或藏匿之被告，經檢察機關或法院以通緝書通知檢察

官或司法警察機關或公告者而言。對於通緝犯之逮捕,則限於檢察官、司法警察官或利害關係人(如犯罪之被害人或被告之保證人)始得為之。

(三)逮捕之執行

逮捕時若遇抗拒,得用一切必要之強制力;但應注意其身體及名譽。逮捕後應即解送指定之處所,如三日內不能達到者。應先解送較近之法院。若係無偵查犯罪權限之人逮捕通緝犯,應即送交檢察官、司法警察官或司法警察。逮捕到場應即時訊問,不得逾二十四小時。除認應羈押者外,於訊問後應即釋放或命具保、責付或限制住居。

(四)拘提逮捕後之處置

員警於拘提、逮捕後,須於二十四小時內解送指定之處所,如無法於二十四小時內到達該處所,應先行解送較近之法院或檢察機關,為人別訊問,違者不得作為證據。

伍、行政執行

警察行使行政執行之職權,依行政執行法之規定行之。

從學理上言之,其對於不履行警察義務者,強制其履行之作用,謂之強制執行。依行政執行法之規定,有行使間接強制與直接強制之別,如以實力加諸特定人之身體或財物實現警察上之必要狀態之作用者,謂之即時強制。詳細內容請參閱本書第六章。

陸、使用警械

為達成警察任務,必須依照警械使用條例之規定行之。

警械者,指警察人員執行職務時,所使用之棍、刀、槍及其他經核定之器械。警察人員使用警械時應注意之原則如下:

一、應基於急迫需要為之,不得逾越必要程度,並應事先警告。但因情況危急不及事先警告者,不在此限。

二、其得以使用警械之原因,行將消滅或已消滅者,應立即停止使用。

三、應注意勿傷及其他之人。

四、如非情況急迫,應注意勿傷及其人致命之部位。

柒、有關警察業務之保安、正俗、交通、衛生、救災營業、建築、市容整理、戶口查察、外事處理等事項

以警察組織法令規定之職掌為主：

關於行政事項由警察機關為之。

關於勤務事項則由警察人員集體或個別行之，其中戶口查察業務依警察勤務條例第11條第1款規定，勤區查察，於警勤區內，由警勤區員警執行之，以家戶訪查方式，擔任犯罪預防、為民服務及社會治安調查等任務。

捌、其他應執行法令事項

指以上各款未盡列舉之有關警察業務，而為法令規定應執行者。至於協助其他行政事項，除法律如行政程序法、行政執行法另有行政協助規定外，應經內政部同意之他種行政命令者為限。警察行政協助，又稱為職務協助，其法令依據分類如下：

一般法律規定	1. 依行政程序法第19條規定，分別規範職務協助要件、書面原則、應拒絕之要件、得拒絕之要件、拒絕理由之通知與異議之解決、費用之分擔，係一般職務協助之通則性規定。 2. 另行政執行法第6條第1項規定，執行機關無適當之執行人員者、執行時有遭遇抗拒之虞者、執行目的有難於實現之虞者等原因，得請求其他機關協助之，係對協助行政強制執行所為之規定，稱為執行協助。
個別法令之規定	個別法令散見於各行政機關主管法規中，如海關緝私條例第16條規定，海關緝私，遇有必要時，得請軍警及其他有關機關協助之。所得稅法第112條第3項規定：本法所規定之停止營業處分，由稽徵機關執行，並由警察機關協助之。動物保護法第23條規定，動物保護檢查員於執行職務時，必要時得請警察協助之。
內政部警政署現階段對減化警察業務，研議在適法基礎上，採取如下作法，希冀減低警察勤（業）務壓力	1. 法令上有規定者，除依相關法規辦理外，本署並要求各警察機關職務協助時，應秉「個案性」、「輔助性」與「臨時性」之原則，拒絕「通案性」、「常態性」之協助，清楚界定主管與協助機關之立場，以免造成責權不分。 2. 法令上無明文規定者，為避免行政機關沿循舊例，動輒請求警察協助，應本「權力分立原則」，凡與治安、交通無關事項，各警察機關應堅守「國家分官設職，各有所司」之立場，本署亦堅決反對不合警察職權及其行使方式，地方政府若有逾越現行法制現象，各警察機關應適時說明，捍衛警察職權。

內政部警政署現階段對減化警察業務，研議在適法基礎上，採取如下作法，希冀減低警察勤（業）務壓力	3. 職務協助時，尤應注意「警察職權行使法」第28條第2項行使職權之規定。即對於其主管事務所產生之秩序或障礙，法律制度將第一次秩序與除去障礙處理權，授予專業主管機關，無法或適時排除其障礙者，警察機關僅居於補充地位，始得暫時介入排除。 4. 建請各主管機關修法時，毋庸明文律定需警察協助之條文，而回歸行政程序法及行政執行法有關職務協助之規定辦理

玖、警察工作手段

一、警察工作手段之概念

　　警察依法行使之規範範圍及達成警察任務所憑藉之職責與職權，基於法規與事實需要或習慣因襲而有種種不同之方式與方法。達成警察任務所憑藉之職務責任與職務權力，基於法規規定與事實需要或習慣因襲而有種種不同之方式與方法。警察手段，除命令（包括限制、禁止）與強制、制裁之權力作用外，尚有以各種服務性、勸導性、維護性及管理性之行政活動為常態，乃屬警察業務與勤務活動，多為行政行為中之事實行為。

二、警察工作手段之形式

　　（一）服務：乃指在法規範圍內，依情理代替或協助民眾辦理事務，以達成警察任務之方法而言。

　　（二）勸導：指規勸或指導民眾，應如何作某事（作為）或不作某事（不作為），並不以處罰或強制而達到警察目的而言。

　　（三）維護：關於維護性之工作，凡須警察機關派遣警察人員以各種警察勤務方式——守望、巡邏或駐（守）衛，維護秩序與安全等均屬之。

　　（四）管理：社會治安工作不可能均由警察單獨所能負擔，對於人、事、物、地、時之維護，亦須對相關之人、事、物、地、時實施管理，而使各該行政客體依法負有特定之作為或不作為之義務。

　　（五）命令：係指警察下令（下令處分），乃命令（告知）負有某些警察行政義務之特定人，為某種事或限制、禁止某事之行為。

　　（六）強制與制裁：強制，乃以實力拘束特定人之身體或財物，而實現警察上必要之狀態作用；制裁，指警察有對違反警察行政義務之行為人處以警察

罰之職權，即所謂違警處分權。

第六節　中央與地方之警察權限

壹、中央與地方警察權限劃分

一、劃分標準

中央與地方警察權限之劃分標準在於全國警察制度之立法權與執行權屬於中央、地方警政與警衛之立法權與執行權屬於地方。

憲法規定中央與地方警察事權劃分之標準，是以孫中山先生所倡導之均權主義爲依歸，依憲法第108條規定，由中央立法並執行，或交由地方執行。

二、警察法對權限劃分之規定

（一）內政部掌理全國警察行政，並指導監督各直轄市警政、警衛及縣（市）警衛之實施。

（二）警察官制、官規、教育、服制、勤務制度及其他全國性警察法制，由中央立法並執行之，或交由直轄市、縣（市）執行之。

（三）有關直轄市警政、警衛及縣（市）警衛之實施事項，其立法及執行，應分屬於直轄市、縣（市）。

（四）中央立法交由直轄市、縣（市）執行之警察官制事項，係屬委辦事項。

貳、中央與地方立法事項

一、中央立法事項

（一）警察官制：指中央與地方各級警察機關之組織、編制等事項。例如內政部警政署組織法、中央警察大學組織條例、臺灣警察專科學校組織條例。

（二）警察官規：指中央與地方各級警察人員之官等、俸給、職務等階、及官職之任免、遷調、服務、請假、獎懲、考績、退休、撫卹等事項。例如警察人員人事條例。

（三）警察教育制度：指警察教育之種類階段及師資、教材之標準等事項。例如警察教育條例。

（四）警察服制：指各級警察人員平日集會、及執行職務時，著用服式等事項。例如警察服制條例。

（五）警察勤務制度：指警察勤務之單位組合勤務方式之基本原則事項。例如警察勤務條例。

（六）其他全國性警察法制：指有關全國性警察業務之保安、正俗、交通、衛生、消防、救災、營業建築、市容整理、戶口查察、外事處理及上列以外之有全國一致性之法制。例如社會秩序維護法、自衛槍枝管理條例、槍砲彈藥刀械管制條例、集會遊行法、保全業法。

二、直轄市立法並執行事項

（一）關於警察勤務機構設置、裁併及勤務之實施事項。

（二）關於警察常年訓練之實施事項。

（三）關於直轄市警察業務之實施事項。

（四）關於直轄市義勇警察、駐衛警察之組設、編練、派遣、管理等事項。

（五）其他關於直轄市警政及警衛之實施事項。

三、縣（市）立法並執行事項

（一）關於警察勤務機構設置、裁併及勤務之實施事項。

（二）關於警察常年訓練之實施事項。

（三）關於縣（市）警察業務之實施事項。

（四）關於縣（市）義勇警察、駐衛警察之組設、編練、派遣、管理等事項。

（五）其他關於縣（市）警衛之實施事項。

第七節　警察服制

一、警察服制之意義與分類

警察服制，指警察人員平日集會及執行職務時，著用服式之制度。警察制服分為禮服、常服及便服三種，現任警察人員依規定服用之，以下介紹之一：

（一）禮服

警察人員在參加下列重大禮儀活動時，所要求之特定著裝：

1. 參加本國或友邦大典及宴會時。
2. 晉謁總統或友邦元首時。
3. 正式訪問或回訪友邦文武官員時。
4. 參加警察各種重要典禮或校閱部隊時。

前項第四款禮服得以常服代之。

（二）常服

警察人員參加警察各種重要典禮或校閱部隊時，得以常服代之。

（三）便服

警察人員平日執行職務及參加集會時，除以服用常服為適當者外，均得服用便服。依前項規定服用制服時，因氣候寒冷或下雨，得加服大衣或雨衣。

二、警察服制之制定機關

警察機關行政人員、中央警察大學、警察專科學校學員、學生、警察儀隊、警察樂隊、特殊作業之工作人員、警察機關管理之駐衛警察或編訓之義勇警察、義勇消防警察等人員，其服式與標識暨警察人員雨衣、雨鞋及執行特種勤務之服式，由內政部定之。

三、警察服裝之換季時間

由內政部警政署依各地氣候季節情形規定之。

第八節　警察勤務制度

壹、警察勤務制度之概念

一、警察勤務之意義

　　警察勤務，指警察機關與其所屬人員為達成警察任務，以最有效之方法編組或分班，配賦警用裝備、機具，則其按預排之服勤起迄時間，並循預定之勤務方式，執行各種特定之警察業務，經規劃以有紀律、有效率，能發生預期治安效果為目標之警察活動。

二、警察勤務制度

　　警察勤務制度，指警察勤務之單位組合勤務方式之基本原則事項。其經中央制訂之法律為警察勤務條例。

三、警察勤務條例之性質

　　警察勤務條例規定警察機關執行勤務之編組及分工，並對執行勤務得採取之方式加以列舉，已非單純之組織法，實兼有行為法之性質。查行政機關行使職權，固不應僅以組織法有無相關職掌規定為準，更應以行為法（作用法）之授權為依據，始符合依法行政之原則，警察勤務條例既有行為法之功能，尚非不得作為警察執行勤務之行為規範（參照大法官釋字第535號意旨）。嗣另制定警察職權行使法以取代其中之臨檢權。

貳、警察勤務之方式

　　一、勤區查察：於警勤區內，由警勤區員警執行之，以家戶訪查方式，擔任犯罪預防、為民服務及社會治安調查等任務。

　　二、巡邏：劃分巡邏區（線），由服勤人員循指定區（線）巡視，以查察奸宄，防止危害為主；並執行檢查、取締、盤詰及其他一般警察勤務。

　　三、臨檢：於公共場所或指定處所、路段，由服勤人員擔任臨場檢查或路檢，執行取締、盤查及有關法令賦予之勤務。

　　四、守望：於要衝地點或事故特多地區，設置崗位或劃定區域，由服勤人員在一定位置瞭望，擔任警戒、警衛、管制；並受理報告，解釋疑難、整理交

通秩序及執行一般警察勤務。

五、值班：於勤務機構設置值勤臺，由服勤人員值守之，以擔任通訊連絡、傳達命令、接受報告為主；必要時，並得站立門首瞭望附近地帶，擔任守望等勤務。

六、備勤：服勤人員在勤務機構內整裝待命，以備突發事件之機動使用，或臨時勤務之派遣。

參、警察勤務之實施原則

一、警察勤務之實施，應晝夜執行，普及轄區，並以行政警察為中心，其他各種警察配合之。

二、警察局或分局設有各種警察隊（組）者，應依其任務，分派人員，服行各該專屬勤務，構成轄區點、線、面整體勤務之實施。

三、各專業警察機關執行各該專屬勤務。

第九節　警察經費與設備

壹、警察經費

一、地方警察機關之預算標準

地方警察機關預算標準，由中央按各該地區情形分別規劃之：

（一）直轄市警政之實施，其預算編列應由直轄市為之。

（二）實施縣（市）警衛所需經費之預算標準，由中央規劃。

（三）為協助偵查犯罪及有關保安、正俗、交通、衛生、消防、救災、營業建築、市容整理、戶口查察、外事處理等警察業務事項，警察執行機關應編列警察事業費預算。

二、地方警察機關經費之補助

地方警察機關經費，如確屬不足時，得陳請中央補助。陳請補助之程序，直轄市報由內政部轉請行政院核定；縣（市）報由內政部警政署轉請內政部核定。

　　地方對於此項補助，雖不得變更其用途，直轄市、縣（市）議會仍得依法監督其執行。

貳、警察設備

一、警察機關之設備標準

　　各級警察機關之設備，分建築物、場地、交通工具、槍械、彈藥、電訊裝置、刑事器材、消防、防護、衛生用具、教育器材、檔案、圖表、體育康樂用具、服勤用品等類，其標準由內政部定之。

二、武器彈藥之調配

　　各級警察機關、警察大學、警察專科學校之武器彈藥，其統籌調配辦法，由內政部定之。

 名詞解析

■ 法規命令

　　上述提及由「內政部定之」之相關規定，性質上即屬法規命令，說明如下：

意　義	作　用
即法律授權中央主管機關在授權事項下訂定法規命令。因法律內容無法規定鉅細靡遺時，立法機關自得授權行政機關發布命令為補充規定，如法律之授權涉及限制人民自由權利者，其授權之目的、範圍及內容應具體明確。	法規命令具有補充法律之效力在實務上亦為行政機關執行業務之重要工具，同時行政裁量亦常附麗於法規命令中，因此在業務執行及政策推動上，法規命令之重要性有時實不亞於法律。

CHAPTER

2

警察組織

第 一 節　警察組織之概念

壹、行政主體

一、行政主體之意義

　　行政出於行政主體，而行政主體必須仰賴機關來形成意思及為行為。所謂行政主體，指在行政法上享有權利、負擔義務，具有一定權限且得設置機關，藉此實現行政上任務之組織體。亦即該主體具有法律上之人格，為權利義務之主體。簡言之，為行政權之歸屬及享有者，如國家、地方自治團體。

二、行政主體之種類

　　行政主體若不以是否具公法人地位區分之，則另可分為三類：

1. 國家及地方自治團體。
2. 其他公法團體，如農田水利會、行政法人。

三、管轄恆定原則

　　行政機關之管轄，指其任務範圍，亦即行政機關在法律上所得代表國家行使權力之範圍，應於組織法中規定。行政程序法第11條第1、5項分別規定管轄法定原則之內涵，明示行政機關之權限以法規為依據，不得任意設定或變更，亦不許當事人依協議而予更動，是為，又稱之為權限不可變更原則。

四、權限移轉之類型

　　公權力權限移轉，指有管轄權之機關將其部分權限移轉至其他機關或個人行使，亦為管轄恆定原則之例外。但須注意者，乃其僅為公權力部分權限之移轉，而非全部移轉。權限移轉之類型如下：

（一）權限之委任

　　行政機關將權限之一部分委任其下級行政機關以受任機關名義執行，而委任者與受委任者之關係，自然亦存在有監督之關係者，稱之為權限之委任。

（二）權限之委託

　　行政機關因業務上之需要，將其權限之一部委託其他不相隸屬之行政機關以委託機關名義執行者，稱為權限之委託。所謂「權限委託」係指涉及公權力

行使之權限移轉而言。不論委任或委託，應將委任或委託事項及法規依據公告之，並刊登政府公報或新聞紙（行政程序法第15條第3項）。

（三）委辦

依據地方制度法第2條第3款規定：委辦事項，指地方自治團體依法律、上級法規或規章規定，在上級政府指揮監督下，執行上級政府交付辦理之非屬該團體事務，而負其行政執行責任之事項。可見，委辦為機關內部行為，受委辦者為地方自治團體，屬「團體委辦」之概念，此與依行政程序法之權限委任或委託不同。

（四）行政委託

行政機關將其權限（公權力行使）之一部委託人民（包括自然人與私法人），以人民自己名義執行者，稱為行政委託，諸如稅捐之扣繳、代繳、勞保費之扣繳、金融檢查、汽機車排氣定期檢驗、紡織業外銷拓展之配額管理、工業區開發之公共投資、國民住宅、公司登記之審核、及各種行政檢查、評鑑之委託。

五、勞務委託及行政助手

除前述權限之委任、權限委託、委辦、行政委託外，尚有二個類似詞，須加以辨別：

（一）勞務委託

事務性或低層技術性勞務之委託：行政事務若未牽涉到公權力之行使，又非法律授權給行政機關辦理之事項，則此時行政機關將之委由私人行使之「勞務委託」，即無行政程序法第16條之適用，但應視其情形，如仍有政府採購法之適用者，應依該法規定之採購方式及程序處理。例如垃圾清運、租用交通車、研究計畫委託學術機構等。

（二）行政助手

行政助手：又稱行政輔助人，乃是私人在行政機關的指揮監督之下，協助遂行行政任務，達成行政目的之謂。行政助手也是行政機關手足的延伸，必須在行政機關的指揮監督下發揮作用，並無獨立的法律地位，一切對外的權利義務關係均由行政機關所吸收，因此亦不屬權限移轉之類型。

六、職務協助

又稱行政協助，係指平行或不相隸屬之行政機關為達成其任務，請求另一行政機關在後者權限範圍內，給予必要補充性之協助，而未變更或移轉事件管轄權之謂。

（一）職務協助之特徵

1. 被動性：行為之發動，原則上是以其他機關之請求為要件。
2. 臨時性：僅是臨時性，該事件處理完畢，職務協助應停止。
3. 輔助性：請求機關仍是程序上之主體，被請求機關僅居於輔助地位。

（二）請求職務協助之原因

1. 因法律上之原因，不能獨自執行職務者。
2. 因人員、設備不足等事實上之原因，不能獨自執行職務者。
3. 執行職務所必要認定之事實，不能獨自調查者。
4. 執行職務所必要之文書或其他資料，為被請求機關所此持有者。
5. 由被請求機關協助執行，顯較經濟者。
6. 其他職務上有正當理由須請求協助者。

（三）拒絕協助之事由

被請求機關於有下列情形之一者，應拒絕之：
1. 協助之行為，非其權限範圍或依法不得為之者。
2. 如提供協助，將嚴重妨害其自身職務之執行者，
3. 被請求機關認有正當理由不能協助者，得拒絕之。

貳、警察機關組織

一、警察組織之意義

自然人係由器官組成，並藉器官以表達意思與活動及生存與延續生命。同樣的，警察為表達其意思，行使職權，發揮功能，必定有完整之組織體。通常所稱警察組織，指各警察機關組織，其組織構成係依各警察機關組織法規之規定行之。

二、警察組織之特質

警察組織是一具有特殊角色地位之國家行政組織，具有以下特質：

（一）警察組織具公共財性質

所謂公共財，指由警察機關所提供之各種勞務、服務，包括維持秩序、犯罪壓制等服務的提供，人民無須付費亦無法獨享，惟此種「公」的性質常常造成警察機關績效無法衡量，進而產生各種弊端。

（二）警察組織為高度勞力密集的產業

警察組織係以人為主要工作對象，不管是秩序維護或是犯罪偵防等警察服務，雖可透過科技產品協助作業，但大部分警察業務仍必須透過人來表現。此項特質也間接使得警察組織幅員之人數不可能大幅裁減。

（三）警察必須全天值勤無所不在

警察二十四小時服務的特色，再加上警察執行任務所擁有的強制力，使警察與一般行政組織有明顯差異，人民也因此信賴警察組織的能力，使警察服務效能最大化。

（四）警察組織處理之事故具不可預測性

因社會現象瞬息萬變，可能隨時都有需要警察處理的情事發生，使得警察組織具有很高的能見度及普遍性。

三、警察機關與機構之區別

（一）警察機關

行政機關即就法定事務，有決定並表示國家意思於外部，而依組織法律或命令設立，行使公權力之組織。依行政院之解釋，機關具有獨立組織、獨立編制、獨立預算、對外行文等四大特徵。

警察機關乃國家或地方自治團體用以表現其警察行政行為之行政機關。例如內政部警政署、刑事警察局、臺北市政府警察局，至於直轄市所屬警察分局，例如臺北市政府警察局萬華分局是機關。縣（市）所屬警察分局，例如彰化縣警察局彰化分局原則上不是機關，例外於集會遊行法時為主管警察機關。

（二）警察機構

所謂機構，依中央行政機關組織基準法之規定，指機關依組織法規將其部

分權限及職掌劃出，以達成其設立目的之組織，處理業務性質比較特殊之業務。亦即，機關於其組織法規規定之權限、職掌範圍內，得設附屬之實（試）驗、檢驗、研究、文教、醫療、社福、矯正、收容、訓練等機構。就警察機構而言，包括警察通訊所、警察廣播電臺、警察機械修理廠等均是。

四、警察組織體系

（一）內政部：掌理全國警察行政，並指導監督直轄市警政之實施；內政部部長為全國最高的警察行政首長。

（二）內政部警政署：承內政部部長之命，執行全國警察行政事務，統一指揮及監督全國警察機關執行警察任務。

（三）直轄市、縣（市）政府警察局：掌理各直轄市、縣（市）轄區警察行政及業務體系。

參、警察機關組織法定原則

從法律保留及法明確性原則而言，警察機關之組織應以法令定之，接受民意監督，落實主權在民之理念。其法定原則如下：

一、警察機關組織排除適用中央行政機關組織基準法

中央行政機關組織基準法第2條規定，本法適用於行政院及其所屬各級機關。但警察機關組織法律另有規定者，從其規定。

二、警察機關之組織以法律或命令定之

（一）依中央行政機關組織之共同規範，三級以上機關之組織以法律定之。四級以下機關之組織則以命令定之。

（二）內政部警政署及中央警察大學均為三級機關，故制定了內政部警政署組織法、中央警察大學組織條例，惟四級機關之臺灣警察專科學校依原制定之臺灣警察專科學校組織條例仍適用迄今，是為例外，其他四級警察機關均訂定組織規程或組織準則為其依據。

（三）地方警察機關之組織以自治條例定之

各直轄市、縣（市）政府組織係由內政部依地方制度法第62條之規定，訂定地方行政機關組織準則，然後再由各該直轄市、縣（市）政府據以訂定各該

政府之組織自治條例，直轄市、縣（市）政府應依地方行政機關組織準則及各該政府組織自治條例，訂定所屬機關組織規程及其編制表。

直轄市、縣（市）政府警察局組織規程及編制表，均依前述規定訂定之。

三、行政機關與內部單位之區分標準

（一）有無單獨之組織法規：所謂組織法規包括組織法、組織條例、組織通則或規程，例外者亦有以組織編制表（如各級警察機關）代替組織規程之情形。

（二）有無獨立之編制及預算：有獨立之編制及預算者，通常均設有人事及會計（或主計）單位。

（三）有無印信：指因印信條例頒發之大印或關防而言。

三項標準皆具備之組織體爲機關，否則屬於內部單位。

肆、警察機關組織之內容

一、中央行政機關組織基準法之規定

中央行政機關組織基準法第7條規定：機關組織法規，其內容應包括下列事項：

（一）機關名稱。

（二）機關設立依據或目的。

（三）機關隸屬關係。

（四）機關權限及職掌。

（五）機關首長、副首長之職稱、官職等及員額。

（六）機關置政務職務者，其職稱、官職等及員額。

（七）機關置幕僚長者，其職稱、官職等。

（八）機關依職掌設有次級機關者，其名稱。

（九）機關有存續期限者，其期限。

（十）屬獨立機關者，其合議之議決範圍、議事程序及決議方法。

二、警察機關組織之事項

各警察機關組織就各種警察機關組織法規之內容言，可歸納爲警察機關名稱、體制（隸屬關係）、權限、分工單位、職掌及所屬機關、員額編制等構成

的總稱。茲略述如下：

（一）名稱

1. 依警察法明文規定者：有內政部警政署、直轄市政府警察局、縣（市）政府警察局、中央警察大學、警察專科學校。

2. 其他各種警察業務專屬機關：依各該警察業務定期名稱，如刑事警察局、保安警察總隊、航空警察局、鐵路警察局、港務警察總隊。除須機動運用警力者，以「隊」名之，並以總隊、大隊等區別其組織大小。

（二）組織體制

每一個警察機關有其管理機關，應隸屬於何機關，及其在地位上之系統如何均應在組織法規中明定。

我國採用均權統一的警察體制，亦即各級警察機關分別隸屬於中央與地方政府，而中央對地方警察機關有適度之指揮（指導）監督或人事、經費、裝備等調度管理關係。茲舉述我國警察機關組織體制如下：

1. 內政部：掌理全國警察行政，並指導監督各直轄市警政、警衛及縣（市）警衛之實施。

2. 內政部設警政署：辦理全國警察行政事務，統一指揮、監督全國警察機關（構）執行警察任務。

3. 中央設警察大學，隸屬內政部；臺灣警察專科學校，隸屬內政部警政署。

4. 直轄市政府：設市政府警察局，掌理各該管區之警察行政業務。

5. 縣（市）政府：設縣（市）政府警察局，掌理各該管區之警察行政及業務。

前述直轄市、縣（市）政府警察局並為直轄市長、縣（市）長之幕僚局，對外行文，表示意思之類別：

1. 主管警察行政事項：依法承辦各該政府文稿，以直轄市、縣（市）政府名義，例如發布警察命令。

2. 主管警察業務事項：依法以警察局名義，例如集會遊行之許可。

（三）權限

權限，指警察機關在法律上所能代表國家或自治團體事權之範圍。除警察

法第4至8條及各種警察作用法規規定外，均在各警察機關組織法規中規定。

（四）分工單位、職掌及所屬機關

警察之分工單位可以分為四種如下：

1.正副首長

首長一人為機關的領導，發號施令，其職權為綜理機關行政及業務；副首長三人，襄理機關行政及業務。

2.內部單位

內部單位為基於組織之業務分工，於機關內部設立之組織，又稱為幕僚單位，是首長的輔助，承首長之命，掌其法定之職務。

內部單位之職掌大約如下：各種行政事務之處理；業務的設計、監督、考核；蒐集各種資料，加以研判，提供首長參考，擴大首長知識範圍，匡助首長疏漏；提供初步意見，以便首長決策迅速而正確；負責首長與執行機構意見之溝通。其又可分為：

(1)業務單位：執行本機關目的業務之單位，又稱目的單位，如行政科、保安科、交通科、後勤科、犯罪預防科、防治科及訓練科等。

(2)輔助單位：以輔助首長或業務單位之單位，如辦理秘書、總務、人事、政風、主計、研考、資訊、法制、公關等支援服務之單位。

3.執行單位

警察執行單位，又稱外勤單位，係法令之直接推行者，是直接與民眾發生接觸者，應秉持首長之意旨，並受幕僚單位之督導、依法執行各種警察業務或勤務。其可分為下列三種：

(1)執行一般性之派出單位：如分駐所、派出所。

(2)執行專屬業務性之單位：交通警察隊、保安警察隊、刑事警察隊。

(3)特業幕僚單位：即課隊合一，兼負幕僚及執行之責。如縣市政府警察局所屬刑事警察大隊、交通警察大隊各掌理有關刑事、交通業務規劃、設計等幕僚行政事務。

4.所屬機關

(1)分支機關：依地區劃分而設立，如同本機關的縮影，例如警察局所屬之各警察分局。

(2)專屬業務機關：掌理某種警察業務之機關，例如刑事警察局、航空警察局、國道公路警察局、鐵路警察局、各保安警察總隊。

（五）編制

警察官職採分立制，其官等為警監、警正、警佐，相當於一般公務人員之簡任、薦任、委任。警察機關公務人員之職稱、官（職）等、員額多寡及配置，和稱為員額編制，分述如下：

1.職稱

警察機關之職稱，非常繁複，分別規定於組織法規中，可歸納如下：

(1)機關正副首長、內部單位與執行單位之主管：稱為「○長」「副○長」，例如署長、副署長、總隊長、副總隊長、局長、副局長、組長、科長、段長、組長等。但單位稱「室」者，其主管稱為主任，例如人事室主任、主計室主任，惟督察室主任，警察局傳統上則稱為督察長。

(2)各內部單位主管以下之人員：除警務正、偵查正、巡官、巡佐、偵查佐、警務佐外，大都稱「○○員」，例如局員、警務員、督察員、偵查員、辦事員、警員、隊員。

(3)單獨直屬機關首長或單位主管之輔助人員：有警政委員、專門委員、警政監、秘書、督察、專員、編審等。

(4)技術人員：分技正、技士、技佐三種。

(5)僱用人員：書記。

2.官（職）等

警察之職務高低，依各警察機關組織法規，由高至低可依下列方式區分（其中規定兩官等者，以前者為主，後者為彈性）：(1)警監；(2)警監或警正；(3)警正或警監；(4)警正；(5)警正或警佐；(6)警佐或警正；(7)警佐。

3.員額

於組織法規中規定另以編制表定之。組織法規明定之員額，稱為「法定員額」，不一定照全額任用，固有「預算員額」即「實用員額」之區別。

4.配置

人員配置乃指各機關人員配置於各單位之謂。除法規明文規定外，通常由各機關首長或主管斟酌各單位業務之繁簡及勞逸，對於某種職稱某種等級之人員為適當之配置。

第 二 節　現行警察機關組織概況

壹、中央警察機關組織概況

一、內政部警政署

內政部警政署現行組織內容依內政部警政署組織法規定，分三部分敘述：

（一）體制與權限

內政部警政署組織法第2條規定，本署掌理全國性警察業務，並辦理下列事項：

1. 警察官制、官規、教育、服制、勤務、後勤制度、警察職權行使及其他警察法制之規劃、執行。

2. 警衛安全、拱衛中樞、準備應變及重大、緊急案件處理之規劃、執行。

3. 協助偵查犯罪、涉外治安處理、國際警察合作及跨國犯罪案件協助查緝之規劃、執行。

4. 入出國與飛行境內民用航空器及其載運人員、物品安全檢查之規劃、執行。

5. 警備治安、保障集會遊行、槍砲彈藥刀械管制、自衛槍枝管理及民防之規劃、督導。

6. 預防犯罪、檢肅組織犯罪、保障婦幼安全、失蹤人口查尋及維護社會秩序事件之規劃、督導。

7. 當舖業及保全業管理之規劃、督導。

8. 交通安全維護、交通秩序整理、交通事故處理及協助交通安全宣導之規劃、督導。

9. 警察資訊作業、資（通）訊安全及鑑識科技、通訊監察之規劃、督導。

10. 社會保防與社會治安調查之協調、規劃及督導。

11. 警民聯繫、警察公共關係、警政宣導及警民合作組織之規劃、督導。

12. 警察勤（業）務督導及警察風紀督察考核。

13. 配合辦理災害整備、應變與民防有關之事項。

14.所屬臺灣警察專科學校、警察通訊、民防防情指揮管制、警察機械修理及警察廣播電臺機構之督導、協調及推動。

15.其他警政事項。

（二）內部單位

1. 業務單位：行政組、保安組、教育組、國際組、交通組、後勤組、保防組、防治組及勤務指揮中心。並得分科辦事。

2. 輔助單位：督察室、公共關係室、秘書室、人事室、政風室、會計室、統計室、資訊室及法制室。

（三）編制

署長一人，職務列警監；副署長三人，職務列警監；主任秘書一人，職務列警監。警政署各職稱之官等職等及員額，另以編制表定之。

二、內政部警政署所屬機關（構）

內政部警政署所屬機關（構）現行組織，除臺灣警察專科學校以組織條例、保安警察總隊與港務警察總隊以組織準則定之外，其餘皆以組織規程定之。簡述如下：

（一）刑事警察局

1.職掌

該局掌理下列事項：

(1)預防與偵查犯罪、防制組織及經濟犯罪、司法警察、通訊監察業務工作之規劃、執行、督導、考核。

(2)刑事鑑識業務之規劃、執行、督導、考核與刑事案件證物之檢驗、鑑定，指紋、去氧核醣核酸之蒐集、建檔、運用及支援重大、特殊刑案現場勘察。

(3)刑事案件紀錄、犯罪情資之蒐集、處理、分析、運用與相關業務工作規劃、督導、考核及其技術之研究。

(4)國際刑事業務工作之聯繫、協處、跨國犯罪案件之偵查及駐外警察聯絡官業務之規劃、執行、督導、考核。

(5)刑事科技之設備、技術、知能研究發展與支援偵查及犯罪偵防、鑑識、防爆等裝備器材標準之釐定、規劃、採購、維護。

(6)大陸、香港、澳門警務工作之聯繫、協調及其刑事案件跨境合作、協處。

(7)刑事業務督導、教育訓練、風紀工作之規劃、執行。

(8)社會治安情報之諮詢布置、蒐集、傳遞、運用與刑案及治安狀況之通報、管制、指揮、協調、聯繫。

(9)重大、暴力、特殊刑事案件、槍枝毒品犯罪、組織犯罪、資通科技犯罪、經濟犯罪、違反通訊傳播法令與相關犯罪案件等及其他交付案件之偵查、取締、支援工作與防爆業務工作之規劃、執行、督導、考核及爆裂物、爆炸案件之支援、處理。

(10)其他有關刑事警察業務之規劃及執行事項。

2.內部單位

預防科、偵查科、反黑科、司法科、鑑識科、指紋科、生物科、紀錄科、國際刑警科、後勤科、科技研發科、刑事資訊科、通訊監察科、兩岸科、經濟科、督訓科、偵防犯罪指揮中心、毒品查緝中心、公共關係室、秘書室、人事室、政風室、主計室、偵查第一至第九大隊、電信偵查大隊、警備隊。

3.編制

局長一人，綜理局務，職務列警監；副局長三人，襄理局務，職務列警正或警監；主任秘書一人，職務列警正或警監。所有各職稱之官等職等及員額，另以編制表定之。

（二）航空警察局

1.職掌

該局掌理下列事項：

(1)民用航空事業設施之防護。

(2)機場民用航空器之安全防護。

(3)機場區域之犯罪偵防、安全秩序維護及管制。

(4)機場涉外治安案件及其他外事處理。

(5)搭乘國內外民用航空器旅客、機員及其攜帶物件之安全檢查。

(6)國內外民用航空器及其載運貨物之安全檢查。

(7)機場區域緊急事故或災害防救之協助。

(8)執行及監督航空站民用航空保安事宜，防制非法干擾行為事件及民用

航空法令之其他協助執行。

(9)其他依有關法令應執行事項。

該局執行民用航空業務時，並受交通部民用航空局之指揮及監督。

2.內部單位

行政科、國際科、航空保安科、後勤科、督訓科、保防科、人事室、主計室及勤務指揮中心；另設刑事警察大隊、保安警察大隊、安全檢查大隊；並於臺北松山機場、高雄國際機場各設分局。

3.編制

局長一人，綜理局務，職務列警監；副局長二人，襄理局務，職務列警正或警監；主任秘書一人，職務列警正或警監。所有各職稱之官等職等及員額，另以編制表定之。

(三) 國道公路警察局

1.職掌

該局掌理下列事項：

(1)交通秩序及道路設施（含橋樑、隧道）之安全維護。

(2)違反公路交通管理事件之稽查取締。

(3)行車事故之處理。

(4)行車旅客、貨運之安全維護。

(5)國道公路路權範圍內違法案件之偵防與處理及違章事件之協助處理。

(6)收費站、地磅、服務區與休息站等之交通秩序維護及稽查取締。

(7)經指定之快速公路行車安全秩序之維護。

(8)其他有關協助國道公路法令推行及警察業務之規劃、督導等事項。

該局執行國道公路交通法令時，並受交通部國道公路交通管理機關之指揮及監督。

2.內部單位

行政科、交通科、後勤科、督訓科、勤務指揮中心、秘書室、人事室、主計室；另設刑事警察大隊、第一公路警察大隊至第九公路警察大隊、保安警察隊。

3.編制

局長一人，綜理局務，職務列警監；副局長三人，襄理局務，職務列警正

或警監；主任秘書一人，職務列警正或警監。所有各職稱之官等職等及員額，另以編制表定之。

(四) 鐵路警察局

1.職掌

該局掌理下列事項：

(1)有關鐵路事業設施之安全維護。

(2)鐵路沿線、站、車秩序、犯罪偵防及旅客貨運安全維護。

(3)鐵路法令之其他協助執行事項。

(4)其他依有關法令應執行事項。

該局執行鐵路交通法令時，並受交通部臺灣鐵路管理局之指揮及監督。

2.內部單位

行政科、保安科、督訓科、後勤科、保防科、勤務指揮中心、秘書室、人事室、主計室；另設刑事警察大隊、護車警察大隊；並於臺北、臺中、高雄、花蓮各設分局。

3.編制

局長一人，綜理局務，職務列警監；副局長一人，襄理局務，職務列警正或警監；主任秘書一人，職務列警正或警監。所有各職稱之官等職等及員額，另以編制表定之。

(五) 保安警察總隊

1.任務編組與職掌

保安警察第一、四、五、六總隊，為警察法之保安警察業務機關；保安警察第二、三、七總隊為專業警察業務機關。各總隊分別掌理下列事項：

(1)保一、保四、保五總隊：分別負責北部、中部、南部地區支援聚眾活動處理、協助地方治安及應變任務。

(2)保二總隊：維護核能、火力、水力發電廠、科學園區、加工出口區等之安全，並負責經濟部所屬事業、廠礦之安全維護，兼受經濟部指揮監督。另外成立保護智慧財產權警察大隊，藉查訪、取締、搜索、扣押等手段處理仿冒、盜版案件。

(3)保三總隊：負責海關安全維護、配合查緝走私及安檢工作，兼受財政部指揮監督。

(4)保六總隊：負責行政院、立法院、警政署等機關安全維護工作外，尚負責中央機關重要首長之安全警衛事項，爲此另設有二個警官隊：

第一警官隊：以總統之安全警衛爲核心任務。

第二警官隊：則以維護其他首長之安全爲主。

(5)保七總隊：協助處理違反國家公園、森林與自然保育、環境、水資源保護及中央衛生主管機關執行食品、藥物安全等相關法令案件之查緝、取締或危害排除。

2.內部單位

各總隊設警務科、督訓科、後勤科、保防科、勤務指揮中心、秘書室、人事室、主計室、資訊室；另設若干大隊（保六設第一、第二警官隊）或維安特勤隊（保一），或刑事警察大隊（保七）。

3.編制

各總隊置總隊長一人，職務列警監；副總隊長一人或二人，職務列警正或警監；主任秘書一人，職務列警正或警監。各總隊各職稱之官等職等或級別及員額，另以編制表定之。

4.中央保安警察派往地方之規定

中央保安警察遇有必要派往地方執行職務時，應受當地直轄市、縣（市）長之指揮監督。

5.中央保安警察派駐地方之規定

保安警察派駐地方執行職務時，兼受直轄市、縣（市）長指揮監督，其與當地警察機關之聯繫規定如下：

(1)保安警察依指揮監督機關首長之命令，執行特定警察業務，對當地警察機關居於輔助地位。

(2)保安警察與當地警察機關基於治安或業務需要，得互請協助，關於勤務分配應會商行之。

(3)保安警察協助配駐地方警察行政業務，應受當地警察機關首長之指導。

（六）港務警察總隊

1.任務編組與職掌

分設基隆港務警察總隊、臺中港務警察總隊、高雄港務警察總隊、花蓮港

務警察總隊。各總隊掌理下列事項：

(1)交通部航港局所轄區域與工業專用港港區之治安秩序維護及協助災害危難之搶救。

(2)港區涉外治安案件及其他外事處理。

(3)港區犯罪偵防及刑事案件之處理。

(4)港區交通安全及秩序維護。

(5)違反港務相關法令案件之協助處理。

(6)其他有關港務警察業務事項。

各總隊依港務法令執行職務時，並受交通部航港局之指揮、監督。

2.內部單位

基隆各總隊設行政科、國際科、後勤科、保防科、督訓科、勤務指揮中心、秘書室、人事室、主計室；另設刑事警察隊、保安警察隊、麥寮工業專用港警察隊。

3.編制

各總隊置總隊長一人，職務列或警正或警監；副總隊長一人，職務列警正；各總隊各職稱之官等職等或級別及員額，另以編制表定之。

（七）臺灣警察專科學校

1.職掌

該校隸屬內政部警政署，依警察教育條例有關規定辦理警察教育；並依專科學校法有關規定，兼受教育部之指導。

2.內部單位

教務處、訓導處、總務處、秘書室、科學實驗室、圖書館、人事室、主計室、醫務室；並分設行政警察科、刑事警察科、交通警察科、消防安全科、海洋巡防科等各科；另設學生總隊（下設二個大隊）、警衛隊。

3.編制

校長一人，綜理校務，警監；教育長一人，承校長之命襄理校務，警監或警正；主任秘書一人，警正或警監；主任五人，警正；並置教授、副教授、講師、助教，均依教育人員任用條例之規定聘任；另依警察官任用之教官、總隊長、副總隊長、大隊長、副大隊長、中隊長、訓導、區隊長、教育班長、事務員、隊長、副隊長、隊員、秘書、組長、組員，及依公務人員任用法任用之主

任、編審、技正、技士、辦事員等若干人。

(八) 警察通訊所

1.職掌

該所掌理下列事項：

(1)警察通訊網路與業務之規劃、執行及督導。

(2)警用有線電通訊系統之規劃、施工、運用、維護及管制。

(3)警用無線電通訊系統之規劃、施工、運用、維護及管制。

(4)警用通訊器材之採購、管理及補給。

(5)警察通訊設施之規劃更新。

(6)其他有關警察通訊事項。

2.內部單位

通訊綜合科、有線通訊科、通訊器材科、機動通訊科、微波通訊科、後勤科、警務科、秘書室、人事室、主計室；另設臺北分所、新竹分所、臺中分所、臺南分所、高雄分所、花蓮分所。並於萬盛、基隆、臺北、桃園、苗栗、鳳鳴、南投、彰化、雲林、嘉義、中寮、屏東、宜蘭、舞鶴、臺東、澎湖等地區設16個微波臺。

3.編制

所長一人，職務列警正或警監；副所長一人，職務列薦任第九職等。秘書一人、職務列薦任第八職等至第九職等、技正八人。該所各職稱之官等職等及員額，另以編制表定之。

(九) 警察廣播電臺

1.職掌

該臺掌理下列事項：

(1)配合宣導推動警察工作、溝通警民關係、促進交通安全及加強為民服務。

(2)協助政府宣導政令、端正社會風氣及推行公共服務。

(3)節目之企劃、研究、規劃、製作、管理及執行。

(4)新聞採訪、編輯及新聞節目製播。

(5)傳播工程之設計、架裝及養護。

(6)其他有關警政宣導事項。

2.內部單位

工務科、企劃科、新聞科、節目科、秘書室、人事室、主計室，並設有臺本部、臺北分臺、新竹分臺、臺中分臺、臺南分臺、高雄分臺、宜蘭分臺、花蓮分臺、臺東分臺等分支機構。

3.編制

臺長一人，職務列簡任第十職等；副臺長一人，職務列薦任第九職等、秘書一人，職務列薦任第八職等至第九職等。該臺各職稱之官等職等及員額，另以編制表定之。

（十）民防防情指揮管制所

1.職掌

該所掌理下列事項：

(1)防空情報之蒐集、傳遞、運用與空襲警報及燈火管制命令之接受、發放、協調、督導。

(2)敵對或不明航空器、船艦、空降部隊動態之通（查）報及與有關單位之聯繫。

(3)防情有線電、無線電與遙控警報系統之修護、保養及器材補給。

(4)民防防情、防護人員之教育訓練、督導及考核。

(5)防情特種勤務之協調、聯繫及督導。

(6)防空疏散避難規劃、宣傳之督導、考核。

(7)空襲防護之聯繫、協調。

(8)支援及協助各警察機關防情通訊設備檢修。

(9)協助重大災害應變之傳報、督導。

(10)其他有關民防防情、防護事項。

2.內部單位

警務科、修護科、指揮管制科、防情科、防護科、後勤科、秘書室、人事室、主計室；另設臺北、苗栗、嘉義、高雄、北宜等5個分所。

3.編制

所長一人，職務列簡任第十職等；副所長一人，職務列薦任第九職等。該所各職稱之官等職等及員額，另以編制表定之。

（十一）警察機械修理廠

1.職掌

該廠掌理下列事項：

(1)警用武器維修及零件製造。

(2)警用車輛之保養及修護。

(3)輔導各警察機關武器及車輛檢修。

(4)其他有關全國警察槍械及車輛維修事項。

2.內部單位

機械管理科、車輛管理科、人事室、主計室。

3.編制

廠長一人，職務列簡任第十職等；副廠長一人，職務列薦任第九職等。該廠各職稱之官等職等及員額，另以編制表定之。

三、中央警察大學

（一）體制與權限

中央警察大學隸屬內政部，以研究高深警察學術，培養警察專門人才為宗旨，並依大學法有關規定，兼受教育部之指導。

（二）分工單位

1.內部單位

教務處、學生事務處、總務處、秘書室、科學實驗室、公共關係室、圖書館、電子計算機中心、推廣教育訓練中心、人事室、會計室、醫務室、學生總隊。

2.教學及研究所

(1)警政管理學院：行政警察學系、公共安全學系、犯罪防治學系、外事警察學系、國境警察學系、行政管理學系、法律學系。

(2)警政科技學院：刑事警察學系、消防學系、交通學系、資訊管理學系、鑑識科學系、水上警察學系。

（三）編制

1. 校長一人，綜理校務；副校長一人承校長之命，襄理校務；均警監。

2. 置教授、副教授、助理教授、講師,從事授課、研究及輔導;另為教學及研究工作需要,得置助教協助之,均聘任;其員額均依教育法令有關規定定之。置教官二十人至四十人,警正,其中十五人得列警監。教官員額在前項教師員額總數之內。

3. 各學院各置院長一人,各學系各置主任一人,各研究所各置所長一人,推廣教育訓練中心、電子計算機中心、科學實驗室、公共關係室各置主任一人,圖書館置館長一人;均由前二項教授或警監教官兼任之。

4. 置主任秘書一人,職務列簡任第十一職等或警監;教務長、學生事務長、總務長各一人,警監或警正;主任三人,職務列薦任第九職等至簡任第十職等;技正一人至三人、職務列薦任第八職等至第九職等,其中一人得列簡任第十職等;組長十四人,職務列薦任第九職等或警正;秘書二人或三人,職務列薦任第八職等至第九職等或警正;編審二人至四人,職務列薦任第七職等至第九職等;組員十八人至二十八人,職務列委任第四職等至第五職等或警佐,其中十人得列薦任第六職等至第七職等或警正;技士一人至三人,職務列委任第四職等至第五職等;辦事員十四人至二十六人,職務列委任第三職等至第四職等;警衛隊長一人,警衛隊員十四人至二十人,均警佐;書記六人至十四人,職務列委任第一職等至第三職等。

5. 置總隊長一人,警正或警監;副總隊長一人,大隊長一人至三人,均警正;副大隊長一人至三人,中隊長、訓導各八人至十四人,均警佐或警正;區隊長二十六人至四十二人,為警佐。

貳、直轄市警察機關組織概況

直轄市政府設市警察局,掌理各該管區之警察行政業務。直轄市政府警察局組織規程,由市政府擬訂,並送市議會審議。以臺北市政府警察局為例,其組織內容如下:

一、分工單位及其職掌

(一)行政科:勤務規劃、派出所設置、警力配備、警察服制、警械管制、設備標準、警察勤務、勤前教育、特殊任務警力、取締電子遊戲場涉嫌賭博工作、正俗業務、職務協助及其他有關行政警察業務等事項。

（二）保安科：保安警備措施規劃與督導、選舉與慶典治安維護、集會遊行、秩序維護、義勇警察組訓與運用、戰時警務工作、恐怖活動防處、協助軍事動員及其他有關保安等事項。

（三）訓練科：警察教育訓練進修、警察學術倡導、員警心理諮商輔導工作之策劃、執行與評核等事項。

（四）外事科：外國人、大陸地區人民、港澳居民與臺灣地區無戶籍國民非法活動之調查處理、國（外）賓安全維護、涉外治安案件處理、涉外治安情報之蒐集、調查與處理、警察刑事紀錄證明書核發、兩岸交流涉及警察事務之綜合事項及其他有關外事警察等事項。

（五）後勤科：財產管理、廳舍營繕、警察裝備保養供應及其他有關後勤等事項。

（六）保防科：所屬警察機關之機關內部保防、社會保防、偵防危害國家安全案件、社會治安調查、安全資料查詢、支援機場、港口遭受劫持、破壞事件應變處理與演習及其他有關保防等事項。

（七）防治科：勤區查察、社區治安之規劃推行、失蹤人口查尋、民防組訓、民防團隊督導及其他有關戶口、防治等事項。

（八）犯罪預防科：犯罪預防宣導、社區警政與自衛體系之規劃及執行成效之考核等事項。

（九）勤務指揮中心：警察勤務之指揮、調度管制、協調聯繫與最新治安狀況之控制、110報案管理與資訊業務處理及其他有關勤務指揮等事項。

（十）刑事鑑識中心：刑案現場勘察、證物督導管控、證物檢驗、鑑定、防爆處理、現場勘察與鑑識技術研究發展、教育訓練及其他有關刑事鑑識等事項。

（十一）民防管制中心：防情業（勤）務規劃、執行、演（訓）練與防情通訊設備、遙控警報系統管理、民防防護及協助災害防治等事項。

（十二）督察室：員警申訴、考核、教育輔導、違法犯紀查處、傷殘慰問救助、改善員警服務態度、內部管理業務、各種勤務、特種警衛與首長警衛之督導考核及其他有關督察等事項。

（十三）公共關係室：新聞發布、大眾傳播媒體與民意機關、公眾社團之聯繫、新聞資料蒐集處理、警政措施宣導、為民服務及其他有關聯絡等事項。

（十四）秘書室：文書、檔案、出納、總務之管理與研考等業務及不屬於

其他各單位事項。

（十五）資訊室：警政資訊系統規劃與發展、電腦軟硬體設施操作、管理與維護、資訊教育訓練與諮詢服務及其他資訊處理等事項。

（十六）法規室：警政法規之研究、審查、整理、編纂、諮詢、宣導、講習、國家賠償事件及其他有關法制等事項。

另置人事室、會計室、政風室、統計室等輔助單位，及保安警察大隊、刑事警察大隊、交通警察大隊、少年警察隊、婦幼警察隊、捷運警察隊、通信隊等外勤單位。

二、編制

該局置局長、副局長、主任秘書、督察長、警政監、科長、主任、督察、技正、秘書、專員、股長、督察員、警務正、警務員、巡官、技士、警務佐、巡佐、技佐、警員、辦事員、線務員、警報員及書記等。所列各職稱之官等職等及員額，另以編制表定之。

三、所屬分局

（一）體制

臺北市政府警察局各分局隸屬臺北市政府警察局，各置分局長，承警察局局長之命，綜理分局業務，並指揮監督所屬員工；各置副分局長一至二人，襄理分局業務。

（二）分工單位及職掌

1. 行政組：勤務規劃督考、公共關係（含警友會）、正俗業務、志工團隊組訓運用、總務、駕駛工友管理及一般行政協助推行等事項。

2. 督察組：勤務執行之督導考核、員警風紀維護、特種警衛與一般警衛派遣、集會遊行、秩序維護、保安警備措施規劃執行及警察常年教育訓練等事項。

3. 防治組：警政婦幼安全業務、落實警勤區工作（家戶訪查、失蹤人口查尋通報處理、社區警政規劃執行）、警勤區劃分調整、協助主管機關對外國人、大陸地區人民、港澳居民與臺灣地區無戶籍國民非法活動之調查處理及其他有關外事警察業務等事項。

4. 保防組：機密保護、安全防護、保防教育、機關保防工作推行、觀光

保防與社會保防工作推展、執行危害國家安全案件偵防作為、社會情報與治安調查工作推行及其他有關安全偵防業務等事項。

5. 民防組：義勇警察、民防團隊組訓與運用、防空疏散避難業務、災害防救業務、公私防空避難設備管理檢查與維護督導、全民防空（萬安）演習事宜及運用民防人力協助警察勤務之規劃督導協調等事項。

6. 交通組：交通管理規劃與交通秩序整理之督導執行、交通執法查察取締、道路施工交通管制會勘及其他交通業務等事項。

7. 秘書室：文書、檔案、出納之管理與資訊、研考、員警心理諮商輔導等業務及不屬於其他各單位事項。

8. 偵查隊：違反社會秩序維護法處理與行政處分、拾得物處理、拘留所管理、犯罪偵防、犯罪再犯機制策劃與執行、刑事案件偵訊與移送、婦幼刑案偵查、通緝犯查緝、治安顧慮人口監管、刑案紀錄統計與資料分析運用、刑事現場勘察與痕跡蒐證、刑事鑑識、經濟警察業務、強化刑事責任區工作、不良幫派組合、組織犯罪檢肅及應受尿液採驗人採驗工作等事項。

9. 勤務指揮中心：警察勤務之指揮、調度、協調、聯繫與最新治安狀況之通報管制、受理民眾與110通報案件之派遣、管制事項、組合巡邏警力派遣及聯繫等事項。此外，並置人事室、會計室；另設警備隊，執行警察勤務，並設派出所。

（三）編制

置分局長、副分局長、組長、主任、隊長、副隊長、督察員、警務員、分隊長、巡官、警務佐、小隊長、巡佐、警員、辦事員及書記。派出所置所長、副所長、巡佐及警員。所列各職稱之官等職等及員額，另以編制表定之。

參、縣市警察機關組織概況

縣（市）政府設縣（市）警察局、掌理各該管區之警察行政及業務。各縣（市）警察局之組織，依其組織規程行之。警察局局長承縣（市）長之命綜理局務。茲舉新竹縣政府警察局組織規程為例，簡述其組織概況如下：

（一）縣（市）警察局體制

縣（市）政府設縣（市）警察局，掌理各該管區之警察行政及業務，各警局內設各課、室外，亦設分局，分局外部又設分駐（派出）所。

（二）內部分工單位及職掌

1. 行政科：掌理勤務規劃、分駐（派出）所設置、警力配備、警察服制、警械管制、設備標準、警察勤務、勤前教育、特殊任務警力、取締電子遊戲場涉嫌賭博工作、取締妨害風化（俗）工作、職務協助及其他有關行政警察等事項。

2. 保安科：掌理保安警備措施規劃與督導、選舉及慶典治安維護、集會遊行、秩序維護、義勇警察（含山地）組訓與運用、戰時警務工作、恐怖活動防處、協助軍事動員及其他有關保安等事項。

3. 訓練科：掌理警察教育訓練進修、警察人員心理輔導及其他有關訓練等事項。

4. 外事科：掌理外國人、大陸地區人民、港澳居民及臺灣地區無戶籍國民非法活動之調查處理、國（外）賓安全維護、涉外治安案件處理、外事情報之蒐集、調查及處理、警察刑事紀錄證明書核發、兩岸交流涉及警察事務之綜合事項及其他有關外事警察等事項。

5. 後勤科：掌理財產管理、廳舍營繕、通訊、警察裝備保養供應及其他有關後勤等事項。

6. 保防科：掌理所屬警察機關之機關保防、社會保防、偵防內亂外患與危害國家安全案件、社會治安調查、安全資料查詢、機場、港口遭受劫持、破壞事件應變處理與演習及其他有關保防等事項。

7. 防治科：掌理勤區查察、社區治安之規劃推行、失蹤人口查尋、民防組訓、民防團隊督導及其他有關戶口、防治等事項。

8. 鑑識科：掌理刑案現場勘察、證物督導管控、證物檢驗、鑑定、現場勘察與鑑識技術研究發展、教育訓練及其他有關刑事鑑識等事項。

9. 勤務指揮中心：掌理警察勤務之指揮、調度管制、協調聯繫與最新治安狀況之管制、110報案管理及其他有關勤務指揮等事項。

10.督察科：掌理勤務督導、考核、員警風紀維護、特種警衛及其他有關督察等事項。

11.公共關係科：掌理為民服務、新聞聯繫、民意機關聯絡及其他有關公關業務等事項。

12.秘書科：掌理文稿繕核、資料彙編、事務管理、機要文電處理、文書、檔案、研考、印信、出納及不屬於其他科、室、中心等事項。

13.資訊科：掌理警政資訊系統規劃與發展、電腦軟硬體設施操作、管理與維護、資訊教育訓練與諮詢服務及其他有關資訊處理等事項。

14.法制科：掌理警政法規之審查、整理、諮詢、宣導、講習、國家賠償事件處理及其他有關法制等事項。

該局另設人事室、會計室、政風室等輔助單位，及刑事警察大隊、保安警察隊、交通警察隊、少年警察隊、婦幼警察隊、民防管制中心等單位。

（三）編制

置局長、副局長、主任秘書、督察長、警務參、科長、主任、秘書、局員、股長、督察員、警務員、調查員、巡官、技士、警務佐、巡佐、技佐、警員、辦事員、書記等。所列各職稱之官等職等及員額，另以編制表定之。

（四）所屬分局

1. 得視治安狀況設分局；轄區人口在十萬以上之分局設五組辦事；轄區人口未滿十萬之分局設四組辦事。

2. 分局設勤務指揮中心、偵查隊及警備隊。分局置分局長、副分局長、組長、主任、隊長、副隊長、警務員、巡官、警務佐、巡佐、警員、書記。

3. 分局以下設分駐所、派出所。分駐所、派出所置所長、副所長、巡佐、警員；檢查所置所長、警員。

內政部警政署組之體制暨指揮監督系統表

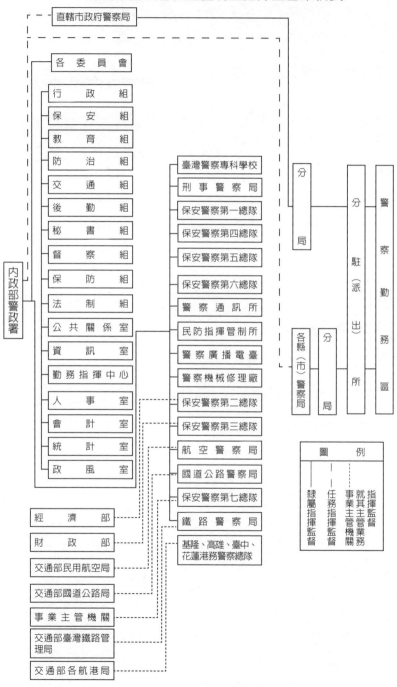

CHAPTER

3

警察人員

第 一 節　警察人員之意義

壹、警察人員之定義

一、廣義之警察人員

　　警察任務之執行人員，採廣義之警察意義來解釋，亦即警察機關組織編制之人員，包括服務於警察機關之主計、人事、庶務及其他非執行警察勤務而依各警察機關組織法所規定簡、薦、委任官（職）等人員及技正、技士、技佐等技術人員，以及約聘僱用人員等，但仍不包括中央警察大學、臺灣警察專科學校兩校之學生。

二、狹義之警察人員

　　指警察人員人事條例第3條所稱之警察人員，即依該條例任官、授階，執行警察任務之人員。此類警察人員得行使警察法第9條所列職權執行警察任務之警察人員。

　　狹義的警察人員包括暫支領警佐待遇人員，即依警察人員人事條例第40條之1第1項規定，民國87年以前入學之警察大學、警官學校學生，或民國88年以前入學之警察專科學校、警察學校學生，畢業後未取得任官資格者，得暫支領警佐待遇，於警察官監督下，協助執行勤務。

貳、警察人員之法律地位

一、警察人員是公務人員

　　依警察人員人事條例第11、12條規定而任用之警察人員，為國家文官體系公務人員之一，為憲法上所稱之官員或官吏，亦為刑法、國家賠償法、公務員服務法及公務人員任用法所稱之公務人員。

二、警察人員是依警察人員人事條例任官、授階執行警察任務之公務人員

　　警察人員任用資格及敘級、晉階、升等，均依專屬人事法，即警察人員人事條例之規定，該條例未規定者，適用有關法律之規定。

三、警察人員是警察機關依法經特別遴任行為而成立之公務人員

警察人員之身分由警察機關依警察人員人事條例及有關法規所定任用要件及任用程序，特別遴任而成立。所謂遴任，即遴選任用之程序。

參、公務員與國家間之法律關係

一、特別權力關係之意義

特別權力關係又稱特別服從關係，指國家或公共團體等行政主體，基於特別的法定原因，在一定範圍內，對相對人有概括的命令強制之權力，而另一方面相對人卻負有服從之義務的法律關係。

二、特別權力關係之特徵

（一）當事人地位之不平等性

當事人之一方，有命令強制之權力，相對人有服從義務。

（二）相對人義務之不確定性

國家在此種關係的目的範圍內，得採取各種必要的措施，或對客體課予無定量的勤務，或享有概括的支配權，而義務人在一定範圍內，負有服從之義務，為概括之服從關係。

（三）國家得自訂特別規則

為維持特別權利義務關係之秩序，國家需要在此種關係的目的範圍內，制訂所需的特別規則，以拘束客體當事人。如學校宿舍規則、機關職員請假規則。

（四）特殊制裁措施的適用

此種關係既為特別權力關係，且具特殊的內容，而客體的服從義務加重，國家對客體擁有紀律權，則國家的制裁權力自亦加強，得依法對客體採行特別制裁措施，此等措施稱之為「懲戒罰」。此與對一般人民違反行政法上之義務所施予之行政罰不同。

（五）救濟手段的限制

客體對國家就此種關係的內容方面所作處分不服時，因客體對國家負有特別服從義務或受國家的特別監督，故其採用一般行政爭訟手段尋求救濟的權利

即可能受到限制。惟此種限制，近年已日益放寬。

三、特別權力關係之類別

（一）公法上的特別勤務關係

指以對國家或公共團體提供概括性無定量勤務爲目的，所成立的特別權利義務關係，其特性著重於由客體負擔倫理性忠誠服務，故與一般僅重經濟價值利益的僱傭關係有所不同，例如公務員或軍人與國家間所建立的勤務關係。

（二）公法上營造物利用關係

此即國家或公共團體爲對特定個人實施教育、訓練、治療、監護或制裁爲目的，所形成的特別權利義務關係。在此種關係之下，國家或公共團體在爲實現特定目的的範圍內，對客體擁有適當程度的支配與管束權力，客體負有服從與容忍的義務。

（三）公法上的特別監督關係

此即國家爲實現特定目的，對客體當事人授予特定權益，並將其置於監督權下，藉以促成目的實現所形成的特別權利義務關係。包括對公共團體的特別監督關係、對特許企業者的特別監督關係、對接受事務委託者的特別監督關係、對接受補助者的特別監督關係，以及對重要民營事業的特別保護關係等均屬之。

四、特別權力關係成立之原因

（一）由於法律的規定

部分特別權利義務關係的成立，係直接依據特定法律規定的結果，例如兵役關係及國營事業管理關係均是。

（二）由於當事人意志的實現

此即無論是由於雙方當事人意思的合致或一方當事人的決定，但均係基於當事人自由意志的選擇（同意），然後適用特定法令的規定，形成特別權利義務關係。其情形約有下列三種：

1. 由於雙方當事人的合意：即以雙方同意爲基礎，所建立的特別權利義務關係，於此種關係成立後，即依據有關的法規規範雙方的權利義務。例如公務員任用關係及學生與學校的關係均是。

2. 由於人民的公益及負義務者的同意：例如由選舉所產生的公職人員關係是。

3. 由於國家的單方意思：即由於國家單方意思的決定，適用有關法令規定，形成此種關係。例如國家設立地方自治團體，但亦有認為係直接依據法律規定

由於特定客觀事實的發生：即由於客觀事實的發生，使特定個別當事人或特定範圍的當事人，符合特定法規所定條件，因而形成此種關係。例如因傳染病發生使疫區人民受到管制，或因個別當事人罹患精神病須接受管束及治療措施，或對酗酒者採取人身管束措施均是。

五、特別權力關係理論之演變

由於以下之因素，特別權力關係理論產生變化：

（一）人權理論之重視

在二世界次大戰後，特別權力關係理論之合法性（合憲性）及妥當性面臨挑戰，昔日對於居於特別權力關係下的人民，例如軍人、公務員之基本權利，採較漠視的態度，在今日由於現代政治思潮對於人權保障的重視而不得不修正。

（二）基礎關係與管理關係理論

德國學者烏勒教授將特別權力關係分成基礎關係（外部關係）及管理關係（內部關係）兩種。主張凡屬前者之行政上處置，應視為行政處分，如有不服，得提起訴訟；後者則非行政處分，不得提起訴訟。凡是有關特別權力關係之產生、消滅或重大變更事項者，為基礎關係，例如公務員、軍人及公立學生身分資格的取得、喪失，以及降級、改敘、學生的留級，皆屬之。所謂管理關係，則指單純的管理措施，例如軍人、公務員及學生的服裝儀容規定、工作作息時間規定、考試考核之評定、宿舍規則，以及課餘時間的生活管理，如不准抽煙、跳舞、打牌、涉足特別場所等是。

（三）重要事項理論之興起

在特別權力關係範圍內，相對人權益應受目的合理之限制，固屬事實，但涉及人民基本權利「重要事項」時，乃須有法律之依據，國會不應放棄制定法律之任務，而聽任行政機關自行裁量訂頒特別規則。

六、特別權力關係演變之趨勢

（一）特別權力關係範圍縮小

現時之理論僅限於學校關係及刑罰執行關係（監獄與犯人），使用郵政、博物館、圖書館或保育性之設施等均排除於特別權力關係事項之外。其理由有二：

1. 短暫性質之利用關係，不應視為特別權力關係。
2. 利用者居於一般身分之權利義務並未受影響。

（二）涉及基本權利限制者，亦應有法律之依據

傳統理論一向認為行政機關得自行訂定行政規則，為必要之規律。重要性理論則主張在特別權力關係範圍內，個人權利應受目的合理之限制，固屬事實，但涉及基本權利時，仍須有法律之依據，惟法律不可能規範一切細節，故應判斷何者具有重要性，而以法律自行規定。在法律規定尚未完備之情形，應允許習慣法上久已存在之制度（特別命令），在過渡時期繼續適用。各種懲戒罰須以法律定之，但構成要件則可委由命令補充。

（三）許可提起行政爭訟

特別權力關係事項並非全然不得爭訟，凡認有行政處分存在者，即許其爭訟。

七、我國對公法上職務關係之突破

（一）公法上職務關係之發展及確立

公務人員與國家之關係，往昔由於受「特別權力關係」理論之支配，致僅強調為民服務及忠實執行職務之義務，公務人員之權利因而未受相對之重視，自大法官釋字第187號解釋以降，始於實務上對「特別權力關係」陸續加以修正，至第395號解釋理由書中已正式使用「公法上職務關係」一詞。釋字第618號解釋確立了公務人員經國家任用後，即與國家發生公法上職務關係。

換言之，公法上職務關係之意涵，指公務人員經國家考選擔任公職後，自身所具有之基本人權，並不隨之喪失，其權益與義務均須有法規之依據，並須遵循一般法律原則。

（二）公法上職務關係之特徵

公法上職務關係原則上是以「公法上職務存續」為前提，其特徵為：

1. 政府與公務人員相互間有權利義務存在，而不再以政府單方面的「權力」行之。

2. 公務人員義務履行與權利享有，非絕對而為相對之對價關係；但加諸公務人員之義務不僅應有法之依據，且必須明確。

3. 為維持公務有效運作，所謂「特別規則」之存在，仍然無可避免。但行政體系內部之規章，必須符合兩項要件：一是目的合理，一是涉及公務人員基本權利限制之重要事項，仍受「法律保留」原則之支配。

4. 公務人員權益受侵害時，並非不得爭訟，尤其當公務人員憲法上所保障之權利受到不法侵害，得依法定程序尋求訴訟救濟，不因公務人員身分而受影響。

第 二 節　警察人員教育

壹、警察人員教育制度之概念

警察法為我國設置警察教育機關之法源。警察教育制度，指警察教育之種類階段及師資、教材之標準等事項。有關警察教育制度之立法權專屬於中央。

貳、警察人員教育之一般規定

警察教育條例對於警察人員教育之一般規定如下：

一、警察教育之辦理機關：警察教育分養成教育、進修教育、深造教育，分別由警察學校、警察專科學校、警察大學辦理；進修及深造教育由中央警察大學辦理。但巡佐班、專業班得由警察專科學校辦理。

二、入學學生須經身家調查合格：警察專科學校各班及警察大學各系、所初試錄取人員，應經身家調查合格，始得入學；其項目、標準及實施程序之調查辦法，由內政部定之。

三、養成教育學生享受公費待遇：警察專科學校、警察大學受養成教育之

學生，得享受公費待遇：

（一）中央警察大學四年制各學系及臺灣警察專科學校專科警員班正期學生組學生在校修業期間享受公費待遇及津貼。

（二）中央警察大學研究所碩士班全時在職生、二年制技術系、臺灣警察專科學校專科警員班進修學生組學生在校接受警察養成教育期間，則僅享有公費待遇。

四、進修或深造教育期間帶職帶薪：各級警察人員應依其官階，接受進修或深造教育。進修或深造教育人員准予帶職帶薪，入學及結業時之往返旅費，由原服務機關依規定發給。

五、畢業生服務年限未滿者須賠償教育費用：警察專科學校、警察大學畢業學生，依法任警察官人員，應依規定服務滿一定年限，服務年限未滿者，應賠償在學期間之教育費用。

參、警察人員教育之種類

警察教育分養成教育、進修教育、深造教育及警察常年教育，茲分述如下：

一、養成教育

警察學校警員班、警察專科學校警員班、警察大學四年制各學系、警察大學研究所均屬於養成教育並分別由警察學校、警察專科學校、警察大學辦理。

（一）警察學校

警察學校設警員班及預備班：

1. 警員班：修業年限一年，應考資格須公立或已立案之私立高級中學或同等學校畢業，或具有同等學力者。

2. 預備班：修業年限三年，成績及格者，比敘高級中學畢業資格，經甄試合格升入警察專科學校專科警員班，其成績特優者，得經考選保送警察大學。其應考資格須公立或已立案之私立國民中學或同等學校畢業，或具有同等學力者。

（二）警察專科學校

1. 專科警員班：修業年限二年，成績及格者，依法取得專科畢業資格。

其應考資格須公立或已立案之私立高級中學或同等學校畢業，或具有同等學力者。

　　2. 警員班、預備班：於未設置警察學校之省（市），為應警察員額需求，得經內政部會同教育部核准，由警察專科學校辦理。

（三）警察大學

　　1. 四年制各學系：修業年限四年，成績及格者，依法授予學士學位。

　　2. 二年制技術系：修業年限二年，成績及格者，依法授予學士學位；其應考資格須經警察專科學校專科警員班畢業。

二、進修教育

　　現職人員之進修教育，其區分、期間及辦理機關如下：

　　1. 巡佐班：三個月以下，由警察專科學校辦理。

　　2. 警佐班：四個月至十二個月，由警察大學辦理。

　　3. 專業班：三個月以下，分別由警察專科學校、警察大學辦理。

三、深造教育

　　現職人員之深造教育，除中央警察大學各研究所依教育法令辦理外，其區分及期間如下：

　　1. 警正班：四個月至六個月。

　　2. 警監班：四個月至六個月。

　　3. 研究班：六個月以下。

　　4. 研究所：修業年限碩士班一至四年，博士班二至七年，成績及格，符合學位授予法者，分別授予碩士或博士學位。

四、警察常年教育

（一）常年教育之目的

　　警察機關為維護警察紀律、鍛鍊員警體能及充實其實務知能，應實施常年訓練，以因應社會環境及工作需求，有效遂行警察職務。

（二）常年教育之種類

　　分學科訓練、術科訓練、組合訓練、特勤訓練、業務訓練、幹部訓練、專案訓練等。

（三）辦理常年教育之權責區分

　　1. 內政部警政署：負責全國性警察訓練之策劃、督導、考核。

　　2. 直轄市、縣（市）政府警察局：負責所屬警察訓練之策劃、督導、考核。

　　3. 直轄市、縣（市）政府警察局所屬分局：負責所屬警察訓練之執行及測驗。

第二節　警察人員考試

壹、警察人員考試之概念

　　一、警察人員考試及格之緣起：我國憲法第85條規定，公務人員之選拔，應實行公開競爭之考試制度。警察人員人事條例第11條並規定，警察官之任官資格，第一爲考銓條件，即新任人員必須具有警察人員考試及格之資格。

　　二、警察特種考試之分類：公務人員警察特種考試又依考生是否畢業於中央警察大學或警察專科學校，而爲二種，即經警察養成教育畢業者，得報考警察人員考試（俗稱內軌）；非經警察養成教育畢業者，得報考一般警察人員考試（俗稱外軌）。

　　三、警察特種考試之地位：警察特種考試之二等考試相當於高考二級考試，三等考試相當於高考三級考試，四等考試相當於普通考試。

貳、警察人員考試應考資格要件

一、公務人員特種考試警察人員考試

（一）二等考試

　　1. 中央警察大學各研究所畢業得有碩士以上學位證書者。

　　2. 公私立大學研究所或教育部採認之國外大學研究所畢業得有碩士以上學位證書，並經警察人員考試考試及格者。

（二）三等考試

　　1. 中央警察大學各系、所畢業得有學士以上學位證書者。

2. 公私立大學研究所或教育部採認之國外獨立學院以上學校畢業得有學士以上學位證書，並經警察人員考試考試及格者。

3. 經普通考試警察人員考試或相當普通考試之特種警察人員考試及格滿三年者。

（三）四等考試

1. 中央警察大學各系所畢業得有學士以上學位證書者。

2. 警察專科學校畢（結）業得有證書者。

二、公務人員特種考試一般警察人員考試

（一）二等考試

中央警察大學以外之公私立大學研究所或教育部採認之國外大學研究所畢業得有碩士以上學位證書者。

（二）三等考試

1. 中央警察大學以外之公私立獨立學院以上學校或教育部採認之國外獨立學院以上學校各所系畢業得有學士以上學位證書。

2. 經普通考試或相當普通考試之特種考試及格滿三年者。

3. 經高等檢定考試及格者。

（三）四等考試

1. 中央警察大學、臺灣警察專科學校以外之公私立高級中等以上學校畢業得有證書者。

2. 經初等考試或相當初等考試之特種考試及格滿三年者。

3. 經高等或普通檢定考試及格者。

第四節　警察人員之任用

壹、警察人員任用之概念

警察人員之人事，除依警察人員人事條例，該條例未規定者，適用有關法律之規定。警察人事條例之立法原則如下：

一、求才原則：（一）警察官職採分立制：其官等為警監、警正、警佐，官受保障，職得調任，非依法不得免官或免職，以顯示警察的特種名位。（二）警察基層人員得採警員制：其目的在提高警察基層人員的地位，以精神上的榮譽與物質上的待遇二者並重，使賢能有為的人，皆樂於從事警察工作。

二、取才原則：警察人員之任用，以曾受警察教育或經中央考銓合格者為限。

三、養才原則：警察官等分為特、一、二、三、四階，以特階為最高階；警正及警佐官等各分一、二、三、四階，均以第一階為最高階，以避免任免混為一談，使官、職劃分，確立養才的合理標準，職位之高低，不影響其官等。

貳、一般之任用要件

一、積極要件

（一）國籍：中華民國國民，且不兼具外國國籍。

（二）年齡：滿十八歲，但初任警察官之年齡，不得超過下列規定：

1. 警佐：四十歲。

2. 警正：四十五歲。

3. 警監：五十歲。

升官等任用者，不受上述（二）限制。

（三）對國家忠誠及適合職務相當之要件：

1. 擬任警察官前，其擬任機關、學校應就其個人品德、忠誠、素行經歷及身心健康狀況實施查核；必要時，得洽請有關機關協助辦理。

2. 警察官於任職前，應注意其智力、體能、學識、經驗及領導才能，並考量其對任職之地區、語言、風俗、習慣、民情等適應能力。

二、消極條件

（一）不得任用者

1. 依警察人員人事條例規定，經查核有下列情形之一者，不得任用：

(1)公務人員任用法第28條第1項各款情形之一。

(2)曾服公職依公務人員考績法受免職處分或依公務員懲戒法受撤職處分或其他違法犯紀行為依法予以免職處分。

(3) 曾列警察職權行使法第15條第1項各款之治安顧慮人口。

(4) 曾犯刑法第268條、民國95年7月1日刑法修正施行前第267條、第350條之罪，經有罪判決確定。

(5) 依刑事訴訟程序被羈押或通緝中。

(6) 曾經中央警察大學、中央警官學校、臺灣警察專科學校、臺灣警察學校、軍事院校勒令退學或開除學籍。

(7) 依其他法律規定不得為公務人員。

於任警察官後發現其於任用時有前項各款情事之一者，應撤銷其任用。

前述撤銷任用人員，其任職期間之職務行為、俸給及依警察人員任用條例第6條第1項查核結果之處理，依公務人員任用法之規定辦理。

2. 依公務人員任用法第28條之規定，有下列情事之一者，不得任用為公務人員：

(1) 未具或喪失中華民國國籍。

(2) 具中華民國國籍兼具外國國籍。但其他法律另有規定者，不在此限。

(3) 動員戡亂時期終止後，曾犯內亂罪、外患罪，經有罪判決確定或通緝有案尚未結案。

(4) 曾服公務有貪污行為，經有罪判決確定或通緝有案尚未結案。

(5) 犯前二款以外之罪，判處有期徒刑以上之刑確定，尚未執行或執行未畢。但受緩刑宣告者，不在此限。

(6) 依法停止任用。

(7) 褫奪公權尚未復權。

(8) 經原住民族特種考試及格，而未具或喪失原住民身分。

(9) 受監護或輔助宣告，尚未撤銷。

公務人員於任用後，有前項第1款至第8款情事之一者，應予免職；有第9款情事者，應依規定辦理退休或資遣。任用後發現其於任用時有前項各款情事之一者，應撤銷任用。

前述撤銷任用人員，其任職期間之職務行為，不失其效力；業已依規定支付之俸給及其他給付，不予追還。但經依第一項第二款情事撤銷任用者，應予追還。

（二）迴避任用者

各機關長官對於配偶及三親等以內血親、姻親，不得在本機關任用，或任用為直接隸屬機關之長官。對於本機關各級主管長官之配偶及三親等以內血親、姻親，在其主管單位中應迴避任用。

應迴避人員，在各該長官接任以前任用者，不受前項之限制。

（三）機關首長不得任用或遷調人員之期間

1. 自退休案核定之日起至離職日止。

2. 自免職或調職令發布日起至離職日止。

3. 民選首長，自次屆同一選舉候選人名單公告之日起至當選人名單公告之日止。但競選連任未當選或未再競選連任者，至離職日止。

4. 民意機關首長，自次屆同一民意代表選舉候選人名單公告之日起至其首長當選人宣誓就職止。

5. 參加公職選舉者，自選舉候選人名單公告之日起至離職日止。但未當選者，至當選人名單公告之日止。

6. 憲法或法規未定有任期之中央各級機關政務首長，於總統競選連任未當選或未再競選連任時，自次屆該項選舉當選人名單公告之日起至當選人宣誓就職止。地方政府所屬機關政務首長及其同層級機關首長，於民選首長競選連任未當選或未再競選連任時，亦同。

7. 民選首長及民意機關首長受罷免者，自罷免案宣告成立之日起至罷免投票結果公告之日止。

8. 自辭職書提出、停職令發布或撤職、休職懲戒處分議決之日起至離職日止。

參、任用之資格要件

一、初任警察官之任官資格

警察官之任用，必須具備考銓條件與警察教育條件，使教育、考試、任用合一，其要件如下：

（一）考銓條件

1. 警察人員考試及格者。

2. 曾任警察官，經依法升官等任用者。

3. 本條例施行前曾任警察官，依法銓敘合格者。

（二）教育條件

警察官之任用，除具備前項各款資格之一外，職務等階最高列警正三階以上，應經警察大學或警官學校畢業或訓練合格；職務等階最高列警正四階以下，應經警察大學、警官學校、警察專科學校或警察學校畢業或訓練合格。

二、考試取得之任官資格

（一）高等考試一級考試或特種考試警察人員考試一等考試及格者，取得警正一階任官資格。

（二）高等考試二級考試或特種考試警察人員考試二等考試及格者，取得警正三階任官資格。

（三）高等考試三級考試或特種考試警察人員考試三等考試及格者，取得警正四階任官資格。

（四）普通考試或特種考試警察人員考試四等考試及格者，取得警佐三階任官資格。

（五）初等考試或特種考試警察人員考試五等考試及格者，取得警佐四階任官資格。

前項第1款至第3款所列各等級考試及格人員，如無相當官階職務可資任官時，得先以低一官階任官。

三、晉階取得之任官資格

（一）警察官等分為警監、警正、警佐：警監官等分為特、一、二、三、四階，以特階為最高階；警正及警佐官等各分一、二、三、四階，均以第一階為最高階。

（二）警察官階之晉升準用公務人員考績升職等之規定：即各機關參加考績人員任本職等年終考績，具有下列各款情形之一者，取得同官等高一職等之任用資格：

1. 二年列甲等者。

2. 一年列甲等二年列乙等者。

四、升官等取得之任官資格

（一）升官等考試及格

警察人員之晉升官等，須經升官等考試及格。

（二）考績升等

1.警佐一階升任警正四階

具有下列資格之一，並經銓敘部銓敘審定合格實授現任警佐一階職務，最近三年年終考績二年列甲等、一年列乙等以上，敘警佐一階本俸最高級，且經晉升警正官等訓練合格者，取得升任警正四階任官資格：

(1)經普通考試、特種考試警察人員考試四等考試或相當委任第三職等以上銓定資格考試警察人員考試及格，並任合格實授警佐一階職務滿三年。

(2)警察學校或警察專科學校警員班畢業，並任合格實授警佐一階職務滿十年，或警察專科學校專科警員班或警官學校、警察大學專修科畢業，並任合格實授警佐一階職務滿八年，或警官學校、警察大學四年學制以上畢業，並任合格實授警佐一階職務滿六年。

前述升任警正官等人員，應受警察人員人事條例第11條第2項規定之限制，並以擔任職務等階最高為警正三階以下之職務為限。但具有碩士以上學位且最近五年警正三階職務年終考績四年列甲等、一年列乙等以上者，得擔任職務等階最高為警正二階以下之職務。

2.警正一階升任警監四階

具有下列資格之一，並經銓敘部銓敘審定合格實授現任警正一階職務，最近三年年終考績二年列甲等、一年列乙等以上，敘警正一階本俸最高級，且經晉升警監官等訓練合格者，取得升任警監四階任官資格：

(1)經高等考試或相當於高等考試之特種考試警察人員考試及格，並任合格實授警正一階職務滿三年。

(2)經警察大學或警官學校四年學制以上畢業，並任合格實授警正一階職務滿六年。

前述警察人員如有特殊情形，報經主管機關核准，得先予調派警監職務，並於一年內補訓合格，不受應先經升官等訓練，始取得警監任官資格之限制。但特殊情形之補訓，以警察人員人事條例第14條民國96年6月15日修正施行後五年內為限。

前述應予補訓人員，如未依規定補訓或補訓成績不合格，應予註銷警監任官資格，並回任警正職務。

肆、任職與陞遷

一、警察官任職

（一）官階應與職務等階相配合為原則

警察官任職，依各該機關、學校組織法規之規定，官階應與職務等階相配合。本官階無適當人員調任時，得以同官等低一官階資深績優人員權理。遇有特殊情形，亦得以高一官階人員調任。

（二）授權訂定職務等階表

警察官職務，應就其工作職責及所需資格，列入職務等階表，必要時一職務得列二個至三個官階。前述職務等階表，依職責程度、業務性質及機關層次，由銓敍部會商行政院有關機關擬訂，報請考試院核定。

二、警察官之陞遷

（一）採資績並重、內陞與外補兼顧原則

警察人員之陞遷，應本人與事適切配合之旨，考量機關、學校特性及職務需要，依資績並重、內陞與外補兼顧原則，並與教育訓練及考核相配合，採公開、公平、公正方式，擇優陞任或遷調歷練，以拔擢及培育人才。警察人員具有特殊功績者，應予陞職。並由內政部警政署召開會議公開審議之。

（二）具任用資格而未達擬任職務最低官階者，應予晉階

前述應予陞職人員未具陞職任用資格者，應俟其取得資格後辦理之；其所具任用資格未達擬任職務等階表所列該職務最低官階者，應予晉階，並以晉一階為限。

（三）警察人員陞遷，不適用公務人員陞遷法之規定

警察人員之陞遷，不適用公務人員陞遷法之規定；其實施範圍、辦理方式、限制條件及其他相關事項之辦法，由內政部定之。

伍、任用程序

一、警察職務之遴任權限

（一）警監職務：由內政部遴任或報請行政院遴任。

（二）警正、警佐職務：由內政部遴任或交由直轄市政府遴任。

二、初任各官等之試用

（一）初任各官等警察人員，未具與擬任職務職責程度相當或低一官階之經驗六個月以上者，應先予試用六個月。試用期滿成績及格，予以實授；試用期滿成績不及格，予以解職。

（二）試用人員於試用期間有公務人員任用法第20條第2項情事或有警察人員人事條例第28條授權訂定之警察人員獎懲標準一次記一大過情形之一者，為試用成績不及格。

（三）警察大學、警官學校、警察專科學校及警察學校學生經實習期滿畢業，考試及格分發任職者，免予試用。

三、警察官任官之程序

（一）警監、警正：由內政部核轉銓敘部銓敘審定合格後，呈請總統任官。

（二）警佐：由內政部核轉銓敘部銓敘審定合格後任官，或由直轄市政府核轉銓敘部銓敘審定合格後，報內政部任官。

第 五 節　警察人員之義務

壹、警察人員義務之概念

警察人員於任用後，一方面享有各種法定權利，另一方面則須負擔各種法定義務，大體言之，警察人員的義務隨任職報到而當然發生。依照公務員服務法、警察人員人事條例及其他有關之法令規定，其主要義務包括恪守誓言之義務、執行職務之義務、服從命令之義務、嚴守秘密之義務、保持品格之義務、不為一定行為之義務、申報財產之義務、行政中立之義務。如有違反義務者，

則按情節之輕重予以懲處、懲戒；其觸犯刑事法令者，並依各該刑事法令處罰。

貳、警察人員之主要義務

一、恪守誓言之義務

（一）公務員服務法第1條規定：公務員應恪守誓言，忠心努力，依法律命令所定，執行其職務。

（二）警察人員人事條例第7條規定：初任警察官時應宣誓，誓詞如左：「余誓以至誠，恪遵國家法令，盡忠職守，報效國家；依法執行任務，行使職權；勤謹謙和，為民服務。如違誓言，願受最嚴厲之處罰，謹誓。」

二、執行職務之義務

（一）躬親執行職務：如有正當理由，委由他人代理，應依照各機關規定，報請上級長官核准。

（二）專心執行職務：公務員除法令所規定外，不得兼任他項公職或業務。其依法令兼職者，不得兼薪及兼領公費。

（三）遵時服行勤務：依照公務人員請假規則請假外，不得曠職，更應依照規定時間到指定處所服務。

（四）忠實執行職務：執行職務要保持安靜、鎮定，應有竭誠力行、效忠國家、鞠躬盡瘁，保護人民之權益。

三、服從命令之義務

（一）服從義務之規定

1. 長官就其監督範圍以內所發命令，屬官有服從之義務。但屬官對於長官所發命令，如有意見，得隨時陳述（公務員服務法第2條）。

2. 公務員對於兩級長官同時所發命令，以上級長官之命令為準，主管長官與兼管長官同時所發命令，以主管長官之命令為準（公務員服務法第3條）。

（二）合法職務命令必須具備之要件

1. 命令者須有指揮監督權。

2. 該命令須與屬官職務有關。

3. 命令內容須非法律上不能或事實上不能。

4. 須具備法定形式並經正當手續。

5. 命令之事項非屬應獨立處理之職務範圍。

四、嚴守秘密之義務

（一）公務員有絕對保守政府機密之義務，對於機密事件無論是否主管事務，均不得洩漏，退職後亦同。公務員未得長官許可，不得以私人或代表機關名義，任意發表有關職務之談話（公務員服務法第4條）。

（二）政府為建立國家機密制度，確保國家安全及利益，特制定國家機密保護法；又為規範個人資料之蒐集、處理及利用，以避免人格權受侵害，並促進個人資料之合理利用，制定個人資料保護法，警察人員均應一一遵行。

（三）警察人員對於機密或偵查案件，無論是否主管事務均不得洩漏。各警察機關除主官（管）、發言人及經指定之人員外，其他警察人員一律不得對外發布新聞或提供新聞資料。

五、保持品格之義務

公務員服務法第5條規定：公務員應誠實清廉，謹慎勤勉，不得有驕恣貪惰，奢侈放蕩及冶遊、賭博、吸食煙毒等足以損失名譽之行為。

六、不為一定行為之義務

公務員服務法針對公務員之行為，有如下之禁止規定：

（一）不得經營商業或投機事業。但投資於非屬其服務機關監督之農、工、礦、交通或新聞出版事業，為股份有限公司股東，兩合公司之有限責任股東，或非執行業務之有限公司股東，而其所有股份總額未超過其所投資公司股本總額百分之十者，不在此限。

（二）非依法不得兼公營事業機關或公司代表官股之董事或監察人。

（三）對於屬官不得推薦人員，並不得就其主管事件有所關說或請託。

（四）有隸屬關係者，無論涉及職務與否，不得贈受財物；於所辦事件，不得收受任何餽贈。

（五）公務員執行職務時，遇有涉及本身或其家族之利害事件，應行迴避。

（六）不得利用視察或調查等機會，接受地方官民之招待或餽贈。

（七）非因職務之需要，不得動用公物或支用公款。

（八）職務上所保管之文書、財物，應盡善良保管之責，不得毀損、變換、私用或借給他人使用。

（九）對於下列各款與其職務有關係者，不得私相借貸，訂立互利契約或享受其他不正利益：

1. 承辦本機關或所屬機關之工程者。
2. 經營本機關或所屬事業來往款項之銀行、錢莊。
3. 承辦本機關或所屬事業公用物品之商號。
4. 受有官署補助費者。

七、申報財產之義務

依公職人員財產申報法，凡屬於該法適用對象之公職人員，包括各級政府機關之首長、副首長及職務列簡任第十職等以上之幕僚長、主管均有定期或財產有重大變更時予以申報之義務。受理申報之機關為監察院或申報義務人服務機關（或其上級機關）之政風單位。此項義務以特定職務之警察人員為限。一般警察人員則無財產申報之義務。

八、行政中立之義務

警察人員為國家公務部門之事務官，應依公務人員行政中立法之規定，保持行政中立之義務如下：

（一）政治活動中立：即應超越黨派為全民服務，不介入政治派系或政治紛爭，並不得利用公務上之便利從事政黨活動。

（二）落實公正執法之理念：立場應超然、客觀、公正、公平對待任何各人、團體或黨派，依法執行政策。

公務人員行政中立法之內容，容待第十一章再予詳述。

第六節 警察人員之權利

壹、憲法上之權利

警察人員與一般人民同樣享有下列憲法規定之權利，但受到一些法規之限制：

一、言論自由權

包括言論、講學、著作及出版之自由。但受公務員服務法守密義務規定之限制，即公務員有絕對保守政府機關機密之義務，對於機密事件無論是否主管事務，均不得洩漏，退職後亦同。公務員未得長官許可，不得以私人或代表機關名義，任意發表有關職務之談話。

二、結社權

包括集會及結社之自由。但受工會法規定各級政府機關及公立學校公務人員不得組織工會之限制，而僅能依公務人員協會法組織公務人員協會。

三、工作權與財產權

警察人員之工作權及財產權，應予保障。但公務人員任用法、公務人員考績法、公務員懲戒法、公務員退休法各有特定之限制。擔任特定職務之警察人員應依公職人員財產申報法規定，申報財產。

四、請願、訴願與訴訟權

請願、訴願及訴訟之權。但依公務人員保障法規定，須足以改變公務人員身分、對於公務人員權利有重大影響，或基於公務人員身分所生之公法上財產請求權遭受侵害，例如對俸級、任用之審查或免職、停職處分不服時，得提起復審，等同於訴願程序，如不服復審結果，可提起行政訴訟。

五、政治活動權

包括選舉、罷免、創制及複決之權。惟公職人員選舉罷免法規定，中央及地方政府各級機關於公職人員選舉競選或罷免活動期間，不得從事任何與競選或罷免宣傳有關之活動。此外，同法亦規定，現役軍人、服替代役之現役役男或公務人員，不得為罷免案提議人。前項所稱公務人員，為公務員服務法第24

條規定之公務員。基此，警察人員當然不得為罷免案提議人。

六、應考試服公職權

警察人員亦有應考試、服公職之權。

貳、人事行政法規上之權利

一、保持身分之權利

公務人員之身分保障權，謂公務人員得主張非有法定原因，非依法定程序，不得任意撤職、休職、免職、停職、解除職務、解聘或資遣等處分之權利。

二、受領俸給之權利

警察人員之俸給，分本俸（年功俸）及加給，均以月計。

（一）本俸

1. 本俸之意義：指各職等人員依法應領取之基本給與。本俸及年功俸之晉敘，除依警察人員人事條例規定者外，適用公務人員考績法之規定。

2. 初任警察官本俸支給之起敘：

(1)高等考試一級考試或特種考試警察人員考試一等考試及格，以警正一階任用，自一階三級起敘，先以警正二階任用者，自二階一級起敘。

(2)高等考試二級考試或特種考試警察人員考試二等考試及格，以警正三階任用，自三階三級起敘，先以警正四階任用者，自四階一級起敘。

(3)高等考試三級考試或特種考試警察人員考試三等考試及格，以警正四階任用，自四階三級起敘，先以警佐一階任用者，自一階一級起敘。

(4)普通考試或特種考試警察人員考試四等考試及格，以警佐三階任用，自三階三級起敘。

(5)初等考試或特種考試警察人員考試五等考試及格，自警佐四階六級起敘。

3. 警察人員與一般行政人員及技術人員相互轉任時，除依警察人員人事條例規定者外，適用公務人員任用法、公務人員俸給法之規定；其相當官等、官階（職等）及俸級之對照換敘，依列於該法之附表二之規定辦理。

（二）年功俸

1. 年功俸之意義：指各職等高於本俸最高俸級之給與。

2. 晉階之警察官，核敘所晉官階本俸最低級；原敘俸級高於所晉官階本俸最低級者，換敘同數額之本俸或年功俸。升任高一官等警察官，自所升官等最低官階本俸最低級起敘；原敘俸級高於起敘俸級者，換敘同數額之本俸或年功俸。調任同官等低官階職務之警察官，仍以原官階任用並敘原俸級。

（三）加給

1. 加給之意義：指本俸、年功俸以外，因所任職務種類、性質與服務地區之不同，而另加之給與。

2. 警察人員加給分之種類：

(1)勤務加給：對具有警察官任用資格人員之加給。

(2)技術加給：對技術人員之加給。

(3)專業加給：對專業人員之加給。

(4)職務加給：對主管人員或職責繁重或工作具有危險性者之加給。

(5)地域加給：對服務邊遠或特殊地區與國外者之加給。

三、受領保險給付之權利

公務員應參加公務人員保險（簡稱公保），於保險事故發生時，請求給付一定保險給付。其中有關生育、疾病、傷害、事故、給與醫療等項，已納入全民健康保險範圍，另發生殘廢、養老、死亡及眷屬亡故時，給予現金給付。

四、受領退休金之權利

（一）辦理退休之情事

1. 公務人員得依公務人員退休法規定請求國家給付退休金之情形

(1)自願退休：任職滿五年以上，年滿六十歲或任職滿二十五年者。但對於擔任具有危險及勞力等特殊性質職務者，由主管機關就其職務性質具體規定危險及勞力範圍，送經銓敘部認定後，酌予減低，但不得少於五十歲。

(2)屆齡退休：任職滿五年以上，年滿六十五歲者。

(3)命令退休：任職滿五年以上，因身心障礙，致不堪勝任職務，繳有中央衛生主管機關評鑑合格醫院出具已達公教人員保險失能給付標準所

定半失能以上之證明,並經服務機關認定不能從事本職工作,亦無法擔任其他相當工作且出具證明者。前二項人員係因公傷病致身心障礙而不堪勝任職務者,不受任職五年以上年資之限制。

2. 警察官於任用後,有公務人員任用法第28條第1項第8款(受監護或輔助宣告,尚未撤銷)或第9款(經合格醫師證明有精神疾病)所定情形之一者,應依規定辦理退休或資遣。

3. 警察人員之退休,除警察人員人事條例之規定外,適用公務人員退休法之規定。

(二)警察人員人事條例對退休金之特別規定

1. 警正以下擔任具有危險及勞力等特殊性質職務者,其退休年齡,得依照公務人員退休法之規定酌予降低。

2. 在執行勤務中遭受暴力或意外危害,致身心障礙,不堪勝任職務並依公務人員退休法命令退休者,其退休金除依規定按因公傷病標準給與外,另加發五至十五個基數,基數內涵均依所任職務最高等階年功俸最高俸級計算。

3. 領有勳章、獎章者,得加發退休金。

五、享有特定原因致殘之終身照護權利

(一)警察人員在執行勤務中遭受暴力或意外危害,致全殘廢或半殘廢者,應給與醫療照護及安置就養,並由主管機關編列預算,給與終身照護。

(二)在警察人員人事條例民國93年8月19日修正之條文施行前,有前項情形者,自修正施行之日起,給與照護。

六、遺族受領撫卹金之權利

(一)公務員無論因公死亡或意外死亡,其遺族均得依公務人員撫卹法規定,請求國家給予一次撫卹金及年撫卹金;撫卹金權為公務員家屬之權利。

(二)警察人員之撫卹,除依下列規定外,適用公務人員撫卹法之規定:

1. 在執行勤務中殉職者,其撫卹金基數內涵依其所任職務最高等階年功俸最高俸級計算,並比照戰地殉職人員加發撫卹金。

2. 領有勳章、獎章者,得加發撫卹金。

七、受領因公受傷、殘廢、死亡或殉職從優發給慰問金之權利

警察人員因公受傷、殘廢、死亡或殉職者，應從優發給慰問金；全殘廢者，比照殉職之標準。其在執行勤務中遭受暴力或意外危害致全殘廢、死亡或殉職者之慰問金不得低於公務人員因公傷殘死亡發給慰問金之二倍。前項因公範圍與慰問金發給對象、金額及其他相關事項之辦法，由行政院定之。警察人員因公傷殘死亡殉職慰問金發給辦法之基準如下：

（一）受傷慰問金

1. 傷勢嚴重住院急救有生命危險者，發給新臺幣20萬元。
2. 傷勢嚴重住院有殘廢之虞者，發給新臺幣16萬元。
3. 傷勢嚴重連續住院三十日以上者，發給新臺幣8萬元。
4. 連續住院二十一日以上，未滿三十日者，發給新臺幣6萬元。
5. 連續住院十四日以上，未滿二十一日者，發給新臺幣4萬元。
6. 連續住院未滿十四日者，或未住院而須治療七次以上者，發給新臺幣2萬元。
7. 因執行勤務遭受暴力或意外危害致有前六目情形者，依其基準加二倍發給。

（二）殘廢慰問金

1. 全殘廢者，發給新臺幣120萬元；半殘廢者，發給新臺幣60萬元；部分殘廢者，發給新臺幣30萬元。
2. 因執行勤務致全殘廢者，發給新臺幣345萬元；半殘廢者，發給新臺幣180萬元；部分殘廢者，發給新臺幣90萬元。
3. 因執行勤務遭受暴力或意外危害致全殘廢者，發給新臺幣600萬元至700萬元；致半殘廢者，發給新臺幣225萬元；部分殘廢者，發給新臺幣120萬元。

（三）死亡、殉職慰問金

1. 死亡者，發給其遺族新臺幣120萬元。
2. 因執行勤務致死亡者，發給其遺族新臺幣345萬元。
3. 因執行勤務遭受暴力或意外危害致死亡或殉職者，發給其遺族新臺幣600萬元至700萬元。

八、特定原因致殘或殉職者之子女享有教養之權利

（一）警察人員在執行勤務中，遭受暴力或意外危害，致全殘廢、半殘廢或在執行勤務中殉職者，其子女應給與教養至成年。如已成年仍在學者，繼續教養至大學畢業為止。

（二）在警察人員人事條例民國93年8月19日修正之條文施行前，有前項情形者，其子女自修正施行之日起，給與教養。

九、受領職務費用償還之權利

警察人員執行職務時依法所代墊之特別費用，得請求國家償還，此種費用包括出差旅費、交通費、資料購置費、交際費、加班費等。

十、受獎勵之權利

（一）警察人員為國服務，成績優良者，應獲得獎勵，以資激其忠勤。獎勵之法律依據包括公務人員考績法、勳章條例、獎章條例、警察獎章條例等規定。

（二）獎勵內容包括如下：

1. 平時獎勵。
2. 年終考績獎勵。
3. 專案考績獎勵。
4. 授予勳章、獎章。
5. 發給獎勵金。
6. 選拔為模範警察。

十一、休假、請假之權利

（一）依公務員服務法授權訂定之公務人員請假規則之有關條文享受特別休假或請假之權利。

（二）依警察人員人事條例規定，警察人員有特別貢獻或特殊功績者，予以特別休假。

十二、因公涉訟輔助之權利

（一）依公務人員保障法規定：公務人員依法執行職務涉訟或遭受侵害時，其服務機關應延聘律師為其辯護及提供法律上之協助。前項情形，其涉訟

或遭受侵害，係因公務人員之故意或重大過失所致者，其服務機關應向該公務人員求償。

（二）依公務人員因公涉訟輔助辦法規定，公務人員依法執行職務而涉及民事、刑事訴訟案件，其服務機關應為該公務人員延聘律師，其人選應先徵得該公務人員之同意。

十三、申請重審、再審之權利

警察人員依法享有申請復審、再審議之權利如下：

（一）試用擬任審查之重審：試用及擬任人員送銓敘審定後，如有不服，得依公務人員保障法提起救濟；如有顯然錯誤，或有發生新事實、發現新證據等行政程序再開事由，得依行政程序法相關規定填具公務人員任用或俸給案申請更正或變更送核書表，依送審程序向銓敘部提出申請。

（二）俸級俸點銓敘之重審：現職公務人員對於銓敘部所銓敘審定之俸級俸點，如有顯然錯誤，或有發生新事實、發現新證據等行政程序再開事由，得填具公務人員任用或俸給案申請更正或變更送核書表，依送審程序向銓敘部提出申請。

（三）考績核定之重審：各機關或受考人於收受考績通知後，對考績等次以外之其他原因，如有疑義時，得於收受通知之次日起三個月內詳敘理由，檢附有關證明文件，由服務機關造具更正清冊，報送主管機關重行核定並送銓敘部銓敘審定。

（四）懲戒處分之再審：懲戒案件之判決，有下列各款情形之一者，原移送機關或受判決人，得提起再審之訴：

1. 適用法規顯有錯誤。

2. 判決合議庭之組織不合法。

3. 依法律或裁定應迴避之委員參與裁判。

4. 參與裁判之委員關於該訴訟違背職務，犯刑事上之罪已經證明，或關於該訴訟違背職務受懲戒處分，足以影響原判決。

5. 原判決所憑之證言、鑑定、通譯或證物經確定判決，證明其為虛偽或偽造、變造。

6. 同一行為其後經不起訴處分確定，或為判決基礎之刑事判決，依其後之確定裁判已變更。

7. 發現確實之新證據，足認應變更原判決。

8. 就足以影響原判決之重要證據，漏未斟酌。

9. 確定判決所適用之法律或命令，經司法院大法官解釋為牴觸憲法。

十四、受領其他給付之權利

基於職位關係尚有參加考績權、執行職務權、使用官銜職稱權、健康維護、警察互助共濟、安全維護權等權利。

此外，警械使用條例規定，警察人員之生命、身體、自由、裝備遭受強暴或脅迫，或有事實足認為有受危害之虞時，得使用警刀或槍械；必要時得使用其他經核定之器械，以保護其安全。

第七節　警察人員之獎懲

警察人員執行職務，如有工作疏忽、違反義務、廢弛職務或其他失職行為，因情節輕重而應受不同懲處。警察人員之考核與考績，除依警察人員人事條例規定者外，適用公務人員考績法之規定。

壹、考核之獎懲

一、一般功過

警察人員平時考核之功過，依公務人員考績法之規定抵銷後，尚有如下規定：

（一）記一大功二次人員，考績不得列乙等以下。

（二）記一大功以上人員，考績不得列丙等以下。

（三）記一大過以上人員，考績不得列乙等以上。

二、勳章與獎章

（一）勳章：警察人員有勳勞於國家或社會，如維持地方秩序，消弭禍患，成績優異者，得依勳章條例授予卿雲勳章或景星勳章。

（二）獎章：警察人員著有特殊功績、優良事蹟、優良服務成績或專業具體事蹟者，得依獎章條例頒給獎章。獎章種類如下：

1. 功績獎章。
2. 楷模獎章。
3. 服務獎章。
4. 專業獎章。

三、晉階

警察人員官階之晉升，準用公務人員考績升職等之規定。但具有下列特殊功績者，得晉升一階：

（一）維護元首安全或執行特定警衛，對意外事故，冒生命危險，處置得宜，化險為夷。

（二）主動破獲內亂、外患組織，並捕獲要犯。

（三）冒生命危險，捕獲重要案犯，消弭禍患。

四、陞遷

警察人員陞遷依警察人員陞遷辦法辦理，所謂陞遷，指陞任較高陞遷序列職務，或遷調同一陞遷序列職務。陞遷原則如下：

（一）警察機關、警察大學人員陞任較高陞遷序列職務，應注意實施非主管、主管及勤業務之經歷遷調。

（二）警察機關主管職務應按地區特性，依單純、較重、繁重順序為原則實施地區遷調。

五、免職與免官

（一）免職

所謂免職，即免去受懲處人之現任警察職務。警察人員有下列各款情形之一者，遴任機關或其授權之機關、學校應予以免職：

1. 公務人員任用法第28條第1項第1款、第2款及第6款所定情形之一。
2. 動員戡亂時期終止後，犯內亂罪、外患罪，經有罪判決確定或通緝。
3. 犯貪污罪、強盜罪，經有罪判決確定或通緝。
4. 犯前二款以外之罪，經處有期徒刑以上刑之判決確定，未宣告緩刑或未准予易科罰金。
5. 依刑事確定判決，受褫奪公權之宣告。
6. 公務人員考績法所定一次記二大過情事之一。

7. 犯第2款及第3款以外之罪，經通緝逾六個月未撤銷通緝。

8. 持械恐嚇或傷害長官、同事，情節重大，有具體事實，嚴重影響警譽。

9. 假借職務上之權勢，意圖敲詐、勒索，有具體事實，嚴重影響警譽。

10.假借職務上之權勢，庇護竊盜、贓物、流氓、娼妓、賭博，有具體事實，嚴重影響警譽。

11.同一考績年度中，其平時考核獎懲互相抵銷後累積已達二大過。

12.依其他法律規定應予免職或喪失服公職權利。

前項第6款至第11款免職處分於確定後執行，未確定前應先行停職。

（二）免官

所謂免官，即免去現任職務取得警察官之榮銜，並不影響其任職時依法取得之考銓資格。依警察人員人事條例第31條第1項免職者，並予免官。

六、懲戒

公務員懲戒法之適用對象為：

1. 公務員有本法所列懲戒情事者。

2. 退休（職、伍）或其他原因離職之公務員（例如辭職或資遣等），於任職期間之行為，有本法所列懲戒情事者。故警佐以上之警察人員及退休或其他原因離職之警察人員均為公務員懲戒法之適用對象。

至於有關公務員懲戒法之主要規定，容待本章第八節警察人員之法律責任之壹中再詳述。

七、停職與復職

（一）停職

所謂停職，即先行停止其職務上之行為。警察人員有下列情形之一者，應即停職：

1. 動員戡亂時期終止後，涉嫌犯內亂罪、外患罪，經提起公訴於第一審判決前。

2. 涉嫌犯貪污罪、瀆職罪、強盜罪，經提起公訴於第一審判決前。但犯瀆職罪最重本刑三年以下有期徒刑者，不包括在內。

3. 涉嫌假借職務上之權力、機會或方法，犯詐欺、侵占、恐嚇罪，經提

起公訴於第一審判決前。但犯最重本刑三年以下有期徒刑之罪者，不包括在內。

4. 涉嫌犯前三款之罪經法院判決有罪尚未確定；或撤銷判決發回更審或發交審判案件，其撤銷前之各級法院判決均為有罪尚未確定。

5. 涉嫌犯第1款至第3款以外之罪，經法院判處有期徒刑以上之刑尚未確定，未宣告緩刑或得易科罰金；或嗣經撤銷判決發回更審或發交審判，前一審級法院判處有期徒刑以上之刑尚未確定，未宣告緩刑或得易科罰金。

6. 依刑事訴訟程序被通緝或羈押。但犯內亂罪、外患罪、貪污罪、強盜罪被通緝者，依第31條第1項第2款或第3款規定辦理。

7. 警察人員其他違法情節重大，有具體事實者，得予以停職。

（二）復職

1. 停職人員經不起訴、緩起訴處分或判決確定，且其行政責任尚未構成法定免職情事者，應准予復職。

2. 停職人員有下列各款情形之一者，得先予復職：

(1)經法院判決無罪尚未確定。

(2)經法院以犯前條第1項第1款至第3款以外之罪，判處有期徒刑以上之刑，經宣告緩刑或得易科罰金尚未確定。

(3)經撤銷通緝或釋放且無前條第1項第1款至第5款及第2項情形。

3. 停職人員准其復職者，補發停職期間之俸給。

貳、考績之獎懲

一、考績區分

公務人員考績區分如下：

（一）年終考績：係指各官等人員，於每年年終考核其當年一至十二月任職期間之成績。

（二）另予考績：係指各官等人員，於同一考績年度內，任職不滿一年，而連續任職已達六個月者辦理之考績。

（三）專案考績：係指各官等人員，平時有重大功過時，隨時辦理之考績。

二、考績等次

(一) 甲等：八十分以上。

(二) 乙等：七十分以上，不滿八十分。

(三) 丙等：六十分以上，不滿七十分。

(四) 丁等：不滿六十分。

三、考績獎懲

(一) 甲等：晉本俸一級，並給與一個月俸給總額之一次獎金；已達所敘職等本俸最高俸級或已敘年功俸級者，晉年功俸一級，並給與一個月俸給總額之一次獎金；已敘年功俸最高俸級者，給與二個月俸給總額之一次獎金。

(二) 乙等：晉本俸一級，並給與半個月俸給總額之一次獎金；已達所敘職等本俸最高俸級或已敘年功俸級者，晉年功俸一級，並給與半個月俸給總額之一次獎金；已敘年功俸最高俸級者，給與一個半月俸給總額之一次獎金。

(三) 丙等：留原俸級。

(四) 丁等：免職。

四、辦理考績程序

(一) 內政部警政署與所屬警察機關、學校、各縣（市）警察局及警察大學警察人員之考績，由內政部或授權之警察機關、學校核定後，送銓敘部銓敘審定。

(二) 直轄市政府警察局警監人員之考績，由直轄市政府核定後，送內政部轉銓敘部銓敘審定；其餘人員之考績，由直轄市政府核定後，送銓敘部銓敘審定。

五、晉至本官階職務最高俸級之獎勵

警察人員任本官階職務滿十年未能晉階或升官等任用，而已晉至本官階職務最高俸級者，其考績列甲等、乙等之獎勵，依下列規定：

(一) 甲等：晉年功俸一級，給與一又半個月俸給總額之一次獎金；已晉至年功俸最高俸額者，給與二個月俸給總額之一次獎金。

(二) 乙等：晉年功俸一級，給與一個月俸給總額之一次獎金；已晉至年功俸最高俸額者，給與一又半個月俸給總額之一次獎金。

第八節　警察人員之法律責任

公務員之法律責任，指公務員有違反義務時，所應受國家法律制裁之責任。憲法第24條已明定：「凡公務員違法侵害人民之自由或權利者除依法律受懲戒外，應負刑事及民事責任。被害人民就其所受損害，並得依法律向國家請求賠償。」故警察人員之法律責任，可分為行政責任、刑事責任及民事責任三種。

壹、行政責任

一、公務員行政責任之法律依據

(一)憲法

憲法第24條：「凡公務員違法侵害人民之自由或權利者，除依法律受懲戒外，應負刑事及民事責任。被害人民就其所受損害，並得依法律向國家請求賠償。」

(二)公務員懲戒法

1.懲戒事由

依公務員懲戒法之規定，公務員有下列各款情事之一者，應受懲戒：

(1)違法執行職務、怠於執行職務或其他失職行為。

(2)非執行職務之違法行為，致嚴重損害政府之信譽。

2.懲戒程序

(1)十職等以上公務員：得由監察院彈劾後，移送司法院公務員懲戒委員會以審判程序進行審理。亦得由主管長官移送監察院審查成立後，並送公務員懲戒委員會以審判程序進行審理。.

(2)九職等或相當九職等以下公務員：得由主管長官逕送公務員懲戒委員會審議。

3.公務員懲戒委員會之審理程序

以合議庭行審判程序，當事人得選任辯護人或委任代理人，其審理方式如下：(1)原則：應本於言詞辯論而為判決，經被付懲戒人、代理人或辯護人請

求進行言詞辯論者，不得拒絕；(2)例外：就移送機關提供之資料及被付懲戒人書面或言詞答辯，已足認事證明確，或應為不受懲戒、免議或不受理之判決者，得不予言詞辯論。

4.再審之救濟

對於懲戒案件之判決，如有適用法規顯有錯誤、發現確實之新證據，足認應變更原判決等法定原因，原移送機關或受懲戒處分人，得移請或聲請再審。

（三）公務員服務法

公務員懲戒原因為違法及失職，而所謂違法失職，最主要者為違反公務員服務法規定之義務，如違反服從命令、嚴守秘密、保持品味、克盡厥職、不得徇私圖利、不為一定行為等之義務。

（四）公務人員考績法

依公務人員考績法之規定，考績有兩種：

1. 年終考績：每年年終依公務員服務之成績分甲、乙、丙、丁之等第，而分別予以升職、獎金、降級、免職。

2. 專案考績：可隨時辦理，平時記大功、大過二次或累積達二次者，即辦理專案考績。其中記二大過免職之專案考績，雖為行政懲處，但有懲戒之實。

二、懲戒與懲處之區分

行政責任又可分為司法懲戒與行政懲處兩種，其主要之區分如下：

（一）法律依據不同

司法懲戒依公務員懲戒法，行政懲處依公務人員考績法。

（二）處罰權行使主體不同

懲戒之機關為司法院公務員懲戒委員會；懲處則由公務員服務之機關為之。

（三）發動程序不同

懲戒，由監察院提出彈劾並移送懲戒機關審議，或由主管長官依被付懲戒人之職等處置，九職等或相當九職等以下者，直接移送懲戒機關審議，簡任職人員則須先送監察院審查，審查成立再移送公務員懲戒委員會。

考績法上之懲處，則由行政機關主動為之。因此司法懲戒被稱為消極制裁，而行政懲處被稱為積極制裁。

（四）處罰種類不同

懲戒處分之種類，事務官部分，有免除職務、撤職、剝奪、減少退休（職、伍）金、休職、降級、減俸、罰款、記過、申誡，共九種；對政務人員，除休職、降級、記過不適用外，其他六種處分適用之。

懲處之種類則分：免職、記大過、記過、申誡四種。

概念區辨

政務官與事務官之區別

	政務官	事務官
定義	參與國家大政方針之決策並隨政黨政治選舉或政策改變而進退之公務員，例如行政院正副院長、各部部長、委員會主任委員、不兼部會首長之政務委員、各部會政務次長、直轄市副市長、市政府局（處）長、副縣長等	指依照既定方針執行之永業性公務員，原則上政務官以外之一般公務員皆屬之
任用資格	無限制。官等為特任或比照簡任。	有一定資格。官等則為委任、薦任與簡任。
職等	政務官之官等，大都為特任、特派或職位比照簡任第十四職等、第十三職等。	事務官則無特任、特派或比照之職等。
身分（任職期間）保障	政務官無身分保障，得隨時命其去職，惟如考試委員、公平交易委員會委員均有一定任期。	事務官受文官保障，非依法定程序，不得將其罷免。
退休制度	政務官不適用公務人員退休法，但如符合退職條件者，得依「政務人員退職撫恤條例」	適用公務人員退休法。

貳、刑事責任

刑事責任，指警察人員之行為觸犯刑事法律之規定時，所應負之責任。警察人員以個人資格觸犯刑法與普通人民無異，適用一般刑法條款論罪科刑。然警察人員以其機關構成員之身分而為其職務有關之犯罪時，刑法則另有制裁公務員身分犯罪之條款，並可分為職務犯與準職務犯兩種：

一、職務犯

職務犯，即公務員以公務員身分而為犯罪。其行為在刑法條文中列有瀆職罪，可歸列為三種：

（一）賄賂罪
1. 不違背職務受賄罪（第121條第1項）。
2. 違背職務受賄罪（第122條第1、2項）。
3. 準受賄罪（第123條）。

（二）違背職務罪
1. 枉法裁判或仲裁罪（第124條）。
2. 公務員廢弛職務釀成災害罪（第130條）。
3. 公務員圖利罪（第131條第1項）。
4. 洩漏國防以外之秘密罪（第132條）。

（三）濫用職權罪
1. 濫權追訴處罰罪（第125條）。
2. 凌虐人犯罪（第126條）。
3. 違法行刑罪（第127條）。
4. 越權受理訴訟罪（第128條）。
5. 違法徵收、抑留或剋扣款物罪（第129條）。

二、準職務犯

公務員假借職務上之權力、機會或方法，以故意犯本章以外各罪者，加重其刑至二分之一。但因公務員之身分已特別規定其刑者，不在此限（刑法第134條）。例如警員甲擅自違法濫用手銬將某乙銬住，即假借職務上之權力犯妨害自由罪。

參、民事責任

警察人員之民事責任，即是警察人員於執行職務之際，因故意或重大過失，不法行為而侵害人民權益時，應負損害賠償之責任。其法律依據有國家賠償法及警械使用條例，茲簡述如下：

一、國家賠償法

（一）公務員違法行為之國賠要件：公務員於執行職務行使公權力時，因故意或過失不法侵害人民自由或權利者，國家應負損害賠償責任。公務員怠於執行職務，致人民自由或權利遭受損害者亦同。

（二）國賠後之國家對公務員求償權：以執行職務之公務員或受委託執行職務之人，有故意或重大過失為限，賠償義務機關對該公務員、該個人或其隸屬團體有求償權。

二、警械使用條例

（一）使用警械之補償要件：警察人員依本條例規定使用警械，因而致第三人受傷、死亡或財產損失者，應由各該級政府支付醫療費、慰撫金、補償金或喪葬費。

（二）違反使用警械規定之求償權：警察人員執行職務違反本條例使用警械規定，因而致人受傷、死亡或財產損失者，由各該級政府支付醫療費、慰撫金、補償金或喪葬費；其出於故意之行為，各該級政府得向其求償。

第 九 節　警察人員之權益保障

警察人員之權益保障適用公務人員保障法之規定。

壹、保障項目

一、身分之保障

（一）公務人員之身分

公務人員之身分應予保障，非依法律不得剝奪。基於身分之請求權，其保

障亦同。

（二）停職暨復職規定

1. 公務人員非依法律，不得予以停職。

2. 經依法停職之公務人員，於停職事由消滅後三個月內，得申請復職；服務機關或其上級機關，除法律另有規定者外，應許其復職，並自受理之日起三十日內通知其復職。

3. 依規定復職之公務人員，服務機關或其上級機關應回復原職務或與原職務職等相當或與其原敘職等俸級相當之其他職務；如仍無法回復職務時，應依公務人員任用法及公務人員俸給法有關調任之規定辦理。

4. 經依法停職之公務人員，於停職事由消滅後三個月內，未申請復職者，服務機關或其上級機關人事單位應負責查催；如仍未於接到查催通知之日起三十日內申請復職，除有不可歸責於該公務人員之事由外，視為辭職。

5. 受停職處分之公務人員，經依法提起救濟而撤銷原行政處分者，除得依法另為處理者外，其服務機關或其上級機關應予復職。

6. 應予復職之公務人員，於接獲復職令後，應於三十日內報到；其未於期限內報到者，除經核准延長或有不可歸責於該公務人員之事由者外，視為辭職。

（三）轉任或派職之規定

公務人員因機關裁撤、組織變更或業務緊縮時，除法律另有規定者外，其具有考試及格或銓敘合格之留用人員，應由上級機關或承受其業務之機關辦理轉任或派職，必要時先予輔導、訓練。

二、官職等級之保障

公務人員經銓敘審定之官等職等應予保障，非依法律不得變更。

三、俸給之保障

（一）俸級之保障：公務人員經銓敘審定之俸級應予保障，非依法律不得降級或減俸。

（二）法定加給之保障：公務人員依其職務種類、性質與服務地區，所應得之法定加給，非依法令不得變更。

四、工作條件之保障

（一）對長官、主管權限之限制

1. 公務人員之長官或主管對於公務人員不得作違法之工作指派，亦不得以強暴脅迫或其他不正當方法，使公務人員為非法之行為。

2. 公務人員對於長官監督範圍內所發之命令有服從義務，如認為該命令違法，應負報告之義務；該管長官如認其命令並未違法，而以書面下達時，公務人員即應服從；其因此所生之責任，由該長官負之。但其命令有違反刑事法律者，公務人員無服從之義務。

3. 該管長官非以書面下達命令者，公務人員得請求其以書面為之，該管長官拒絕時，視為撤回其命令。

（二）必要機具設備及良好工作環境

各機關應提供公務人員執行職務必要之機具設備及良好工作環境。

（三）安全保障、衛生防護暨賠償、慰問

1. 公務人員執行職務之安全應予保障。各機關對於公務人員之執行職務，應提供安全及衛生之防護措施。

2. 公務人員執行職務時，現場長官認已發生危害或明顯有發生危害之虞者，得視情況暫時停止執行。

3. 公務人員因機關提供之安全及衛生防護措施有瑕疵，致其生命、身體或健康受損時，得依國家賠償法請求賠償。

4. 公務人員因公受傷、殘廢或死亡者，應發給慰問金。

（四）因公涉訟之律師協助

公務人員依法執行職務涉訟時，其服務機關應延聘律師為其辯護及提供法律上之協助。

（五）加班費、補休假及獎勵

公務人員經指派於上班時間以外執行職務者，服務機關應給予加班費、補休假、獎勵或其他相當之補償。

（六）墊支費用請求權

公務人員執行職務墊支之必要費用，得請求服務機關償還之。

貳、救濟程序

一、復審程序

（一）提起要件

公務人員對於服務機關或人事主管機關所為之行政處分，認為違法或顯然不當，致損害其權利或利益者，得依本法提起復審。非現職公務人員基於其原公務人員身分之請求權遭受侵害時，亦同。

公務人員已亡故者，其遺族基於該公務人員身分所生之公法上財產請求權遭受侵害時，亦得依本法規定提起復審。

（二）提起期間

復審之提起，應自行政處分達到之次日起三十日內為之。

（三）提起方式

提起復審應具復審書，並附原行政處分書影本。

（四）受理機關及審查

1. 復審人應繕具復審書經由原處分機關向保訓會提起復審。

2. 原處分機關對於復審應先行重新審查原行政處分是否合法妥當，其認為有理由者，得自行變更或撤銷原行政處分，並函知保訓會。

3. 原處分機關自收到復審書之次日起二十日內，不依復審人之請求變更或撤銷原行政處分者，應附具答辯書，並將必要之關係文件，送於保訓會。原處分機關檢卷答辯時，應將答辯書抄送復審人。

（五）復審人參與之權利

1. 復審就書面審查決定之。保訓會必要時，得通知復審人或有關人員到達指定處所陳述意見並接受詢問。

2. 復審人請求陳述意見而有正當理由者，應予到達指定處所陳述意見之機會。

3. 保訓會必要時，得依職權或依復審人之申請，通知復審人或其代表人、復審代理人、輔佐人及原處分機關派員於指定期日到達指定處所言詞辯論。

4. 復審人得提出證據書類或證物。保訓會限定於一定期間內提出者，應於該期間內提出。

5. 保訓會必要時，得依職權或依復審人之申請，命文書或其他物件之持有人提出該物件，並得留置之。公務人員或機關掌管之文書或其他物件，保訓會得調閱之。

6. 保訓會必要時，得依職權或囑託有關機關、學校、團體或具專門知識經驗者，就必要之物件、證據，實施檢驗、勘驗或鑑定。

（六）決定期間

復審決定應於保訓會收受原處分機關檢卷答辯之次日起三個月內為之；必要時得延長以一次，但最長不得逾二個月。

（七）行政訴訟之提起

公務員復審程序等同於訴願程序，不服復審結果，可提起行政訴訟。針對不服保訓會就再申訴案件作成決定後，全部程序即告終結，如對於復審決定不服，尚得向高等行政法院提起行政訴訟，續行救濟。復審決定依法得聲明不服者，復審決定書應附記如不服決定，得於決定書送達之次日起二個月內，依法請求救濟。

（八）再審議

復審事件經保訓會審議決定，除復審人已依法向司法機關請求救濟者外，於復審決定確定後，有保障法第94條第1項所定各款情形之一者，原處分機關或復審人得向保訓會申請再審議：

二、申訴與再申訴程序

申訴，是指不服行政行為，向原行為機關之監督機關請求適正之表示。再申訴，是指不服務機關之處理，再向保訓會請求適正之表示。

（一）提出要件

1. 公務人員對於服務機關所為之管理措施或有關工作條件之處置認為不當，致影響其權益者，得依本法提起申訴、再申訴。

2. 公務人員離職後，接獲原服務機關之管理措施或處置者，亦得依前述規定提起申訴、再申訴。

（二）提出期間

1. 提起申訴：公務人員提起申訴，應於管理措施或處置達到之次日起三十日內，以書面為之。

2. 提起再申訴：不服服務機關函復者，得於復函送達之次日起三十日內，向保訓會提起再申訴。

（三）提出方式

申訴及再申訴，應以書面為之。

（四）受理機關

1. 提起申訴：應向服務機關為之。
2. 提起再申訴：不服服務機關函復者，向保訓會提起再申訴。

（五）處理時限

1. 申訴事件：服務機關對申訴事件，應於收受申訴書之次日起三十日內，就請求事項詳備理由函復，必要時得延長二十日。
2. 再申訴決定：應於收受再申訴書之次日起三個月內為之。必要時得延長一個月，並通知再申訴人。

（六）調處程序

再申訴事件審理中，保訓會得依職權或依申請，指定副主任委員或委員一人至三人，進行調處。

概念區辨

■ 復審、申訴之區別

	復審	申訴
適用範圍	除包括現職人員、已離職人員基於原公務人員身分之請求權遭受損害者（例如：退休金請求權）外，公務人員亡故後其遺族生前基於公務人員身分所生之公法上財產請求權遭受侵害者（如：撫恤金請求權），亦在內。	不生遺族亦得提起之問題。
不服之客體	行政處分	指服務機關所提供之工作條件及所屬之管理，在解釋上認為係指行政處分以外對機關內部生效之表意行為或事實行為，包括職務命令、內部措施及紀律守則、服務機關所提供之工作條件及所屬之管理認為不當者。

	復審	申訴
處理程序	考試院保訓會為受理機關。復審程序保障法之規定，幾乎與訴願法無異。	申訴、再申訴分別以原服務機關及保訓會為受理機關。申訴案件性質上屬於非正規之法律救濟事件，服務機關僅須以函復方式終結，函復依一般公文程式製作即可，而保訓會對再申訴則應製作再申訴決定書，其格式保障法有明文規定。
效力	復審決定，具有與訴願決定相同之效力，因此復審決定確定後，有拘束各關係機關之效力，同時復審決定性質上亦屬行政處分之一種，凡行政處分所應有之效力也同等具備。	再申訴決定既非對具體權利義務關係所作之裁決，其性質上仍屬於行政內部行為，各關係機關雖亦受其拘束，但尚不能與行政處分之存續力、執行力及確認效力等量齊觀。
能否救濟	復審程序既相當訴願程序，則不服訴願決定之救濟途徑亦適用於復審決定，故公務人員保障法規定復審人得於決定書送達之次日起2個月內，依法向行政法院請求救濟。	不服申訴決定者，得提起再申訴，對再申訴決定則已無爭訟途徑。又依司法院大法官之解釋或行政法院之裁判見解，尚不得提起行政訴訟者，復審案件自亦同受限制。申訴案件則於再申訴決定作成，全部程序即告終了，對再申訴決定法律未設救濟途徑，申訴人不得聲明不服。

參、執 行

一、停止執行

（一）原行政處分、管理措施或有關工作條件之處置，不因依公務員保障法所進行之各項程序而停止執行。

（二）原行政處分、管理措施或有關工作條件之處置合法性顯有疑義者，或其執行將發生難以回復之損害，且有急迫情事，並非為維護重大公共利益所必要者，保訓會、原處分機關或服務機關得依職權或依申請，就原行政處分、管理措施或有關工作條件之處置全部或一部，停止執行。

二、保障事件決定之效力

保訓會所為保障事件之決定確定後，有拘束各關係機關之效力；其經保訓

會作成調處書者，亦同。原處分機關或服務機關應處理事項如下：

（一）復審事件：原處分機關應於復審決定確定之次日起二個月內，將處理情形回復保訓會。必要時得予延長，但不得超過二個月，並通知復審人及保訓會。

（二）再申訴事件：1.服務機關應於收受再申訴決定書之次日起二個月內，將處理情形回復保訓會。必要時得予延長，但不得超過二個月，並通知再申訴人及保訓會；2.再申訴事件經調處成立者，服務機關應於收受調處書之次日起二個月內，將處理情形回覆保訓會。

行政程序法

第一節 總則

壹、行政程序法之基本概念

一、程序之概念

「程序」（procedure），指處理事件的過程及手續。

（一）程序之價值

1.程序之工具性價值

程序是實現一定結果或目的之手段或工具，亦即具有中性工具的價值，就如同篩子一樣，經它篩選的結果，均得其平。同時，程序也使政府與人民建立正式關係，並對公正的結果具有促進和保障作用。

2.程序之目的性價值

(1)確保程序參與者之主體性：公正程序是對參與者權利的保障和對國家權力的限制，通過公正的程序，當事人在一定程度上可以避免成為他人或國家用以實現某種外在目的的工具或手段，而成為具獨立自主意志的主體。

(2)確保程序參與者之平等性：公正的程序能確保所有的程序參與者受到平等的對待。一般而言，受到平等對待的要求，乃是源於人類希望受到尊重的願望。

(3)確保程序參與者之參與性：通過確保程序參與者充分參與程序，並有助於當事人各方從心理上對裁決結果表示服從和確認，即使這個裁決結果對其不利，但最終仍會喚起社會大眾對國家法定制度的認同感，及尊重國家法定制度的威信或權威，從而促使形成一種良好法治秩序。

（二）程序之特徵

1. 專業分工：政府運作須把握職有專司、人有專責、權責分明、指揮靈活等原則，這些職能分工及專業化原則都依靠程序理性來加以實現，即能使專業訓練和經驗豐富之程序主導者作出合理的判斷。

2. 意見溝通：溝通是程序正當性基礎，故程序將意見溝通制度化，意即使當事人有權利進行意見陳述、辯論和說服，並且是直接參與，平等對話的，以達到集思廣益、促進理性決定的效果。

3. 預期公平：程序是透過機會的公平和直觀的公正，來間接支持結果的妥當性。裁決結果是否客觀真實，往往是難以檢驗的。因此，只好由平等對待來滿足人們對公正的信賴心理，進而支持結果的妥當性。

4. 防止恣意：程序是約束、克制公務員的方法，其對立物是恣意，故正當程序要求決定者有意識地暫時忘卻，或阻隔過早考慮真正關心的實質性問題，並按部就班地進行，以防止恣意和武斷。其次，程序是為了結果在未知狀態下可以使各種觀點和方案得到充分考慮，實現優化選擇。

5. 形式理性：理性決定建立在超越具體問題的合理性之上，程序中排除了一切意氣用事及所有喜怒哀樂的情緒，通過形式性、儀式性或象徵性的方法活動，以符合人們對結果有客觀、合理及可行性的期待。故理性而公正的程序是行政活動結果正當化的主要途徑。

（三）程序之優先性

由於程序先於權利，正義先於真實。程序優先性是程序正義的首要價值，是一種道德，大法官釋字第520號謂「蓋基於法治國原則，縱令實質正當亦不可取代程序合法」此即「程序優先」（proceduralprimay）的原則。如輕忽它而造成程序疏失，不僅有釀成爭端之虞，嚴重者甚至造成民主的障礙。

二、行政程序之意義

即公行政作成各種行政行為之程序。依行政程序法（以下或稱本法）第2條第1項之規定：「本法所稱行政程序，係指行政機關作成行政處分、締結行政契約、訂定法規命令與行政規則、確定行政計畫、實施行政指導及處理陳情等行為之程序。」茲附行政程序法之行政程序範圍圖如下：

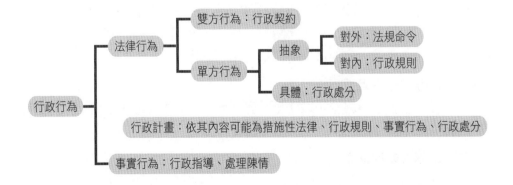

三、行政程序法之立法目的

（一）遵循公正、公開與民主之程序

行政機關為各種行政行為時，應給人民陳述意見或參與聽證之機會，保障行政之公正，以符民主之原則，達到行政民主化。

（二）確保依法行政原則

行政行為之過程中設法以各種手續性之規範，維持其正確性，如違反正當程序，行政機關及公務員，均須負不同之法律責任。

（三）保障人民權益

行政行為於侵害人民權利或利益時，本法可於事前為權利或利益之調整措施，避免行政濫權，同時使事後救濟完備化。

（四）提高行政效能

行政主體不必費神於事事皆異的法律程序，自可減少行政主體及公務員之負擔，人民減少對行政「黑箱作業」之疑慮及不信任，自較願意配合及服從行政權力的行使，行政效能可望提高。

（五）增進人民對行政之信賴

人民對國家統治機關的同意為合法化的基礎，人民是否持續予以同意，端視政府政策及其執行的成效而定。如果行政機關皆能遵循行政法上原理原則，且極有效能，自然能增進人民對行政之信賴。

四、行政程序法之立法原則

（一）以規範公權力行政為原則

公權力行政中，無論干預行政或給付行政，皆有其適用。行使公權力所為之決定或措施，包括核准、許可、特許、任免、登記、註銷、撤銷、廢止、罰款、駁回申請、命為一定作為或不作為等不同內容。

（二）職權進行主義

行政程序之發動與終結，取決於該管行政機關依職權決定，不過受當事人意思所拘束。

（三）當事人參與之原則

1. 接受聽審之權利：行政機關做成侵害人民權益之處分前，當事人有要

求陳述意見之權利，必要時，給與聽證之機會。

2. 閱覽卷宗之權利：為確保在行政程序中，得做有利於自己之主張，當事人有閱覽與本身案件有關卷宗之權利。當事人得自行行使閱覽權，或委託代理人閱覽。

（四）自由心證主義

行政機關作成行政處分或裁決仍必須依法調查所得並獲有心證之事實關係為基礎，對證明力之判斷更不能違背論理法則及經驗法則。

（五）效能法則

行政程序之目的不僅在於保障人民權利，抑且兼顧行政效能，故對於行政程序之方式採非正式原則，正式為例外，或明示或默示應儘量符合目的、迅速及節省勞費方法行之。

（六）兼顧行政實體法之原則

鑑於行政主體法與程序法有密切關聯，為使本法更具確保民主、法治之功能，乃兼設行政實體法之規定，例如行政處分之法理、無效、撤銷、廢止、信賴保護補償制度、時效制度等。

五、行政程序法之適用範圍

（一）適用本法之原則

本法第3條第1項：「行政機關為行政行為時，除法律另有規定外，應依本法規定為之。」本法屬普通法之性質，其他法律對於行政程序事項有特別規定者，優先適用其規定，例如社會秩序維護法、政府採購法、土地徵收條例等。

（二）機關除外

下列機關之行政行為，不適用本法之程序規定：

1. 各級民意機關：係由地位平等，職權相同所組織的集合體，以辯論、說服、妥協、多數決原理來做衝突處理及利益調和，其制定規範的立法行為基本上不能成為本法的對象。

2. 司法機關：係由獨立的司法官，依據既存之法規範，對具有法律上爭執之具體事件或法規範本身之疑義，予以據理考量及裁決公平來追求個別正義，其工作性質為具體訴訟案件的判斷，非行政處分。

3. 監察機關：係由監察委員對違法失職的公務員獨立行使其調查、彈

劾、糾正、糾舉及審計權，不受任何干涉，以整飭吏治。

（三）事項除外

下列事項，不適用本法之程序規定：

1. 有關外交行為、軍事行為或國家安全保障事項之行為：對於軍事行為、對外關係及大陸事務涉及高度政治性、機密性的國家利益，性質特殊，故排除適用。惟如核發護照則為內政事務，即應有本法之適用。

2. 外國人出、入境、難民認定及國籍變更之行為：基於國家主權、較少隱私權期待及檢查之急迫性等理由，在國際上並沒有作為權利而得以承認，故外國人出入境屬於國家自由裁量的範圍；難民之認定及歸化程序亦類似外交行為，屬於國家主權行使及保障國家安全之考慮，故均排除其適用本法。

3. 刑事案件犯罪偵查程序：犯罪偵查程序包括檢察官與司法警察調查犯罪嫌疑人犯罪情形及蒐集證據之程序，雖亦為實質之行政程序，但其與司法作用緊密聯結，亦難適用本法之規定。

4. 犯罪矯正機關或其他收容處所為達成收容目的所為之行為：監獄、看守所及由國家實施強制收容的處所基於特別權力關係所為之行為，包括保安處分執行處所、少年觀護所、少年輔育院、煙毒勒戒所、中途學校、婦人習藝所、精神醫療機構、拘留所等，由於客觀上難以實施公開透明，且其作用乃在執行法院之裁判，屬於刑事法領域，因此排除適用。

5. 有關私權爭執之行政裁決程序：有關私權爭執之行政裁決程序，性質上乃準司法權之行使，與一般行政程序有相當差異，不宜一體適用本法，例如鄉鎮市調解條例之調解、採購申訴審議委員會之審議、耕地三七五減租條例、公害糾紛處理法等私權爭執之行政裁決。

6. 學校或其他教育機構為達成教育目的之內部程序：例如課程安排、教室及學生宿舍的分配管理、給予學生獎學金、成績評量及維持法律之合理措施等均屬「內部措施」為維持學校秩序、實現教育目的所必要且未侵害學生受教育之權利者屬內部管理關係，應予排除本法之適用，但如勒令退學、開除學籍等，依大法官釋字第382號解釋，屬「外部措施」之行政處分，仍應適用本法。

7. 對公務員所為之人事行政行為：對公務員所為之人事行政行為不適用本法之程序規定，是指人事指揮監督權限的事項（管理關係內部的事項），例

如調動職務、升遷、處理事務的方式等。如爲基礎關係之改變如撤職、免職等行政處分仍須依本法程序處理。

8. 考試院有關考選命題及評分之行爲：考試命題及評分之行爲，涉及高度的主觀評價，尊重閱卷之專業判斷，故不適合向相對人提示處分的理由等，亦排除本法適用。

貳、行政程序應遵循之一般法律原則

一般法律原則係指不限定於特別之事項，而得普遍適用於各行政行爲之法律原則。一般法律原則又稱爲超實證法或法理。

一、依法行政原則

行政程序法第4條規定：「行政行爲應受法律及一般法律原則之拘束。」此乃依法行政原則最簡單之解釋。其又包括法律優位及法律保留原則。

（一）法律優位原則

1.定義

法律優位又稱爲消極意義之依法行政，係指一切行政權之行使，不問其爲權力或非權力的作用，均應受現行法律之拘束，不得有違反法律之處置。換言之，係指行政行爲或其他一切行政活動，均不得與法律相牴觸。此處所謂的法律係指形式意義之法律，亦即立法院通過，總統公布之法律。

2.具體內容

(1)行政應受憲法直接約束：行政機關依據法規所爲之行政作用，應同時受憲法之拘束，不得牴觸憲法。行政不僅應維護形成憲法的基本決定，例如主權在民的基本價值理念，亦應保障基本人權。就後者言，憲法所保障基本人權之規定，具有拘束行政的效力，不僅在高權行政領域有其適用，在國庫行政領域亦有適用，尤應受自由權及平等權之拘束。

(2)行政應受一般法律原則之拘束：行政在法律規定之範圍內，固得自由行動，惟除應受前述憲法規定的拘束外，也應遵守憲法及行政法上的一般法律原則，例如平等原則、比例原則及誠實信用原則等。

(3)行政應受法律之拘束：行政權之行使，除受憲法的拘束外，也應受法律的拘束。行政機關不僅應受其在組織地位上法律所賦予職務之限制，不得逾

越法律權限；而且應受執行特定職務的拘束，亦即負有義務公正執行其職務。

3.現行法制之規定

(1)憲法：第171條「法律與憲法牴觸者無效。法律與憲法有無牴觸發生疑義時，由司法院解釋之。」第172條「命令與憲法或法律牴觸者無效。」。

(2)中央法規標準法：第11條「法律不得牴觸憲法，命令不得牴觸憲法或法律，下級機關訂定之命令不得牴觸上級機關之命令。」。

(3)地方制度法：第30條「自治條例與憲法、法律或基於法律授權之法規或上級自治團體自治條例牴觸者，無效（第1項）。自治規則與憲法、法律、基於法律授權之法規、上級自治團體自治條例或該自治團體自治條例牴觸者，無效（第2項）。……自治法規與憲法、法律、基於法律授權之法規、上級自治團體自治條例或該自治團體自治條例有無牴觸發生疑義時，得聲請司法院解釋之（第5項）。」

（二）法律保留原則

1.定義

又稱為積極的依法行政，指行政機關沒有法律授權，即不能合法的作成行政行為，蓋憲法已將某些事項保留予立法機關，須由立法機關以法律加以規定。法律保留原則的「法」，不僅指法律，也包含法規命令。

2.適用範圍

法律保留原則在法學界尚有一些爭論，如下：

(1)侵害保留說：法律保留的適用範圍僅限於對人民之自由或財產加以干預或侵犯之行政領域。

(2)全部保留說：主張任何領域之行政活動，均有法律保留原則之適用。其理由有二：

① 民主原則：民主要求國民之支配及於行政，則行政活動應專基於國民之代表所公布之規範，若法律之依據僅及於侵害行政，則國民的支配將無以實現。

② 平等原則：平等性不僅因直接不平等的負擔，亦因不平等的授益所導致間接不平等的負擔而被侵害，為防止此類違反平等原則所引發之侵害可能性，授益處分亦須有法律依據。

(3)重要性理論：基於法治國原則與民主原則，凡任何涉及基本權重大性

之領域，或對於基本權之實現屬重大事項，均須保留由立法者以法律規定。

(4)機關功能說：由於立法程序相較於命令訂定程序，明顯較為正式、嚴謹，尤其是討論方面更是較為公開、深入與澈底，且立法機關有比行政機關更寬廣的民意基礎，立法程序擁有較高的民主正當性，因此重要的、原則性事務適合保留予立法者以法律規定之。

3.大法官釋字第443號解釋所建立之層級化保留

(1)第一級：「憲法保留」，憲法第8條之人身自由須以憲法規定保障之。

(2)第二級：「絕對法律保留」，如剝奪人民生命或限制人身自由者，以制定法律之方式為之。

(3)第三級：「相對法律保留」，即涉及人民其他自由權利之限制者，亦應由法律加以規定，如以法律授權主管機關發布命令為補充規定時，其授權應符合具體明確之原則。

(4)第四級：「不須法律保留」，若僅屬執行法律之細節性、技術性次要事項，則得由主管機關發布命令為必要之規範。

(5)給付行政：倘涉及公共利益之重大事項者，應有法律或法律授權之命令為依據之必要。

此外，依傳統理論，特別權力關係，則為法律保留之例外，即不適用法律保留原則。

概念區辨

■ 憲法保留、法律保留、國會保留、行政保留之不同

憲法保留	指憲法制定機關或修改機關對於國家重要事項直接以憲法條文予以規範之謂。如憲法第8條人身自由之24小時限制。
法律保留	又稱立法保留，指以形式意義之法律對重要事項予以保留。如中央法規標準法之規定，下列事項應以法律定之，抑且應以法律定之的事項，不得以命令定之： 1.憲法或法律有明文規定者。 2.人民權利義務。 3.國家各機關組織。 4.其他國家重要事項。

國會保留	指國會對於國家「重要事項」享有不受行政權干涉、司法權審查的固有權限之謂，並藉由法律制定、議決等方式予以規範。國會保留可分三種子型態： 1. 法律保留：指以形式意義的法律對重要事項予以保留，而非以實質意義的法律予以規範。 2. 議決保留：指國會對於國家重要事項，非以形式法律定之，反而係以形式法律以外的單純議決方式加以規範之謂。例如預算案之議決、條約案之議決、緊急命令、戒嚴令之追認、覆議案之議決、人事同意權等皆屬議決保留。 3. 國會自律事項：又稱國會自治，例如議員言論免責權、不受逮捕特權、議會紀律懲戒等。
行政保留	行政權應與立法權居於平等之地位，相互尊重與制衡，故行政權應有自我決定、不受立法權干涉之空間，否則有違權力分立原則。依司法院大法官釋字第613號解釋所肯認之功能論取向權力分立，揭示權力之相互制衡仍有其界限，除不能牴觸憲法明文規定外，亦不能侵犯各該憲法機關之權力核心領域，或對其他憲法機關權力之行使造成實質妨礙或導致責任政治遭受破壞，故行政保留仍有一定之空間，如依憲法增修條文之規定，立法院僅能就國家機關之職權、設立程序、總員額加以規範，至於國家機關之組織、編制、員額，甚與職權行使之方式、行政單位、任務編組之成立等，均屬「行政保留」之範圍。

二、明確性原則

指法律本身、法規命令、行政處分等之規定，內容必須明白正確，涉及人民權利義務事項時，始有清楚之界限與範圍，對於何者為法律所許可，何者屬於禁止，亦可事先預見及考量，或採有效之法律救濟。故所謂明確性，係以如下三個要素作為判斷基準：

（一）可理解性。

（二）可預見性。

（三）審查可能性。

三、平等原則

指相同之事件應為相同之處理，不同之事件則應為不同之處理，除有合理正當之事由外，不得為差別待遇。平等原則產生下列二原則：

（一）行政自我拘束原則

即於作成行政行為時，如無正當理由應受合法之行政慣例所拘束。其要件有三：

1. 有行政慣例之存在。
2. 行政慣例本身須合法。
3. 必須行政機關享有決定餘地。

（二）禁止恣意原則

即行政機關不得於「欠缺合理、充分的實質上理由」時作成決定，否則即屬有瑕疵之決定。但是如有具備以下的要件者，即為合理之差別待遇，而為憲法、法律所允許：

1. 事實狀態確有不利的差異存在：例如身心障礙者在就業市場之不利地位。
2. 採取差別待遇是為追求實質平等的正當目的：例如對原住民考試加分，是為提高其對多數民族之競爭力。
3. 事項的本質有必要予以差別：例如禁止未成年人吸煙，乃因吸煙對其健康戕害較大。
4. 差別待遇的方式及程度，須為社會通念所容許，同時不能出現逆差別而形成另一種不平等：例如對實際成長於國內之「華僑」給予考試加分優待，即屬社會通念所不許。

四、比例原則

又稱為「禁止過當原則」、「損害最小原則」。係指為達成某一特定目的（結果）而採取某一種方法或措施，必須符合合理、比例之原則。亦即不得為求目的不擇手段。因此，方法與目的之間必須符合「適當性」、「必須性」與「狹義之比例性」。

（一）適當性原則：行政行為應合於行政目的之達成。例如殺雞通常不足以儆猴，此時殺雞欲以儆猴，即屬不適當之手段。

（二）必要性原則：又稱最小損害原則，係指行政行為不超越實現目的的必要程度，亦即達成目的需採影響最輕微手段，而不得逾越必要之程度。例如殺雞用牛刀。

（三）衡量性原則（狹義比例原則）：係指手段應按目的加以衡判。質言之，指採取之方法所造成的侵害不得與欲達成目的之利益顯失均衡。亦即行政目的與手段間應維持適當的比例關係。例如殺雞取卵、以炮擊雀、竭澤而漁，手段與目的顯失均衡。

五、誠實信用原則

誠信原則為私法上之帝王條款，是法律倫理價值的崇高表現，我國行政法院認為其在公法上當然亦有其適用。行政程序法第8條前段即規定「行政行為，應以誠實信用之方法為之」。基此，在行政法領域，誠實信用原則強調行政機關應遵守對人民的承諾，不可出爾反爾。

六、信賴保護原則

行政行為應保護人民正當合理的信賴，如行政機關罔顧人民之信賴保護，而使其遭受不利益，且非基於公共利益之增進而對其利益予以補償或人民有忍受之義務外，不得為之。

（一）信賴保護原則之適用須符合下列要件

1.積極要件

(1)信賴基礎：首先須要有一個令人民信賴之國家行為。如行政處分、法規命令、行政規則。

(2)信賴表現：指當事人因信賴而展開具體之信賴行為。包括運用財產及其他處理行為。

(3)信賴值得保護：受益人有下列情形之一者，其信賴不值得保護：

①以詐欺、脅迫或賄賂方法，使行政機關作成行政處分者。

②對重要事項提供不正確資料或為不完全陳述，使行政機關依該資料或陳述而作成行政處分者。

③明知行政處分違法或因重大過失而不知者。

2.消極要件

值得保護之信賴，始能適用信賴保護原則，故下列情形無信賴保護原則之適用：

(1)公益之要求強於信賴利益，但行政處分受益人已使用行政處分所提供之給付或其財產上之處分已不能回復原狀或祇能在不可期待之損失下始能回復者，仍有認為信賴值得保護。

(2)國家行為係基於顯然錯誤之基礎行為。

(3)國家預先保留廢止權。

（二）信賴利益在行政程序上之表現

1. 法規不溯及既往：對於繼續之事實，信賴舊法之利益。

2. 對於行政處分撤銷、廢止之限制，必須對於授益處分須符合信賴保護。

3. 行政契約之調整或終止，人民不可預計損失之補償。

4. 行政規則對人民有一貫性作為義務之遵守。

5. 行政計畫有計畫擔保法理之產生。

6. 行政指導之「禁反言」法理。

七、有利不利應予注意原則

又稱一體注意原則，即行政機關就該管行政程序，應於當事人有利及不利之情形，一律注意（本法第9條）。另本法第36條亦規定，行政機關於調查證據時，對於當事人有利不利之事項一律注意，無須受當事人意思之拘束。

八、裁量權正當行使原則

行政機關行使裁量權，不得逾越法定之裁量範圍，並應符合法規授權之目的，又稱裁量禁止濫用原則。亦即行政機關為裁量時，應遵守下列各點：1.以公共利益為依歸；2.不得與憲法上基本原則及由基本原則演繹出來的原則相牴觸，例如自律原則；3.不得與禁止裁量濫用原則相牴觸；4.不得與禁止裁量逾越原則相牴觸。

（一）行政裁量之意義

裁量乃裁度思量之意。行政裁量，指行政機關在法規規定之特定構成要件事實發生時，基於行政目的予以斟酌，並選擇作為或不作為，或選擇作成不同效果之行政決定。

（二）裁量縮收至零

1. 裁量縮收至零之概念：在個案裁量中，可能行政機關僅得選擇一種行為方式，始成為無瑕疵之裁量，若為其他之決定，將構成裁量瑕疵。在此情形下，行政機關有義務選擇唯一正確的決定，裁量權已縮收至零。尤其，行政機關行使裁量權時，應注意基本權及憲法上原則，可能使裁量權縮收至零。

2. 大法官釋字第469號解釋：法律規定對主管機關應執行職務行使公權力之事項規定明確，該管機關公務員依此規定對可得特定之人所負作為義務已無

不作爲之裁量餘地，猶因故意或過失怠於執行職務，致特定人之自由或權利遭受損害，被害人得請求國家賠償。

3. 裁量縮收至零之判例：民國84年臺中衛爾康餐廳國賠案，於92年由最高法院依據釋字第469號解釋判決確定謂：臺中市工務局經查報明知衛爾康餐廳等建築務具「有礙防火避難設施事項」之事實，難謂對於損害之發生不可預見，據上所述，應認其裁量權已收縮至零，臺中市政府就衛爾康餐廳之違規使用，有依修正前之建築法第90條規定課予行政罰之義務，乃竟僅通知業者限期改善，且於期限經過後，既未予複查，亦未依法施於罰鍰、勒令停止使用或強制拆除等處分，任令該餐廳違規使用，其怠於執行職務之行爲自屬違法。

（三）行政裁量與行政判斷之區別

1.相同之處

兩者在本質上皆屬行政適用法律作成決定前的一種審酌、衡量之過程。其目的均在於給行政機關相當的彈性，使其能針對具體情況而爲適當之行爲。

2.相異之處

(1)行政判斷是以涵攝、解釋爲衡量之方法，裁量是以選擇作爲決定之方式。

(2)法律要件爲事實之認定，如爲不確定法律概念，例如正當理由、國家安全、公共利益、危險、危害、必要、公益等概念，涉及判斷問題，即其是否確定有賴就個案斟酌當時環境，方有可能判斷。至於裁量權則須等法律要件該當之後，行政機關才得行使。

(3)司法對行政判斷之結果，原則上得完全審查，例外時受到「判斷餘地」（高度屬人性、集眾人之智慧爲綜合之判斷、及專門性、技術性之決定等）之限制。至於司法對行政裁量之結果，原則上不得審查，僅有於裁量逾越或濫用情形下，才例外介入審查。

（四）行政裁量之種類

1.決定裁量與選擇裁量

決定裁量：指法律授權行政機關得決定是否想要作成某一個合法的處置，決定採取措施與否。如對交通違規停車情況，決定是否取締；選擇裁量：指行政機關得就數個不同的合法處置中，選擇作成某一個處置。

2.一般裁量與個案裁量

一般裁量：通常係由行政機關就易發生之案例，訂定裁量基準之行政規則。例如交通事件之裁量標準；個案裁量：係由行政機關基於個案正義的實現，就個案決定法律效果。

（五）裁量瑕疵之類別

1. 裁量逾越：裁量逾越，係指行政機關裁量結果，超過法律授權範圍。例如某一稅法之罰則規定，對違反者得科漏稅額二倍至五倍之罰鍰，主管機關竟科處六倍之罰鍰。

2. 裁量濫用：裁量濫用，係指行政機關作成裁量與法律授權之目的不符，或係出於不相關之動機之謂。例如外國人申請歸化，內政部除國籍法外，尚以該國與我國無邦交而拒絕之。

3. 裁量怠惰：裁量怠惰，係指行政機關依法有裁量之權限，但因故意或過失而消極的不行使裁量權。例如對於有事實認為有妨害國家安全之重大嫌疑者，出入境主管機關有權不予許可其入境，而主管機關對個別事件，應斟酌此項因素而不予以斟酌。

參、管　轄

一、管轄之意義

指行政機關依法規所得從事之公權力行為。其一方面劃分行政機關之任務範圍（管轄權），他方面則確立行政機關處理行政事務之權力。

二、管轄之分類

（一）事務管轄：指按事務之類別，劃分管轄權之歸屬，諸如內政、外交、環保等均為事務之分類。

（二）土地管轄：指事務管轄所涵蓋之地理範圍，此一地理範圍通常為一國之行政區劃；中央機關以全國為範圍，地方機關分別以省（市）、縣（市）或鄉鎮等為範圍。

（三）層級管轄：指同一種類之事務，分屬於不同層級之機關管轄。此種管轄於行政救濟程序中最為明顯，原處分機關、訴願決定機關，層次分明有如法院審級管轄。

三、管轄恆定原則及例外

（一）原則

行政機關之權限均係以法規爲依據，不得任意設定或變更，尤其不允許當事人協議變動機關之管轄權。

（二）權限移轉爲例外

權限移轉是指有管轄權之機關，將其公權力部分權限移轉至其他機關或個人行使，而非其管轄權之移轉，其類型如下：

1.權限之委任

行政機關將權限之一部分委任其下級行政機關以受委任機關名義執行，而委任者與受委任者之關係，自然亦存在有監督之關係者。例如經濟部將其依法主管之商標、專利業務，指定其所屬之智慧財產局辦理；又如臺北市政府將菸害防制之權限委任其所屬衛生局，以該局名義並執行之。

2.權限之委託

行政機關因業務上之需要，將其權限之一部委託其他不相隸屬之行政機關以委託機關名義執行者。例如中央信託局股份有限公司受銓敘部委託辦理公務人員保險業務。受託機關在受託權限範圍內，取得委託機關原對該事務之管轄權。

3.委辦

委辦，指中央機關將其權限內之事項委由地方自治團體代爲辦理。受委辦者對依據法規之委辦，不得拒絕，但得要求撥付必要費用，且應以自己名義執行委辦事項。依據地方制度法第2條第3款規定：委辦事項，指地方自治團體依法律、上級法規或規章規定，在上級政府指揮監督下，執行上級政府交付辦理之非屬該團體事務，而負其行政執行責任之事項，例如經濟部將其掌理之工商登記辦理事項委由市政府建設局辦理。可見，委辦爲機關內部行爲，受委辦者爲地方自治團體，屬「團體委辦」之概念，此與依本法之權限委任或委託不同。不同行政主體間僅有委辦而無委託可能，有隸屬關係機關亦僅得委任，不得委託。

4.行政委託

乃行政機關將其權限（公權力行使）之一部委託人民（包括自然人與私法

人），以人民自己名義執行者。諸如稅捐之扣繳、代繳、勞保費之扣繳、金融檢查、汽機車排氣定期檢驗、紡織業外銷拓展之配額管理、工業區開發之公共投資、國民住宅、公司登記之審核、及各種行政檢查、評鑑之委託。如單純辦理一般事務之委託，如環境清潔、文件與物品之整理、電腦程式設計與資料輸入等不具權限移轉性質，即屬私法行為。

　　本法第16條規定：「行政機關得依法規將其權限之一部分，委託民間團體或個人辦理（第1項）。前項情形，應將委託事項及法規依據公告之，並刊登政府公報或新聞紙（第2項）。第一項委託所需費用，除另有約定外，由行政機關支付之（第3項）。」

　　前揭第1項規定僅係公權力委託容許性之概括規定，並非委託之法源依據，且其適用範圍以對外行使公權力之委託為限。茲圖示行政主體與委任、委託、行政委託、委辦之關係如下：

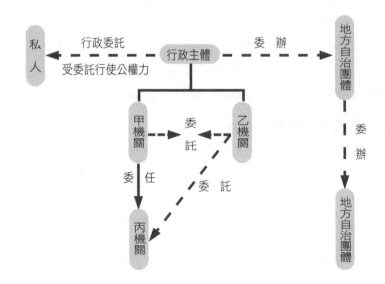

（三）勞務委託及行政助手

　　除前述委任、委託、委辦外，尚有如下名詞，應辨別其內涵：

1. 事務性或低層技術性業務之委託

　　行政事務若未牽涉公權力之行使，又非法律授權經行政機關辦理之事項，此時若將之委由私人行使者，即無本法之適用，但應視其情形，適用政府採購

法。例如垃圾清運、租用交通車、研究計畫委託學術機構等。

2.行政助手

又稱行政輔助人，乃是私人在行政機關的指揮監督之下，不以自己名義協助遂行行政任務，以達成行政目的。行政助手於執行業務時不具獨立性。如僱工拆除違建，受僱者受在場公務員之指揮監督，執行拆除工作。

行政助手與行政委託之間的區別在於：行政助手並不以自己名義行使公權力，行政委託則通常以自己名義爲之；行政助手於執行業務時不具有獨立性，但行政委託則以獨立性之具備爲其概念要素。如租用民間拖吊車進行違規車輛之強行移置，因爲有警察人員在旁指揮監督，因此歸類爲行政助手，其租用契約亦以私法契約之方式締結。

四、管轄權競合之解決方法

（一）優先原則：由受理在先之機關管轄。

（二）協商解決：不能分受理之先後者，由各該機關協商之。

（三）指定管轄：協商不成或有統一管轄之必要時，由共同上級機關指定管轄，無共同上級機關者，由各該上級機關協議，然後分別指定管轄。申請事件之當事人亦得向共同上級機關或各該上級機關，請求指定管轄。

五、違反管轄權之效果

行政機關違背管轄規定之行爲，係屬「有瑕疵之行政行爲」，應視其各種管轄違反情形而判斷其瑕疵之效果。以「行政處分」之管轄爲例，行政程序法有如下之規定：

（一）未經授權而違背法規有關專屬管轄之規定或缺乏事務權限之處分爲無效（本法第111條第6款）。

（二）行政處分違反土地管轄之規定者，除依第111條第6款規定而無效者外，有管轄權之機關如就該事件仍應爲相同之處分時，原處分無須撤銷（本法第115條）。

（三）其他情形，違反土地管轄或事務管轄，均屬「得撤銷」之處分。

六、職務協助

（一）職務協助之意義

指平行或不相隸屬之行政機關為達成其任務，請求另一行政機關在後者權限範圍內，給予必要補充性之協助，而未變更或移轉事件管轄權之謂，又稱行政協助。

（二）職務協助之特徵

1. 被動性：職務協助行為的發動，原則上以其他機關之請求為要件，旨在積極維護國家設官分職，各有職掌之既有體制，尊重組織法上之任務與職權規定，並避免有較具執行力之機關，恣意涉入他機關之管轄權範圍，濫用並擴張本身職權。

2. 臨時性：因為協助之事件大抵為具體單一事件，該事件處理完畢，職務協助則應停止，此種以個案為出發之情形，不可能使事件成為長期例行工作。但事實上，許多警察「協辦」其他機關之業務，大都並非具體個案，並已及於業務的整個範圍，久而久之成為經常性業務，例如：現已改依商業登記規定辦理之舞廳、夜總會、酒家等特種營業管理，昔日幾已成為警察經常性業務。

3. 輔助性：請求機關仍是程序上之主體，被請求機關僅居於輔助地位，而僅就請求機關無法執行之部分介入為補充性的協助，而非「全部包辦」；若非如此，則有違管轄法定或恆定之立法原則。

（三）請求職務協助之原因

1. 因法律上之原因，不能獨自執行職務者。
2. 因人員、設備不足等事實上之原因，不能獨自執行職務者。
3. 執行職務所必要認定之事實，不能獨自調查者。
4. 執行職務所必要之文書或其他資料，為被請求機關所持有者。
5. 由被請求機關協助執行，顯較經濟者。
6. 其他職務上有正當理由須請求協助者。

（四）拒絕協助之事由

被請求機關於有下列情形之一者，應拒絕之：
1. 協助之行為，非其權限範圍或依法不得為之者。

2. 如提供協助，將嚴重妨害其自身職務之執行者，

3. 被請求機關認有正當理由不能協助者，得拒絕之。

肆、當事人

一、當事人之意義

　　一般指權利和利益直接受行政決定影響之人。即在行政程序中具有各種程序法上權利，包括陳述意見、參與聽證、閱覽卷宗、及受決定通知之人均為當事人。

二、當事人之範圍

　　依行政程序法第20條規定，當事人之範圍如下：

（一）申請人及申請之相對人。

（二）行政機關所為行政處分之相對人。

（三）與行政機關締結行政契約之相對人。

（四）行政機關實施行政指導之相對人。

（五）對行政機關陳情之人。

（六）其他依本法規定參加行政程序之人。

三、當事人能力

　　指有參與行政程序，作為該行政程序當事人之能力。無當事人能力者，固然不能作為合法之當事人，但並非不能成為行政程序之當事人。例如非法人團體，對其法律上不能享有之權利，申請行政機關作成授益處分，雖不具有當事人能力，但於該申請而啟動之行政程序，仍為當事人具有「當事人地位」。依行政程序法第21條規定，具有當事人能力之主體包括：

（一）自然人。

（二）法人。

（三）非法人之團體設有代表人或管理人者。

（四）行政機關。

（五）其他法律規定得為權利義務之主體者。

四、程序行為能力

乃得獨立參與行政程序，實施表達其意思行為之資格。依行政程序法第22條之規定，有行政程序行為能力者包括：

（一）依民法規定，有行為能力之自然人。

（二）法人。

（三）非法人之團體由其代表人或管理人為行政程序行為者。

（四）行政機關由首長或其代理人、授權之人為行政程序行為者。

（五）依其他法律規定者。

無行政程序行為能力者，應由其法定代理人代為行政程序行為。外國人依其本國法律無行政程序之行為能力，而依中華民國法律有行政程序之行為能力者，視為有行政程序之行為能力。

五、代理人

（一）代理人之意義

指在行政程序及賦予辯明機會的程序中，能夠代替當事人及參加人，為當事人及參加人進行有關行政程序及賦予辯明機會程序之一切行為者。代理人在其權限範圍內進行的行為，被視為當事人和參加人本人之行為。

（二）當事人得委任代理人之規定

當事人如不願參與行政程序，得委任代理人為之。行政程序法第24條規定：1.當事人得委任代理人。但依法規或行政程序之性質不得授權者，不得為之；2.每一當事人委任之代理人，不得逾三人；3.代理權之授與，及於該行政程序有關之全部程序行為。但申請之撤回，非受特別授權，不得為之；4.行政程序代理人應於最初為行政程序行為時，提出委任書；5.代理權授與之撤回，經通知行政機關後，始對行政機關發生效力。

六、輔佐人

（一）輔佐人之意義

乃隨同當事人到場而予以協助當事人為程序行為之人。輔佐人協同當事人在言詞辯論中支持當事人，其所為之效果及於當事人，例如當事人是外國人或有語言障礙時之輔佐陳述，或欠缺專業知識由專家為輔佐人等。

（二）輔佐人到場之要件及效力

1. 當事人或代理人經行政機關之許可，得偕同輔佐人到場。

2. 行政機關認爲必要時，得命當事人或代理人偕同輔佐人到場。

3. 前二項之輔佐人，行政機關認爲不適當時，得撤銷其許可或禁止其陳述。

4. 輔佐人所爲之陳述，當事人或代理人未立即提出異議者，視爲其所自爲。

七、當事人之選定及指定

（一）選定或指定當事人之意義

行政行爲若涉及之當事人人數眾多時，爲使程序有效合理進行（空間，時間之考量），故有選定或指定部分當事人爲行政程序事件之當事人，而其他未受選定或指定之當事人，則暫行脫離行政程序之必要，但是終局之行政行爲效力仍及於所有當事人。

（二）選定或指定當事人之要件

多數有共同利益之當事人，未共同委任代理人者，得選定其中一人至五人爲全體，爲行政行爲。選定當事人之要件爲：

1. 有多數共有利益之當事人：人數僅以「多數」涵蓋。不作具體之限制。

2. 未共同委任之當事人：若有委任即無須選任。

3. 被選定人爲全體爲行政程序行爲。

4. 被選定人之人數不得逾五人。

（三）選定或指定當事人之職權

被選（指）定之當事人其權限爲：均得單獨代表全體當事人作所有之程序行爲，但下列三者，非經全體有共同利益之同意，不得爲之：

1. 申請之撤回：例如撤回向地政機關主張時效取得地上權之登記申請。

2. 權利拋棄：例如拋棄祭祀公業派下員所享有之權利。

3. 負擔義務：例如同意行政機關所課負擔之附款條件（自行拆除越界部分）。

伍、迴　避

一、迴避之概念

迴避制度源自於英國自然正義原理之公正原則，又稱排除偏見原則，即源於「任何人不得就自己的案件當裁判官」之原則，因為正義必須植基於信心，故不得有偏見原因，公務員亦不例外。

二、偏見之來源

（一）物質利益：亦即在財務上、金錢上有直接利益關係者。如執行職務得因作為或不作為使本人或關係人獲取利益者。

（二）個人態度、關係及信仰：亦即有個人敵意、親密之個人、友誼、家庭關係、職業上關係、雇員與雇主關係而對決策者之態度有重大影響者。如有利任用陞遷、調動及其他人事措施者。

（三）對機關之忠貞：亦即對組織之忠誠，似不可能在客觀與利益間保持公正平衡者。

（四）事前對該案曾參與裁判：即前已參與同一案件之審查，似已有先入為主的觀念。

三、迴避事由

（一）自行迴避

公務員在行政程序中，有下列各款情形之一者，應自行迴避：

1. 本人或其配偶、前配偶、四親等內之血親或三親等內之姻親或曾有此關係者為事件之當事人時。

2. 本人或其配偶、前配偶、就該事件與當事人有共同權利人或共同義務人之關係者。

3. 現為或曾為該事件當事人之代理人、輔佐人者。

4. 於該事件，曾為證人、鑑定人者。

（二）申請迴避

1.申請迴避之原因

公務員有下列各款情形之一者，當事人得申請迴避：

(1)有自行迴避之情形而不自行迴避者。

(2)有具體事實，足認其執行職務有偏頗之虞者。

2. 申請迴避之程序

(1)提出申請：向該管公務員所屬機關為之，並應為適當之釋明。

(2)不服駁回提請上級機關覆決：不服行政機關駁回決定者，得於五日內提請上級機關覆決。

(3)停止行政程序：被申請迴避之公務員在准許或駁回決定前，應停止行政程序。

（三）命令迴避

公務員有法定情形不自行迴避，而未經當事人申請迴避者，應由所屬機關依職權命令其迴避。

陸、程序之開始

原則上行政程序之開始，由行政機關依職權裁量決定之。例外情況則有：

1. 法規另有規定：本法或其他法規有開始行政程序之義務。

2. 當事人提出申請時：申請，即人民基於法規之規定，請求行政機關為一定之許可、認可或其他授益行為之公法上意思表示，包括請求作成行政處分、提供資訊、締結行政契約或為一定之事實行為等。

柒、調查事實及證據

一、行政調查之意義

指行政機關為達成行政目的，依其職權對一定範圍內的相對人所為之檢查、要求提供文件紀錄、回答問題或兼備任何前述行為之各種資料蒐集活動。

二、行政調查之種類

（一）針對事務性質分

1. 一般性的行政調查：係為確保行政機關適當地行使間接的、一般性的行政作用為目的而實施之調查，如國勢調查、工商普查。

2. 個別性的行政調查：係為確保行政機關適當地行使特定且個別的行政決定，或為直接、個別之目的而蒐集情報資料的作用或作業，如公平會對違反

公平交易法之調查。

（二）依調查之功能分

1. 規劃性調查：即爲一般性的行政調查，以提供行政機關規劃未來施政方向、擬定國家政策、確定行政計畫及研討現行法令修正內容所爲之蒐集資料活動。其又可分爲統計調查、及準立法調查二種。前者乃指行政機關爲取得決策之基礎資料所爲之調查活動，其方法包括普查、問卷調查、訪談等。後者即爲妥適行使法律授權訂定法規命令之目的，在研討法規草案之前，須廣泛蒐集資料，其蒐集方式有採正式聽證、公聽會，或非正式受理人民意見陳述或進行問卷調查等。

2. 許可要件審查：即作成許可、認可等授益處分之前所爲之調查，其方式包括到場說明、書面審查、現場勘查等。

3. 監督檢查：乃對於受法令規制監督之個人或團體，爲確認或督促其遵守法定義務之目的，所爲之檢視查察活動，如檢查污染物來源。

4. 制裁證據調查：即行政機關因檢查發現、民眾檢舉或其他機關告發，知有違法事實存在，爲了實施行政制裁，乃對特定違反義務行爲人展開蒐集之調查。

（三）依可否實施強制手段分

1. 任意性調查：係指無刑罰或行政制裁爲擔保，亦不能強制實施，純賴受調查者之協助、配合方能達成調查目的者，例如透過訪談、自動提供資訊等。

2. 強制性調查：係指行政機關依法律規定經由強制性手段所實施之調查。

（四）依對象之不同分

1. 對人之調查：即針對特定人所爲之「行政傳喚」，要求相對人提供資料或證言，傳喚、相驗等行爲。

2. 對物之調查：指勘驗、鑑定、調查、調閱、索取文件、取走物品、抽取樣品等行爲。

3. 對處所之調查：指行政機關派檢查人員親赴特定處所進入檢查之行爲。

三、調查事實及證據之方式

依行政程序法之規定,有職權調查及申請調查二種:

(一)職權調查為原則:行政機關應依職權調查證據,不受當事人主張之拘束,對當事人有利及不利事項一律注意。

(二)申請調查為例外:當事人於行政程序中,除得自行提出證據外,亦得向行政機關申請調查事實及證據。但行政機關認為無調查之必要者,得不為調查。

四、調查事實及證據之程序與方法

(一)製作調查之書面紀錄:行政機關調查事實及採證,必要時得據實製作書面紀錄。

(二)通知相關之人到場陳述意見:行政機關基於調查事實及證據之必要,得以書面通知相關之人陳述意見。通知書中應記載詢問目的、時間、地點、得否委託他人到場及不到場所生之效果。所謂「相關之人」包括當事人、參加人、利害關係人、證人、鑑定人等。

(三)要求提供證據資料:行政機關基於調查事實及證據之必要,得要求當事人或第三人提供必要之文書、資料或物品。

(四)選定適當之人為鑑定:行政機關得選定適當之人為鑑定。以書面為鑑定者,得通知鑑定人到場說明。行政機關基於調查證據之必要,得選定對特定事物有專業知識或特別經驗之人為鑑定。鑑定人對於鑑定之經過及結果,負有以言詞或書面報告之義務。行政機關之鑑定範圍,其顯著之實例如土地房屋、公寓大廈、別墅之鑑價;動產儀器、機械、材料設備之鑑價;商標、專利著作等智慧財產之鑑價;股票、出資額、經營權等權利鑑價;徵收公共設施、土地、房屋、其他地上物遷移費之鑑價;地震、天災、水災等房屋、農作物等毀損原因、價值鑑定;交通事故、車輛毀損原因鑑定;筆跡鑑定;真假藝術品、古玩、古董鑑定;DNA鑑定等均是。

(五)實施勘驗:勘驗是以人之五官直接勘查檢驗物之存在與否及其狀態的查證程序。行政機關為了解事實真相,得實施勘驗。勘驗時應通知當事人到場,但不能通知者,不在此限。

行政機關取用私人資訊之方法中,以勘驗私人之身體、文件或住所等方式,為最常見且最有效;其他如車輛安全檢驗、餐廳旅館的安全檢查、工廠排

放黑煙、廢水等環境檢查等，均得對待證事實有關之人、地、事、物實施勘驗。

五、採證之法則

即行政機關爲處分或其他行政行爲，應斟酌全部陳述與調查事實及證據之結果，依論理及經驗法則判斷事實之眞僞，並將其決定及理由告知當事人。茲分述如下：

（一）論理法則：即依法律邏輯之論述必須具有客觀的、普遍的妥當性。

（二）經驗法則：係指人們基於日常生活經驗所得之定則，按照通常經驗，並非個人主觀上之推測。換言之，由日常生活觀察所得，或由歷史上研究數量上法則所得經驗之結果，作爲判斷、評價之關係基準。

捌、政府資訊公開與卷宗閱覽請求權

一、政府資訊公開之概念

（一）政府資訊之意義

指政府機關於職權範圍內作成或取得而存在於文書、圖畫、照片、磁碟、磁帶、光碟片、微縮片、積體電路晶片等媒介物及其他得以讀、看、聽或以技術、輔助方法理解之任何紀錄內之訊息（政府資訊公開法第3條）。至於，政府機關之定義，則包括如下：

1. 中央、地方各級機關：包括其設立之實（試）驗、研究、文教、醫療及特種基金管理等機構。

2. 受政府機關委託行使公權力之個人、法人或團體：就其受託事務視同政府機關（政府資訊公開法第4條）。

（二）政府資訊公開之目的

資訊公開，即指人民或團體有獲得政府紀錄與資料之機會和利益，政府有將人民所要求的資訊予以公開之義務的一種制度，爲廣義陽光法之一部分。其目的，在於促進公眾監督之可能，並非保護特定之人民，故有關資訊公開之規定，應屬客觀法規範的性質，尚非主觀公權利，而可定位爲「法律上利益」。

（三）政府資訊公開之原則

1. 政府資訊以公開爲原則、限制公開爲例外

2. 政府資訊可分原則：部分資訊屬於「豁免公開」，其他部分如能合理切分者，仍應公開。

3. 限制公開者應負舉證責任：機關拒絕公開所請資料時，自應負舉證（說明）責任。

（四）政府資訊公開之功能

1.實現人民知之權利

「知的權利」係基於國民主權原理，爲憲法上表現自由權之一種。因民主政治中，行政資訊爲利用國民納稅所取得之一種「公共財產」，理應有向國民加以公開之必要。政府資訊之公開，責任政治容易建立。同時，人民獲得政府機關持有之資訊，乃爲國民參與政治之契機，亦爲行使憲法上各種權利所不可或缺之條件。

2.促進政治參與及溝通

人民透過資訊之公開而取得行政資訊，能積極介入並參與行政政策之形成與行政執行之過程，因而可促進行政程序之民主化，增加人民之行政參與。此外，政府對人民尋求資訊之要求，如儘量予以滿足，則因此表現出開誠布公之態度，必爲人民刮目相看，並進而支持政府。

3.發揮直接政治監督之效果

公開是公正之最佳保證，民主法治國家均允許人民直接監督，以防止政府權力腐化。而資訊是做明智決擇或智慧判斷所必需者，倘計畫、政策或法規不公開，則人民對政府故意違法或無意誤用權限，即無法加以監督，故資訊公開實有導致開放政府，防制惡政及腐化之效。

4.慎用爲制裁違法之武器

資訊公開可防制一切因秘密所衍生的陰謀、不正當或不平等之行爲，亦即資訊先天具有權力之特質，可作爲制裁違法之工具。人民透過政府資訊之公開，容易發現行政上違法、不當之行政措施，諸如利益輸送、回扣、收取不法利益等等，具體者如公關費用等。

5.兼顧個人隱私權之保護

行政程序法第46條規定，涉及個人隱私、職業秘密、營業秘密，或有侵害第三人權利之虞者，不得閱覽、抄寫、複印，或攝影有關資料或卷宗。其目的乃在資訊公開與個人資訊保護二者間取得均衡，一方面滿足人民知的權利，而能適時主張權益；他方面保護個人隱私而限制或拒絕閱覽。

二、行政程序中之卷宗閱覽請求權

（一）閱覽卷宗請求權之概念

司法程序中普遍承認當事人得請求閱覽卷宗，此種當事人公開與「武器平等」的原則在行政程序中亦有等同的意義。

因行政機關握有裁量餘地，人民在行政裁量事件中對裁量結果的預測可能性較低，此種不利益得藉由閱覽卷宗獲得彌補。此外，一旦行政程序終結，由於當事人已閱覽卷宗，對案情了解更為深刻，當事人於決定是否提起訴訟及如何為理論構成時，甚有助益。

（二）本法對閱覽卷宗請求權之規定

本法雖賦予申請閱覽卷宗之權，惟如無限制地任當事人閱覽卷宗，則不免有侵害他人權利、妨礙社會治安、公共安全或行政正常運作等公共利益之虞。是以，為確保當事人等之卷宗閱覽權與公共利益間之衡平，行政機關對於當事人或利害關係人申請卷宗抄錄閱覽之准許與否，除應審查是否具有行政程序法第46條第2項所列之情形外，尚須考量該申請是否為主張或維護其法律上利益有必要者。

因此，本法第46條規定：「當事人或利害關係人得向行政機關申請閱覽、抄寫、複印或攝影有關資料或卷宗。但以主張或維護其法律上利益有必要者為限（第1項）。

行政機關對前項之申請，除有下列情形之一者外，不得拒絕：一、行政決定前之擬稿或其他準備作業文件。二、涉及國防、軍事、外交及一般公務機密，依法規規定有保密之必要者。三、涉及個人隱私、職業秘密、營業機密，依法規規定有保密之必要者。四、有侵害第三人權利之虞者。五、有嚴重妨礙有關社會治安、公共安全或其他公共利益之職務正常進行之虞者（第2項）。

前項第二款及第三款無保密必要之部分，仍應准許閱覽（第3項）。

當事人就第一項資料或卷宗內容關於自身之記載有錯誤者，得檢具事實證明，請求相關機關更正（第4項）。」

（三）卷宗閱覽請求權與政府資訊公開請求權之差異

1. 權利主體不同：卷宗閱覽依行政程序法第46條規定，乃當事人或利害關係人限於主張或維護其法律上利益有必要才要公開，其請求權之主體有限制，非任何人皆可行使；資訊公開是政府主動或依申請對社會大眾公開。

2. 主被動提供之不同：卷宗閱覽是被動提供，必須由當事人或利害關係人向本案繫屬之行政機關申請；政府資訊公開是政府機關主動或依人民申請而提供。

3. 權利存續期間不同：卷宗閱覽需在行政程序進行中或行政程序終結後、法定期間救濟之前為之，其權利行使期間比較特定；政府資訊公開無期間之限制。

4. 本質與目的不同：卷宗閱覽為行政程序進行中附屬之程序權；政府資訊公開屬於獨立之實體權利。

5. 救濟途徑不同：卷宗閱覽遭拒絕時，原則上僅能依行政程序法第174條規定得於對實體決定聲明不服時一併聲明；政府資訊公開可依政府資訊公開法第20條規定，提起行政救濟。

（四）申請卷宗閱覽遭拒，不可直接提起行政訴訟之理由

原則上當事人或利害關係人僅能依行政程序法第174條規定得於對實體決定聲明不服時一併聲明。行政程序法第174條之立法目的，即指明為謀行政效率，避免當事人或利害關係人動輒對行政機關之程序行為聲明不服，而影響程序之進行。

玖、不服行政程序行為之救濟

一、行政程序行為之意義

又稱之為「行政先行行為」，指行政機關於程序尚未完成或終局之決定未作成前，為了使行政程序之順利進行，所為之指示或措施。諸如：代理之指定、當事人之指定、更換或增減、鑑定人之選定、申請迴避之拒絕、拒絕准予閱覽卷宗或拒絕、准予到場陳述意見、請求聽證之拒絕等程序行為，並被認為

並非行政處分。

二、程序行為之法律性質

一般行政程序上的程序行為,在法律性質的認定上並非毫無爭議。這必須個案中判斷行政機關的決定是否具有對外直接規制的效力而定。例如證人或鑑定人的任命、確定當事人資訊請求權的決定、對於當事人請求提供資訊的行為等均被視為具有行政處分的特徵。

三、不服行政程序行為救濟之特別規定

為謀行政效率,避免影響行政程序之進行,並減輕行政機關與法院之負擔,原則上,當事人或利害關係人不得對行政機關之行政程序行為聲明不服,僅得於行政程序終結後,對實體決定聲明不服(正式救濟)時主張行政程序行為之違法性。故行政程序法第174條明定:當事人或利害關係人不服行政機關於行政程序中所為之決定或處置,僅得於對實體決定聲明不服時一併聲明之。但行政機關之決定或處置得強制執行或本法或其他法規另有規定者,不在此限。

拾、禁止程序外片面接觸

一、禁止程序外片面接觸之意義

指公務員與當事人或代表其利益之人,除依法規所為必要之程序內接觸外,其他在機關內或機關外所為之書面或口頭進行意見或溝通之行為。

二、禁止程序外片面接觸之理由

為求行政程序之公平、透明、避免受到不當之干擾,有禁止行政機關於作成行政決定前片面與當事人或代表其利益之人為程序外之接觸的必要。故行政程序法第47條明定:公務員在行政程序中,除基於職務上之必要外,不得與當事人或代表其利益之人為行政程序外之接觸。

三、如已片面接觸或溝通後之處理原則

公務員與當事人或代表其利益之人為行政程序外之接觸時,應將所有往來之書面文件附卷,並對其他當事人公開。前項接觸非以書面為之者,應作成書面紀錄,載明接觸對象、時間、地點及內容。

拾壹、期日與期間

一、期日

　　乃行政機關爲使當事人及其他關係人會合於一定場所，而爲行政程序所指定之時點。例如指定某年某月某日爲聽證期日。

二、期間

（一）期間之意義

　　乃法律所規定或行政機關所設定之時間，使當事人或其他關係人向行政機關爲行政程序應遵守之期限。

（二）期間之始日與末日之計算

　1. 期間以時計算者，即時起算。

　2. 期間以日、星期、月或年計算者，其始日不計算在內。但法律規定即日起算者，不在此限。

　3. 期間不以星期、月或年之始日起算者，以最後之星期、月或年與起算日相當日之前一日爲期間之末日。但以月或年定期間，而於最後之月無相當日者，以其月之末日爲期間之末日。

　4. 期間之末日爲星期日，國定假日或其他休息日者，以該日之次日爲期間之末日；期間之末日爲星期六者，以其次星期一上午爲期間末日。

　5. 期間涉及人民之處罰或其他不利行政處分者，其始日不計時刻以一日論；其末日爲星期日、國定假日或其他休息日者，照計。但如以休息日之次日或其次星期一上午爲末日，對人民有利者，則仍予以延後。

　6. 掛號郵寄郵送期間之扣除：基於法規之申請，以掛號郵寄方式向行政機關提出者，以交郵當日之郵戳爲準。

　7. 回復原狀之申請期間：因天災或其他不應歸責於申請人之事由，致基於法規之申請不能於法定期間內提出者，得於其原因消滅後十日內，申請回復原狀。如該法定期間少於十日者，於相當之日數內得申請回復原狀。

　8. 人民申請案件之處理期間：行政機關對於人民依法規之申請，除法規另有規定外，應按各事項類別，訂定處理期間公告之。未依前項規定訂定處理期間者：其處理期間爲二個月。

　9. 行政機關未能於前二項所定期間內處理終結者，得於原處理期間之限

度內延長之，但以一次爲限（如遇天災或其他不歸責原因則停止處理期間之進行）。

拾貳、聽證程序

一、聽證之意義

聽證（hearing），即行政機關作出決定之前，給予當事人、利害關係人提供意見、提出證據之機會，俾對特定事實進行質證、辯駁之程序。

聽證是當事人之一項權利，而不是必須履行之義務。由於聽證程序耗時費錢費力，當事人往往放棄聽證，尋求更加簡便之解決方式。此外，如果當事人超過法定期限，未提出聽證要求或意願書者，則視爲放棄聽證權利。

二、聽證制度之法理基礎

（一）自然正義

英國行政程序的法律規制，是依自然正義的原理和以此爲基礎而將其補充的制定法所發展出來的原則，包括：

1. 任何人不得就自己的案件當裁判官（no man shall be judge in his own cause）的原則：又稱爲「排除偏見」的原則（the rule against bias），而此處所說的「自己案件」，是指金錢的利害關係或其他可能成爲偏見原因的利害關係，包括足以影響行政決定之非財產因素，即物質因素、感情因素和精神因素。

2. 任何人之辯護必須被公平地聽取（a man's defence must always be fairly heard）之原則：又稱爲雙方聽證的原則，意即公平「聽另一方之意見」（audi alteram partem, "hear the other side"），早於1724年，英國法院之判決曾揭示：「上帝從伊甸園驅逐亞當時，同時也給予他辯白之機會」。由此可見，聽證爲自然正義之核心。英國自然正義之法理，嗣被美國所繼承而列入憲法增修條文爲正當法律程序之條款，故自然正義於英國，其根本性如同正當程序條款之於美國。

（二）正當法律程序

正當法律程序」（due process of law），亦即法律程序必須符合正當之謂。所謂「正當性」就社會學之定義是指：在一定的容忍範圍，對於內容尚未

完全確定之決定，一般的願予接受之情況。

美國制憲時於聯邦憲法增修條文第5、14條中二度提到「不得未經正當法律程序，即剝奪任何人之生命、自由或財產。」何謂「正當法律程序」，政府根據已確立的程序上慣例與方式，及法院依具體案件所做的判決意旨，一般包括如下：

1. 政府對人民權利加以干涉時，必須有管轄權且公正無私。
2. 擬議行動及所主張依據之通知。
3. 說明為何不採取擬議行動之理由。
4. 提出證物的權利，包括傳喚證人的權利。
5. 知道反方證據的權利。
6. 交互詰問的權利。
7. 完全依據所提出之證據做裁決。
8. 聘請律師協助的權利。
9. 法庭必須準備已提出證據之紀錄。
10.法庭必須準備事實發現及決定理由之書面說明。

三、聽證制度之功能

（一）詳盡調查，發現事實真相

質疑是發現真實的手段，歧見是發現盲點的最好機會。發現真實即指行政機關負有詳盡調查與聽證，以發現真正事實之義務。正式聽證程序，包括利害關係人應獲正式通知，有權提出證據及辯駁對方證據，要求作證，調閱有關卷宗，並得交互詰問對方證人等。在上述的聽證程序中最值得注意的是閱覽卷宗及聽證的規定。當事人欲主張自己之權利，維護其法律上利益，須先了解案情，而欲了解案情，自須閱覽卷宗，故當事人之卷宗閱覽權與聽證之原則，有密切之關聯。

（二）監督行政，避免恣意專斷

公務員可能存在偏見盲點，容易選擇站在我們這邊的證據，而忽視其他客觀的訊息，造成恣意武斷。正當程序是約束、克制公務員的方法，其對立物是恣意，即正當程序要求決定者有意識地暫時忘卻，或阻隔過早考慮真正關心的實質性問題，並按部就班地進行，以防止恣意和武斷。其次，是為了結果在未知狀態下可以使各種觀點和方案得到充分考慮，實現優化選擇，而能做出不受

偏見影響的決策。

（三）平等參與，增進人民信賴

　　程序之平等就是參與平等，程序只爲了參與者之可預知、明晰及理性而設，而可預知、明晰及理性顯然有助於保護任何當事人之自尊心。聽證則是一種工具，人民無論貴賤都可自由地使用它。聽證程序是透過機會的公平和直觀的公正，來間接支持結果的妥當性。裁決結果是否客觀眞實，往往是難以檢驗的。因此，只好由平等對待來滿足人們對公正的信賴心理，進而支持結果的妥當性。

（四）公平公開，提供程序保障

　　公平公開是保障人民權益的重要手段，權益保障必然要求程序公平，可見公平程序與權益保障是互爲表裡之關係。公平程序關鍵之所在是作決定者必須保持中立，不偏袒任何一方。聽證過程公開的目的在於提高行政機關執法的透明度，在公眾的監督下防止行政權力的濫用。聽證體現了行政程序的民主化和透明化。

四、正式聽證與非正式聽證之別

　　依美國行政程序法規定，聽證分爲如下二種形式：

（一）正式聽證（formal hearing）

　　指機關於制定法規或作成裁決時，依法律規定應給予聽證之機會，使當事人得以提出證據、反證、對質或詰問證人，然後基於聽證紀錄作成決定之程序。其又被稱之爲審訊型之聽證、準司法式的聽證、基於證據的聽證、裁決式的聽證、對造型的聽證等。

（二）非正式聽證（informal hearing）

　　指機關制定法規或作成裁決，只須給予當事人以口頭或書面陳述意見之機會，以供機關之參考，不須基於紀錄作成決定之程序，其又被稱之爲辯明型之聽證、準立法式的聽證、陳述的聽證、及法規訂定的聽證等。

　　前述正式與非正式聽證之主要區別，約有下列幾項：

　　1. 正式之聽證，各當事人皆有機會知悉及答辯對方所提出之證據與辯論意旨；非正式之聽證，不在提出證據，只是陳述意見而已。

　　2. 正式之聽證，用於解決司法裁判性之事實問題；非正式之聽證，則用

以解決非事實方面之法律及政策爭執問題與自由裁量問題。

3. 正式的聽證，手續繁重，經常用法庭式之審訊方式，花費之時間較多；而非正式的聽證，程序簡易，常用聊天式之對話方式。

4. 正式之聽證多由行政法法官（administrative law judges）為之；而非正式之聽證，普通行政官員亦可主持，以求簡易可行。

5. 正式聽證時，包括以下內容：及時得到通知的權利、以口頭闡述意見、反駁對自己不利的觀點、聽證公開舉行、獲得充分資訊、聘請律師、要求以聽證紀錄作為制作決定之依據、對決定不服申訴的權利等；而非正式程序中，就是表達意見並反駁不利於自己的觀點而已。

簡言之，正式聽證之核心在於提出證據進行相互質證，採用準司法性之手續；非正式聽證，可稱之為評論程序（common process），手續之進行具有較大之自由裁量權。

五、我國聽證與公聽會之差異

聽證一詞，英文原文為「hearing」，翻譯引進到我國，主要淪為各說各話的「公聽會」（又稱public hearing），我國行政程序法並無公聽會相關定義與程序規定，其他法律直接明定應舉行公聽會者甚多，但其程序則由實務經驗發展而來。聽證與公聽會相異之處如下：

（一）性質不同

聽證為正式程序且富司法色彩，得舉行辯論、交叉詰問，並基於紀錄作成決定，具裁決性質。而公聽會則為非正式，因不具司法色彩，故僅廣泛聽取專家學者、利害關係人、及有關團體政府代表等意見的程序，不一定如聽證有正式辯論及提出證據，故只具有諮詢性質。

（二）適用範圍不同

依行政程序法第54條規定，僅有本法或其他法律規定時始適用聽證程序規定，故目前僅有行政處分、法規命令及行政計畫等行政行為舉行聽證程序，而非一律全面適用於所有行政行為。

（三）關係人不同

聽證係相對人為不利益處分時所為的程序，公聽會則係對申請者以外有利害關係人之意見而為者，係盡力性規定，並非考量利害關係人的利益。

（四）程序嚴密不同

聽證係依行政程序法第1章第10節進行的正式程序，包括進行前的期日通知、預告；進行中主持人的權限、當事人的權利；結束後聽證紀錄的內容等等，均有明文規定。而公聽會則為一便宜性措施，未受嚴格的程序保障與限制。公聽會與聽證之區別簡表如下：

	公聽會	聽證
性質	諮商民意，尋求民主正當性	不利益處分前之權利保障
目的	廣泛蒐集意見（含政策、裁量）	釐清事實及法律上爭點
進行方式	聽取利害關係人意見	兩造言詞辯論、協商
別稱	辯明型、陳述型	審訊型、準司法型
紀錄意義	無須基於紀錄作成決定	須基於紀錄作成決定
程序	簡易	繁重、耗時長
拘束力	參考	斟酌及說理義務
後續程序	無差異	免除訴願及先行程序（準訴願）

六、聽證程序之指導原則

（一）公開公正原則

即聽證主持人安排聽證程序時應當允許旁聽之要求。再者，公正一向被視為成功及適當程序之基礎，公平程序最重要的一點是作決定的人必須中立。因程序正義在很大程度上依據人們對程序的信任。而信任即來自於「程序公正」。

（二）直接言詞原則

即指參與案件事實認定的公務員，必須聽審案件，與當事人和案件、資料直接接觸，當事人、證人或鑑定人等對案件事實的陳述和辯論，原則上以口頭方式進行。

（三）職能分離原則

聽證主持人應超然中立，其與負責案件調查人員之職能應予分離，不能由

同一人擔任，以免先入為主，影響公正之裁決。一般而言，行政機關之首長公務繁忙，難以事必躬親，本法容許行政機關首長指定特定人員為聽證之主持人。但實務上，機關首長於遇到依法律，應斟酌聽證紀錄而為決定之處分案件，應儘量指定能確保聽證程序公正、超然立場之專家學者、律師或社會公正人士從事聽證主持工作，並應特別指示其注意職能分離原則。

至於公聽會，基於機關蒐集各方面資料，以為公共利益考量及作綜合判斷之目的，則不生職能分離之問題。

（四）案卷排他性原則

指行政機關按照正式聽證程序所作出的決定只能以案卷（聽證紀錄）為根據，不能在案卷以外，以當事人未知悉未論證的事實為根據。

七、聽證應踐行之程序

（一）聽證之通知及公告

行政機關舉行聽證前，應以書面記載下列事項，並通知當事人及其他已知之利害關係人，必要時並公告之：

1. 聽證之事由與依據。
2. 當事人之姓名或名稱及其住居所、事務所或營業所。
3. 聽證之期日及場所。
4. 聽證之主要程序。
5. 當事人得選任代理人。
6. 當事人依行政程序法第61條所得享有之權利。
7. 擬進行預備程序者，預備聽證之期日及場所。
8. 缺席聽證之處理。
9. 聽證之機關。

（二）聽證之進行

1.聽證主持人之職權

聽證，由行政機關首長或其指定人員為主持人，必要時得由律師、相關專業人員或其他熟諳法令之人員在場協助之。主持人應本中立公正之立場，主持聽證。並得行使下列職權：

(1)就事實或法律問題，詢問當事人、其他到場人或促其提出證據。

(2)依職權或當事人之申請，委託相關機關為必要之調查。

(3)通知證人或鑑定人到場。

(4)依職權或申請，通知或允許利害關係人參加聽證。

(5)許可當事人及其他到場人之發問或發言。

(6)為避免延滯程序之進行，禁止當事人或其他到場之人發言；有妨害聽
　　證程序而情節重大者，並得命其退場。

(7)當事人一部或全部無故缺席者，逕行開始、延期或終結聽證。

(8)當事人曾於預備聽證中提出有關文書者，得以其所載內容視為陳述。

(9)認為有必要時，於聽證期日結束前，決定繼續聽證之期日及場所。

(10)如遇天災或其他事故不能聽證時，得依職權或當事人之申請，中止聽
　　證。

(11)採取其他為順利進行聽證所必要之措施。

2.得於聽證期日前舉行預備聽證

(1)議定聽證程序之進行。

(2)釐清爭點。

(3)提出有關文書及證據。

(4)變更聽證之期日、場所及主持人。

3.聽證公開原則

除法律另有規定外，聽證應公開以言詞為之。如公開顯然有違背公益之虞或對當事人利益有重大損害之虞者，主持人得依職權或當事人之申請，決定全部或一部不公開。

4.聽證開始

聽證以主持人說明案由為開始。

5.聽證當事人之權利

當事人於聽證時，得陳述意見、提出證據，經主持人同意後並得對機關指定之人員、證人、鑑定人、其他當事人或其代理人發問。

6.聽證當事人之異議權

當事人認為主持人於聽證程序進行中所為之處置違法或不當者，得即時聲明異議。主持人認為異議有理由者，應即撤銷原處置，認為無理由者，應即駁回異議。

7.聽證紀錄之作成

(1)聽證應作成聽證紀錄。聽證紀錄應載明到場人所為之陳述、發問要旨及其提出之文書證據，並記明當事人所提聲明異議之事由及主持人對異議之處置。聽證紀錄得以錄音、錄影輔助之。

(2)聽證紀錄當場製作完成者，由陳述或發問人簽名或蓋章；未當場製作完成者，由主持人指定日期、場所供陳述或發問人閱覽，並由其簽名或蓋章。如陳述或發問人拒絕簽名、蓋章或未於指定日期、場所閱覽者，應記明其事由。

(3)陳述或發問人對聽證紀錄之記載有異議者，得即時提出。主持人認異議有理由者，應予更正或補充；無理由者，應記明其異議。

（三）聽證之終結

主持人認當事人意見業經充分陳述，而事件已達可為決定之程度者，應即終結聽證。聽證終結後，決定作成前，行政機關認為必要時，得再為聽證。

拾參、送　達

一、送達之意義

又稱書面通知，即由行政機關依職權為之，且具確實性與安全性特別保障而能使當事人或其他關係人知悉文書內容機會之通知行為。

二、送達人

（一）自行送達：行政機關承辦人員或辦理送達事務人員。

（二）郵務送達：郵務人員。

三、送達之對象

（一）對無行為能力人之送達：送達，原則上固應向應受送達人本人為之，但如向無從事行政程序之行為能力人為送達，因不能生送達效力，故對其所為之送達，應向其法定代理人為之，以保護其權益。惟如行政機關在未知悉無行為能力人之法定代理人前，為解決實際上之困難，故規定：無行政程序之行為能力人為行政程序之行為，未向行政機關陳明其法定代理人者，於補正前，行政機關得向該無行為能力人為送達。又無行政程序行為能力之未成年人

或禁治產人之法定代理人有二人以上者，依行政程序法第69條第3項規定得僅向其中一人送達即可。

（二）對機關、法人或非法人團體之送達：法人、非法人團體、行政機關或其他依法律得為權利義務之主體（如事業機構）為行政程序之當事人者，應由其代表人或管理人從事行政程序，收受送達亦在內，故送達應向其代表人或管理人為之。

據法務部解釋謂：如於應送達處所不獲會晤應受送達人時，自得依行政程序法第73條第1項規定向其同居人、受雇人為補充送達，惟應注意有無該行政程序上利害關係相反者。

（三）對外國法人或團體之送達：對於在中華民國有事務所或營業所之外國法人或團體為送達者，應向其在中華民國之代表人或管理人為之。若在我國境內之外國法人或團體，其在我國之代表人或管理人有二人以上時，得準用行政程序法第69條第1項規定，僅向其中一人送達，即可收送達之效。

（四）對代理人之送達：行政程序之代理人，除與本人有特別約定外，均有收受送達之權限，因此自應向代理人為送達，但行政機關若認有必要，亦得向本人為送達。

（五）對指定送達代收人之送達：指定送達代收人對送達之順利完成有極大之助益，因此當事人或代理人得指定送達代收人。向行政機關陳明者，應向該代收人為送達。

（六）對駐外人員之送達：對於駐在外國之中華民國大使，公使、領事或其他駐外人員為送達者，應囑託外交部為之。

（七）對現役軍人之送達：對於在軍隊或軍艦服役之軍人為送達者，應囑託該管軍事機關或長官為之。

（八）對在監所人之送達：對於在監所人為送達者，應囑託該監所長官為之。

（九）對有治外法權人之送達：對於有治外法權人之住居所或事務所為送達者，得囑託外交部為之。

四、送達之處所

（一）送達，於應受送達人之住居所、事務所或營業所為之。但在行政機關辦公處所或他處會晤應受送達人時，得於會晤處所為之。

（二）對於機關、法人、非法人之團體之代表人或管理人為送達者，應向其機關所在地、事務所或營業所行之。但必要時亦得於會晤之處所或其住居所行之。

（三）應受送達人有就業處所者，亦得向該處所為送達。

五、送達之方式

（一）自行送達：指行政機關之承辦人員或辦理送達事務人員直接送達。行政機關依法規以電報交換、電傳文件、傳真或其他電子文件行之者，視為自行送達。

（二）郵務送達：以一般郵遞方式為之，但文書內容對人民權利義務有重大影響者，應為掛號。

（三）補充送達：指於應送達處所不獲會晤應受送達人而將文書交付與有辨別事理能力之同居人、受雇人或接收郵件人員。同居人、受雇人或接收郵件人員須非與應受送達人在該行政程序上利害關係相反之人。

（四）留置送達：應受送達人或其同居人、受雇人、接收郵件人員無正當理由拒絕收領文書時，得將文書留置於應送達處所，以為送達。

（五）寄存送達：送達於無法送達至法定處所，或不能為補充送達或留置送達時，得將文書寄存送達地之地方自治或警察機關，並作送達通知書兩份，一份黏貼於應受送達人住居所、事務所、營業所或其就業處所門首，另一份交由鄰居轉交或置於該送達處所信箱或其他適當位置，以為送達。

（六）公示送達：就其送達原因、送達方式、送達生效日期分述如下：

1.公示送達之原因

(1)應為送達之處所不明者。

(2)於有治外法權人之住居所或事務所為送達而無效者。

(3)於外國或境外為送達，不能依行政程序法第86條之規定辦理或預知雖依該規定辦理而無效者。

2.公示送達之方式

公示送達應由行政機關保管送達之文書，而於行政機關公告欄黏貼公告，告知應受送達人得隨時領取；並得由行政機關將文書或其節本刊登政府公報或新聞紙。

3.公示送達之生效日期

公示送達自公告於行政機關公告欄之日起，其刊登於政府公報或新聞紙者，自最後刊登之日起，經二十日發生效力；於外國或境外為送達者，經六十日發生效力。對特定人之送達，可分為下列七種，茲先以流程圖表示如下：

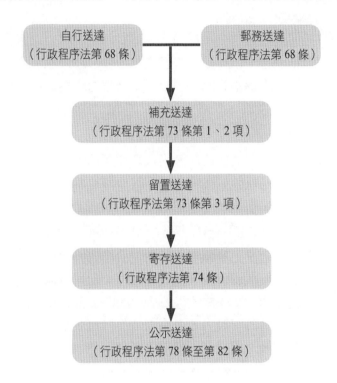

自行送達
（行政程序法第 68 條）

郵務送達
（行政程序法第 68 條）

補充送達
（行政程序法第 73 條第 1、2 項）

留置送達
（行政程序法第 73 條第 3 項）

寄存送達
（行政程序法第 74 條）

公示送達
（行政程序法第 78 條至第 82 條）

第 二 節　行政處分

壹、行政處分之概念

一、行政處分之意義

指行政機關就公法上具體事件所為之決定，或其他公權力措施，而對外直接發生法律上效果之單方行政行為（行政程序法第92條第1項）。分析如下：

（一）行政機關之行為

　　機關與單位當亦有別，機關乃根據法律構成並對外行使職權的一種組織。而單位乃機關內部行使職權的分工部門，在機關內部不具獨立性，單位的行為非行政處分，行政處分需由機關為之，

（二）行政機關之公法行為

　　行政處分乃行政機關之公法行為，亦即其行使公權力之單方行政行為，不包括行政機關以私法之手段，達成其目的之行為。故以私法的地位所做的意思表示，就不在本法的的適用範圍。至於行使公權力所為之決定或措施，其型態則包括核准、許可、特許、任免、登記、註銷、撤銷、廢止、罰款、駁回申請、命為一定作為或不作為等不同內容。

（三）行政機關就公法上事件所為之決定或其他公權力措施

　　所謂公法事件，乃基於公法所生或行政機關須適用公法之規定，予以處理之事件，至於其處理之結果，不一定全部發生公法上效果，亦可能有形成私法上法律效果之行政處分，如公司經登記取得法人資格。

（四）行政機關對公法上具體事件所為之公權力行為

　　行政處分須係行政機關對公法上具體事件，所認定過去的事實狀態並加以適用法規，有具體性和一次完成的性質者，如開一張罰單，發一張執照等。如本於行政權之作用，對於一般人，而為將來不特定之事件；所為具有一般性、抽象性，可以反覆實施之規定者，即為法規命令。

（五）行政機關對外直接發生法律效果之行為

　　行政機關的「決定」或其他「公權力措施」是否屬於行政處分，其決定要素在於行政機關之「意思表示」（第一要素）對當事人產生「對外直接發生法律效果」，亦即，產生權利（義務）之設定、變更、終止或確認之效果（第二要素）。兩者必須同時具備，缺一不可。如只有意思表示，卻無產生對外直接發生法律效果則屬於「觀念通知」，例如通知到場。反之，若決定或公權力措施不產生法律效果，則屬於單純的事實行為，例如警察之巡邏。

　　而提供資訊服務等，既不發生具體法律效果，不直接對人民之權利義務發生影響，自不屬於行政處分之概念。至於依法須事先經上級機關參與表示意見、同意或核准始能作成行政處分之多階段行政處分，其前階段之行政行為應

概念區辨

行政處分與觀念通知之區別

行政處分	觀念通知
行政機關有准駁之意旨,且對相對人之權益有所影響者,即可視為行政處分。至於准駁意旨之有無,則應探求行政機關之真意,從實質上予以認定,不宜拘泥於公文書所使用之文字。	行政機關僅為單純之事實敘述或理由說明,並未對人民之請求有所准駁,則因該項敘述或說明不生法律上之效果。

屬行政內部行為,僅最後階段直接向人民作成之行政行為始具行政處分之性格,即便他機關之參與對作成行政處分之機關有拘束力,亦不構成行政處分。

二、行政處分之類型

(一)典型之行政處分

典型之行政處分,例如建築許可執照、戶籍登記、土地登記、停止建物使用、命拆除違建、斷水斷電、停止營業、各類罰鍰等。

(二)一般處分

典型之行政處分,強調行政行為之對象為特定人,且內容為具體的事實關係。一般處分係由行政機關基於公權力,對於具體事件所為,直接對外發生法律效果之規制措施,其相對人雖非特定,而依一般性特徵可得確定其範圍者,與典型之行政處分之對象為特定人有所不同。依其規範之對象又可區分如下:

1.對人之一般處分

即相對人雖非特定,但依一般特徵可得確定其範圍之行政處分。例如:嚴重急性呼吸道症候群(SARS)期間,臺北市政府依傳染病防治法第35條對和平醫院之管制出入及限制處分,以公告代替通知,發生一般處分之效力、警察下令禁止某項示威活動之舉行,或某時某分起某一道路實施交通管制;或地層危險而命村民住戶立刻遷移;或命非法濫葬墳墓之家屬遷移均屬之。

2.對物之一般處分

即有關公物之設定、變更或廢止及其一般使用之行政處分。如公物開始供

公用、廢止公用或變更公用內容及公物之一般使用規則屬之。例如道路用地設定或廢止、高速公路之啓用、調撥車道、雙向道改爲單行道、限制速度、禁止停車之交通標誌或標線；行人徒步區之劃定、古蹟之指定、自然地景之指定、區域計畫之個別變更等。

（三）其他公權力措施

所謂「其他公權力措施」，即機關的行爲，雖未明確將某種法律效果具體化表現於外，但因法規已就特此情形明文規定其法律效果，故該措施即會與各該規定之法律效果自動連結，從而產生規制。此種規制效果，不以人之行爲爲限，包括物理行爲中具有行政處分性質者，如以電腦等自動化裝置取代人力所作成之行爲，亦屬之。此外，以物理上之強制力爲手段的執行行爲，如行政強制執行之措施，通常帶有貫徹法律上之要求或禁止規定之意旨，爲非要式行爲，經發動隨即完成，其外表上雖以「事實行爲」爲之，惟實際上有規制之作用，故亦屬所謂「公權力措施」，而爲行政處分。此種措施約有以下特徵：

1. 以行動實踐。
2. 處分與執行同時完成。
3. 無廢止或附教示可能性。

例如警察職權行使法中之攔停、查證身分；將違法集會遊行之民眾「拖離」現場，以「拒馬」或「盾牌」阻止違法遊行民眾前進、強行進入私人土地進行檢查、停止供水供電、樹立禁止進入標示等管制性措施；海巡法規中之檢查、登臨；財政部對金融機構之派員「監管」、「接管」；教育部對私立學校違反私立學校法之行爲採取暫停董事會職權、管理校產、接管學校等，均屬之。

準此，行政處分概念已擴大，不僅限於書面、口頭，尚及於其他公權力措施。

三、不屬行政處分之事實行爲

（一）事實行爲之概念

指爲準備作成或表達或實現意思行爲（如行政處分）而完成，且不發生法律效果，而僅發生事實上效果的行政行爲。其與行政處分或其他基於意思表示之行爲不同者，在於後者以對外發生法律效果爲要素。事實行爲可單獨存在，如提供資訊、單純的公文往返、行政指導等是。

（二）事實行為和行政處分之區別

　　最主要的區別在於是否對外發生法律效果，事實行為並不以對外發生法律效果為目的，而行政處分則是必須對外發生法律效果（法效性）。

（三）事實行為之類型

1.依性質分類

　　(1)機關內部行為：單位相互間交換意見、文書往返；上下級機關間的指示、請示、視查、主辦員工講習、訓練等是。

　　(2)認知表示：為機關所為單純事實之敘述或理由之說明，既不因該項敘述或說明而生法律之效果，又稱觀念通知。例如就法令上疑義請求釋示之解答通知、罰鍰移送強制執行之催繳函、對檢舉人之函復，未直接損害檢舉人之權利或法律上利益者、戶籍謄本之發給、向他機關提供資料、為他機關完成研究報告、外交部對於國內機關所發文件之認證、通知可以參加司法官考試之口試、在決定是否吊銷駕照之前，通知當事人接受精神醫學鑑定。

　　(3)行政指導：指行政機關對外所作之報導、勸告、警告、建議、調解、資訊提供等行為。

　　(4)實施行為：屬單純的動作、工作的完成，通常是指實施行政處分或行政計畫之行為，如課稅處分確定後，稅捐稽徵機關收受稅款之繳納，都市計畫細部計畫核定實施後，豎立樁誌、座標、辦理測量、修築道路、收運垃圾、舉辦展覽、醫療行為等是。

　　(5)強制措施：依行政執行法所為之直接強制、即時強制典型之強制措施，如對違法遊行且不服從解散命令者之強制驅離、強制拆除違章建築即是。至於行政檢查（通常為依法令對人、處所或物件所為之訪視、查詢、查察或檢驗），少數由主管機關以實力強制執行者，亦屬之。

2.依效果分類

　　(1)具法效性之事實行為：這種行為係包含一定目標干預而有可能成為行政處分，如拘押嫌犯之行為。

　　(2)具事實上損害結果之事實行為：如警察為緝拿逃犯，在媒體上公布嫌犯的照片。

　　(3)無權利侵害之事實行為：即不具直接法律上效果之事實行為，如提供企業經營有關資訊。

四、行政處分基本正當程序之架構

所謂基本正當行政程序，指包括公正作為義務、公正告知、陳述意見及聽證、說明理由義務等之程序規定。其程序之架構如下：

（一）公正作為義務

公正即公平正義，包括二含義：第一，實體上之公正，即行政機關應當準確認定事實，正確適用法律，使處理結論與案件的事實情節相符。第二，程序上之公正，即行政機關應當公平地對待各方當事人，程序上公正表現不偏不倚，合乎比例原則及信賴保護原則。

機關公正作為的義務，在行政程序法上表現有組織適法、迴避與片面接觸之禁止等三方面：

1. 組織適法：合法組織係行政機關之基本義務。

2. 迴避：行政程序法規定迴避之事由，係為避免利益衝突及存在偏見。至於迴避之方式分成：應自行迴避、當事人得申請迴避，及由該公務員所屬機關依職權命其迴避等三種方式。

3. 禁止片面接觸：即有事必須請兩造當事人都來談，不能私下片面接觸，因為一旦有程序外接觸，另造當事人知道了，即很難相信程序是公正的。因此，除非職務上有必要，不得與當事人或代表其利益之人為行政程序外之片面接觸。如已接觸，應將所有片面接觸往來之書面文件附卷，並對其他當事人公開。

（二）公正告知

1.告知之分類

依時點及作用區分，告知可分成下列三種：

(1)事前之告知：簡稱「預告」，即行政機關在作成終局決定前所為之告知，俾給予相對人合理期間準備，及時採取程序行為。例如調查事實時通知相關人陳述意見；舉行聽證前，應書面通知當事人及其他已知之利害關係人；限制或剝奪行政處分作成前應以書面通知相關人陳述意見。

(2)決定及理由之告知：又稱為「事後告知」，即行政機關作成終局行政決定後，將其決定告知程序當事人或利害關係人，其目的在使當事人或關係人，明白行政決定的內容，並依告知的內容對其發生效力。例如行政處分或其他行政行為決定及理由告知；書面處分應送達，書面以外應以適當方式通知或

使其知悉；依送達、通知或使其知悉之內容對其發生法律效力。

(3)救濟途徑之教示：書面行政處分應記載事項包括救濟途徑之教示。

2.告知之方式

(1)通知：以口頭使其知悉，書面或其他適當方法通知；通知第三人參加為當事人；通知鑑定人到場說明；勘驗時應通知當事人到場。

(2)書面通知：調查事實及證據時，書面通知相關人陳述意見；指定、更換或指定當事人時，以書面通知全體有共同利益之當事人；書面通知相對人及已知之利害關係人陳述意見。

(3)送達：分自行送達、郵務送達、補充送達、留置送達、寄存送達、囑託送達、公示送達等方式。

(4)公告：對不特定人所為之告知，包括管轄權限變更公告、權限委任或委託公告、對不特定人之送達得以公告代替、一般處分公告。

（三）陳述意見及聽證

陳述意見及聽證都屬於廣義的「聽證程序」之一環。主要目的在保障不利益處分之相對人於處分前，能有參與表達意見之機會。

1. 陳述意見：以書面或言詞陳述意見之機會。

2. 正式聽證：包括作成行政處分前，依法應舉行聽證，或行政機關認為有舉行聽證之必要者；訂定法規命令得依職權舉行聽證；行政計畫之確定裁決應經公開及聽證程序。

3. 公聽會：行政程序法並無公聽會相關定義與程序規定，其他法律直接明定應舉行公聽會者甚多，其程序則由實務經驗發展而來。公聽會是政府在政策規劃、計畫確定或法規制定等決策之前，聽取專家學者、利害關係人、社會團體或政府機關代表等意見的諮詢會議。其目的在於以蒐集資訊或聽取意見，集思廣益、消除決策偏頗，提高人民對決策的接受力，及追求民主的正當性。

（四）說明理由義務

為使行政決策合理化，行政機關為處分或其他行政行為，應斟酌全部陳述與調查事實及證據之結果，依論理及經驗法則判斷事實之真偽，並將其決定及理由告知當事人。

貳、行政處分之種類

一、職權處分與依申請處分

（一）職權處分：又稱自動處分，乃不待人民之請求，行政機關得逕本於職權，以為處分之謂，如社會秩序維護事件之禁止，或稅款之徵收等處分。

（二）依申請處分：又稱為被動處分，乃以人民之申請為要件，須人民有所申請始得為之處分，如商標權或專利權之准予註冊或專利。未依申請而逕由行政機關主動為處分時，除其為無效者外，尚得於事後相對人提出之申請而補正之。

二、要式處分與不要式處分

（一）要式處分：所為之意思表示，須依法定之方式，始能生效，如一般公文程式條例之規定，須記載一定事項於書面，並註明年月日及蓋機關印信，並由負責人署名蓋章，其目的在於慎重、周全，以避免對人民權利之侵害，或因錯誤造成浪費與損失。

（二）不要式處分：無須具一定方式，不論口頭或書面表示均可。行政處分除法令規定必須具備一定方式者外，原則上採不要式之自由主義，即行政機關得以書面、言詞及其他方式為之，其目的在使行政活動程序盡可能簡單又合於目的，迅速又節省，行政自由又有彈性，而發揮最佳之功能完成任務。

三、授益處分與負擔處分

（一）授益處分：係給行政處分相對人一種利益或免除某種義務之行政處分。例如：准許商標註冊、任官、發給營業執照、核准專利、核發失業救濟金等。

（二）負擔處分：係行政處分之內容對相對人（或第三人）產生一種法律上的不利益或增加其負擔。例如：納稅、徵召服兵役、罰鍰及其他行政制裁等。此項分類在於行政處分之撤銷或廢止具有意義，負擔處分之撤銷或廢止，問題比較單純，但授益處分則須考慮信賴保護與公益等問題，所受限制較多。

四、羈束處分與裁量處分

（一）羈束處分：乃行政機關須嚴格受法規之拘束，毫無自由選擇可能之情形下所為之行政處分，此項規定，通常為「應為規定」，如租稅之賦課、現

役兵之徵集、國籍認定、稅率核定與徵兵決定，行政機關在作成此類處分時，須嚴格遵守法規規定，否則即屬違法。

（二）裁量處分：乃法規授權行政機關於一定範圍內，得為合目的性之判斷，此項規定得以「得為規定」為例，如警察機關對於違法集會遊行者，集遊法第25條規定之警告、制止或命令解散三種法律效果中選擇警告執行之、公務人員之任用等。

五、命令處分、形成處分、確認處分與公證處分

（一）命令處分：係課予相對人作為或不作為義務行政處分，又可區分為下命、禁止四種：

1. 下命：係指課以作為義務、給付義務或忍受義務之處分而言，如建築改善命令、命其接受檢查及鑑定空氣污染物排放狀況、集會遊行法第25條規定，警察機關對違法之集會遊行命令解散、警察對酗酒泥醉之人的管束。

2. 禁止：乃指課以不作為義務之處分而言，如命令停止營業、禁止某道路之通行等。

（二）形成處分：乃設定、變更或消滅具體之法律關係、權利、資格、法律地位等之處分，如公務員之任用或免職、外國人歸化之許可、公企業之特許、礦業權之特許、專利權之核准、對法人章程變更之認可、撤銷許可之執照、離婚登記均是。

（三）確認處分：指對特定之法律關係或法律事實是否存在發生爭議時，由行政機關為權威性宣示，以解決爭議之處分，如高考及格之確認、公務員服務年資之確認、役男兵役體位之判定、發給自耕能力證明。

（四）公證處分：是對出生、死亡、婚姻等法律事實或法律關係之存在，由行政機關加以登記以資證明，防止爭議之發生，而為之處分。

六、無條件之處分與附附款之處分

（一）無條件之處分：乃指行政機關所為處分之意思表示，未附任何限制，即完全發生法律之效果。

（二）附附款之處分：指行政機關所為處分之意思表示，附加某種限制，行政處分之附款，有條件、期限、負擔、保留行政處分之廢止權、保留負擔之事後附加或變更等五種。

七、須受領處分與不須受領處分

（一）須受領處分：行政機關所為之處分，必須經相對人之受領，始生效力之處分，如裁決書之交付是。

（二）不須受領處分：不須經相對人之受領，即生法律效果。

八、積極處分與消極處分

（一）積極處分：乃指對於原有法律關係，積極加以變更。

（二）消極處分：對於原有之法律關係，表示不為變更而維持其原狀，例如對於訴願之駁回。

參、行政處分之附款

一、附款之容許性

附款係對行政處分之主要內容所為之附加內容，藉以補充、形成或限制主規範的內容，附款基本上非獨立之意思表示。故行政程序法第93條第1項規定：「行政機關作成行政處分有裁量權時，得為附款。無裁量權者，以法律有明文規定或為確保行政處分法定要件之履行而以該要件為附款內容者為限，始得為之。」

二、附款之種類

（一）期限

指規定給予利益或課予負擔，從一定之時日開始、終止或在一定期間內有效而言。又分附始期者，例如至某年某月某日，始得營業之許可；附終期者，例如至某年某月某日止，其營業之准許，即為無效。例如內政部移民署對於曾經逾期居留之外國人不予申請許可居留之期間。

（二）條件

指規定給予利益或課予負擔之發生或消滅，繫於將來不確定之事實而言。又分附停止條件者，如完成某種設備時，始得准許開業；附解除條件者，例如不改善其設備，則特種營業許可，即失其效力。

（三）負擔

指在授予利益之行政處分中所附加於相對人須為特定作為、不作為或忍受

的義務之附款而言。例如准許外國人居留，但附加不得在臺就業之限制，其不得在臺就業之附款即為負擔；又如起造人向建築主管機關申請核發建造執照，許可之同時，並課予起造人必須開放一定數量之停車位供大眾使用；對於公物占有之使用，同時令其繳納若干之使用費；准許戲劇上演，而限制其不超過午夜十二點或劇本內容。如本係受益人之法定義務，僅於行政處分時提示者，則並非「附負擔」。

（四）保留行政處分之廢止權

指行政機關對授予相對人利益之行政處分，於該行政處分所規定之情形下，得全部或一部予以廢止，使其效力終止而言。例如准許某處設攤時，並保留此處將來因交通上必要時，廢止設攤。

（五）保留負擔之事後附加或變更

指行政機關於作成行政處分時，保留事後附加、變更或補充負擔之權限而言。例如許可設立工廠，但對於該工廠實際運作後是否產生足以影響鄰人之噪音，尚不確定，因此保留日後附加應裝置防止噪音設備之負擔；警察機關批准集會遊行之申請，但言明若有違秩序，當隨時限制之，或遊行如遇空襲警報即停止。

三、附款之限制

行政機關雖有附款之裁量權，惟其行使仍須遵守有關裁量權行使之一切限制，尤其附款內容不但不得違背行政處分之目的，更必須與行政處分之目的具有正當合理之關聯。

詳言之，行政處分附款內容係要求相對人為某種行為或負擔某種義務時，該附款內容與行政處分之目的二者之間必須具有正當且合理之關聯性，行政機關不得假藉其得附款之權限，任意要求相對人為某種行為或負擔某種義務，例如：要求相對人為與行政處分目的不相干之金錢給付。至於附款內容與行政處分目的是否具有正當且合理之關聯，就個案判斷之。故行政程序法第94條明定：「前條之附款不得違背行政處分之目的，並應與該處分之目的具有正當合理之關聯。」此即「不當聯結禁止原則」之適用。

肆、行政處分之方式

一、行政處分作成之方式

有關行政處分作成之方式，有要式主義與非要式主義二種。前者固有助於法之安定性及權利保障，但亦容易造成行政之過度負擔。故基於行政之彈性及機動性，並為提高行政之效率，基本上採「方式自由之原則」，即除法規另有特別規定者外，行政處分作成之方式不以書面為限。故行政程序法第95條第1項規定：「行政處分除法規另有要式之規定者外，得以書面、言詞或其他方式為之。」申言之，行政處分原則上得以書面、言詞或其他方式為之，其有以特定之方式（如證書類）為之之必要者，應依前揭規定於法規中明定。

但為兼顧法之安定性及權利保障，以言詞或其他方式作成之行政處分，處分相對人或利害關係人如有正當理由，例如，須證明行政處分中是否存在一種「合法利益」，且相對人要求立即證實時，言詞的行政處分則須改用書面加以處理。換言之，其必須向其他機關證明行政處分之存在及內容，或必須藉由理由之說明以了解有無撤銷該處分之機會，而要求作成書面時，處分機關不得拒絕，以保障其權益，故同條第2項規定：「以書面以外方式所為之行政處分，其相對人或利害關係人有正當理由要求作成書面時，處分機關不得拒絕。」

二、書面行政處分應記載事項

行政程序法第96條規定：「行政處分以書面為之者，應記載下列事項：

一、處分相對人之姓名、出生年月日、性別、身分證統一號碼、住居所或其他足資辨別之特徵；如係法人或其他設有管理人或代表人之團體，其名稱、事務所或營業所，及管理人或代表人之姓名、出生年月日、性別、身分證統一號碼、住居所。

二、主旨、事實、理由及其法令依據。

三、有附款者，附款之內容。

四、處分機關及其首長署名、蓋章，該機關有代理人或受任人者，須同時於其下簽名。但以自動機器作成之大量行政處分，得不經署名，以蓋章為之。

五、發文字號及年、月、日。

六、表明其為行政處分之意旨及不服行政處分之救濟方法、期間及其受理機關。」

以上各款，只要整個書面上包括其意思就可，不一定要像司法判決書一樣嚴格。惟須注意者，乃「記明理由」是程序上正當程序之核心部分，尤應特別重視。所謂「理由」是行政決定作出者對法律、政策及自由裁量權所持觀點之解釋說明，也就是對行政決定的事實根據和法律政策適用及其相互之間對應關係的認識。

至於第6款教示之內容，應包括救濟方法、救濟期間及受理機關，如使用印戳蓋上或電腦印上亦可。例如「不服本處分者，得自本處分送達之翌日起三十日內，繕具訴願書逕送本府，並由本府函轉○○部會行處局署提起訴願。」

三、得不記明理由之行政處分

行政處分應以記明理由為原則，但為免影響行政效率，仍有些情形如略式記載之處分，得以普通公文表達者免除證明理由為例外，即依行政程序法第97條之規定：「書面之行政處分有下列各款情形之一者，得不記明理由：一、未限制人民之權益者。二、處分相對人或利害關係人無待處分機關之說明已知悉或可知悉作成處分之理由者。三、大量作成之同種類行政處分或以自動機器作成之行政處分依其狀況無須說明理由者。四、一般處分經公告或刊登政府公報或新聞紙者。五、有關專門知識、技能或資格所為之考試、檢定或鑑定等程序。六、依法律規定無須記明理由者。」

伍、行政處分之通知與更正

一、行政處分之通知

（一）行政處分通知之意義

通知係行政機關基於自己之意思，使相對人及其他利害關係人可得知悉該處分之行為。通知不僅係行政處分之生效要件，且涉及法定救濟期間之起算，故行政程序法第100條規定：「書面之行政處分，應送達相對人及已知之利害關係人；書面以外之行政處分，應以其他適當方法通知或使其知悉（第1項）。一般處分之送達，得以公告或刊登政府公報或新聞紙代替之（第2項）。」

（二）書面以外行政處分之通知方法

1.公告

(1)一般處分之送達：一般處分之送達以公告與刊登政府公報、新聞紙方式為之。例如命雞農進行預防接種、下令感染口蹄疫之牛隻不得移動，下令撲殺口蹄疫病豬、土地現值之核定、里鄰之調整、古蹟、遺址之指定等。

(2)公告姓名等資訊作為制裁手段：對私人公告不利的資訊，如姓名、照片、廠商或機構名稱等，對該個人名譽所造成的傷害，往往不亞於司法或行政機關對他所做不利的處分，此時此種公告即作為行政制裁之手段。如依藥事法第78條第1項第2款，對販賣而陳列偽藥、禁藥者之登報公告其商號、地址、負責人姓名、藥物名稱及所犯情節。

(3)註銷證照等處分：即以公告對外意思表示使不特定人知悉該證照權利已被撤銷，而發生制裁之效力。例如菸酒管理法第17條：「菸酒製造業者經撤銷許可者，中央主管機關應通知其限期繳銷許可執照；逾期不繳銷者，公告註銷之。」

2.命令解散

集會遊行屬群體行為，警察以舉牌及廣播方式警告，讓不法集會遊行之人民清楚自身行為已觸犯法令，應當場解散。

3.其他方法

如執行汽車拖吊時，用粉筆在地下簡記聯絡電話號碼等。

二、行政處分錯誤之更正

行政處分如誤寫、誤算或其他類此之顯然錯誤，依通說，並不構成行政處分之瑕疵，且相對人亦不得對此錯誤主張信賴保護，行政機關自得隨時或依申請而為更正。故行政程序法第101條規定：「行政處分如有誤寫、誤算或其他類此之顯然錯誤者，處分機關得隨時或依申請更正之」（第1項）。「前項更正，附記於原處分書及其正本，如不能附記者，應製作更正書，以書面通知相對人及已知之利害關係人」（第2項）。

陸、陳述意見及聽證

行政程序法立法目的之一，既然在使人民得藉程序之參與，以保護其權

益。則行政機關作成行政處分前,無論該處分之內容,係在授予相對人權利或利益,或在限制或剝奪相對人自由或權利,皆讓相對人參與程序,至少使其得以表達意見,以維護其權益。參與程序之方法有,給予處分相對人陳述意見之機會及舉行聽證二種。

一、陳述意見

(一)陳述意見之目的

陳述意見,指行政機關採用正式聽證和公聽會之外的其他形式聽取公眾意見。

行政機關對特定人作成「不利益之處分」或「負擔處分」時,應給予該相對人陳述意見之機會,以避免行政機關之恣意專斷,並確保該相對人之權益。故行政程序法第102條規定:「行政機關作成限制或剝奪人民自由或權利之行政處分前,除已依第三十九條規定,通知處分相對人陳述意見,或決定舉行聽證者外,應給予該處分相對人陳述意見之機會。但法規另有規定者,從其規定。」

(二)得不予陳述意見之情形

行政程序之目的不僅在於保障人民權利,抑且應兼顧行政效能,行政手續之進行應儘量符合目的、迅速及節省花費方法行之。故對於行政程序之方式,原則上採非正式主義。凡行政機關作成限制或剝奪人民自由或權利之行政處分時,當然宜給予相對人陳述意見之機會,藉以避免行政機關之專斷,並保障該相對人之權益,已如前述。然而有下列情形之一時,基於維護行政效能與程序經濟之理由,為其例外,即依行政程序法第103條之規定,行政機關得不給予陳述意見之機會:

1. 大量作成同種類之處分:即指快速大量作成同種類之處分,為求時效,難以一一踐行給予陳述意見機會之程序。此外,可以通過計算、測量、實驗等客觀方式解決事實爭議者,基於行政經濟之考慮,亦須給予相對人陳述意見之機會。例如以電腦核定稅單、罰單或自動之交通紅綠燈等是。

2. 情況急迫:情況急迫,如予陳述意見之機會,顯然違背公益者既然情況急迫,自難以預先告知並給予陳述意見之機會,以免造成處分之遲延,浪費行政資源而致違背公益。例如由警察進行的危險防止措施;由勞動安全衛生督導官進行的使用停止命令等為了應付在某種場合產生的危險狀態,有時行政機

關有必要隨機應變地作出處分。

3. 受法定期間之限制：受法定期間之限制，如予以陳述意見之機會，顯然不能遵行者，即如逾越法定期間將無法爲行政處分時，如給予陳述意見之機會將坐失時機，無法作成處分時，自不得給予陳述意見之機會，例如逃漏稅案件，即將超過法定之核課期間者。

4. 行政強制執行時所採取之各種處置：如行政強制執行時所採取之各種處置，有迅速執行之必要者。

5. 行政處分所根據之事實，客觀上明白足以確認者：陳述意見包括事實上之陳述與法律上陳述，故雖然行政處分所根據之事實，客觀上已明白足以確認，但有法律上之爭議者，仍應給予相對人陳述意見之機會。

6. 限制自由或權利之內容及程度，顯屬輕微，而無事先聽取相對人意見之必要者：限制自由或權利之內容及程度，是否顯屬輕微，係由處分機關依職權先自行判斷，僅在有爭議時方依行政救濟程序解決。

7. 相對人於提起訴願前依法律應向行政機關聲請再審查、異議、復查、重審或其他先行程序者：陳述書依法在訴願前應先經先行程序者，實質已賦予相對人有再一次表達意見之機會，基於行政經濟之考慮，無須再給予相對人陳述意見之規定，避免造成行政程序之冗長。

8. 爲避免處分相對人隱匿、移轉財產或潛逃出境，依法律所爲保全或限制出境之處分：爲確保稅款或罰鍰之執行，稅捐稽徵法、關稅法或海關緝私條例有禁止財產移轉或設定他項權利等保全措施及限制出境之規定，其目的在避免處分之相對人隱匿、移轉財產或潛逃出境，以規避執行，有其時效性及急迫性，如於處分前先予陳述意見機會，將無法達成其原有目的。

（三）通知陳述意見之方式

1. 書面通知或公告：給予相對人陳述意見之機會時，應以書面記載下列事項通知相對人，必要時並公告之：

(1)相對人及其住居所、事務所或營業所。

(2)將爲限制或剝奪自由或權利行政處分之原因事實及法規依據。

(3)應於陳述書上記載事實上及法律上陳述。

(4)提出陳述書之期限及不提出之效果。

(5)其他必要事項。

　2. 言詞通知：前述情形，行政機關得以言詞通知相對人，並作成紀錄，向相對人朗讀或使閱覽後簽名或蓋章，以使其確認通知之內容無誤。

（四）陳述意見之方式

　1. 書面陳述：行政處分之相對人或利害關係人，原則上應以書面之陳述書為之，且應於陳述書為事實上及法律上陳述。

　2. 言詞陳述：以言詞陳述意見者，行政機關應作成紀錄，經向陳述人朗讀或使閱覽確認其內容無誤後，由陳述人簽名或蓋章；其拒絕簽名或蓋章者，應記明其事由。陳述人對紀錄有異議者，應更正之。

（五）逾期陳述之效果

　不於期間內提出陳述書者，視為放棄陳述之機會，即發生失權效。所謂「期間」，指於經合法通知或經公告後之一定合理期間內，若有違背，將導致行政處分作成程序之瑕疵。

（六）陳述意見程序瑕疵之補正

　作成行政處分前依法應給予陳述意見之機會，卻漏未給予者，得因事後給予而補正，此為程序瑕疵之自我治療，惟如未補正，則為有瑕疵之行政處分，而得撤銷之。

二、舉行行政處分聽證

（一）行政處分聽證之概念

　行政處分聽證，係由行政機關首長或其指定人員為主持人，在作成不利益決定時（尤其是不利益行政處分或授益處分之撤銷）使當事人及利害關係人到場，就事實及法律問題，陳述意見、提出證據，經主持人同意，並得對機關指定之人員、證人、鑑定人、其他當事人或代理人發問之程序。

（二）舉行行政處分聽證之處理原則

　1. 聽證是本於「兩造兼聽」的理念。

　2. 為不利益處分前的特別調查程序，為事前程序性的保障，非為事後的救濟制度。

　3. 給予當事人申辯權的充分行使。

　4. 聽證所獲意見、證據為作成決定的重要依據。

　5. 聽證主角為到場發言人員，不是主管機關。

6. 主持聽證須中立公正，不可有差別待遇。

7. 安排兩造均等而隔離陳述原則。

8. 對於聽證狀況的處理要有原則。

9. 聽證現場不作任何結論。

（三）行政處分聽證之範圍

1. 法規明文規定應舉行聽證者。

2. 行政機關認為有舉行聽證之必要者。

（四）經聽證作成處分時應斟酌之事項

舉行聽證而作成行政處分時，除應斟酌全部陳述與調查事實及證據之結果，依論理及經驗法則判斷事實之真偽外，並應斟酌全部聽證之結果。如法明定應依聽證紀錄作成處分者，則該處分所依據之事實、證明及理由，即須完全以聽證紀錄所記載為準。

（五）不服經聽證作成之處分之救濟

對於經聽證作成之行政處分不服者，其行政救濟程序得免除訴願及其先行程序（如申請復查、聲明異議等），以保障人民權益及符合程序經濟原則。

（六）應舉行而未舉行聽證之法律效果

行政機關如有依法規應舉行聽證而未舉行者，應認為該行政處分有重大而明顯之瑕疵而為無效。

柒、行政處分之效力

行政處分之效力，指行政處分在具備具體成立的各種要件，而有效成立後，在公法上所發生的效力。

一、行政處分發生之效力

（一）行政處分效力之始點

行政處分應通知其相對人或其他利害關係人者，在通知之前，屬尚留於內部文件之階段，當其至少對相對人之一通知時，行政處分始於此刻發生效力，學者稱此項效力為「行政處分之外部效力」。行政處分效力之始點，依行政程序法第110條規定如下：

1. 書面之行政處分：自送達相對人及已知之利害關係人起。

2. 書面以外之行政處分：自以其他適當方式通知或使其知悉時起，依送達、通知或使知悉之內容對其發生效力。

3. 一般處分：自公告日或刊登政府公報、新聞紙最後登載日起發生效力。但處分另訂不同日期者，從其規定。

（二）行政處分效力之內容

行政處分之效力，包括存續力、構成要件效力及確認效力、執行力三種，茲簡述如下：

1.存續力

存續力可分二種如下：

(1)形式存續力：指行政處分如不能再以通常之救濟途徑（訴願或行政訴訟），加以變更或撤銷者，該處分即具有形式存續力。

(2)實質存續力：指行政處分就其內容對相對人、關係人及原處分機關發生拘束之效力，實質存續力乃隨行政處分之宣示（送達或公告）而發生。例如：申請建築執照者，經主管機關審核認該建築物所在地為限建地區，不予核發建築執照，並將該處分合法送達申請人，此時該處分對於主管機關及申請人即有實質存續力；其後經申請人提起訴願及行政訴訟均被駁回，該申請人不得再行爭執，行政機關亦受拘束，則該處分此時除原已具有之實質存續力外，亦具有形式存續力。

2.構成要件效力及確認效力

行政處分之構成要件效力及確認效力，係指行政處分對其他機關、法院或第三人之拘束效果。

構成要件效力係指行政處分之存在或內容（發生規制效果），拘束其他機關或法院等。例如：外國人或無國籍人經內政部許可而歸化者，即取得中華民國國籍，其他行政機關或法院即應受此一歸化處分之拘束。惟必須注意的是，行政處分之構成要件效力並非對所有其他行政機關或法院發生；申言之，行政處分對於有權審查該處分合法性及妥適性之訴願機關或行政法院，即不發生構成要件效力。

至於確認效力，係指行政處分之「事實及理由部分」，對於其他機關或法院亦有拘束力。惟一般認為，確認效力以法規有明文規定者為限。

3.執行力

即指行政處分所課予之義務,義務人不履行時,行政機關不必經由法院之協助,得以行政處分為執行名義,自行對義務人強制執行。通常指下命之行政處分,例如:命令補稅、徵兵處分等,若當事人不履行其公法上之義務,則須另為行政執行,始能完成行政處分之效力。形成處分及確認處分則無執行之問題可言。

二、行政處分效力之存續

為確保國家行政機能之有效運作,維護公益及法之安定性,如行政處分未經撤銷、廢止、或因其他事由而消滅者,恆保持其效力。行政程序法第110條第3項規定:「行政處分未經撤銷、廢止,或未因其他事由而失效者,其效力繼續存在。」

三、無效行政處分之效力

無效之行政處分,自始不生效力,所有國家機關及人民均當然不受其拘束。

捌、行政處分之無效

一、行政處分無效之概念

指行政機關雖已在形式上作成行政處分,惟在實質上因處分的內容具有瑕疵,或未具備必要方式,或欠缺必要的先行程序,未能符合法律要求,或欠缺有效要件,以致根本無法發生其效力的狀態而言。

二、行政處分無效之原因

無效之行政處分,任何人及任何機關原則上均自始、當然不受其拘束,故為確保行政機能有效運作,維護法之安定性並保障人民之信賴,行政處分之瑕疵須達重大,且依一般人合理之判斷甚為明顯而一目瞭然者,始為無效。行政程序法第111條規定,行政處分有下列各款情形之一者,無效:

1. 不能由書面處分中得知處分機關者。即形式欠缺之無效。
2. 應以證書方式作成而未給予證書者。例如發明專利權之給予而未以證書為之。

3. 內容對任何人均屬不能實現者。例如對外國人徵兵召集；處罰鍰但未科數額者。

4. 所要求或許可之行為構成犯罪者。例如處分要求電信公司竊聽電話；許可以暴力為宗旨之集會遊行。

5. 內容違背公共秩序、善良風俗者。例如公娼之許可；對健全人令入精神病院。

6. 未經授權而違背法規有關專屬管轄之規定或缺乏事務權限者。上開所稱「缺乏事務權限者」，係指重大而明顯諸如違反權力分立之情形而言。例如申請外僑居留證未經內政部蓋章；行政機關裁決民法上私權之爭執。除此之外，其他違反土地管轄或事務管轄，均屬得撤銷而非無效，甚至不影響於行政處分之效力。

7. 其他具有重大明顯之瑕疵者。所謂明顯，係指事實不待調查即可認定，所謂重大，則指瑕疵之存在已喪失其程序之正當性，例如依法應舉行聽證而未舉行；公司因變更登記而喪失法人人格，仍作為處分客體。

三、無效處分之確認

行政處分之無效，雖為自始，當然無效，但有時不免對是否無效有所爭議，為求定紛止爭，行政機關自得依職權確認行政處分之無效；處分相對人或利害關係人就其確認有正當理由者，亦得請求行政機關為確認。故行政程序法第113條規定：「行政處分之無效，行政機關得依職權確認之。行政處分之相對人或利害關係人有正當理由請求確認行政處分無效時，處分機關應確認其為有效或無效。」此外，依行政訴訟法第6條規定，對於確認行政處分無效，倘原告有即受確認判決之法律上利益者亦得提起確認訴訟。

四、違反土地管轄之效果

行政處分雖因違反土地管轄之規定而違法，除依行政程序第111條第6款規定應為無效者外，如果對實體決定不構成任何影響，亦即縱使依法撤銷該處分，行政機關仍必須再作成相同之處分者，基於程序經濟，自應限制其被撤銷之可能性。故本法第115條規定：「行政處分違反土地管轄之規定者，除依第一百十一條第六款規定而無效者外，有管轄權之機關如就該事件仍應為相同之處分時，原處分無須撤銷。」

玖、瑕疵行政處分之補正與轉換

行政處分違反程序或方式之規定者，爲有瑕疵之行政處分。惟程序及方式之規定，旨在促使行政機關能作成內容正確之決定，其本身尚非目的，故其違反之情節若非十分重大，且事後補正或轉換仍無害其規定之目的者，自非不許行政機關爲事後補正或轉換，茲分別說明如下：

一、瑕疵行政處分之補正

補正又稱糾正或治癒。所謂瑕疵行政處分之補正，乃行政處分在成立時因違法而具有瑕疵，但其瑕疵輕微，僅致使該行政處分爲得撤銷，因所欠缺之適法要件於事後被補足，使該行政處分之瑕疵得以治癒，而繼續維持其效力之謂。換言之，補正限於違法且輕微的情形，對於實體違法或嚴重違法的行政程序，不能補正。

行政程序法第114條第1項規定：「違反程序或方式規定之行政處分，除依第一百十一條規定而無效者外，因下列情形而補正：

一、須經申請始得作成之行政處分，當事人已於事後提出者。

二、必須記明之理由已於事後記明者。

三、應給當事人陳述意見之機會已於事後給予者。

四、應參與行政處分作成之委員會已於事後作成決議者。

五、應參與行政處分作成之其他機關已於事後參與者。」

再者，爲確保該等程序規定在程序法上之目的不至落空，並就行政任務與法院審判權作一妥適劃分，防止行政機關漫無時限之事後補正。故同條第2項規定：「前項第二款至第五款之補正行爲，僅得於訴願程序終結前爲之；得不經訴願程序者，僅得於向行政法院起訴前爲之。」

二、違法行政處分之轉換

基於行政程序經濟之原則，承認違法行政處分轉換之制度，使違法之行政處分轉變爲另一合法之行政處分，俾違法行政處分所包含之合法部分，繼續維持其效力。違法行政處分轉換之要件如下：

（一）違法行政處分之存在：祇能違法行政處分轉換成其他行政處分，不能由違法法規命令或行政契約轉換成行政處分。並且行政處分須違法，無效或得撤銷之行政處分均包括在內。

（二）與其他行政處分具有相同之目標：違法行政處分與其他行政處分須要達成相同的法律效果，亦即原則上追求雷同的公益。

（三）具備作成他行政處分所須之方式、程序及實體要件：此項要件包括原處分機關須具有作成他行政處分之管轄權。

除了上述積極要件以外，尚有三項消極要件為其例外，即行政程序法第116條第1項之規定：「行政機關得將違法行政處分轉換為與原處分具有相同實質及程序要件之其他行政處分。但有下列各款情形之一者，不得轉換：

一、違法行政處分，依第一百十七條但書規定，不得撤銷者。

二、轉換不符作成原行政處分之目的者。

三、轉換法律效果對當事人更為不利者。」

再者，為免剝奪原處分機關之裁量權，同條第2項規定：「羈束處分不得轉換為裁量處分。」

此外，違法行政處分轉換之結果，有時足以影響當事人之權益，故於同條第3項明定：「行政機關於轉換前應給予當事人陳述意見之機會。但有第一百零三條之事由者，不在此限。」

拾、違法行政處分之撤銷

一、違法行政處分撤銷之意義

指違法行政處分如非瑕疵重大且明顯或符合絕對無效之要件而無效者，亦未經補正或轉換，又不屬於違反土地管轄之規定者，由正當權限機關依人民申請或依職權，另以行政行為予以撤銷，使其不發生效力，或消滅已發生的效力，而回復未為處分前的狀態者。例如：違反外部法規、認定事實、適用法律有錯誤等，即屬得撤銷之行政處分，行政機關得予以撤銷之。

二、違法行政處分撤銷之限制

基於依法行政之原則，行政機關本應依職權撤銷違法之行政處分，即使該處分已發生形式上之確定力，亦然。惟如此，將易使法律狀態長期處於不安的爭議中，而使行政機關及法院疲於應付。有鑑於此，於行政處分發生形式確定力之後，違法行政處分是否撤銷，原則上，仍應委諸行政機關之裁量，但行政機關行使裁量，仍應遵守有關裁量之一切限制。

行政程序法第117條規定：「違法行政處分於法定救濟期間經過後，原處分機關得依職權為全部或一部之撤銷；其上級機關，亦得為之。但有下列各款情形之一者，不得撤銷：一、撤銷對公益有重大危害者。二、受益人無第一百十九條所列信賴不值得保護之情形，而信賴授予利益之行政處分，其信賴利益顯然大於撤銷所欲維護之公益者。」

三、信賴不值得保護之情形

導致授益處分違法之事由，如係由受益人本身行為所造成時，其信賴自無須保護。行政程序法第119條乃規定：「受益人有下列各款情形之一者，其信賴不值得保護：一、以詐欺、脅迫或賄賂方法，使行政機關作成行政處分者。二、對重要事項提供不正確資料或為不完全陳述，致使行政機關依該資料或陳述而作成行政處分者。三、明知行政處分違法或因重大過失而不知者。」

換言之，即當事人之信賴，必須值得保護，如當事人有以詐欺、脅迫或賄賂方法，對重要事項提供不正確資料或為不完全陳述，致使行政機關依該資料或陳述而為行為；明知行政機關之行為違法或因重大過失而不知等情形者，則其信賴不值得保護。

四、違法授益處分撤銷之補償

違法之授益處分，如受益人對該處分存續之信賴利益，經衡量小於撤銷所欲維護之公益，但依其情形仍值得保護時，基於法治國家之信賴保護原則，應賦予受益人就其因信賴所生之財產上損失，有得向行政機關請求補償之權利，以求衡平。故行政程序法第120條第1、2項規定：「授予利益之違法行政處分經撤銷後，如受益人無前條所列信賴不值得保護之情形，其因信賴該處分致遭受財產上之損失者，為撤銷之機關應給予合理之補償。」、「前項補償額度不得超過受益人因該處分存續可得之利益。」

五、違法行政處分撤銷之效力

行政程序法第118條規定：「違法行政處分經撤銷後，溯及既往失其效力。但為維護公益或為避免受益人財產上之損失，為撤銷之機關得另定失其效力之日期。」

拾壹、合法行政處分之廢止

一、行政處分廢止之概念

指就原已成立並生效之無瑕疵行政處分，基於法律上、政策上或事實上的原因，如所依據之法規或事實發生變更，而決定將其全部或一部廢棄，使其自將來喪失效力的行為。

行政處分之廢止與撤銷甚為類似，但概念上仍有區別。從客體之言，撤銷係對違法處分使其效力歸於消滅，廢止則係針對合法處分。

此外，不論撤銷或廢止本身均屬行政處分，故均適用行政處分各種法則。但在效力上，通說認為撤銷是溯及既往，而廢止則係向將來失效。惟在例外情形下，違法行政處分之撤銷，為維護公益或避免受益人財產上損失，為撤銷之機關得另定失其效力之日期，而廢止之情形，受益人未履行負擔致行政處分受廢止者，得溯及既往失其效力。

其次，因行政處分依其內容對相對人是否授予利益或課予不利益，可分為「授益處分」及「非授益處分」（負擔處分）之廢止。

二、非授益處分之廢止

非授益處分不僅指行政處分之內容課予人民作為、不作為或忍受之義務，尚包括人民提出之申請被駁回或授益處分被廢棄等對相對人不利之情形。合法非授益處分之廢止，原則上行政機關得隨時為之；該行政處分已發生形式上確定力之後或經行政法院判決確認之後，行政機關仍得依其裁量廢止其一部或全部。惟如行政處分廢止後，行政機關尚應重新為內容相同之行政處分者，則無法達成廢止之目的，其行為前後矛盾，令相對人無所適從，故應予禁止。

此外，如依法令、一般法律原則或行政規則等其他原因不許廢止者，當亦不得廢止之。故行政程序法第122條規定：「非授予利益之合法行政處分，得由原處分機關依職權為全部或一部之廢止。但廢止後仍應為同一內容之處分或依法不得廢止者，不在此限。」

三、授益處分之廢止

授益處分之廢止，使相對人因該授益處分而取得之權益或法律地位因而發生變動，依據法律保留原則，除須有法律明文，如同違法授益處分之撤銷，須受信賴保護原則之拘束，因合法授益處分之廢止更應考慮受益人權益之保護，

非有公益等重要理由，原則上不得隨意廢止之。故行政程序法第123條規定其例外情形，即：「授予利益之合法行政處分，有下列各款情形之一者，得由原處分機關依職權為全部或一部之廢止：

一、法規准許廢止者。

二、原處分機關保留行政處分之廢止權者。

三、附負擔之行政處分，受益人未履行該負擔者。

四、行政處分所依據之法規或事實事後發生變更，致不廢止該處分對公益將有危害者。

五、其他為防止或除去對公益之重大危害者。」

四、廢止授益處分之除斥期間

為維護法律之安定性及信賴保護，對於授益處分之廢止，自宜有除斥期間之規範。故行政程序法第124條規定：「前條之廢止，應自廢止原因發生後二年內為之。」

五、廢止授益處分之信賴補償

合法之授益處分，雖得於一定之要件不被廢止，但基於信賴保護原則，應賦予受益人信賴利益之補償請求權。

詳言之，合法授益處分生效後，於具備行政程序法第123條所定廢止事由時，原處分機關是否依職權廢止，應考量受益人之信賴利益並衡酌公益。於受益人之信賴利益顯然大於公益時，固可維持該授益處分（亦即處分之存續保障）。惟原處分機關經衡酌後，如認公益之維護顯然大於受益人之信賴利益時，此時原處分機關雖可廢止原授益處分，惟對於受益人因信賴該處分所遭受之財產損失，則應給予補償。依行政程序法第126條第1項規定，原處分機關依同法第123條第4款規定廢止合法授益處分者，對受益人因信賴該處分致遭受財產上之損失，應給予合理之補償。

六、行政處分廢止之效力

合法行政處分經廢止者，原則上僅自廢止時起或自廢止機關所指定較後之日期時起失效，但行政處分係因受益人未履行負擔而遭廢止者，如廢止只能向將來失效，有時將無法達成廢止之目的。例如：受益人已受領經濟補貼，但未履行負擔，如廢止只能向將來生效，則因行政機關不能請求其返還補貼，廢止

將無法完全達成行政目的。

七、撤銷、廢止後受益人不當得利之返還

授予利益行政處分，經撤銷、廢止等原因而有溯及既往失效，或有行政處分經確認無效之情形時，受益人受有不當得利，自應予以返還，例如違法受領獎勵金、定期發給的補貼等等，應予返還，才符合公平正義。故又稱為特殊公法上不當得利返還請求權，並僅限於適用於下列四種情形：

（一）處分因撤銷而溯及既往失效

（二）處分因廢止而溯及既往失效

（三）處分因條件成就而溯及既往失效

（四）處分經依行政程序法第113條確認無效。

行政程序法第127條規定：「授予利益之行政處分，其內容係提供一次或連續之金錢或可分物之給付者，經撤銷、廢止或條件成就而有溯及既往失效之情形時，受益人應返還因該處分所受領之給付。其行政處分經確認無效者，亦同。前項返還範圍準用民法有關不當得利之規定。行政機關依前二項規定請求返還時，應以書面行政處分確認返還範圍，並限期命受益人返還之。前項行政處分未確定前，不得移送行政執行。」

八、消滅時效

有關行政程序法第127條的特殊公法上不當得利返還請求權，此一時效之長短，係依同法第131條第1項：「公法上之請求權，除法律有特別規定外，因五年間不行使而消滅。」

詳言之，行政處分經原處分機關撤銷並溯及既往失效後，受益人因該處分所受領之給付始構成不當得利，原機關對受益人始發生不當得利返還請求權，其請求權時效並自撤銷處分生效時起算五年。惟請求權時效期間與原處分機關得請求受益人返還之範圍應屬二事，亦即原處分機關得請求返還之範圍，係指授益處分因撤銷而溯及失效時起所受領之全部給付，原處分機關得請求受益人返還依原處分所受領之全部給付，而非僅限於自撤銷原處分時起回溯計算五年之數額。

概念區辨

行政處分廢止與撤銷之區別

	行政處分之廢止	行政處分之撤銷
原因	行政處分本身並無瑕疵，而是公益或政策、法令之修廢而將行政處分廢止。	行政處分之撤銷係行政處分有瑕疵，在程序上或方式上之瑕疵，以致影響其效力而言。
效力	原則上係對將來失去效力，例外則係授益處分相對人不履行負擔時，溯及既往失去效力。	原則上具有溯及既往的效力，例外則對將來（向後）失去效力。
有權機關	有廢止權的機關，則以原機關為原則。	有撤銷權的機關，為原機關與上級機關。

拾貳、行政程序之重新進行

一、行政程序重新進行之概念

行政處分若屬違法，人民自得提請行政爭訟請求撤銷；惟若人民未對之提起行政爭訟，則於法定救濟期間經過後，該行政處分即發生形式存續力。於此情形，行政處分之撤銷或變更，僅有賴原處分機關依職權為之。行政程序之重新進行，即係賦予處分相對人或利害關係人程序重新進行之程序上請求權，而行政機關基於相對人或利害關係人之申請，就已確定之行政處分重為實質審查，以作成新決定。

行政機關對於行政程序重新進行所作成之決定，可分為二個階段。行政機關於第一階段如認申請符合上開要件，則准予重新進行，並於第二階段作成決定將原處分撤銷、廢止或仍維持原處分。若行政機關於第一階段即認申請不符合法定要件，而予以拒絕，就沒有第二階段之程序。

二、行政程序重新進行之要件

（一）處分之相對人或利害關係人提出申請。

（二）須向管轄行政機關提出重新進行程序之申請。

（三）須具備下列事由之一：1.持續效力之行政處分所依據之事實，事後

發生有利於相對人或利害關係人之變更者；2.發生新事實或發現新證據者，但以如經斟酌可受較有利益之處分者爲限；3.具有相當於行政訴訟法所定再審事由且足以影響行政處分者。

（四）申請人須於行政程序或救濟程序中非基於重大過失而未主張此等事由。

（五）自法定救濟期間經過未逾三個月；或其事由發生在後或知悉在後，自法定救濟期間經過未逾五年（行政程序法第128條）。

三、對申請行政程序重新進行之處置

按相對人或利害關係人申請行政程序重新進行之目的，係在促請行政機關對已具有形式上確定力之行政處分，重新審酌是否決定予以撤銷、廢止或變更。故行政機關應針對申請理由迅予處置。行政機關認申請爲有理由者，應撤銷、廢止或變更原處分；認申請爲無理由或雖有重新開始程序之原因，如認爲原處分爲正當者，應駁回之。

四、證書與物品之繳還

因授益處分而發給之證書（如專利、著作權、駕駛執照等）或物品（如：職章、警察服飾等），於該行政處分經廢止或撤銷確定，或因其他事由（如：無效、當事人死亡、解除條件成就等）而失其效力後，如仍令當事人繼續使用，將有礙於交易安全，應命返還。故行政程序法第130條第1項規定：「行政處分經撤銷或廢止確定，或因其他原因失其效力後，而有收回因該處分而發給之證書或物品之必要者，行政機關得命所有人或占有人返還之。」

拾參、行政處分時效中斷之效力

一、公法上請求權時效

公法上請求權，指公法上權利義務主體相互間，基於公法，一方得請求他方爲特定給付之權利，此特定給付，包括金錢或物之交付、行爲，因此原則上僅公法上財產請求權始適用消滅時效。此所謂特定給付，包括金錢或物之交付行爲（行爲、不作爲或忍受，亦含作成行政處分在內），如公務員之俸給權與退休金權；公務人員自行延聘律師時，申請核發律師費用之性質爲公法上之費用須返還請求權；國家賠償請求權、工程受益費緩徵請求權、工程受益費徵收

請求權、土地徵收撤銷請求權。

時效，指一定之事實狀態，繼續存在達一定之時間，而發生一定法律效果之制度。而消滅時效，即由權利不行使而造成無權利之事實狀態，繼續存在於一定期間，而發生請求權消滅之效果。

行政程序法第131條規定：「公法上之請求權，於請求權人為行政機關時，除法律另有規定外，因五年間不行使而消滅；於請求權人為人民時，除法律另有規定外，因十年間不行使而消滅（第1項）。公法上請求權，因時效完成而當然消滅（第2項）。前項時效，因行政機關為實現該權利所作成之行政處分而中斷（第3項）。」

本條之立法意旨係考量人民並不一定清楚知悉其究有何公法上請求權存在，往往導致時效期間已滿仍未行使之，而將人民對行政機關之公法上請求權時效延長為十年。

二、時效中斷

行政機關作成實現權利之行政處分時，即已行使公法上請求權，故時效因而中斷。行政程序法131條第3項乃規定：「前項時效，因行政機關為實現該權利所作成之行政處分而中斷。」

三、時效不中斷

公法上請求權之時效，依行政程序法第131條第3項規定，因行政機關為實現該權利所作成行政處分而中斷。惟如該行政處分嗣後遭受撤銷、廢止或因其他事由而溯及既往失其效力時，則已中斷之時效，自應自該處分失效時起，視為不中斷。故行政程序法第132條規定：「行政處分因撤銷、廢止或其他事由而溯及既往失效時，自該處分失效時起，已中斷之時效視為不中斷。」

四、時效之重行起算

因行政處分而中斷之時效，自行政處分不得請求撤銷或因其他原因，如和解等而失其效力後，重新起算，故行政程序法第133條規定：「因行政處分而中斷之時效，自行政處分不得訴請撤銷或因其他原因失其效力後，重行起算。」

第 二 節　行政契約

壹、當事人協力合作之概念

一、當事人協力合作興起之原因

　　福利國家思想盛行，國家行政事務日漸繁雜，行政權之擴張成為趨勢，行政上以高權手段行使之行政處分，遂顯得捉襟見肘。為求行政任務之圓滿達成，不得不傾向使用徵得人民同意之非權力性手段。因此行政契約或行政指導漸為行政機關所需要。

（一）當事人協力合作之意義

　　指對於行政主體的行政活動，當事人願意積極配合、參與、協助其順利完成行政任務，並實現自身既得利益、未來長遠利益或公共利益。當事人協力義務，包括如下：

　　1. 相對人的誠信義務：證明義務、宣誓義務（切結書──替代宣誓之保證）、保證義務（保證金）、不得反悔義務。

　　2. 參與人配合義務：(1)容忍義務：不得妨礙公務、不得抵抗之義務、不故意拖延程序的義務；(2)作為義務：配合事實調查、說明或陳述之義務、作證義務、親自到場、參與之義務、費用（規費）負擔義務、

（三）當事人協力合作之優點

　　1. 積極地影響程序之進行，不但可提出質疑與異議，更能主張建議及提議。

　　2. 對自己則能夠更有效地受益，享受更高品質的行政服務。

　　3. 增進與行政主體相互之間的了解，形成良好的信賴關係，大大減少行政糾紛。

貳、行政契約之概念

一、行政契約之內涵

　　（一）行政契約之性質：所謂行政契約，指國家行政機關為行政之目的，以契約形成、變更或消滅公法關係之法律行為。行政契約具有雙方行為與非權

力行為之性質。

（二）是否屬行政契約之判斷：行政契約或私法契約之區別，原則上應以契約標的說，即契約內容所規範者為公法關係或私法關係為準；如無法判斷契約標的之法律性質時，則兼採契約目的說，亦即契約之締結是否與公益有關；而司法實務上，亦有輔以適用法規，即該法規是否屬公法及雙方地位，如當事人之一方是否具有優勢地位予以判斷。

二、屬於行政契約之態樣

我國現行法令所規定之行政行為，性質上屬於行政契約中之從屬契約者，為數當在不少，其中較為重要者有：

（一）委託行使公權力之約定、協議或契約。

（二）租稅法上之契約。

（三）徵收機關與相對人協議之補償協議。

（四）訴訟法上之保證契約，如具保或責付以代替羈押等。

（五）公務機關與聘用、派用、約僱人員間之聘僱用契約。

（六）公立中等學校以上教師與學校間之聘用契約。

（七）師資培育公費生、醫學院醫學系公費生之教育契約。

（八）代替經濟管制措施之協議，如與廠商協議決定價格。

（九）損失補償或損害賠償之協議。

（十）中央健保署與特約醫事服務機構簽訂之全民健保合約。

（十一）行政機關與民營公司簽訂之合作協議開發工業區契約。

（十二）行政機關與民間團體簽訂之社會福利服務設施委託經營管理契約。

（十三）監理機關與民間汽車修理場簽訂辦理汽車定期檢驗契約。

三、行政契約與行政處分併用之禁止

為達成行政目的原則上享有行政行為方式選擇之自由，惟行政機關如選擇與相對人締結行政契約，則在行政契約法律關係中，除非法律另有規定或當事人另有約定，行政機關即無再以行政處分作為行使其行政契約上權利之手段之餘地。

四、行政契約與行政處分之區別

（一）性質不同：行政契約，係以發生公法上效果為目的，行政機關與相對人反對方向意思之合致，而成立之公法行為，故為雙方行為；行政處分，係行政機關就具體事件，為公法上單方的意思表示依其意思表示，而發生法律效果者，故為單方行為。

（二）書面簽署方式不同：行政契約：必須以書面為之，由締約人雙方簽署；行政處分：如係要式處分，其書面處分由作成機關簽署。

（三）內容不同：行政契約：契約內容可能包括作成內部行為或事實行為；行政處分：行政處分須對外發生法律效果，故內部行為、事實行為均不得為處分之內容。

（四）廢止方式不同：行政契約：合法之契約除有調整或終止之原因者外，通常不得以片面之表示予以廢止，如有主張，亦應提出訴訟；行政處分：合法之行政處分在不違背羈束行政及信賴保護之前提下，原處分機關得隨時片面廢止。

（五）效力消滅不同：行政契約：行政契約有法律上瑕疵，或為無效或得終止契約；行政處分：行政機關認為行政處分有法律上之瑕疵，得將該行政處分撤銷或廢止。

（六）法律救濟不同：行政契約：相對人對行政契約不服，不得提起訴願，但得依行政訴訟法，提起行政訴訟，以求救濟；行政處分：人民因違法或不當之行政處分，認為損害其權利，得提起訴願或行政訴訟以求救濟。

再者，行政機關與人民簽署之切結書或承諾書，是否屬行政契約，應以單方簽署或由雙方共同簽署而定，例如承購海關拍賣充公私貨履約切結書、稅捐稽徵機關與漏繳營業稅人所簽立之承諾書、師資培育公費生自願書、醫學院醫學系公費學生保證書等，由雙方當事人共同簽署者，即為行政契約。

五、建立行政契約法制之實益

（一）擴大行政參與及保障人民權益

行政參與及溝通最直接、最有效的方法，就是在採取涉及人民權利義務之行動時，給予有利害關係之人民以參與陳述意見之權利，殆已成為先進民主國家所普遍承認的一種人權。在參與各種行政決策之中，又以締結行政契約之方式最具效果。

（二）增加行政機關決策時之自由選擇機會

行政機關也可以選擇行政契約之方式完成行政任務。在行政處分之外，另又承認行政契約之存在，不僅可使行政權能更富彈性地處理行政事務，特別是在處理特殊、非常態之行政案件方面。可減少命令與強制之色彩，使人民對於涉及本身權利義務之事項有參與之機會，進而提升人民協助推動國家行政事務的責任感。

（三）避免公法關係遁入私法範圍

在公法關係與私法關係中，各有不同的法律原理以及適用不同的法解釋，倘行政事項遁入私法範圍，不受公法原則之支配，勢必損害法治國家之基礎。行政契約法制之建立，可以使行政機關或法院適用正確之法則，避免公法關係遁入私法範圍。

參、行政契約之種類

一、對等契約

指由具有同等的或幾乎同等的地位與級別的行政主體之間所締結的行政契約。例如行政主體間設置營造物或公物之協議的契約。

二、從屬契約

指行政機關作為契約的一方當事人，人民或其他處於從屬地位的法人為契約另一方當事人之行政契約。從屬的行政契約既可根據明確的法定權限而締結，又可在適當的自由裁量權範圍內締結。例如批准施工、支付代執行費用、支付補助金、使用某個公共設備等之契約。

其又可分為「和解契約」與「雙務契約」二種如後：

（一）和解契約

是通過當事人雙方以互諒互讓的方式，解決因事實或法律上不確定所衍生的爭端。締結代替行政處分之和解契約，須具備下列要件：

1. 行政機關對於行政處分所依據之事實或法律關係，不明確。
2. 經依職權調查仍不能確定者。
3. 契約能有效達成行政目的並解決爭執。
4. 雙方和解，締結和解契約。

（二）雙務契約

係互負義務之契約，是人民為特定目的所為之給付有助於行政機關執行其行政任務者，行政機關得與人民締結互惠的契約，使人民免除該給付義務，而行政機關承擔提供對待之利益或服務義務。

依行政程序法第137條之明文，從屬性之雙務契約的成立要件，尚須受三個要件之限制，即「行政機關與人民締結行政契約，互負給付義務者，應符合下列各款之規定：一、契約中應約定人民給付之特定用途。二、人民之給付有助於行政機關執行其職務。三、人民之給付與行政機關之給付應相當，並有正當合理之關聯（第1項）。

行政處分之作成，行政機關無裁量權時，代替該行政處分之行政契約所約定之人民給付，以依第九十三條第一項規定得為附款者為限（第2項）。

第一項契約應載明人民給付之特定用途及僅供該特定用途使用之意旨（第3項）。」

前述第1項第3款要件，為「不當聯結禁止原則」之表現，乃前述相當性要求的補強規定，具有杜絕行政機關「出售公權力」與保護人民權益的雙重功能。如行政機關免除人民建造停車場之義務而承諾核發興建超級市場之許可，人民則承諾給付一定金額給行政機關供建造公共停車場之用，則兩者可視為具有合理正當之關聯。

肆、行政契約之合法要件

一、一般要件

（一）締結前之公告及給予表示意見機會

為使人民均有公平機會成為該契約之當事人，及避免特權介入，使行政機關能無後顧之憂地尋求、篩選條件最佳、最適合的契約相對人，以充分實現締結行政契約之最終目的。故行政程序法第138條規定：「行政契約當事人之一方為人民，依法應以甄選或其他競爭方式決定該當事人時，行政機關應事先公告應具之資格及決定之程序。決定前，並應予參與競爭者表示意見之機會。」

（二）書面締約

行政程序法第139條規定：「行政契約之締結，應以書面為之。但法規另

有其他方式之規定者，依其規定。」所稱之「書面」，不限單一書面文件，只要雙方書面往返達成合意者亦屬之。

二、特別生效要件

（一）侵害第三人應經該第三人書面同意

行政契約依約定內容履行，將侵害第三人之權利者，如未能事先獲得該第三人之同意，必發生爭執，而使契約處於不安定之狀態。為確保契約之安定與功能，並保障第三人之權利，行政程序法第140條第1項規定：「行政契約依約定內容履行將侵害第三人之權利者，應經該第三人書面之同意，始生效力。」

（二）締結涉及其他行政機關應經核准

如依法規規定，行政機關非事先獲得他機關之核准或會同辦理，不得作成處分。為防止處分機關或相對人假藉契約方式規避該「參與保留」之情事發生，故前揭法條第2項規定：「行政處分之作成，依法規之規定應經其他行政機關之核准、同意或會同辦理者，代替該行政處分而締結之行政契約，亦應經該行政機關之核准、同意或會同辦理，始生效力。」

伍、行政契約之無效

一、行政契約無效之原因

（一）一般原因：為確保行政契約之安定與功能，本法不將違法行政處分得撤銷之規定移植於行政契約，而準用民法有關契約無效之規定。換言之，行政契約有任何的瑕疵，基本上都是無效的，和民法一樣沒有所謂得撤銷之情形。

（二）特殊原因：除了前述行政契約無效之一般原因之外，行政程序法第142條復規定：「代替行政處分之行政契約，有下列各款情形之一者，無效：

一、與其內容相同之行政處分為無效者。

二、與其內容相同之行政處分，有得撤銷之違法原因，並為締結雙方所明知者。

三、締結之和解契約，未符合第一百三十六條之規定者。

四、締結之雙務契約，未符合第一百三十七條之規定者。」

二、行政契約之一部無效

行政程序法第143條明定：「行政契約之一部無效者，全部無效。但如可認為欠缺該部分，締約雙方亦將締結契約者，其他部分仍為有效。」

陸、行政契約之指導或協助

行政機關與人民締結行政契約，具有實現公益之目的，為使人民能依約順利履行，達成公益之要求，故規定行政機關得為必要之指導或協助。又為防止行政機關濫行指導或協助，其方式似應以書面約定為之。即行政程序法第144條規定：「行政契約當事人之一方為人民者，行政機關得就相對人契約之履行，依書面約定之方式，為必要之指導或協助。」

柒、行政契約之調整或終止及其補償

行政契約履行過程中因契約締結當時所依靠之環境條件可能發生實質性的變化，行政機關認為履行契約為公共利益所必須時，得強制契約另一方當事人繼續履行該契約的內容，對於在繼續履行契約的過程中所受到的損失，行政機關須給予補償。即於行政契約中行政機關藉「公益優先原則」而占有優勢，造成雙方調整解除契約權並非平等，此時，只有藉補償以調和締約雙方間之利益衝突。

捌、行政契約之執行

行政契約締結後，債務人之一方若不履行契約義務，債權人之一方須循訴訟途徑取得執行名義後，始得依法對債務人強制執行，縱債權人一方是行政機關，債務人一方為人民之情形，亦無不同。

然為使行政契約之制度發生功能，減少訟源，恐提訴訟曠日費時，若契約當事人合意於契約中訂明願接受執行，當無不許之理，故行政程序法第148條第1項規定：「行政契約約定自願接受執行時，債務人不為給付時，債權人得以該契約為強制執行之執行名義。」。

玖、行政契約準用民法

因行政契約內容複雜，種類繁多，除其他法律已另有規定外，其相關法理尚待實務發展，復鑑於其契約本質與民法上契約並無二致。故行政程序法第149條明定：「行政契約，本法未規定者，準用民法相關之規定。」

拾、行政契約爭議之解決

一、行政契約爭議解決之原則：原則上應以契約標的為準，如仍無法解決其法律性質時，則兼採契約目的加以衡量。另契約之性質究屬公法或私法，必須予以客觀地決定，不以契約當事人之主觀認識為決定標準，又在給付行政內，行政機關原則上有權選擇公法行為或私法行為，惟一旦選擇後，則應循該方向行為貫徹到底。

二、私法契約依政府採購法之規定：如事務性、低層技術性勞務之委託或僱傭，應認係私法契約根據政府採購法之規定辦理，該法第7條第3項定義所稱勞務，指專業服務、技術服務、資訊服務、研究發展、營運管理、維修、訓練、勞力及其他經主管機關認定之勞務。

第 ④ 節　法規命令與行政規則

壹、行政命令之概念

一、行政命令之意義

行政命令是行政機關行使公權力單方面所制定，具有抽象及一般拘束力之規範。命令係規定未來法律關係之行政作用，與法律同為抽象的規範，都具有法規範效力，二者關係密切。

依本法規定，行政命令可分為法規命令及行政規則二種。

二、行政命令體系圖

行政命令體系圖示如下：

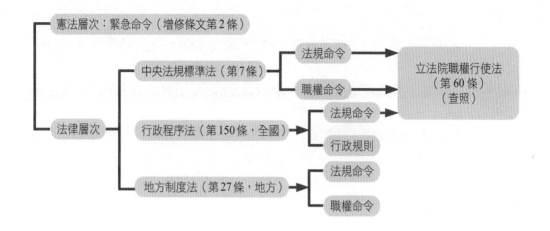

貳、法規命令之概念

一、法規命令之意義

係基於法律授權而訂定，具有執行及補充法律之功能及效力，故可以對人民的權義予以規定，效力如同法律一樣，惟若其規定有違反法律時，則屬無效。

依行政程序法第150條規定：「本法所稱法規命令，係指行政機關基於法律授權，對多數不特定人民就一般事項所作抽象之對外發生法律效果之規定」（第1項）。

「法規命令之內容應明列其法律授權之依據，並不得逾越法律授權之範圍與立法精神」（第2項）。

二、法規命令之要件

（一）基於法律授權：即首條明定其授權依據。例如槍砲彈藥刀械許可及管理辦法第1條：「本辦法依槍砲彈藥刀械管制條例（以下簡稱本條例）第六條之一第一項及第二十條第三項規定訂定之。」

（二）一般事項之抽象規定：非個案之決定。

（三）對不特定人民發生法律效果：對外部有拘束力。

三、法規命令之名稱

依中央法規標準法第3條之規定，此類法規命令之名稱共有七種，分述如

下：

（一）規程：屬於規定機關組織、處務準據者稱之。例如內政部航空警察局組織規程。

（二）規則：屬於規定應行遵守或應行照辦之事項者稱之。例如道路交通安全規則等。

（三）細則：屬於規定法規之施行事項或就法規另作補充解釋者稱之。例如警察法施行細則。

（四）辦法：屬於規定辦理事務之方法、時限或權責者稱之。例如違反社會秩序維護法案件處理辦法。

（五）綱要：屬於規定一定原則或要項者稱之。例如社區發展工作綱要等。

（六）標準：屬於規定一定程度、規格或條件者稱之。例如警察人員獎懲標準、警察刑事紀錄證明收費標準等。

（七）準則：屬於規定作為之準據、範式或程序者稱之。例如內政部警察署保安警察總隊組織準則。

惟前開法條所定命令之名稱僅係例示規定。行政機關基於法律明確授權，以前開法條所定七種以外之名稱（例如公告），對多數不特定人民就一般事項所作抽象之對外發生法律效果之規定者，不論是否涉及人民權利義務，均屬行政程序法第150條所稱之「法規命令」，從而應踐行同法第4章有關法規命令發布及發布前之程序。

四、法規命令不包含職權命令

（一）職權命令之概念

係未有法律授權，卻對外發生法效，故依行政程序法第174條之1已訂明落日條款，且司法院大法官解釋第514號解釋亦認為，於法制未臻完備之際，固有其需要，反面來說，現在我國法制已完備，故已不需職權命令之存在。

本法對「法規命令」之定義，亦僅指基於法律授權訂定之命令，即「授權命令」而已，大法官已在多次解釋中確定，以命令增加法律所無之限制或條件，而違反法律保留原則者，為判斷命令牴觸憲法之標準。準此，本法所稱之法規命令，不包括中央法規標準法第7條所定之「職權命令」。

（二）職權命令不宜存在之理由

行政機關不能直接依據自己的職權，來發布發生法規範效果之職權命令之理由：

1. 立法權為整體國民意志的表現，反映公權力民主正當性最重要的仲介。
2. 由於法治國與議會民主均需仰賴法律對行政權力的規範控制來加以實現，因此，行政機關的法規命令訂定權，勢必要透過立法者的授權或中介，而不能站在憲法秩序的基礎上獨立發動。

五、法規命令與行政規則之區別

（一）法規命令乃對外關係之抽象規定，必須有法律之授權。行政規則乃對內關係之抽象規定，不必有法律之授權。

（二）法規命令對任何人均有拘束力。行政規則僅機關內部有拘束力。

（三）法規命令應遵守依法行政之原則，因其係對外關係，故須遵守法律優位原則及法律保留原則。行政規則僅係內部規定，與一般人民無關，故不受法律保留原則之支配，惟其乃為行政作用之一種，亦須受法律優越原則之拘束。

（四）法規命令依中央法規標準法第3條之規定，有規程、規則、細則、辦法、綱要、標準或準則。行政規則係機關內部規定不受名稱之支配，可使用須知、要點、注意事項、規範、程序、守則、作業規定、基準等名稱。

（五）法規命令須發布，即應刊登在特定機關公報或新聞紙始生效力。行政規則無須對外公布，只須有關機關了解即可，故以下達、通報，使機關內部人員了解為原則。

（六）法規命令須送立法機關查照。行政規則理論上無須立法院查照。

概念區辨

■ 法規命令、行政規則、行政處分之區別

	法規命令	行政規則	行政處分
適用期間	法規命令為一般抽象規定，通常假定其具有永久的效力	為一般抽象規定，通常假定其具有永久的效力	行政處分係就個別具體事件所作的處理行為，事件終了原則上即不再繼續適用

	法規命令	行政規則	行政處分
法律授權	授權命令須經法律授權	無須經法律授權	無須經法律授權
規範事項	1. 依法律具體明確授權所定之法規命令，得規範授權範圍內人民權利義務之事項 2. 依法律概括授權所定之法規命令，因法律並未就授權之內容或範圍為明確規定，故僅能規範細性、技術性之事項	行政機關內部有關人事、組織等事項或解釋性規定或裁量基準	視個別業務案件而定，而為個別具體之處分與規範內容
程序	須對外發布	原則：下達下級機關 例外：具間接對外效力者，如裁罰基準、解釋性函釋等，仍應發布	作成行政處分時，即生效力，行政處分均本於職權作處理，程序較簡便
效力	法規命令具有一般行政規章的效力，就應適用該項法規的各種當事人均具拘束力	原則：僅對機關內部生效 例外：間接對機關外部發生效力	行政處分乃是就個別具體事件加以決定及處理，對特定行政客體具有拘束力
送交立院	經對外發布即生效力，嗣後送立法院查照。依立法院職權行使法第60條規定，經立法委員15人以上之連署或附議得交付審查	經對內下達即生效力，毋庸送立法院查照	毋庸送交立法院

六、轉委任之禁止

法律授權中央主管機關依一定程序訂定法規命令以補充法律規定不足者，該機關即應予以遵守，不得捨法規命令不用，而發布規範行政體系內部事項之行政規則為之替代。倘法律並無轉委任之授權，該機關即不得委由其所屬機關逕行訂定發布相關規章。

參、法規命令之種類

一、特定授權之法規命令

法律授權以法規命令限制人民之權利或課以人民義務或規定其他重要事項者，依司法院之解釋，其授權之目的、內容及範圍應具體明確。其授權之目的、內容及範圍非具體明確者，應檢討修正。例如警察職權行使法第12條第4項：「第三人之遴選、聯繫運用、訓練考核、資料評鑑及其他應遵循事項之辦法，由內政部定之。」

內政部即依據前揭授權訂定「警察遴選第三人蒐集資料辦法」，除於第1條明定其法源依據外，並依母法授權之框架事項範圍內訂定相關條文。

二、概括授權之法規命令

法律概括授權訂定之施行細則，例如：警察法第19條：本法施行細則，由內政部定之。其授權內容及範圍並不具體，然其主要目的在授權主管機關針對母法條文不確定概念部分進一步作細節性及技術性之解釋或補充性規定，包括法條所定文義有關之質、量及程序之進一步詳細，如職務分配、申請與審查程序、表格等。但其內容不得牴觸母法或對人民之自由權利增加法律所無之限制。

三、實質意義之法規命令

指經法律授權應訂為法規命令之事項，因性質特殊，得經法律授權，以公文程式「公告」或「令」發布，仍應刊登政府公報，不適用中央法規標準法所定法規名稱、法條形式之規定。其情形如下：

（一）內容具有行政上特殊需求、社會或經濟發展需要、變動頻繁或急迫性，或專門技術性質，不需或未能以法規條文形式定之者。例如：

1. 全民健康保險法第24、26、45、47條等：「……由主管機關公告。」

2. 社會秩序維護法第63條第1項第8款明定：「製造、運輸、販賣、攜帶或公然陳列經主管機關公告查禁之器械者。」教育部即依本法公告查禁賭博性或色情電動玩具；內政部公告查禁警察機關配備警械種類。

（二）特定之行政措施，立法授權簡單明確者。例如全民健康保險法第67條：「……保險病房設置基準及應占總病床比率，由主管機關定之。」又如某些法律之末條規定：「本法施行日期，由行政院定之。」

此外，在立法學上，附表亦為法規之一部分。所謂附表，指置於法規末端，以說明法規內容之輔助性資料或文字，包括公式、符號、附件等。其目的在使人簡明易懂。例如：各機關組織規程之編制表、警察機關配備警械種類及規格表。

肆、法規命令訂定程序

一、排除於適用範圍之事項

有關軍事或外交活動之命令恆涉及重要國家利益，而有保密之必要，故將之排除於本法適用範圍之外，應依本法所定程序為之。但法律另有規定者，從其規定。

二、法規命令訂定程序之規範目的

（一）落實正當法律程序原則

由於法規訂定涉及多面之公共利益，就基本權對程序及組織影響之功能面向而言，法規訂定應重視程序面之設計，以落實正當法律程序原則來保障人民權利。

（二）資訊自由及擴大人民實質參與

在法治國原則要求下，法律劇增，相對地法律授權之法規命令亦逐漸增多，其所涉利益範圍更廣。因此，為博採周諮，並使法規訂定合理可行且符合民主原則，使機關決定增添合法性之基礎。

（三）提高行政效能

法規訂定程序應考量程序經濟，藉由提高行政效能，達到人民權利之保障。另一方面，法規命令之訂定應集思廣益，經由給予人民書面或口頭表示意見之機會，更能確保將來法規之有效可行，進而促進行政效能。

（四）便利司法權之審查及解釋適用

為便利將來司法權之審查及對法規之解釋適用，行政機關在法規訂定程序中，應加強立法理由說明、人民反應意見之處理及製作各階段之行政紀錄，以供人民、相關機關及法院之參考。

三、法規命令訂定程序之步驟

（一）提議

法規命令之訂定，除由行政機關自行草擬者外，並得由人民或團體提議爲之。前項提議，應以書面敘明法規命令訂定之目的、依據及理由，並附具相關資料（行政程序法第152條）。

（二）對提議之處理

受理前條提議之行政機關，應依下列情形分別處理：

一、非主管之事項，依第十七條之規定予以移送。

二、依法不得以法規命令規定之事項，附述理由通知原提議者。

三、無須訂正法規命令之事項，附述理由通知原提議者。

四、有訂定法規命令之必要者，著手研擬草案（行政程序法第153條）。

（三）預告

1.預告之意義

又稱爲「草案公告」，目的在使外界知悉行政機關已初步完成法規命令的內容，且仍有機會表達意見之謂。

2.預告之理由

(1)因爲現代社會事務繁雜，而且變動不居，政府機關無法僱用各科專家足資處理所有公共事務，故必須有經常諮商機關以外之專業學者代表，俾作利益與價值的權衡。

(2)基於利害關係人被諮商之合法期待，並強化民眾的參與決策，以使其獲得公平程序及保證其在法規通過之前有影響立法之機會。

(3)諮商使人民更信任決策者將公平地處理法案，增強人民對法規之可接受性，即強化行政決策之正當性。

3.法規命令草案預告

依行政程序法第154條規定：「行政機關擬訂法規命令時，除情況急迫，顯然無法事先公告周知者外，應於政府公報或新聞紙公告，載明下列事項：

一、訂定機關之名稱，其依法應由數機關會同訂定者，各該機關名稱。二、訂定之依據。三、草案全文或其主要內容。四、任何人得於所定期間內向指定機關陳述意見之意旨。行政機關除爲前項之公告外，並得以適當之方法，

將公告內容廣泛周知。」

　　但如情況急迫，顯然無法事先公告周知時，則可例外，不予預告。再者，有法律授權主管機關核定公告之者，據法務部解釋似立法者有意不以法規命令之方式訂定，而屬公文程式條例第2條所定之公文程式，從而無須踐行預告程序。

（四）舉行聽證

1.舉行法規聽證之現況

　　依行政程序法第155條規定，行政機關訂定法規命令，得依職權舉行聽證。故機關是否舉行聽證得依職權為之，並無強制性。因此，實務上，法規命令訂定幾未有機關採用同法第1章第10節規定的正式聽證程序者。

2.未能採用法規聽證程序之原因

　　本法法規命令舉行聽證之規定係學習美國法制而來，但由於美國正式法規制定之聽證程序，為審訊型的口頭聽證程序，僅在個別法律規定機關應給予聽證機會，且基於其紀錄而制定者，始有正式聽證程序的適用。由於我國未有美國的司法制度及相關司法聽證的配套措施，況且法規訂定程序並無直接相對人，故沒有採用正式程序之必要。

3.公聽會方式取代法規聽證

　　再者，法規訂定程序並無直接相對人，沒有採用正式程序保障之必要，且聽證手續繁雜，影響行政效率，因此，為符合我國國情，並落實及擴大人民實質參與及提高行政效能，實務上均以公聽會方式取代之，因公聽會之目的在追求民主正當性，即以廣泛聽取學者專家、利害關係團體代表，及其他政府代表之意見，並作為訂定法規命令之參考。

（五）發布

　　即刊登於一定之刊物，或張貼於公眾易見之處所，使眾所周知之意。發布是法規命令規範得以生效的必經程序或前提條件，沒有發布的法規，不能成為正式的法規文件對外產生拘束力。

　　行政程序法第157條規定：「法規命令依法應經上級機關核定者，應於核定後始得發布。數機關會同訂定之法規命令，依法應經上級機關或共同上級機關核定者，應於核定後始得會銜發布。法規命令之發布，應刊登政府公報或新聞紙。」

伍、法規命令之無效

依法規位階理論，受任機關於授權法規定下，在其權限範圍內行使其被委任之權限者，不得違反憲法、授權法等其他上位法規範之規定，故法規命令牴觸憲法、法律或上級機關之法規命令者無效，應屬當然（中央法規標準法第11條）。故行政程序法第158條第1項規定：「法規命令，有下列情形之一者，無效：

一、牴觸憲法、法律或上級機關之命令者。

二、無法律之授權而剝奪或限制人民之自由、權利者。

三、其訂定依法應經其他機關核准，而未經核准者。」

再者，基於法規安定性及公益之考慮，本法復採一部無效為原則，全部無效為例外，即明定：法規命令一部分無效者，其他部分仍為有效。但除去該無效部分，法規命令顯失規範目的者，全部無效（行政程序法第158條第2項）。

陸、行政規則之概念

一、行政規則之定義

行政程序法第159條規定：「本法所稱行政規則，係指上級機關對下級機關，或長官對屬官，依其權限或職權為規範機關內部秩序及運作，所為非直接對外發生法規範效力之一般、抽象之規定（第1項）。

行政規則包括下列各款之規定：

一、關於機關內部之組織、事務之分配、業務處理方式、人事管理等一般性規定。

二、為協助下級機關或屬官統一解釋法令、認定事實、及行使裁量權，而訂頒之解釋性規定及裁量基準（第2項）。」

二、認定行政規則之要件

（一）主管機關為執行法律，雖得基於職權作出解釋性之行政規則，然其解釋內容不得牴觸母法或增加法律所無之限制。

（二）上級機關對下級或長官對屬官為規範內部秩序及運作之一般、抽象規定，而非屬個案之決定。

（三）原則上只能扮演行政機關內部「行事準則」的角色，不必有法律授

權，而由機關依職權發動，但僅對機關內部有拘束力。

（四）行政規則之名稱，不受中央法規標準法名稱之支配。實務使用要點、注意事項、基準、須知、規範、方案、簡章、程序、原則、守則、手冊、作業規定、補充規定等均可。

柒、行政規則之類型

一、第一類行政規則

第一類爲機關「內部事務的運作規範」：例如各機關的內部組織、事務分配，事務處理方式、人事管理之一般規定等，其目的在使機關的運作能夠規律化。又可分爲如下二類：

（一）組織性行政規則：規定機關內部之組織結構及職掌，包括分設之單位、業務分配，如處務規程、辦事細則。包括設置任務編組之組織，例如內政部○○審議委員會設置要點。

（二）作業性行政規則：規定處理內部業務的規則，如處理查尋人口案件獎懲實施要點、表揚績優義工要點。

二、第二類行政規則

第二類是「解釋性規範」，即爲協助下級機關或屬官統一解釋法令，認定事實及行使裁量權，而訂頒之解釋性規定及裁量基準。此種解釋性之法規範係行政機關爲了統一法律秩序所訂定。按行政機關負有執行法律任務及職權，故爲了減少執法的困難，即可本於職務監督權，來給予所屬各機關人員認定事實、澄清法律疑義以及行使裁量權時應有的判斷標準等，給予相當具體的規定。又可分爲如下三類：

（一）替代法律之行政規則：指在法律未予規範、或未予充分規範的事務領域，行政機關基於實務需求，依職權訂定，以規範下級機關或屬官的一般性規定。如認定要點、作業要點、處理要點。其主要功能在於填補「非經具體化即無法適用」的法律規範漏洞。基於行政主動、積極、彈性、專業的特質，行政機關有義務對法律規範不足之處進行補充，甚至代替法律發揮提供規範標準的功能。

（二）解釋規範之行政規則：解釋令之目的，在對母法或依授權訂定之法

規命令條文中有不確定法律概念部分，加以闡明其原意，俾使下級機關或屬官能夠有所遵循，統一步調。故解釋內容中應引據母法或法規命令之條文，然後再說明其涵義。

（三）裁量基準：即就法律效果之多數行為中選擇其一。裁量則有伸縮餘地，原則上依行政機關對該法律效果在行政秩序上之預測而定。因為了建立一致性之裁量權行使模式而訂定之基準。如稅務違章案件減免處罰基準、違反○○法罰鍰裁量基準。

捌、行政規則之下達與發布

行政規則事實上既有拘束行政內部，並可因而間接拘束外部之效力，其表示之方式應有所規範如下：

一、下達下級機關或屬官

行政程序法第160條規定：「行政規則應下達下級機關或屬官。」所謂下達，是一種上意公示，以達於其下之意思表達的程序，並不必然包含眾所周知之意，故無一定的要式，僅須機關內部傳達告知的程序為已足。例如行政規則一旦經有效下達，應以該函到達機關之日起發生拘束之效力，亦即拘束訂定機關、其下級機關及屬官。

二、除下達外，尚須登載於政府公報發布

同條第2項復規定，行政機關訂定行政程序法第159條第2項第2款之行政規則，除下達程序外，尚應由其首長簽署，並登載於政府公報發布之。

因為解釋性行政規則及裁量基準，因行政內部遵照的結果，將間接拘束外部人民，可見攸關人民權益，其發布有助於人民了解行政機關執法標準，俾能決定行為舉止，以免觸法。

玖、行政規則之效力與廢止

一、行政規則之效力

行政程序法第161條規定：「有效下達之行政規則，具有拘束訂定機關，其下級機關及屬官之效力。」由此可見，行政規則以對內生效為原則，不具有

直接對外之效力，但以行政之自我拘束為基礎，形成行政規則之間接對外效力。至於各種行政規則之對外效力，則可歸納如下：

（一）處務規程：處務規程僅涉及行政內部之工作推展，因此不僅欠缺法律上對外效力，通常亦不具備事實上對外效力。

（二）作業性行政規則：如對於以相關職務之公務員為對象，所下達有關處理事務之規定，不生對外效力問題，僅屬有無違背公務員之服從義務。

（三）裁量性行政規則：行政機關以行政規則使其裁量具體化，並在實務上經常予以引用，即應於個別案件予以維持，而產生對外效力。

（四）解釋性行政規則：如行政機關因適用不確定法律概念而有判斷餘地時，可以在判斷餘地內，就不確定法律概念作成自我負責及有拘束力之解釋，行政機關經常予以援用，即應受其拘束，行政機關據以作成之行政處分便因而產生間接之對外效力。

二、行政規則之廢止

行政規則得由原發布機關廢止之（行政程序法第162條1項）。行政規則之廢止，適用行政程序法第160條之規定（同條第2項）。

第 五 節　行政計畫

壹、行政計畫之概念

一、行政計畫之意義

行政程序法第163條將「行政計畫」定義規定為：「係指行政機關為將來一定期限內達成特定目的或實現一定構想，事前就達成該目的或實現該構想有關之方法、步驟或措施等所為之設計與規劃。」其主要是透過「目的性」、「事前性」、「為將來事務之規劃」等特徵概括地描述此種傳統上較未提及之行政行為。

二、行政計畫之功能

行政計畫之內容，錯綜複雜，千變萬化，各計畫均有其獨自作用，行政計畫之功能如下：

（一）政策目標之設定與達成

現代行政並非單純的以消極秩序之維持為任務，更須積極地開創社會、經濟及文化等行政領域之未來秩序，而以積極形成活動為主要任務。這種形成活動，經常向著將來所希望達成之目標前進。行政計畫通常附隨有經費資源之配置，以便計畫之執行推動，事前更能確定。

（二）作為行政發展之指導與協調手段

行政本身極具技術性及專門性，故行政計畫之擬訂，絕非單憑經驗或直覺可竟其功，而須澈底揚棄本位主義之偏見、滌除以偏概全之畸象，積極的在科技發展之新方向下，謀求社會的均衡發生，因此行政計畫應運用綜合規劃方法，敦聘相關學科之專家，由總體的觀點，做全面檢討，逐一臚列所有可行之辦法。

（三）提高人民之預期可能性與誘導民間活動

行政計畫可使人民得以估量其未來的行為舉止，以提高預測之可能性、減少意外的法律秩序風險。此外，亦提供民間各種活動之資訊，具有誘導及提供資訊，進而調整關係人相互間對立之利害。

貳、確定行政計畫之裁決程序與效力

一、計畫確定程序之概念

（一）計畫確定程序之定義

計畫擬定後，應經一定之程序，始為確定，而後才能開始實施，譬如依序自擬定計畫、公開計畫、聽證、及審議後始為確定者，此種程序之整體，稱為「計畫確定程序」。

（二）計畫確定程序之作用

1. 使受計畫影響其利益之民眾與其他機關知悉該計畫，而得藉由提出異議，或發表意見以影響對計畫為最後之決定。

2. 使計畫確定機關獲悉各種異議或意見，得衡量公私利益，俾考慮更為周詳，而使最終確定之計畫內容合理妥善，俾於具體實施計畫內容時順利可行，而達到預定之目標。

（三）符合計畫確定程序之要件

「行政計畫」相對於「計畫確定程序」係屬上位概念，並非所有的行政計畫都必須經過「計畫確定程序」，而是必須符合行政程序法第164條第1項所規定之「有關一定地區土地之特定利用」或「重大公共設施之設置」，以及「涉及多數不同利益之人及多數不同行政機關之權限」之三個要件。例如為發展特定產業，而規劃一定地區土地為該產業用地；又如規劃興建大眾捷運系統、航空站、水庫、電廠、高速公路、開發新市鎮等，例如經濟部水利署確定水庫提出整治計畫。

何謂「重大」之公共設施，通常係考量其所涉及之土地面積、受影響人民之數量、所保護或增進之法益以及對公共利益之影響程度而定之，並無絕對之標準。而所謂「多數」行政機關，指二以上之行政機關而言。如未涉及多數行政機關之權限者，仍不屬之。

二、計畫確定程序之步驟

（一）擬定計畫之提出

首先，擬定計畫機關必須擬定計畫書，以提供利害關係人必要之資訊，作為參與聽證之基礎。

（二）擬定計畫之公開

計畫擬定後，欲使受計畫影響之人及有關機關得以表示意見及討論溝通及協調之機會，須對擬定之計畫予以公開。公開及徵詢意見方法應分三面進行：

1.計畫書公告

除應將擬定計畫書登載於政府公報公告、刊登新聞紙外，如計畫內容涉及地方之開發與發展或土地之利用者，也應使該地方人士有所知曉，故計畫書陳列之地點應涵蓋計畫影響之地區。

2.書面通知

對於已知其權利或利益受計畫影響之人，應以書面個別通知其得提出異議之意旨及提出異議之期間。其作用，係對已知其權利或利益受計畫影響之人表示意見機會之加強確保。

3.徵詢有關機關意見

計畫涉及其他機關之職掌及權限者，須主動徵詢該有關機關就計畫擬定之

意見，蓋計畫確定後實施時，將對該等機關之職掌及權限有所影響。因此，事前之徵詢及溝通，不僅事實上有必要，且基於機關權限之相互尊重，維護相關之公共利益。

(三) 計畫確定聽證

1.計畫確定聽證之功能

(1)程序集中提高行政效能：即將原屬不同權限機關之多數且單獨行政程序集中為單一程序而處理，避免程序冗長及各機關之紛雜歧見。因此，確定計畫涉及其權限之其他機關應派員到場討論並表示意見；確定計畫裁決之核准決定，即等於取得所有權限機關之許可，有助達成提高行政效能之目的。

(2)人民權利保護及利益調和：行政計畫具有目標設定性及手段多樣性之特質，故應著眼於行政過程進行中人民利益之調和及機關權限之調整，方能對其作正確之理解。

(3)裁決集中事權之效果：計畫確定程序，除經由計畫公開及聽證程序協調或溝通各種不同利益外，更藉由集中事權來提高行政效能。因此，確定計畫裁決之核准決定，無須再得其他權限機關之許可，即得實施。

2.聽證之預告

聽證之前必須先行預告程序，預告可能的方法有通知及公告，即負責聽證單位或人員於異議期間經過後，應於聽證期日前十日公告聽證期日、場所及缺席之效果。並以書面通知擬定計畫之機關、計畫之事務所及其執掌及權限之其他機關、權利或利益受計畫影響之人及提出異議之人於聽證期日到場表示意見及討論。此項公告，除在政府公報登載外，並應在計畫影響地區發行之新聞紙刊載之。

3.聽證之舉行

計畫確定程序聽證之目的，係在對未來之事項為預先之規劃，且由於其客體涉及多數行政機關之權限及多數利害關係人之利益，因此其聽證程序即重在彙整、溝通及協調各種有關擬定計畫之不同意見並調和其間之利害衝突。

(四) 確定計畫之裁決

擬定之計畫，經由聽證程序，彙整各種有關計畫之不同意見，並且溝通及盡力調和其間之利益衝突而作成聽證報告書送交計畫確定機關後，該確定計畫

機關應審查報告書後做如下之處置：

1.駁回

計畫確定機關認為計畫並非需要，或不妥當，而此種瑕疵不能以課予負擔之方法除去時，則對此計畫應予駁回。係一種行政處分，可提起行政爭訟請求救濟。

2.計畫確定之裁決

認為擬定之計畫適法、需要、妥當而可行時，則可就計畫為確定之裁決。此種裁決係就特定土地之利用、公共事業之設立或公共設施之設置等具體事件之規劃，為核准之決定，對可得特定之權利或利益受計畫影響之人直接發生法律效果，且亦可能係有關公物之設定、變更及利用之決定，因此，合乎行政程序法第92條行政處分與一般處分之定義。

四、確定計畫裁決之效力

確定計畫之裁決係對一具體計畫作成單一總決定之行政處分，並因而產生核准作用、集中事權作用及形成作用之法律效果，茲分述如下：

（一）核准作用：指該裁決係在核准擬定計畫機關得依核准之計畫內容實施其計畫，並得採行經具體確認為適法可行而會侵害人民權利或利益之必要措施。

（二）集中事權作用：指擬定計畫機關實施計畫所必要之措施，縱令依其他法律，係屬其他機關之權限及職掌，原本應得該其他機關之核准或同意，但既經確定計畫機關在確定計畫裁決中核准擬定計畫機關得為採行，則該其他機關之核准或同意程序應可免除。

（三）形成作用：確定計畫裁決主要內容與附隨內容，包括例如土地重新取得、補償請求權、特殊負擔之確定等，均自該計畫確定時發生新的法律關係。

第六節　行政指導

壹、行政指導之概念

一、行政指導之意義與功能

指國家行政機關在其管轄事務的範圍內，對於特定的人、企業、社會團體等，運用非強制手段，獲得相對人的同意或協助，以實現一定行政目的的行為。行政程序法第165條定義規定為：「本法所稱行政指導，謂行政機關在其職權或所掌事務範圍內，為實現一定之行政目的，以輔導、協助、勸告、建議或其他不具法律上強制力之方法，促請特定人為一定作為或不作為之行為。」

現代政府職能日益擴大，機關遂扮演多樣化的角色。有時為了維持社會秩序而對人民命令、強制，有時則以給付主體而提供生活必須的財貨、勞役、資金、物品等，甚至還擔當起經濟嚮導行政而規制經濟活動，誘導國民於一定的經濟秩序。因行政指導具有平等、自治、協商、合作等人文主義之優點，故日本將之作為管理市場經濟活動之重要手段。美國稱之為「指導意見」（advisory opinions），德國則稱為「非行使統治權之經濟嚮導」。

二、行政指導之特色

（一）行政指導之優越性

行政業務不僅趨向於專業化，而且日益科技化，涉及相當的科技知識，而行政機關於資訊、知識等方面均優於一般人民，具有參考價值，向社會大眾，針對某些農、工、商品，甚至地區之安全性及其他危險所提出的警告呼籲行為，這種意思表示，不僅具有優越性，而且有強烈及明顯的公益取向。如要求大企業前來設廠以增加就業機會即是。

（二）行政指導之主動性

行政指導是適應多元化社會管理需求的主動行為，因其為非權力行為之活動，恆用指示、希望、警告、勸告等方法，其措施可供行政客體任意的或選擇的遵循。指導行為形式上雖與下命行為相類似，然並無法的拘束力或強制力，故縱令相對人不服從其指導，亦不受處罰或強制執行之處分，即在法律上有服從與否之自由。行政指導雖為主動的、任意的行為，然因行政機關握有公權力

之故，相對人恆感心理上之壓力，實際上服從行政指導者，當不在少數。

（三）行政指導之積極性

行政指導，是適應範圍廣泛，方法靈活多樣、柔軟簡便、追求效率的行為，不僅運用於經濟領域，也適用於治安、人權、文化領域。亦即積極地誘導人民以形成一定之秩序，協調相對人自願配合政府行政目的之達到，以弭補相關國會立法和委任立法尚未完善之處，促使行政政策與計畫得以順利實現。

（四）行政指導為單純之事實行為

行政指導並不以法律根據為必要，以便應付變動不居的行政業務，行政指導，縱令具有法令上之根據，然因其不直接發生法的效果，故為單純之事實行為。

（五）行政指導之社會性

行政指導是指向相對人但不直接產生法律效果的行為，其指導之對象，為特定之個人、法人或團體，此種措施之採行，在於促使行政客體自願與行政機關協調配合，或接受行政機關的意見與援助，以實現公私雙方的共同利益。故與上級行政機關，本於指導監督權之發動，對於下級行政機關為訓示，以維護公益者，亦有區別。

三、行政指導之功能

（一）發揮應急效能

行政指導係對造任意服從之非權力行為，不須有法律根據即可為之。故在行政對象擴大，多樣化及流動之現代社會，行政機關如遇有緊急行政需要發生，因無法律根據而不能以公權力行為處理時，則行政指導可配合政府資訊公開，發揮其應急效能，其對擔任綜合性行政任務的行政機關來說，具有很多利益，而對行政權行使主體的對方而言，相對的亦有反射性之效果。

（二）避免事前紛爭

行政機關在發動權限前，為避免發動強權之磨擦，期待行政客體自動地協力以達到公行政目的而為行政指導，諸如於某些僵硬法律手段如行政處分、行政執行的場合，或因現行法律不完備需要補充時，為解決快速多變的社會生活，可因而採取有效的替代措施，其具有以柔軟之行政手段，化解官民間之紛爭，並減少涉訟發生之效能。

（三）協調利益和疏導衝突

行政指導的非強制性和自主抉擇，使其在緩解和平衡各種利益主體間的矛盾與衝突中具有特殊有效的作用。尤其是對於社會經濟組織之間的衝突，更需要通過行政指導進行協調和斡旋。亦即行政指導對於可能發生的妨害社會經濟秩序和社會公益的行為，可以起到防患於未然的作用；對於剛萌芽的妨害行為，則可以起到防微杜漸的抑制作用。

四、行政指導之種類

行政指導之方法甚多，包括指導、輔導、協助、提議、勸導、說服、告戒、勸阻、建議、意見、協商、溝通、表揚、宣傳、推薦、示範、推廣、獎勵、斡旋、調解、協調、發布新聞資訊等均是。茲分類如下：

（一）以法源之有無為標準

1. 正式行政指導：為法律明文規定，得為勸告、希望、輔導、獎勵、建議等行為者。

2. 彌補法律不足之行政指導：法律雖未明文規定得直接進行行政指導，然對該事項法律賦予機關命令、許可、撤銷、停止等處分權限者，行政機關以該權限為背景，為勸告、希望、建議等行為。蓋法律既予以對人民為不利處分之權力，則於為不利處分之先，先為溫和之措置，自為法之所許，事實上亦甚為適宜。

（二）以機能差異為標準

1. 規制性、抑制性之行政指導：即為達到行政上之目的，對於危害公益或妨害秩序之行為，加以規制、預防或抑制之行政指導，如違章建築之抑制、物品價格之抑制、青少年之輔導或交通指導、頒布訂定法人章則範例、勸告特定銀行不要委託不良資產管理公司催收卡債等是。

2. 調整性之行政指導：當各關係團體、關係企業、利害對立，相持不下，從而難於達到一定之目的時，主管機關為協調平衡利益，得介入其中，進行調整與妥協之行政指導，如對申請人進行事前勸告或更正勸告、對於同一行業者間摩擦所為之協調指導，又如房屋仲介業者與當事人發生糾紛時所為之指導，建築業者與鄰近居民發生建築糾紛所為之指導等是。

3. 促進性或輔導性之行政指導：以促進、輔導、服務、保護對方利益為

目的之行政指導，通常附隨補助金或獎勵金之交付、或融資等利益，例如農政主管機關對於農民提供農業改良技術之指導、鼓勵米農轉作其他作物、督促農民適當方法使用農藥，以及對職業安定或訓練之指導、證券交易所發布股票期貨指數、為促進外籍配偶融入社會所行之指導等是。

貳、行政指導之一般程序

因行政指導之方式具多樣化，如下程序是各國普遍的經驗，值得特別參考：

一、行政指導以行政機關依職權主動發動為主，但也可例外由依人民申請而發動，申請者無須是當事人。

二、進行調查了解真實情況，確定有無進行該指導行為之必要性。

三、在進行專業技術類行政指導時，先向學者、專家或專業部門諮詢論證，以確定該指導行為的適當方式和配套措施。

四、與有關相對人進行研討、協商或其他方式之溝通，以取得理解、諒解和配合。

五、選擇進行指導之適當時機，如在正式行政行為前實施行政指導，使指導作為前置程序。

六、通知和說明關於指導行為之目的、內容、負責人員等。通知分為書面和口頭方式。如相對人要求書面通知，而此前尚未以書面通知者，則應滿足其要求。如指導對象為多數，只要無行政上的特別障礙，則應將指導目的、內容和負責人員等予以通告。

七、依職權主動或應請求提供與該指導行為有關之文件、資料、數據供利害關係人和有關監督部門參考。

八、主動聽取利害關係人和其他相對人之意見。

九、留出足夠時間由利害關係人辯明理由、提出意見，或作書面紀錄。

十、重大的行政指導行為，還可應相對人的申請舉行或依職權主動舉行聽證會、專題審議會等。

參、行政指導之限制

行政指導存有行政責任不明確、法治主義之空洞性、權利救濟手段之不備等弊端，為了避免行政機關濫用行政指導，相對人明確拒絕指導時，行政機關應即停止，並不得據此對相對人為不利之處置。茲分述如下：

一、濫用禁止原則

行政機關之任務、職掌與權限，恆於組織法中定之，亦有定於行政作用法中者。此類規定為該機關行使權限之範圍，故行政指導，不得逾越此項範圍，如逾越其範圍，仍發生違法或不當之問題。

再者，法規對於行政指導之要件、內容、形式、程序定有明文規定者，自應從其規定；如未設規定者，行政指導即不得侵害憲法所保障之人權，或與現行法律相牴觸。

二、拒絕接受指導應行停止原則

行政指導係不具法效性之行為，相當於一般所謂道德勸說之性質，故行政指導之正當性必須爭取民眾普遍之信賴，即應於相對人同意或協助下進行，相對人有權對行政指導聲明異議、或表達意見，若已明確表示拒絕或不服從之態度時，即應停止。

三、事後不利處置禁止原則

前項情形，相對人明確拒絕指導時，行政機關除應即停止外，如須採取行政處分或其他公權力等措施時，不得導致相對人受有不利益。

四、被指導者受有損失之適當補償

行政指導者因自身的資訊有誤，而誤導了被指導者，結果使被指導者受到較大損害，行政指導者應考慮行政機關占有資訊方面的全面性、權威性而負有一定的補償責任。

肆、指導方式以不要式為原則

為使行政指導責任明確化，指導公開化，行政程序法第167條乃針對行政指導應遵循之方式加以明定：「行政機關對相對人為行政指導時，應明示行政

指導之目的、內容、及負責指導者等事項。前項明示，得以書面、言詞或其他方式爲之。如相對人請求交付文書時，除行政上有特別困難外，應以書面爲之。」

由前揭法條觀之，行政指導以不要式爲原則，如在相對人請求及行政上無特別困難條件下，行政機關始應採書面指導方式，但爲確保行政指導之公正性與效率化，減少官民衝突，如行政指導之內容有下列情形之一者，似宜以書面爲之，並交付相對人：

一、建議或勸告相對人變更申請內容或撤回申請。

二、建議或勸告相對人容忍法令所定以外之負擔。

三、爲預防或解決私人間糾紛所爲之協調。

四、法令規定對拒絕接受行政指導之相對人得公布其姓名或名稱、事實或得課予利益處分。

第七節　陳　情

壹、陳情之概念

一、陳情之意義

陳情在人民與政府的溝通上，是一個用途廣泛而靈活的途徑。昔者當人民權益受官署損害時，以上書方式向官署陳情，是一種非正式之行政救濟。

行政程序法第168條將陳情界定爲：「人民對於行政興革之建議、行政法令之查詢、行政違失之舉發或行政上權益之維護，得向主管機關陳情。」

基此，凡行政事務，皆列入陳情之可能範圍。例如人民向環保主管機關陳訴某公共客運公司烏賊車的情況嚴重。但依法規之申訴，則非本法所規定之陳情。例如勞動基準法第74條第1項明定：「勞工發現事業單位違反本法及其他勞工法令規定時，得向雇主、主管機關或檢查機構申訴。」

二、陳情與請願之區別

請願，依請願法第2條規定：人民對國家政策、公共利害或其權益之維護，得向職權所屬之民意機關或主管行政機關請願。陳情與請願之差異如下：

（一）法律依據不同：陳情：依行政程序法及行政院暨所屬各機關處理人民陳情案件要點；請願：憲法第16條及請願法之規定。

（二）範圍不同：陳情：行政興革之建議、行政法令之查詢、行政違失之舉發或行政上權益之維護；請願：國家政策、公共利害、權益之維護，故請願範圍較廣（請願法第2條）。

（三）方式不同：陳情：得以書面或言詞為之；請願：應備請願書，並有法定記載事項（請願法第5條）。

（四）時點不同：陳情：係對行政機關現在或過去之行政措施予以陳情；請願：對現在，過去與未來之事項均得請願。

（五）受理機關不同：陳情：向主管之行政機關陳情，不包括職權所屬之民意機關；請願：含行政機關與民意機關。

（六）拘束力不同：陳情：受理機關對人民陳情事項有處理或告知之義務，有一定程度之拘束力；請願：僅係陳述希望之行為，故無拘束力。

三、陳情之方式

為便於人民陳情，無論以言詞或書面提出皆可，以書面提出者，其格式亦無一定之限制，故行政程序法第169條明文規定：「陳情得以書面或言詞為之；其以言詞為之者，受理機關應作成紀錄，並向陳情人朗讀或使閱覽後命其簽名或蓋章。陳情人對紀錄有異議者，應更正之。」以示審慎，並作為處理之憑藉。書面包括電子郵件及傳真在內。

貳、行政機關對陳情之處理

一、迅速及保密之處理

（一）迅速確實處理：行政機關對人民之陳情，應訂定作業規定，並指派人員迅速、確實處理之。人民之陳情有保密必要者，受理機關處理時，應不予公開。

（二）採取適當措施及通知陳情人：得陳情之範圍十分廣泛，陳情之內容不一而足，受理機關認為人民之陳情有理由者，應採取適當之措施；認為無理由者，應通知陳情人，並說明其意旨。受理機關認為陳情之重要內容不明確或有疑義者，得通知陳情人補陳之。

二、無法受理時之告知及移送

陳情之事項，究應由何機關處理，陳情人未必知悉。發現錯誤時，受理機關應告知陳情人，促其另行提出陳情。亦即，人民之陳情應向其他機關為之者，受理機關應告知陳情人。但受理機關認為適當時，應即移送其他機關處理，並通知陳情人。

再者，陳情之事項，依法有其他正式之救濟方法者，受理機關應告知陳情人，使其不致延誤或錯失救濟機會。故行政程序法第172條規定：陳情之事項，依法得提起訴願、訴訟或請求國家賠償者，受理機關應告知陳情人。

依行政院暨所屬各機關處理人民陳情案件要點第15點規定：有下列情形之一者，受理機關應通知陳情人依原法定程序辦理：

（一）檢、察、調機關進行偵查中者。

（二）訴訟繫屬中或提起行政救濟者。

（三）經判決或決定確定，或完成特定法定程序者。

三、得不予處理之情形

為避免不負責任之匿名、捏名濫控，或內容荒誕不經，無理取鬧，或以副本分函陳情主管機關及其他相關機關，而增加行政負荷情形，及為迅速處理結案，增進行政效率起見，故人民陳情案有下列情形之一者，得不予處理：

（一）無具體之內容或未具真實姓名或住址者。

（二）同一事由，經予適當處理，並已明確答覆後，而仍一再陳情者。

（三）非主管陳情內容之機關，接獲陳情人以同一事由分向各行政機關陳情者。

警察職權行使法

第一節 警察職權之基本概念

壹、警察職權之意義

一、職權之概念

職務，指依職位所分配之事務或工作，並無對外之效力，僅具組織上之意義。而職權，係指機關為達成其法定任務，所採取公權力之具體措施，並產生對外之效力，在性質上是屬於行政作用法之範疇。

二、警察權之意義

指國家為維護公共安全與秩序，必要時得對人民行使命令強制的權力。從行為方式而言，警察權係用命令、強制的方式為之。國家達成治安任務，必要時，才能行使警察權。

三、警察職權意義之分類

警察職權與警察權二者之差異，在於權力主體與行為方式的不同。警察職權專由形式意義的警察機關行使，其行為方式則不限於命令、強制方法。由於實定法規定用法不一，以致有廣義及狹義二種：

（一）廣義之警察職權（警察法）

廣義係依據警察法第9條所規定之警察職權，乃泛指警察機關或人員為達成法定任務，得採取之原則性之作用或方式，大致上可分類為：

1. 行政警察活動：包括意思表示之決定，例如警察命令、警察處分以及其他公權力措施。

2. 司法警察活動：犯罪調查、執行搜索、扣押、拘提、逮捕等刑事上保全犯罪證據之強制行為。

（二）狹義之警察職權（警察職權行使法）

狹義說，限於行使強制力之權力作用，即依警察職權行使法（本章或稱本法）第2條所例示之警察職權，指警察執行職務時，所得採取之公權力具體措施。其立法目的在填補現有警察法規定之不足，特別針對警察機關為達成其法定任務所採取之具體公權力措施作細緻的規範。性質上屬於行政作用法之範疇，得作為警察人員執行各種具體公權力措施，限制人民自由及權利之依據。

四、警察職權行使之方式

警察爲達成法定任務，得採取之作用或行爲方式與類型極多，大致上可類分爲：

（一）意思表示之決定：如警察命令、警察處分（警察許可、警察裁罰）等。

（二）公權力具體措施：即以行動爲之執行行爲（行政物理行爲），並非具有規範當事人權利或義務意思表示。即依警察職權行使法第2條規定，所得採取之查證身分、鑑識身分、蒐集資料、通知、管束、驅離、直接強制、物之扣留、保管、變賣、拍賣、銷毀、使用、處置、限制使用、進入住宅、建築物、公共場所、公眾得出入場所等行爲。

 名詞解析

▓ 行政物理行為

行政物理行為是行政作用中一種，非屬精神作用中之意思行為或觀念行為，而是屬於以實際行動而發生事實上結果為方式的行為。其特徵如下：

1. 物理行爲係以行動實踐之作爲爲之，不作爲及精神作用均不屬之。
2. 物理行爲有不生法律效果者，亦有生法律效果者：前者如巡邏、道路鋪設、直接強制執行，後者如警察阻車、盤問、清場、搜索、使用警械等。
3. 物理行爲一經發動，隨即完成，無撤銷、廢止、變更或附附款或附救濟教示之可能性，其非要式行爲。
4. 物理行爲中具有行政處分性質者，多屬行政程序法第92條第1項之公權力措施。

貳、警察法規之概括條款及不確定法律概念與警察職權

一、警察法規概括條款

（一）警察法規概括條款之概念

警察法規中有許多概括條款，最具代表性的有警察法第2條：「警察任務爲依法維持公共秩序，保護社會安全，防止一切危害，促進人民福利。」及警

察職權行使法第28條第1項：「警察為制止或排除現行危害公共安全、公共秩序或個人生命、身體、自由、名譽或財產之行為或事實狀況，得行使本法規定之職權或採取其他必要之措施。」該等條文中包括公共秩序、社會安全、公共安全及危害等不確定之法律概念。

（二）警察職權概括條款之必要性

警察職權概括條款具有補充性之功能，因法律賦予警察廣泛行使危害防止權，立法者雖對警察職權已窮盡列舉之責，但為防止法律疏漏，仍非賴概括條款之彈性規定似無法達成。但因警察職權概括條款，一方面容易被濫用以任意擴充警察任務與範圍；另一方面也可能無從發揮，以致警察任務與職權受到不當之限制。故須配合判例及學說，將概括條款之內容、目的及範圍予以明確化。

二、不確定法律概念之事實判斷

（一）不確定法律概念之意義

不確定法律概念，指某些法律用語，必須藉個案中之具體事實適用其上時，才能具體化其內涵，在此之前，該法律概念皆無法確定，譬如公共安全、公益、公共福祉、社會秩序、情節重大、重大理由、必要、危害、之虞等語。將該不確定法律概念，經過涵攝、解釋予以具體化之過程，即稱為不確定法律概念之判斷。

（二）不確定法律概念之種類

1.經驗性不確定法律概念

指來自「一般人之生活經驗」與「專家的知識經驗」可以客觀加以確認者，如雨天、天黑、汽車、駕駛人，故又稱為事實性或描敘性的法律概念。

2.規範性不確定法律概念

即其決定須加上價值的補充才能完成其概念者，故又稱為價值性的法律概念。此種價值補充來自於一般價值觀的衡量與法規目的之認知。例如「必要時」、「公共利益」、「重要公共設施」、「有害之物」等。

（三）不確定法律概念之判斷餘地

1.行政判斷餘地之概念

針對不確定法律概念，行政機關有權先加以判斷，判斷結果若符合當時普

遍之價值觀時，宜受法院尊重。但遇有爭執，法院可就行政機關之判斷予以審查，最後則以法院見解為依歸。此即所謂之「判斷餘地」，即指行政於針對不確定法律概念為判斷時，有其活動空間，在該空間內行政有其自主性，司法審查應受限制。

2.享有行政判斷餘地之類型

我國司法實際上承認行政機關適用不確定法律概念時，享有判斷餘地之情形，約有如下類型：

(1)關於考試成績之評定：考試成績之評定，多係涉及學術與知識能力之評價，乃是「學術之公準」屬不確定法律概念之部分，排除行政程序法之適用。

(2)高度屬人性事項之判斷：係指對於個人功績、品行、操守等事項之判斷，如公務員年終考績之評等、老師對學生成績的評量。

(3)由社會多元利益代表所為之決定：行政事務之決定，若由社會公正人士或專家組成之委員會所為者，因其成員多係代表各種利益，其決定須經一定之程序，故與一般公務員基於本位所作之判斷，有所不同，行政法院原則上應予尊重。例如地價評價委員會所評定之建築物價格、都市計畫委員會審定之主要計畫等。

(4)專家所為之判斷：專家證人所為之鑑定意見，因其具有特殊領域的專業知識，法院沒有特別的理由，自無審查之餘地，事實上也無能力審查。

(5)由獨立行使職權之委員會所為之決定：具有獨立職權之委員會，多具準司法性質，法院原則上應尊重其決定，例如公平交易委員會之決定。

(6)行政機關預測性或評估性之決定：特別是關於自然科學、環境生態、科技或經濟領域之預測性或評估性之判斷，因其多少涉及風險評估，屬行政保留之範疇，宜由行政機關作終局之決定。

(7)具有高度政策或計畫性決定：例如是否開放外勞進入本國及其名額之核定，大陸人士來臺居留之限額等，為對將來之預測與高度政策性之判斷，法院原則上應尊重行政機關之決定。

3.司法院大法官對不確定法律概念之解釋

釋字545號解釋意旨：法律就前揭違法或不正當行為無從鉅細靡遺悉加規定，因以不確定法律概念予以規範，惟其涵義於個案中並非不能經由適當組成之機構依其專業知識及社會通念加以認定及判斷，並可由司法審查予以確認，則與法律明確性原則尚無不合。

參、警察職權與行使裁量權

一、行政裁量

（一）行政裁量之意義

裁量乃裁度思量之意。行政裁量，指行政機關在法規規定之特定構成要件事實發生時，基於行政目的，有自由斟酌，並選擇作為或不作為，或選擇作成不同效果之行政決定。

（二）行政裁量之種類

1.決定裁量與選擇裁量

(1)決定裁量：係指法律授權行政機關得決定是否想要作成某一個合法的處置，決定採取措施與否。如對交通違規停車情況，決定是否取締。

(2)選擇裁量：係指行政機關得就數個不同的合法處置中，選擇作成某一個處置。

2.一般裁量與個案裁量

(1)一般裁量：通常係由行政機關就易發生之案例，訂定裁量基準之行政規則。例如交通事件之裁量標準。

(2)個案裁量：個案裁量，係由行政機關基於個案正義的實現，就個案決定法律效果的決定。

（三）裁量權正當行使原則

行政機關行使裁量權，不得逾越法定之裁量範圍，並應符合法規授權之目的，又稱裁量禁止濫用原則。亦即行政機關為裁量時，應遵守下列各點，如有違反時，即屬裁量瑕疵：

1. 以公共利益為依歸。

2. 不得與憲法上基本原則及由基本原則演繹出來的原則相牴觸，例如自

律原則。

3. 不得與禁止裁量濫用原則相牴觸。

4. 不得與禁止裁量逾越原則相牴觸。

（四）裁量瑕疵之類別

1. 裁量逾越

裁量逾越，係指行政機關裁量結果，超過法律授權範圍。例如依社會秩序維護法規定，污溼他人之衣著而情節重大者，處新臺幣1,500元以下罰鍰，而裁決官在無加重處罰之情形下，卻處以新臺幣2,000元罰鍰。道路交通管理處罰條例第53條「汽車駕駛人，行經有燈光號誌管制之交叉路口闖紅燈者，處新臺幣一千八百元以上五千四百元以下罰鍰。」設若警察開罰單，僅處以500元之罰鍰。

2. 裁量濫用

裁量濫用，係指行政機關作成裁量與法律授權之目的不符，或係出於不相關之動機之謂。例如外國人申請歸化為我國國民，國籍法對於裁量之條件均有明文規定，假設主管機關於裁量時，以該外國人之本國與中華民國無外交關係或非友好國家而拒絕其歸化，則顯屬裁量濫用之情形。又如基於政黨目的考量，禁止人民合法的集會活動。

3. 裁量怠惰

裁量怠惰，係指行政機關依法有裁量之權限，但因故意或過失而消極的不行使裁量權。例如對於有事實認為有妨害國家安全之重大嫌疑者，入出境主管機關有權不予許可其入出境（依國家安全法第3條第2項第2款：「有事實足認為有妨害國家安全或社會安定之重大嫌疑者。但曾於臺灣地區設籍，在民國三十八年以後未在大陸地區設籍，現居住於海外，而無事實足認為有恐怖或暴力之重大嫌疑者，不在此限」），假設主管機關對申請入出境之個別事件，應斟酌此項因素而不予斟酌，即屬此類瑕疵。

（五）裁量收縮至零

1. 裁量收縮至零之概念

行政機關作成裁量決定時，本有多數不同之選擇，若因為特殊之事實關係，使得行政機關除了採取特定措施外，別無其他選擇，稱為裁量收縮至零。

例如水利法授權主管機關針對阻礙水流者，得令當事人修改、遷移或拆毀之，但若遇有嚴重緊急情況，非澈底拆毀不足以維持水流者，主管機關之裁量即收縮至別無選擇。又如位於市中心之建築物，因地震致發生倒塌之危險，主管機關因考量來往人車極多，即予以拆除。

2.大法官有關裁量收縮至零之解釋

司法院釋字第469號解釋意旨：法律之規定並非僅授予國家推行公共事務之權，其目的係為保護人民之生命、身體、自由及財產等法益，且法律對主管機關應執行職務行使公權力之事項規定明確，則該管機關之公務員對於可得特定之人所負作為義務已無不作為之裁量餘地，若因故意或過失怠於執行職務者，至特定人自由或權利受損害，被害人得依國賠法第2條第2項後段向國家請求損害賠償。

二、行政判斷與行政裁量之關係

法律規範的基本結構是：「若……，則……。」「若……」是法律事實（構成要件）。「則……」是法律效果。例如社會秩序維護法第71條規定：「於主管機關明示禁止出入之處所，擅行出入不聽勸阻者，處新臺幣六千元以下罰鍰。」本條前段「於主管機關明示禁止出入之處所，擅行出入不聽勸阻者」，即為構成要件；而後段「處新臺幣六千元以下罰鍰」，則為法律效果。

法律事實與法律效果的關係，是條件與結果之關係。理論上，不確定法律概念只有用於構成要件，不會用於法律效果上。故對不確定法律概念只有判斷的餘地，沒有裁量的餘地，而「裁量」，即就多數行為中選擇其一之謂。不確定法律概念之判斷須確切，其依據為事實，事實是否存在，依據證據，故判斷係客觀的認識裁量。至於裁量有伸縮餘地，原則上依行政機關對該法律效果在行政秩序上之預測而定，不依證據，故裁量為主觀的評價裁量。

肆、警察職權之行使型態

警察職權之行使型態，依其行政作用之範疇，大致可分為警察行政命令、警察行政處分、警察事實行為及警察行政強制，茲分述如下：

一、警察行政命令

警察行政命令屬於行政命令之一種。行政程序法已將行政命令分為法規命

令及行政規則二種，另地方制度法規定有地方自治法規，其屬地方自治命令。

（一）法規命令

法規命令係基於法律授權而訂定，具有執行及補充法律之功能及效力，故可以對人民的權義予以規定，效力如同法律一樣，惟若其規定有違反法律時，則屬無效。

依行政程序法第150條規定：「本法所稱法規命令，係指行政機關基於法律授權，對多數不特定人民就一般事項所作抽象之對外發生法律效果之規定（第1項）。法規命令之內容應明列其法律授權之依據，並不得逾越法律授權之範圍與立法精神（第2項）。」

（二）行政規則

行政程序法第159條規定：「本法所稱行政規則，係指上級機關對下級機關，或長官對屬官，依其權限或職權為規範機關內部秩序及運作，所為非直接對外發生法規範效力之一般、抽象之規定（第1項）。行政規則包括下列各款之規定：一、關於機關內部之組織、事務之分配、業務處理方式、人事管理等一般性規定。二、為協助下級機關或屬官統一解釋法令、認定事實、及行使裁量權，而訂頒之解釋性規定及裁量基準（第2項）。」

由前揭條文觀之，行政規則之訂定，不以必有法律之授權為必要，並且可略分為：（一）處務規則。（二）作業性行政規則。（三）裁量性行政規則。（四）解釋性行政規則。如依其功能可分為機關內部事務的運作規範及解釋性規範二大類。除此之外，事實行為，例如防災、防疫、節約、交通安全宣導、宣導政策政令、開闢道路及整理檔案、資料蒐集、編製設計等均可依行政規則處理。

（三）地方自治法規

1.地方自治法規之概念

所謂地方自治法規，指由地方自治團體所訂定具有抽象性及一般拘束力之規章。

依憲法或地方制度法規定，地方自治團體應辦理自治事項及委辦事項，故為依法行政自得訂定自治法規。其特徵如下：

(1)地方自治法規其命名雖與法規命令及行政規則類似，但依地方制度法規定卻另成一系統。

(2)地方立法機關得制定自治條例並得「創設、剝奪或限制居民之權利義務」，而具有法規創造力。自治條例中之直轄市法規或縣規章並得設有罰則規定。凡此均係對地方權的保障規定，而與憲法規定之精神相互呼應。

2.自治事項與委辦事項

(1)自治事項：指地方自治團體自為立法並執行，或法律規定應由該團體辦理之事務，而負其「政策規劃」及「行政執行」責任之事項。基本上自治事項不限定任何事項，只要該事項直接與地方有關聯即可，如與地方居民之食衣住行育樂生老病死等有直接關聯的事項，例如文化藝術，休閒娛樂、生活照顧、小型工程建設等均屬之。反面而言，凡與管制性、國家一致性無關之事項，均應被劃歸為自治事項。

(2)委辦事項：指地方自治團體依法律、上級法規或規章規定，在上級政府指揮監督下，執行上級政府交付辦理之非屬該團體事務，而負其「行政執行」責任之事項。亦即，原係國家或上級政府所固有事項，但為了節省人力、財力之支出，而委託下級地方自治團體就近辦理。委辦事項一般係指具有公共安全或公共秩序性，須全國一致性處理之業務領域，例如建築管制、營業管制、道路安全管制、藥品管制、疾病管制、環境問題管制、戶籍事項等即屬之。另給付行政之與人民基本權實現具有關聯的事項，如社會救助、身心障礙者保護也屬之。

3.地方自治命令之種類

(1)自治條例：依地方制度法第28條之規定，依法規應經地方議會議決者、與地方居民權利義務有關事項、地方團體及其事業機構之組織以及其他重要事項，必須經地方議會以自治條例規定之。自治條例在直轄市稱某直轄市法規；在縣（市）稱某縣（市）規章；在鄉（鎮、市）稱某鄉（鎮、市）規約。

(2)自治規則：由地方行政機關發布，名稱適用中央法規標準法第3條所定之命令七種名稱，即規程、規則、細則、辦法、綱要、標準或準則。各級地方行政機關就其地方自治事項，得依其法定職權或基於法律、自治條例之授權，訂定自治規章。

(3)委辦規則：地方行政機關為辦理上級機關委辦事項，得依其法定職權或基於法律、中央法規之授權，訂定委辦規則。其名稱準用前述自治規則之規定。

(4)自律規則：即地方立法機關之內部規範，由地方立法機關自行訂定。

3.地方自治命令之制定程序

(1)自治條例：地方自治條例經各該地方立法機關議決後，如有罰則（罰鍰最高以10萬元為限，得連續處罰之；其行政罰限於勒令停工、停止營業、吊扣執照或其他一定期限內限制禁止為一定行為）時，應分別報經行政院、中央各該主管機關、縣政府核定後發布。其餘除法律或縣規章另有規定時，直轄市法規發布後，應報中央各該主管機關轉行政院備查；縣（市）規章發布後，應報中央各該主管機關備查，鄉（鎮、市）規約發布後，應報縣政府備查。

(2)自治規則：地方行政機關所訂定之自治規則，除法律或自治條例另有規定外，應於發布後依以下程序處理：①其屬法律授權訂定者，函報各該法律所定中央主管機關備查；②其屬依法定職權或自治條例授權訂定者，分別函送上級政府及各該地方立法機關備查或查照。

(3)委辦規則：地方委辦規則應函報委辦機關核定後發布之。

(4)自律規則：地方立法機關之自律規則，由各該地方立法機關發布，並報各該上級政府備查。

4.地方自治命令之公布或發布

地方法規經地方立法機關議決後，函送各該地方行政機關，地方行政機關收文後，除要求覆議等情形外，應於三十日內公布。自治法規、委辦規則經核定後，應於核定文送達各該行政機關三十日內公布。逾期未發布者，自該自治法規、委辦規則期限屆滿之日起算至第三日起發生效力，並由地方立法機關代為發布。但經上級政府或委辦機關核准定者，由核定機關代為發布。

5.地方行政規則之效力

地方制度法第30條規定：自治條例與憲法、法律或基於法律授權之法規或上級自治團體自治條例牴觸者，無效。自治規則與憲法、法律、基於法律授權之法規、上級自治團體自治條例或該自治團體自治條例牴觸者，無效。委辦規則與憲法、法律、中央法令牴觸者，無效。

二、警察行政處分

（一）行政處分之意義

警察行政處分屬於行政處分。所謂行政處分，係指行政機關就公法上具體

事件所爲之決定，或其他公權力措施，而對外直接發生法律上效果之單方行政行爲（行政程序法第92條第1項）。

（二）行政處分意義之類型

依行政程序法對行政處分之定義，可以分成典型之行政處分、一般處分、其他公權力措施三種類型，詳細內容請參閱第四章第二節。

三、警察行政制裁

（一）行政罰之意義

行政制裁，又稱行政罰，指爲維持行政上之秩序，達成行政目的，對違反行政上義務者，所科之制裁。科處行政罰之機關，通常爲行政機關，由法院裁定科罰則屬例外，如依社會秩序維護法，有關拘留及勒令歇業之制裁，即由地方法院簡易法庭裁罰。

（二）行政罰之性質

行政罰一般係由行政機關單方作成，且針對相對人具體違法事件，發生處罰效果之公權力措施，故性質爲行政處分，適用行政程序法。

違反行政法上義務而受罰鍰、沒入或其他種類行政罰之處罰時，適用行政罰法。但其他法律有特別規定者，從其規定。例如社會秩序維護法。

（三）行政罰之種類

1. 拘留：人身自由罰，僅規定於社會秩序維護法。
2. 罰鍰：金錢罰。
3. 沒入：處置物品之處罰。
4. 其他裁罰性之不利處分：(1)限制或禁止行爲之處分：限制或停止營業、禁止行駛、命令停工等；(2)剝奪或消滅資格、權利之處分：命令歇業、命令解散、吊銷證照等；(3)對名譽之處分：公布姓名或名稱、公布照片或其他類似之處分；(4)警告性處分：警告、告誡、記點、記次、講習、輔導教育等。

（四）行政罰與行政執行與之比較

1.處罰目的不同

行政罰：係對於行政上義務之違反者，予以制裁已足，並不以義務人履行其義務爲目的，既經處罰，違反義務之事件，即告結束；行政執行：乃對於行

政上義務之違反者，以其履行其義務爲目的，而採取強制之措施。

2.處罰依據不同

行政罰：以各個行政法規所規定之要件爲依據，其違反作爲義務，無論他人得否代爲之與否，以及違反其不作爲義務，必須符合構成要件，始得據以處罰；行政執行：其科處以義務人違反他人不得代爲之作爲義務，或違反其不作爲義務爲處罰之要件，僅以行政執行法爲依據。

3.處罰種類不同

行政罰：所得科處之罰則，以各行政法規之規定爲依據，種類不一，且不以行政機關之等級有所差別，如申誡、拘留、罰鍰、罰役、沒入、勒令歇業等；行政執行：依據行政執行法之規定，有代履行、怠金、直接強制及限時強制。

4.可否再予以處罰不同

行政罰：不能對同一行爲重複處罰，故有「一事不兩罰」原則之適用；行政執行：因其以強制實現義務爲目的，在處罰後，仍不履行時，自得再行處罰，直至義務人履行其義務爲止，怠金得連續處罰，不適用「一事不兩罰」之原則。

5.處罰程序不同

行政罰：其科處依據個別行政法規之規定，凡構成其處罰要件者，即逕予科處，毋須經過預爲告誡程序；行政執行：除法律有特別規定外，依行政執行法第27條第1項規定，非以書面預爲告誡，不得爲之。

6.救濟程序不同

行政罰：係依典型的行政處分，其救濟依一般訴願與行政訴訟程序爲之；行政執行：係行政處分確定後之執行，對其不服，應依行政執行法向執行機關聲明異議。

（五）行政罰之處罰主體

1. 行政機關：除少數情形外，目前行政秩序罰之處罰主體原則上多爲行政機關爲之。

2. 地方自治團體：地方制度法第26條中，賦予地方之一般行政秩序罰之立法權。即地方自治條例得規定：處以罰鍰之處罰，最高以新臺幣10萬元爲

限;並得規定連續處罰之。其他行政罰之種類限於勒令停工、停止營業、吊扣執照或其他一定期限內限制或禁止為一定行為之不利處分。

3. 法院管轄:行政罰由法院管轄者,已較為少見,在社會秩序維護法尚有相關規定,即地方法院或其分院有管轄權,因此,有關拘留、勒令歇業、停止營業三種處罰,由法院之簡易庭以裁定處罰之。

4. 其他:監察院有時亦得為行政秩序罰之主體。如公職人員財產申報法第12條第1項之規定。

(六) 行政處罰之責任

1. 責任條件:主要係指行為人之主觀犯意,即行為人能對其行為有一定之意思決定,因此若決定為法益之侵害,即得對其非難,要求其負責。責任條件有二種,即故意與過失。

2. 責任能力:依年齡或精神狀態健全與否決定應負擔違法行為之責任。下列之人因無辨識事理能力,故其行為不予處罰:

(1)未滿十四歲人。

(2)心神喪失人。

(七) 阻卻違法之事由

具有下列阻卻違法之事由,即因欠缺違法性而不予處罰:

1. 依法令之行為:依法令之行為,不予處罰。依所屬上級公務員職務命令之行為,不予處罰。但明知職務命令違法,而未依法定程序向該上級公務員陳述意見者,不在此限。

2. 正當防衛行為:對於現在不法之侵害,而出於防衛自己或他人權利之行為,不予處罰。但防衛行為過當者,得減輕或免除其處罰。

3. 緊急避難行為:因避免自己或他人生命、身體、自由、名譽或財產之緊急危難而出於不得已之行為,不予處罰。但避難行為過當者,得減輕或免除其處罰。

(八) 一事不二罰原則

處罰種類相同,從一重處罰原則:一行為違反數個行政法上義務規定而應處罰鍰者,依法定罰鍰額最高之規定裁處。但裁處之額度,不得低於各該規定之罰鍰最低額。前項違反行政法上義務行為,除應處罰鍰外,另有沒入或其他種類行政罰之處罰者,得依該規定併為裁處。但其處罰種類相同,如從一重處

罰已足以達成行政目的者，不得重複裁處。

一行為違反社會秩序維護法及其他行政法上義務規定而應受處罰，如已裁處拘留者，不再受罰鍰之處罰。

（九）共同違法及併同處罰原則

1.故意共同違法之併罰原則

故意共同實施違反行政法上義務之行為者，依其行為情節之輕重，分別處罰之。

前項情形，因身分或其他特定關係成立之違反行政法上義務行為，其無此身分或特定關係者，仍處罰之。

因身分或其他特定關係致處罰有重輕或免除時，其無此身分或特定關係者，仍處以通常之處罰。

2.私法人之代表權人併罰

私法人之董事或其他有代表權之人，因執行其職務或為私法人之利益為行為，致使私法人違反行政法上義務應受處罰者，該行為人如有故意或重大過失時，除法律或自治條例另有規定外，應並受同一規定罰鍰之處罰。

私法人之職員、受僱人或從業人員，因執行其職務或為私法人之利益為行為，致使私法人違反行政法上義務應受處罰者，私法人之董事或其他有代表權之人，如對該行政法上義務之違反，因故意或重大過失，未盡其防止義務時，除法律或自治條例另有規定外，應並受同一規定罰鍰之處罰。

（十）行政裁罰之程序規定

1.公法上的時效規定

行政罰之裁處權，因三年期間之經過而消滅。

前項期間，自違反行政法上義務之行為終了時起算。但行為之結果發生在後者，自該結果發生時起算。

同時觸犯刑事罰與行政罰之情形，關於其行政罰之裁處時效，自不起訴處分或無罪、免訴、不受理、不付審理之裁判確定日起算。

行政罰之裁處，因訴願、行政訴訟或其他救濟程序經撤銷而須另為裁處者，第1項期間自原裁處被撤銷確定之日起算（行政罰法第27條）。

2.行政裁罰之正當法律程序

行政裁罰係對人民形成新的義務，為求公正妥當起見，行政機關事前應遵守下列之正當程序：

(1)出示執行職務之證明文件：行政機關執行職務之人員，應向行為人出示有關執行職務之證明文件或顯示足資辨別之標誌，並告知其所違反之法規。

(2)依職權調查事實證據：行政程序法第36條規定：「行政機關應依職權調查證據，不受當事人主張之拘束，對當事人有利及不利事項一律注意。」

(3)行政程序法規定之調查事實證據之方法：必要時得據實製作書面紀錄、得以書面通知相關之人陳述意見、得要求當事人或第三人提供必要之文書、資料或物品、得選定適當之人為鑑定、得實施勘驗。

(4)陳述意見：行政罰法第42條規定：「行政機關於裁處前，應給予受處罰者陳述意見之機會。有同條但書之情形之一者，不在此限。」

(5)聽證程序：行政機關為行政罰法第2條第1款及第2款之裁處前，應依受處罰者之申請，舉行聽證。有同條但書之情形之一者，不在此限。

（十一）對現行違規者之強制處分

行政機關對現行違反行政法上義務之行為人，得為下列之處置：

1. 即時制止其行為。

2. 製作書面紀錄。

3. 為保全證據之措施。遇有抗拒保全證據之行為且情況急迫者，得使用強制力排除其抗拒。

4. 確認其身分。

概念區辨

刑罰、行政罰之區別

	刑罰	行政罰
性質	刑事犯具有反道德、反倫理的行為，為侵害法益；刑罰以故意或過失為要件。	行政犯則僅違反法規義務或行政秩序，不具有倫理的非難性；行政罰則是對違反行政義務的科罰。
主體	司法機關	行政機關

	刑罰	行政罰
客體	行為人是刑事犯，且以自然人為限，並就共犯及從犯一併處罰。	行政罰的科處，則可以自然人與法人同為客體，行政犯，且在原則上係以法定義務人為對象，除有法令之特別規定外，行為人不負責任。
罰則	罰則，分主刑與從刑，主刑包括死刑、無期徒刑、有期徒刑、拘役、罰金五種，從刑則有褫奪公權及沒收兩種。	行政罰的罰則，因無統一法典，各種行政法規所定者頗不一致，且其處罰一般亦無主從之分。
救濟方法	依刑事訴訟法提起上訴	原則上應適用各種行政救濟途徑，因法令規定的不同，可包括聲明異議、訴願、行政訴訟或申訴等項。

◎行政罰之社會秩序維護法特別規定，容待第七章再予詳述。

四、警察事實行為

（一）事實行為之概念

事實行為，指不發生法律效果，而僅發生事實上效果的行政行為。

事實行為有單獨存在，如提供資訊、單純的公文往返、行政指導等是。此外，事實行為乃為準備作成或表達或實現意思行為（如行政處分）而完成。因其不需要有意識即得到法效果，即有動作就有效果，故包羅甚廣，舉凡行政機關之內部行為、對公眾所作之報導、勸告、建議等所謂行政指導行為、興建公共設施、實施教育及訓練等均屬其範圍。以物理上之強制力為手段的執行行為與行政處分不易分辨之觀念通知，亦應歸之於事實行為。

（二）事實行為和行政處分之區別

最主要的區別在於是否對外發生法律效果：

1. 事實行為：並不以對外發生法律效果為目的。但是行政事實行為還是有可能「間接」發生法律效果如結果除去請求權、國家賠償請求權、損失補償請求權等，例如：警察追捕人犯時開槍誤擊中路人，開槍這一個行為本身只發生事實上的效果，並不直接發生法律效果，但是卻會間接發生國家賠償的法律效果。請注意：這邊的國家賠償法律效果主要是因為法律規定（國家賠償法）而發生，並非直接因為「開槍」這個行為就會發生國家賠償的效果。

2. 行政處分：則是必須對外發生法律效果（法效性）。

（三）事實行為之類型

1.依性質分類

(1)機關內部行為：單位相互間交換意見、文書往返；上下級機關間的指示、請示、視查、主辦員工講習、訓練等是。

(2)觀念通知：為機關所為單純事實之敘述或理由之說明，因不具備意思表示之特徵，故不因該項敘述或說明而生法律之效果，包括認知表示及事實上行政作業等行為，例如對人民疑義釋示之解答通知、檢舉人之函復、發布資訊公開公告、戶籍謄本之發給、向他機關提供資料、完成研究報告、鑑定行為，將其結果分送有關機關與當事人、通知當事人接受精神醫學鑑定等。

(3)行政指導：指行政機關對外所作之報導、勸告、警告、建議、調解、資訊提供等行為。

(4)實施行為：屬單純的動作、工作的完成，通常是指實施行政處分或行政計畫之行為，如課稅處分確定後，稅捐稽徵機關收受稅款之繳納，都市計畫細部計畫核定實施後，豎立樁誌、座標、辦理測量、修築道路、收運垃圾、舉辦展覽、醫療行為、衛生局為國小新生兒打預防針等是。

(5)強制措施：依行政執行法所為之直接強制及即時強制之措施，前者如對違法遊行且不服從解散命令者之強制驅離、強制拆除違章建築即是。至於行政檢查（通常為依法令對人、處所或物件所為之訪視、查詢、查察或檢驗），少數由主管機關以實力強制執行者，亦屬之。後者之即時強制，指行政機關為阻止犯罪、危害之發生或避免急迫危險，而有即時處理之必要時，所採取之強制措施。

2.依效果分類

(1)具法效性之事實行為：這種行為係包含一定目標干預而有可能成為行政處分，如拘押嫌犯、執行鑑識、即時強制管束、警械使用之行為等。

(2)具事實上損害結果之事實行為：如警察為緝拿逃犯，在媒體上公布嫌犯的照片。

(3)無權利侵害之事實行為：即不具直接法律上效果之事實行為，如提供企業經營有關資訊。

（三）警察職權與事實行為

　　警察職權之行使大多屬於公權力具體措施，特別是運用物理上強制力時，其並非具有規範當事人權利或義務意思表示，而以具體行動為之執行行為。易言之，警察職權行使法第2條所定依法採取查證身分、鑑識身分、蒐集資料、通知、管束、驅離、直接強制、物之扣留、保管、變賣、拍賣、銷毀、使用、處置、限制使用、進入住宅、建築物、公共場所、公眾得出入場所等行為，包括警械使用，均屬事實行為。

（四）違法事實行為之救濟可能性

　　違法事實行為之救濟有如下之途徑：

　　1. 違法狀態之排除：當人民之權利因國家公務人員事實行為之侵害，造成不法之結果，基於憲法上人民基本權之保障，應有請求除去或回復原狀之權利，稱之為公法上結果除去請求權。即依行政訴訟法第8條第1項之規定，提起一般給付訴訟。

　　2. 損害賠償：國家賠償法第2條第2項規定：公務員於執行職務行使公權力時，因故意或過失不法侵害人民自由或權利者，國家應負損害賠償責任。及同法第3條規定：公有公共設施因設置或管理有欠缺，致人民生命、身體或財產受損害者，國家應負損害賠償責任。

五、警察行政強制

1.行政執行之意義

　　行政執行，即行政上強制執行，是指行政機關以自己的強制方法，對不履行行政上義務的相對人，強迫其履行，使其實現與已履行義務同一狀態之行政權作用。依行政執行法第2條之規定，其強制方法，包括公法上金錢給付義務、行為或不行為義務之強制執行，以及即時強制。

2.行政執行之特質

　　(1)行政執行係執行相對人因法規或行政處分所負擔之義務為原則。

　　(2)行政執行係行政機關以行政法關係當事人一方之資格自行採取強制措施，以貫徹行政目的。

　　(3)行政執行除強制相對人（即義務人）履行其義務外，亦包括以其他方法產生與履行義務同一事實狀態在內。

3.行政執行之種類

(1)本於法令之行政處分、法院裁定或契約之強制：即依已存在之行政處分、法院之裁定或契約有應履行義務。此種情形又可分為公法上金錢給付義務之強制執行，例如罰鍰處分之執行；及行為或不行為義務之強制執行，例如拆除違建處分之執行。

(2)直接依法令規定之強制：即尚無履行義務之行政處分、法院之裁定或契約存在。此種情形又分即時強制及直接執行，前者大多以情況急迫或不必以行政處分為前提；後者即義務人不在場，於狀況急迫時之直接執行措施。

4.行政執行之開始

行政執行之開始，指執行機關依執行名義（行政處分或法院之裁定）或對其他依法令負有義務者，開始進行執行程序。

行政執行採職權進行主義，行為或不行為義務之執行，應由執行機關依職權發動，而公法上金錢給付義務之執行，則由專設之各行政執行處為執行機關，各行政執行處亦須俟原處分機關或其他權責機關移送後，使得為之。該移送執行除不合法定要件，經執行機關不予受理外，應認為執行之開始。

5.行政執行之終止

行政執行之目的在於強制義務人履行義務，如義務人已全部履行義務，或其應履行之義務經執行完畢，或行政處分、裁定因全部、一部撤銷、變更致其義務全部、一部消滅、變更、或其義務經證明為執行不可能者，例如義務人死亡、執行標的物已滅失者，因行政目的已達成或已無執行的原因，自無繼續執行之必要。行政執行之相關規定，容待第六章「行政執行法」再予詳述。

伍、警察職權之行使原則

警察職權之行使原則，亦即警察作用發動之原則如下：

一、警察目的原則

警察依法行使職權之目的，在於完成警察任務——維持公共秩序、保護社會安全、防止一切危害為主要任務，促進人民福利為輔助任務。如果與警察任務無關之情事，不合乎警察目的者，自然不屬於警察職權。警察行使職權已達成其目的，或依當時情形，認為目的無法達成時，應依職權或因義務人、利害

關係人之申請終止執行。

二、警察公共原則

　　警察以維護社會公共安寧秩序、防止一切危害爲主要任務，對於不直接影響公共安寧秩序之個人生活，均以不加干涉爲原則，亦稱私生活自由之原則，可分爲下列三點：

　　（一）私人生活不可侵犯原則：警察職權之行使，不得干涉與一般社會安寧秩序無直接影響之個人生活及行動。

　　（二）私人住宅不可侵犯原則：凡與社會安寧秩序無直接關係之私人住宅、事務所或倉庫等場所，均不可侵犯。

　　（三）不干涉民事法律關係原則：單純民事上之法律關係，例如對於侵害權利及不履行債務等之救濟，應根據權利人之請求，受司法權之保護，非警察所得干涉。但雖爲民事上之法律關係，如同時破壞社會公共安寧秩序之場合，仍不免爲警察職權發動之對象。

　　（四）直接原因原則：警察職權之發動，以社會公共安寧秩序被危害或有危害之虞之直接原因爲限，不能對危害發生之間接原因行使職權，以限制人民自由權利。

三、警察責任原則

　　行使警察職權，以對發生警察責任者行使爲限。所謂警察責任，乃指對於違反警察法規規定義務而應負其責任之謂。故對於社會成員之個人有客觀之違警狀態存在時，即可加以命令與強制，而不必如刑事責任之成立，須以故意爲要件。對自己生活範圍內亦負其警察責任者，有下列兩種情形：

　　（一）對人之責任：指支配他人行爲者，在其支配權之範圍內，對其被支配者發生之違反警察義務，負有警察責任。

　　（二）對於物及動物之責任：工作物之所有或占有者，或動物之飼主等，對於所有之工作物或占有物或其飼養之動物等，負有警察責任。

四、警察比例原則

（一）警察比例原則之意義

　　警察行使職權，對於人民自由權利所加拘束之程度，必須與除去社會危害

成適當比例，不得逾越所欲達成執行目的之必要限度，且應以對人民權益侵害最少之適當方法為之。

（二）警察比例原則之法制化

1.實定法上之規定

(1)社會秩序維護法第19條第2項規定：「勒令歇業或停止營業之裁處，應符合比例原則。」同法第22條第3項規定：「供違反本法行為所用之物，以行為人所有者為限，得沒入之。但沒入，應符合比例原則。」由於社會秩序維護法直接以「比例原則」作為規範用語，其含義宜參照其文義，詮釋為對於勒令歇業、停止營業或沒入之裁處，應公平合理考量。

(2)集會遊行法第26條規定：「集會遊行之不予許可、限制或命令解散，應公平合理考量人民集會、遊行權利與其他法益間之均衡維護，以適當之方法為之，不得逾越所欲達成執行目的之必要限度。」

(3)警械使用條例第6條規定：警察人員應基於急迫需要，合理使用槍械，不得逾越必要程度。

(4)警察職權行使法：於各職權條款明定其行使要件與程序，避免因任意行使職權而侵害人民權益，且於第3條明定比例原則及目的性考量，警察行使職權若已達成執行目的或認為目的無法達成時，應即停止其職權之行使，以避免不當之繼續行使，造成不成比例之傷害。

2.司法院大法官解釋

釋字第535號解釋揭示警察執行臨檢勤務應符合比例原則，即警察人員執行場所之臨檢勤務，應限於已發生危害或依客觀、合理判斷易生危害之處所、交通工具或公共場所為之，其中處所為私人居住之空間者，並應受住宅相同之保障；對人實施之臨檢則須以有相當理由足認其行為已構成或即將發生危害者為限，且均應遵守比例原則，不得逾越必要程度。

六、正當程序原則

（一）程序的基本概念

1. 程序為決定的選擇而預備的相互行為系統：專業分工，使專業訓練和經驗豐富之程序主導者作出合理的判斷；按部就班，循序漸進而為決定。

2. 程序是主體與主體間聯繫形式雙方發生關聯的傳送帶及篩選工具。經

它篩選的結果，均得其平。

3. 程序是將權力控制在一定範圍的規則及依此公平的執行，以防止恣意、武斷。程序要求決定者有意識地暫時忘卻，或阻隔過早考慮眞正關心的實質性問題，並使各種觀點和方案得到充分考慮，實現優化選擇。

4. 信任是程序的發動機：公平須源於信任，無信任就不會參與該項程序。

5. 溝通是程序正當性的基礎：使當事人有權利進行意見陳述、辯論和說服，並且是直接參與、平等對話的，以達到集思廣益、促進理性決定的效果。經溝通後能增強對結果的順從。

（二）行政處分之正當程序

原則上，行政程序係自由的，但是，制定法有特別規定某些權力之行使應依一定之程序時，主管機關如未能踐行一定程序時，即構成「錯誤程序」（incorrect procedure），而依「程序越權原則」（procedural ultra vires rule），該越權部分應爲無效。至於法治國家對行政處分所規定之正當程序，主要有以下六項原則：

1. 公正無私（impartiality）。
2. 公開聽證（public hearings）。
3. 獲得資訊（access to information）。
4. 律師代理與協助（legal representation and legal aid）。
5. 理由說明（statement of reason）。
6. 教示救濟途徑（indication of remedies）。

第二節　警察職權行使法之主要概念

壹、警察職權行使法之立法緣起

一、大法官釋字535號解釋文

警察勤務條例規定警察機關執行勤務之編組及分工，並對執行勤務得採取之方式加以列舉，已非單純之組織法，實兼有行爲法之性質。依該條例第11條第3款，臨檢自屬警察執行勤務方式之一種。臨檢實施之手段：檢查、路檢、

取締或盤查等不問其名稱為何，均屬對人或物之查驗、干預，影響人民行動自由、財產權及隱私權等甚鉅，應恪遵法治國家警察執勤之原則。實施臨檢之要件、程序及對違法臨檢行為之救濟，均應有法律之明確規範，方符憲法保障人民自由權利之意旨。上開條例有關臨檢之規定，並無授權警察人員得不顧時間、地點及對象任意臨檢、取締或隨機檢查、盤查之立法本意。除法律另有規定外，警察人員執行場所之臨檢勤務，應限於已發生危害或依客觀、合理判斷易生危害之處所、交通工具或公共場所為之，其中處所為私人居住之空間者，並應受住宅相同之保障；對人實施之臨檢則須以有相當理由足認其行為已構成或即將發生危害者為限，且均應遵守比例原則，不得逾越必要程度。臨檢進行前應對在場者告以實施之事由，並出示證件表明其為執行人員之身分。臨檢應於現場實施，非經受臨檢人同意或無從確定其身分或現場為之對該受臨檢人將有不利影響或妨礙交通、安寧者，不得要求其同行至警察局、所進行盤查。其因發現違法事實，應依法定程序處理者外，身分一經查明，即應任其離去，不得稽延。前述條例第11條第3款之規定，於符合上開解釋意旨範圍內，予以適用，始無悖於維護人權之憲法意旨。現行警察執行職務法規有欠完備，有關機關應於本解釋公布之日起二年內依解釋意旨，且參酌社會實際狀況，賦予警察人員執行勤務時應付突發事故之權限，俾對人民自由與警察自身安全之維護兼籌並顧，通盤檢討訂定，併此指明。

二、大法官釋字第535號解釋之重點

（一）臨檢之規定，並無授權警察得不顧時間、地點及對象任意臨檢或隨機檢查、盤查。

（二）場所之臨檢勤務，應限於已發生危害或依客觀、合理判斷易生危害之處所。

（三）對人實施之臨檢則須以有相當理由足認其行為已構成或即將發生危害者為限。

（四）臨檢進行前應對在場者告以實施之事由，並出示證件表明其為執行人員之身分。

（五）非經受臨檢人同意或無從確定其身分或現場為之對該受臨檢人將有不利影響或妨礙交通、安寧者，不得要求其同行至警察局盤查。其因發現違法事實，應依法定程序處理者外，身分一經查明，即應任其離去，不得拖延。

（六）現行警察執行職務法規有欠完備，有關機關應於本解釋公布之日起二年內依解釋意旨，通盤檢討訂定。

貳、警察職權行使法之法律性質

一、警察職權法屬行政作用法

警察職權行使法規範警察行使職權時，所採各項必要之措施規定，如查證身分、資料蒐集及即時強制等，其內容涉及行政權與國家及人民間權利義務之關係，故屬行政法性質。再者，警察職權行使法所定內容，係為達成警察防止危害任務所為之必要行為，特別是對於強制性之行政行為，具體明確規定其要件與程序，且有可預見性，故亦屬行政法中之作用法性質。

二、警察職權行使法與其他法律互為補充

警察職權行使法所定事項，主要係針對現行警察法律中，有關警察行使職權時，採取必要強制手段、措施而涉及人民權利、義務，特別是干預、限制人民自由權利部分缺乏明確授權者，予以明文規範，使警察在行使職權，有明確之法律授權依據，為警察職權行使之基本規範，凡警察行使職權時，應依本法之規定；職權行使事項如未在本法規範而在其他法律另有特別規定者，例如集會遊行法、警械使用條例、社會秩序維護法、國家安全法、道路交通管理處罰條例、檢肅流氓條例等，則適用各該法律之規定，並能與現行警察職權行使之其他相關法律規定，達到相輔相成的功用，二者尚不致因發生競合而造成適用上之問題。

三、實際上為對警察職權行使之限制

警察職權行使法所列舉之警察職權，實際上係過去警察機關或警察人員已經時常在行使之職權，只是以前相關職權之發動要件、應遵守之程序、注意事項，以及事後能否救濟等問題，欠缺明確具體之規範。警察職權行使法之制頒只不過讓以前不明確、無法律依據之警察職權，更加予以具體化、類型化、明文化罷了。因此，警察職權行使法實際上並未新增任何實質的警察職權，反倒是透過明確的法律規定，來約束警察不得任意發動其職權。故而，從此面向觀察，警察職權行使法實際上是在限制警察的職權，而非讓警察擴權。

參、警察職權行使法之特色

一、符合依法行政原則

本法為警察行政之作用法，涵蓋了各種樣態的具體措施。其周延的程度，前所未見，有關警察職權之行使，除規定應符合比例原則外，亦應為目的性之考量，以作為職權行使之界限，其方式亦不得以引誘、教唆人民犯罪或其他違法之手段，以杜絕實務上程序不法之爭議，實現程序正義原則。

二、界定高權措施之範圍

本法第2條例示警察於執行職務時，依法採取查證身分、鑑識身分、蒐集資料、通知、管束、驅離、直接強制、物之扣留、保管、變賣、拍賣、銷毀、使用、處置、限制使用、進入住宅、建築物、公共場所、公眾得出入場所或其他必要之公權力之具體措施。

這種立法方式，一方面清楚地界定行使特定職權所採取之高權措施，另一方面則釐清其得採取高權措施之發動要件。

三、分類法制化警察職權活動

本法採分類的方式，將屬概括性質的警察職權活動，區分為「治安」目的所為的臨檢行為、集會或公共活動的蒐證行為與緊急狀況下的管制行為。此外，為區分警察任務所包含之行政目的與刑事目的，警察職權行使法則將具有高度侵害性質的警察行動，限制在犯罪偵查與避免犯罪目的的發動，來肯定警察的特殊犯罪偵查手段，如警方之「跟監」與「線民」之運用。至於其他具一般性質之警察勤務，則不再嚴格區分為刑事目的或行政目的，如查證身分、必要時帶往勤務處所之處分等。目的即是在使「治安」、「人權」間獲得平衡。

四、專章規定警察即時強制

為落實法治國原理中法律保留之法律授權明確性、可預見性或可量度性，而在警察職權行使法中以專章規定「即時強制」。行政法上之即時強制係指，為排除目前急迫危害，時間上來不及科以義務或性質上雖科以義務亦難達成目的者。

五、保護個人資訊隱私權

警察依法取得之個人資訊，不論公開取得、長期監視、線民提供、定期查

訪，由於在法體系下承認人民對這些資訊仍然擁有隱私權或資訊自主權，此一權利並不因為這些資料進入警方的掌控而喪失。即所有相關資訊的使用、傳遞與銷毀仍然屬於基本權利的侵害。故於立法上就何時許可使用、何時許可機關間的資訊傳遞、何時許可銷毀，一一加以規制，以符合憲法保障個人秘密之意旨。

六、規定救濟途徑與國家賠償責任

依大法官釋字第535號解釋意旨，人民因警察行使職權之方法、應遵守之程序或其他侵害利益等情事，應有救濟之管道。人民為保障基本權利不受侵害，自得援引本法第29、30、31條以普通行政救濟之方式，依法提起異議、訴願及行政訴訟，並得請求國家為損害賠償或損失補償之第二次救濟。

第 二 節　警察職權行使法總則

一、立法目的

為規範警察依法行使職權，以保障人民權益，維持公共秩序，保護社會安全，特制定本法。

二、立法理由

（一）民主法治國家之警察，有其法定任務，而其執行職務行使職權，亦必須遵守依法行政原則下之「法律優位」與「法律保留」原則，尤其於涉及人民自由權利之職權行使，更需有合憲法律的明確授權依據。如此，警察職權之行使，方有其合法性與正當性。

（二）依據大法官釋字第535號解釋，對於警察行使職權之要件、程序及救濟，均應有法律之明確規範，現行我國警察執行職務法規有欠完備，應於該解釋公布日起二年內依解釋意旨，且參酌社會實際狀況，賦予警察人員執行勤務時應付突發事故之權限，俾對人民自由與警察自身安全之維護兼籌並顧，乃通盤檢討制定本法，以符憲法保障人民自由權利之意旨及警察實務需要。

壹、名詞定義

一、警察

所稱警察，指警察機關與警察人員之總稱。其與警察法施行細則第10條所指之警察完全相同。

二、警察職權

（一）警察職權之定義：所稱警察職權，指警察為達成其法定任務，於執行職務時，依法採取查證身分、鑑識身分、蒐集資料、通知、管束、驅離、直接強制、物之扣留、保管、變賣、拍賣、銷毀、使用、處置、限制使用、進入住宅、建築物、公共場所、公眾得出入場所或其他必要之公權力之具體措施。

（二）警察公權力具體措施之意義：公權力具體措施，指警察機關為達成法定任務，運用物理之強制力，以實現行政處分之內容，或逕行執行法令之行為，其分類如下：

1.下令之處分

若干警察具體措施，因為具有下命、具體規範之意，規範的對象即當事人有行為、不行為或忍受的義務，視為行政處分，例如：驅離、為查證身分之詢問，而實施攔停、要求出示證件、詢問住址以及通知到場。

2.有干預的事實行為

若干警察具體措施，並非具有規範當事人權利或義務意思表示，而僅屬行動之事實行為，即以行動為之的「執行」行為（物理措施），可區分為：

(1)事實的執行行為：指警察不必經由當事人配合，即可獨力完成之行為。例如：人的管束、鑑識之實施、人物房子的搜索、物的保全等。

(2)資料蒐集之行為：警察的監控、資料之比對、傳遞、變更、儲存。

(3)警察的強制措施：屬於警察即時強制部分。例如：使用塑膠警棍驅離群眾。

三、警察機關主管長官

（一）警察機關主管長官之定義

本法所稱警察機關主管長官，指地區警察分局長或其相當職務以上長官。相當職務以上長官，包括直轄市、縣（市）警察局之局長、副局長、督察長、

分局長、刑事、交通、保安警察（大）隊（大）隊長、少年警察隊、婦幼警察隊隊長等人員；專業警察機關之主官（管）比照之。

（二）立法理由

警察行使職權，涉及人民自由權利者，如臨檢場所、路段及管制站之指定等，必須由具有相當層級之警察長官核准，方可實施。

（三）現行警察分局長以上長官核准之規定

警察職權之行使須由地區警察分局長以上長官核准者，其規定如下：

1. 警察職權之行使依各相關法律規定：如集會遊行之申請、刑事案件之移送，均以分局長之名義行之。另臨檢處所、路段之指定，亦由地區警察分局長以上長官核准為之。

2. 依警察偵查犯罪規範規定：為調查犯罪嫌疑人犯罪情形及蒐集證據，得使用通知書，通知其到場接受詢問。通知書應由司法警察機關分局長、大隊長、隊長以上主管長官簽章。

參、警察職權行使之一般程序

一、考量比例原則

比例原則，又稱為「禁止過當原則」、「損害最小原則」。係指為達成某一特定目的（結果）而採取某一種方法或措施，必須符合合理、比例之原則。亦即不得為求目的不擇手段。因此，方法與目的之間必須符合「適當性」、「必須性」與「狹義之比例性」。

（一）適當性原則：行政行為應合於行政目的之達成。

（二）必要性原則：又稱最小損害原則，係指行政行為不超越實現目的的必要程度，亦即達成目的需採影響最輕微手段，而不得逾越必要之程度。

（三）衡量性原則（狹義比例原則）：係指手段應按目的加以衡判。質言之，指採取之方法所造成的侵害不得與欲達成目的之利益顯失均衡。亦即行政目的與手段間應維持適當的比例關係。例如殺雞取卵、以炮擊雀、竭澤而漁，手段與目的顯失均衡。

二、出示證件表明身分

（一）警察表明身分及告知事由：警察行使職權時，應著制服或出示證件

表明身分，並應告知事由。本條文雖規定「應著制服或出示證件表明身分」，惟爲化解民眾疑慮，如民眾有所要求且未妨礙職權行使，以出示證件爲宜。另刑事警察人員執勤時，均應出示「刑警證」或刑警徽。

（二）人民有拒絕之權利：警察未依前項規定行使職權者，人民得拒絕之。

三、致人受傷應予救助或送醫救護

警察行使職權致人受傷者，應予必要之救助或送醫救護。

四、不得以引誘、教唆人民犯罪或其他違法之手段為之

警察行使職權，不得以引誘、教唆人民犯罪或其他違法之手段爲之。即禁止對原無犯意之人民實施誘捕行爲。

（一）誘捕方式之類型

誘捕方式之辦案可區分爲創造犯意型誘捕及提供機會型誘捕二種，其合法性主要以犯罪者之主觀犯意是否由司法警察機關所誘發爲斷，分述如下：

1.創造犯意型之誘捕偵查

又稱爲陷害教唆，係指行爲人原不具犯罪之故意，純因司法警察之設計教唆，使萌生犯意，而實行犯罪構成要件之行爲者而言。因係以引誘或教唆犯罪之不正當手段，使原無犯罪故意之人萌生犯意而實行犯罪行爲，再蒐集犯罪證據，予以逮捕偵辦，手段顯然違反憲法對於基本人權之保障，且已逾越偵查犯罪之必要程度，對於公共利益之維護並無意義，因此所取得之證據資料，應不具有證據能力。

換言之，陷害教唆誘捕手段之非難，在於行爲人係因司法警察機關誘引方形成犯意，亦即司法警察機關以外力刻意加工行爲人之內心意志，使本無犯罪意志之行爲人，因司法警察機關之誘引轉而起意，進而創造犯罪行爲，而不具正當性，因此現行實務須排除此種偵查方式取得證據資料之證據能力，以遏止司法警察機關使用此種誘捕模式偵查犯罪。

2.提供機會型之誘捕偵查

又稱爲機會教唆，係指行爲人原本即有犯罪之意思，其從事犯罪構成要件行爲之犯意，並非他人所創造，警察或受其唆使之人，僅係利用機會加以誘捕，此乃屬偵查犯罪技巧之範疇，原則上並非無證據能力。

　　至刑事偵查技術上所謂之「釣魚」，則指對於原已犯罪或具有犯罪故意之人，以設計引誘之方式，使其暴露犯罪事證，而加以逮捕或偵辦者而言。此之所謂「釣魚」純屬偵查犯罪技巧之範疇，並未違反憲法對於基本人權之保障，且於公共利益之維護有其必要性，故依「釣魚」方式所蒐集之證據資料，非無證據能力。例如：在販毒案中，小盤毒販經警破獲後為求減刑，即配合警方佯為再次交易，等上游毒販現身後再行逮捕，此種情形上游毒犯之犯意是「本來就存在」，因此並非為「陷害教唆」。其次，在網路援交案中，如果行為人是自己先上網廣告，警方依其提供之聯絡方式佯為召妓逮捕之，而該行為人之犯意亦是本來就有。此外，在機車搶劫案中，女警佯裝為某柔弱婦女，故意在搶犯經常出沒之處所單獨夜行，「引誘」搶犯現身行搶，再由埋伏在旁之同仁加以逮捕，行為人的犯意也是本來就有，均非所謂「陷害教唆」。

（二）禁止誘捕之立法理由

　　由於時下盛行所謂的「網路援交」，警察實務上利用其慣稱為釣魚的方式，加以引誘逮捕者，不時見諸報章電視媒體，並引發警察採行「釣魚」手段適法性之爭議。希望藉此遏止警察實務廣泛濫用此一手段之可能性，故參考美國、日本及我國司法實務上之判例、判決見解，明定警察行使職權，不得以引誘、教唆等違法之手段為之。

（三）禁止誘捕之適用基準

　　1. 須警察人員之行為：警察人員為了逮捕罪犯，本身親自實施引誘教唆等行為，自在該條項禁止之列。

　　2. 有引誘教唆等行為：引誘教唆，即凡是迎合他人要求，提供其犯罪機會，或對他人進行鼓勵，助長其犯罪，或積極勸誘使其實施犯罪者均是。至於單純的等待他人實施犯罪而加以逮捕（類似實務上之埋伏），或單純的打探、詢問，則應認為與構成要件並不該當，自不在該條項禁止之列。再者，我國司法實務已承認「機會提供型」誘捕偵查的容許性，此有最高法院98年臺上字第6755號判決、98年台上字第7699號判決意旨可資參考。

（四）最高法院判例所提供之標準

　　警察行使蒐證之職權時，手段須合法正當，不得以引誘、教唆之手段達到蒐證之目的。此外，依最高法院93年台上字第664號判例，提供了八項標準，值得作為蒐證合法與否之參考：

1. 違反法定程序之程度。

2. 違背法定程序時之主觀意圖（即實施搜索扣押之公務員，是否明知違法並故意為之）。

3. 違背法定程序時之狀況（即程序之違反，是否有緊急或不得已之情形）。

4. 侵害嫌疑人或被告權益之種類及輕重。

5. 犯罪所生之危害或實害。

6. 禁止使用證據對於預防將來違法取得證據之效果。

7. 偵審人員如依法定程序，有無發現該證據之必要性。

8. 證據取得之違法對被告訴訟上防禦不利益之程度。

第四節　身分查證與措施

壹、身分查證

一、身分查證之概念

警察基於防止犯罪或處理重大公共安全、社會秩序事件的需要，可在警察分局長以上長官同意後，在指定地點、路段攔停人、車，實施身分查證。

所謂身分查證，係指警察藉各種蒐集之證件資料，經由客觀比對互證過程，以查明基本身分是否符合事實之行政行為。原則上包括攔阻、詢問、令當事人交付應攜帶之證明文件以便查驗。必要時警察得因相對人拒絕答詢或為續查明供述意見之真偽，將當事人帶到勤務處所查證。但應立即向警察勤務指揮中心報告，並通知該民眾所指定的親友或律師到場，且其時間從攔停起不得逾三小時。

（一）身分查證之性質

查證身分之行使，以人作為判斷標準，對於特定人之盤查。過去稱之為「臨檢」，屬對於人身自由所為具查驗、干預性之執法措施。

身分查證並非關於「場所」臨檢之規定，亦非對於「交通工具」查證之規定。

（二）本法身分查證之規定

1.第6條第1項身分查證之規定

警察於公共場所或合法進入之場所，得對於下列各款之人查證其身分：

(1)合理懷疑其有犯罪之嫌疑或有犯罪之虞者。

(2)有事實足認其對已發生之犯罪或即將發生之犯罪知情者。

(3)有事實足認爲防止其本人或他人生命、身體之具體危害，有查證其身分之必要者。

(4)滯留於有事實足認有陰謀、預備、著手實施重大犯罪或有人犯藏匿之處所者。

(5)滯留於應有停（居）留許可之處所，而無停（居）留許可者。

(6)行經指定公共場所、路段及管制站者。

2.第6條第1項各款之立法目的

第1款、第2款：爲防止犯罪。

第3款：爲防止具體危害。

第4款、第5款：爲防止潛在危害，而專針對易生危害之處所爲身分查證。

第6款：針對公共場所、路段及管制站，實施臨檢之規定。

3.立法理由

警察在日常勤務運作中，執行臨檢、盤查人民身分之情形相當頻繁，因涉及人民自由權利，其權力發動要件及時機，允宜法律明確授權。

概念區辨

■ 身分查證和人別詢問之不同

	身分查證	人別詢問
概念	指警察確認被查者的身分，其應可歸屬警察法的範圍，其不以查證者已違反秩序或犯罪爲前提。	指刑事訴訟法與社會秩序維護法上的身分確認措施，如被告（刑事訴訟法第97條）、證人的「人別詢問」（刑事訴訟法第185條）及社會秩序維護法第41條第3項後段規定：「訊問嫌疑人，應先告以通知之事由，再訊明姓名、出生年月日、職業、住所或居所，並給予申辯之機會。」。

	身分查證	人別詢問
發動原因	不以違規為前提，只要是合理懷疑即可發動。	違反秩序之行為人。

身分查證與交通工具查證之不同

	身分查證	交通工具查證
依據	警察職權行使法第6條	警察職權行使法第8條
概念	係對人「身分查證」之規定，並非關於「場所」臨檢之規定。	對於交通工具駕駛人及乘客之查證身分，其要件並不完全相同。
查證密度	寬鬆	嚴格

二、警察權發動之原則

有關警察權發動之原則，以美國為例，區分以下四個層次：

（一）純屬臆測（mere suspicion）：只能做背景調查。

（二）合理的懷疑（reasonable suspicion）：合理的懷疑最典型的警察作為，就是盤查，其證據強度約30%以上。美國判例一直尊重必須要把警察本身「專業知識與多年經驗」列入考量。「合理的懷疑」有下列原則參考：

1. 警察本人之觀察（police observation）。
2. 剛發生之犯罪現場附近（location near scene of recent crime）。
3. 線民（informant）提供之情報。
4. 警方通報（police channel）。
5. 計畫性掃蕩犯罪（a plan）。

（三）相當理由（probable cause）：此時可以逮捕、搜索或監聽（包括令狀與無令狀）、羈押及提起公訴，都是同一個層次，其證據強度約45%以上。

（四）無任何合理之疑問（beyond the reasonable doubt）：其與「有事實足認」相當，可為有罪判決，其證據強度必須超過80%以上。

三、查證身分之要件

（一）於公共場所或合法進入之場所

1. 公共場所：指供不特定多數人共同使用或集會之場所，如公園、公共運動場、車站等。

2. 公眾得出入之場所：指不特定人得隨時出入之場所，例如旅館、酒樓、娛樂場所、商場、餐飲店等。

3. 合法進入之場所：指警察依刑事訴訟法、行政執行法、社會秩序維護法等相關法律規定進入之場所，或其他「已發生危害或依客觀合理判斷易生危害」之場所。

4. 至於私人居住之空間，應受住宅相同之保障，警察非依法不得以臨檢手段任意爲之，乃理所當然。

（二）對於有下列各款情形之人進行

1. 合理懷疑其有犯罪之嫌疑或有犯罪之虞者

所謂合理懷疑，指必須有客觀之事實作爲判斷基礎，根據當時的事實，依據專業（警察執法）經驗，所做成的合理推論或推理，而非單純的臆測。合理懷疑之事實基礎如下：

(1)情報判斷之合理懷疑：例如警察由曾經提供情報的線民口中得知，某人於假釋期間仍隨身攜帶武器且車上藏匿毒品，因而對其實施攔車盤查。

(2)由現場觀察之合理懷疑：例如警察深夜於曾經發生縱火地區巡邏，發現某人手持打火機並提著一桶汽油，在騎樓下逗留徘徊，而懷疑其可能從事縱火犯罪。

(3)由環境與其他狀況綜合研判之合理懷疑：例如警察於濱海公路執行夜間巡邏，發現某車內滿座有大陸口音之乘客，其駕駛人見警巡邏有企圖逃避或不正常之駕駛行爲，且該車輛顯現超載或車內有人企圖藏匿；又當時濱海地區的海象狀況正適合船隻接駁靠岸，因而懷疑該車內可能載有大陸偷渡人民。

(4)由可疑行爲判斷之合理懷疑：例如警察於深夜時段，在一個高犯罪區域的街道上，發現某人所離開之公寓，是曾多次藏匿武器或毒品罪犯之犯罪處所，且該某看到警察時，立刻將小紙袋藏入衣內，神色慌張，迅速走避，而懷疑該某有藏匿毒品的嫌疑。

2.有事實足認其對已發生之犯罪或即將發生之犯罪知情者

所謂有事實足認，指須依客觀可證明之事實有理由認為，而非僅憑主觀之臆測而認為。

3.有事實足認為防止其本人或他人生命、身體之具體危害，有查證其身分之必要者

所謂具體危害，指在具體案件中之行為或狀況，依一般生活經驗客觀判斷，預料在短時間之內極可能造成傷害之一種狀況。

4.滯留於有事實足認有陰謀、預備、著手實施重大犯罪或有人犯藏匿之處所者

警察若合理懷疑人民有犯罪嫌疑或有犯罪之虞，或認為其滯留有事實足認有陰謀、預備著手實施重大犯罪或有人犯藏匿的處所者，都可查驗相關人的身分，也就是說如發現搖頭丸等，在一定認知下，即可對在場者盤查身分。然對該等場所臨檢、盤查，應於其實際營業時間內進行。

5.滯留於應有停（居）留許可之處所，而無停（居）留許可者

指未經主管機關許可而進入停留、居留之處所，例如大陸地區人民、外國人未經許可來臺停留或居留，及外勞停留或居留於未經申請許可之工作處所等。

6.行經指定公共場所、路段及管制站者

但為避免警察裁量權過當，以保障人權，另明定臨檢對象之指定應由警察機關主管長官為之。

(1)有關公共場所、路段及管制站之指定，係由警察分局長或其相當職務以上長官依據轄區全般治安狀況、過去犯罪紀錄、經常發生刑案之地點及「治安斑點圖」等綜合研判分析所得。例如某地區發生刑案或重大治安事故，其相關人犯逃逸必經之路線、關口等。

(2)所謂管制站，指臨時設置者而言。此措施係一種封鎖，可在此攔停人、車，並於特定目的及範圍內，依法檢視該人及其所攜帶之物品或其使用之交通工具。

(3)警察進入特定營業場所必須符合正當性及目的性，亦即只要依法（刑事訴訟法、行政執行法、社會秩序維護法等相關法律規定）進入，或獲悉該場所已發生危害或依客觀合理判斷易生危害之情況下，即可進入，並對符合警察

職權行使法第6條第1項第1款至第5款之人實施身分查證，毋庸經過指定之程序。至於特定營業場所，亦屬公眾得出入之場所，警察執行巡邏勤務，基於防止危害之目的，即可進入作一般「任意性」（非強制性）檢視，惟未發現不法情事，即不得對在場民眾逕為盤查身分及任意妨礙其營業。

四、警察臨檢與犯罪偵查之界限

警察臨檢雖可代替犯罪偵查，但其仍有界限，其情形有二：

（一）以是否進入住宅為界限

公共場所與公眾得出入之場所，為警察臨檢法制之規範地點，住宅則屬刑事訴訟法之規範地點，兩法以住宅為界，互不侵犯。是故，警察行使職權之場所依警察職權行使法原則上仍然限於公共場所或公眾得出入之場所，住宅仍應受嚴格保障，除非有警察職權行使法第26條規定之住宅內有「人民生命、身體、財產之迫切危害」，否則不得進入。因此，以住宅為準而區分警察職權行使法及刑事訴訟法之適用地點，應合乎警察職權行使法規定。

（二）以是否已達強制為界限

警察臨檢和犯罪偵查的區別在於「是否已達強制程度」。又臨檢權既屬警察行政行為的領域，則有關警察執法時的幾個基本原則，比如比例原則、禁止不當連結原則等，仍可作為臨檢權是否超過其限度的抽象原則，然後再依個案去判斷。除此之外，社會通念原則亦屬重要，因為，這一原則與警察的社會形象息息相關，兩者可謂成反比的狀況，若警察的社會形象佳，則社會通念的檢驗標準必低，反之則正好相反。故重視這一標準，理論上應可使警察為提升自我形象，而謹慎發動臨檢權，即使發動也會充分照顧被臨檢者的權利。[1]

五、查證身分之限制

（一）公共場所、路段及管制站之指定由警察機關主管長官為之，並以防止犯罪，或處理重大公共安全或社會秩序事件而有必要者為限。

（二）警察進入公眾得出入之場所，應於營業時間為之，並不得任意妨礙其營業。

---

[1] 參洪文玲、蔡震榮、鄭善印合著，《警察法規》，頁292～293。

六、身分查證之任意性

（一）警察進入特定營業場所必須符合正當性及目的性，亦即只要依法（刑事訴訟法、行政執行法、社會秩序維護法等相關法律規定）進入，或獲悉該場所已發生危害或依客觀合理判斷易生危害之情況下，即可進入，並對符合警察職權行使法第6條第1項第1款至第5款之人實施身分查證，毋庸經過指定之程序。

（二）特定營業場所，亦屬公眾得出入之場所，警察執行巡邏勤務，基於防止危害之目的，即可進入作一般任意性（非強制性）檢視，惟未發現不法情事，即不得對在場民眾逕為盤查身分及任意妨礙其營業。

（三）臨檢應於現場實施，非經受臨檢人同意或無從確定其身分或現場為之對該受臨檢人將有不利影響或妨礙交通、安寧者，不得要求其同行至警察局、所進行盤查。其因發現違法事實，應依法定程序處理者外，身分一經查明，即應任其離去，不得拖延。

（四）警察若合理懷疑人民有犯罪嫌疑或有犯罪之虞，或認為其滯留有事實足認有陰謀、預備著手實施重大犯罪或有人犯藏匿的處所者，都可查驗相關人的身分，也就是說如發現搖頭丸等，在一定認知下，即可對在場者盤查身分。然而對該等場所臨檢、盤查，應於其實際營業時間內進行。

（伍）查獲冒用他人身分證明文件者，因其已構成違序行為，得依社會秩序維護法第66條第2款規定，移送法院簡易庭裁定處以三日以下拘留或新臺幣1萬8,000元以下之罰鍰。

貳、警察查證身分之必要措施

盤查，係警察於危害防止或刑事追訴之際，經常用以查證身分、蒐集資料之手段，行使，盤查權之合法措施，包括攔停、詢問、令出示證件，符合一定條件下，甚且可以檢查其身體及所攜物品、帶往警所、要求酒精測試及檢查交通工具等。分述如下：

一、攔停

攔停（Stop），指攔阻行進中之人、車、船及其他交通工具，使其停止前進；或使非行進之人停止其動作。查證身分首先採取之必要步驟即為攔停措

施。

攔停非逮捕，須有本法第6條第1項各款情形之一者，始得攔停。攔停須依本法第7條爲之，惟因非逮捕，故無須達到相當理由之程度，且無須法官介入及申請令狀。

二、詢問

詢問（Questioning），指對於依法攔停人、車、船或航空器後，立即詢問依法應受查證身分之人。人民經依法攔停後，基於人別的了解，有查證身分之必要，故得進一步詢問基本身分識別資料，其詢問範圍則依據本法第7條第1項第2款規定，僅得詢問其姓名、身分證字號、出生年月日、出生地、國籍、住居所等，若被攔停人不實答覆或不爲答覆，可依據社會秩序維護法第67條第1項第2款規定處罰。亦即行政調查時，受調查人不可保持緘默而拒絕陳述其姓名及住居所或不實陳述，否則將依該條款處罰。

三、令其出示身分證明文件

警察依法查證人民身分時，得令其關係人出示身分證明文件或要求其他資料比對或求證方式，以辨識眞實身分。

四、檢查其身體及所攜帶之物

（一）檢查之概念

爲查證身分而攔停之人，若有明顯事實足認其有攜帶足以自殺、自傷或傷害他人生命或身體之物者，得檢查其身體及其攜帶之物。

警察檢查行爲僅止於美國警察之「拍搜檢查」（Frisk），即爲安全目的而以雙手進行拍觸衣服外部或受檢查人身體周邊隨手可及範圍之物件，以確認是否攜帶危險物品，故不及於其所有物。

（二）檢查之態樣

檢查的態樣可概分爲：

1. 由當事人身體外部及所攜帶物品的外部觀察，並對其內容進行盤問，即一般學理上所稱的「目視檢查」，僅能就目視所及範圍加以檢視。

2. 警察在一般臨檢盤查時，僅得實施「目視檢查」；惟如有有明顯事實足認當事人有攜帶足以自殺、自傷或傷害他人生命或身體之物者，亦得實施

「拍搜檢查」，以符合比例原則。

（三）檢查與搜索之區別

本法所定之「檢查」爲警察基於行政權之作用，有別於行政搜索（海關緝私條例）及司法搜索（刑事訴訟法）。因此，檢查時尚不得有侵入性（例如以手觸摸身體衣服內部或未得當事人同意逕行取出其所攜帶之物品）而涉及搜索之行爲。

五、帶往勤務處所

（一）強制到場之概念

警察作用法中授權警察行使強制帶往勤務處所之職權，包括行政罰法（第34條）、社會秩序維護法（第42條、第52條）、警察職權行使法（第7條第2項、第28條第1項）、行政執行法（第17條）、毒品危害防制條例（第25條第1項）等，以強制力令警察作用之對象之一定地點或處所，亦係人身自由之拘束。強制帶往勤務處所的性質可分兩方面說明：

1. 以犯罪偵查爲目的：例如犯毒品危害防制條例第10條之罪而付保護管束者，或因施用第一級或第二級毒品經裁定交付保護管束之少年，於保護管束期間，警察機關或執行保護管束者應定期或於其有事實可疑爲施用毒品時，通知其於指定之時間到場採驗尿液，無正當理由不到場，得報請檢察官或少年法院（地方法院少年法庭）許可，強制採驗。到場而拒絕採驗者，得違反其意思強制採驗，於採驗後，應即時報請檢察官或少年法院（地方法院少年法庭）補發許可書（毒品危害防制條例第25條第1項）。

2. 非以犯罪偵查爲目的：強制到場與拘提無異，若措施之目的與犯罪偵查無關，法律通常不會明文要求應事先報請司法機關核發令狀，或要求事後向司法機關報備與陳明。

（二）帶往勤務處所之程序

帶往勤務處所爲涉及人身自由之措施，其相關程序措施仍應力求完備，包括核可之機關、告知義務、時限及其期間計算、異議等。故本法第7條第2項規定，警察依同條第1項第2、3款詢問或令其出示身分證明文件，顯然無法查證身分時，可將其帶回勤務處所，進一步查證身分，亦即一般所稱之「同行」，帶往時如遭遇抗拒即得使用強制力，惟不得逾越必要程度。同行應注意下列之

限制與程序如下：

1. 使用強制力之限制：須於現場用盡各種查證方法而仍無法達成查證之目的時，得帶往勤務處所。非遇抗拒，不得使用強制力。

2. 時間之限制：自攔停起，不得逾三小時。

3. 報告及告知之義務：報告勤務指揮中心及通知其指定之親友或律師。如人民告知無親友或不通知律師到場，致不能執行通知者，自不必通知，惟應於相關工作紀錄文件載明，並請其簽名。

參、民眾於警察臨檢時拒絕查證身分之處置

一、社會秩序維護法

查證身分是指警察詢問當事人之身分，並檢查其證件，其與攔阻等行為合一，稱之為攔阻權，而由攔阻至身分查證等行為，其性質為行政處分。於查證身分時，若被查證者不實陳述或拒絕陳述時，適用社會秩序維護法第67條第1項第2款之規定：「於警察人員依法調查或查察時，就其姓名、住所或居所為不實之陳述或拒絕陳述者。」其中「依法」調查或查察，應包括「依警察職權行使法」在內，因此，依該款對當事人加以處罰應無問題。

另一看法為被查證身分者，通常是在並無違法之情形，若只因其拒絕陳述姓名或住居所，而加以處罰，則顯有未公之處。此外，實務上，當事人除拒絕陳述外，並對警察之查證身分當場異議，此時，若仍對之加以處罰則有問題。

二、道路交通管理處罰條例

依道路交通管理處罰條例第60條第1項規定：「汽車駕駛人，駕駛汽車有違反本條例之行為，經交通勤務警察或依法令執行交通稽查任務人員制止時，不聽制止或拒絕停車接受稽查而逃逸者，除按各該條規定處罰外，處新臺幣三千元以上六千元以下罰鍰。」本條僅適用在已違反道路交通管理處罰條例之交通違規行為者，若尚未構成違法情形，而拒絕稽查時，仍不得以該條加以處罰。例如，依警察職權行使法第6條第1項第6款規定：「行經指定公共場所、路段及管制站」而拒絕接受檢查者，則不能以道路交通管理處罰條例第60條加以處罰。

肆、攔停交通工具與應採行措施

一、攔停交通工具得採行之措施

警察對於已發生危害或依客觀合理判斷易生危害之交通工具，得予以攔停並採行下列措施：

（一）要求駕駛人或乘客出示相關證件或查證其身分。

（二）檢查引擎、車身號碼或其他足資識別之特徵。

（三）要求駕駛人接受酒精濃度測試之檢定。

二、拒絕酒精濃度測試檢定之處理

警察基於維護公共安全或社會秩序，對於經常發生飆車、酒後肇事等路段，得經由分局長或其相當職務以上長官，依本法第6條第2項規定予以指定，實施攔停交通工具，進行酒精濃度測試檢定。其應注意事項如下：

（一）強制駕駛人離車：警察對於發生車禍或認為駕駛人有危險駕駛時，可要求駕駛人接受酒測、檢查引擎、車身號碼，或是要求乘客出示相關證件，而駕駛人或乘客如待在車內拒絕酒測或是不肯搖下車窗，警察依同條項規定，可強制其離車。

（二）拒絕告知身分之處理：拒絕告知身分部分，依社會秩序維護法第67條第1項第2款，處三日以下拘留。

（三）依道路交通管理處罰條例舉發：汽車駕駛人拒絕接受酒測，依道路交通管理處罰條例第35條第3項規定，可處新臺幣6萬元罰鍰，並當場移置保管其車輛及吊銷其駕駛執照。

（四）扣留危險駕車者之車輛：危險駕車應依道路交通管理處罰條例第43條舉發，當場禁止其駕駛，並可依同條例第85條之2移置保管該車輛。

三、拒絕下車之處理

（一）製作文書置於車窗前，告知不下車受檢之法律責任及後果。

（二）駕駛人不聽時，再一次製作文書置於車窗前，告知不下車受檢之法律責任及後果。

（三）再不遵指示時，車輛輪胎加鎖或請車匠開鎖。

四、駕駛人言行不當時之處理

（一）因不滿而大聲喧嘩時：依社會秩序維護法第72條妨害安寧秩序處罰。

（二）對員警口出穢言時：依社會秩序維護法第85條第1款妨害公務處罰。

（三）言詞不當已達強暴脅迫或侮辱情況，視情況依刑法第135條妨害公務或第140條侮辱公務員移送法辦。

 名詞解析

■ 警察職權行使法第8條

I 警察對於已發生危害或依客觀合理判斷易生危害之交通工具，得予以攔停並採行下列措施：一、要求駕駛人或乘客出示相關證件或查證其身分。二、檢查引擎、車身號碼或其他足資識別之特徵。三、要求駕駛人接受酒精濃度測試之檢定。

II 警察因前項交通工具之駕駛人或乘客有異常舉動而合理懷疑其將有危害行為時，得強制其離車；有事實足認其有犯罪之虞者，並得檢查交通工具。

客觀合理判斷	指警察行使職權時（以臨檢為例）需有「特殊且明顯之事實」，經合理的推論，認為該場所等已發生危害或易生危害，但其懷疑之程度以具有合理之懷疑為已足，即必須「根據客觀事實」加以判斷，不得恣意行之。其所指之客觀事實和狀況，因為社會環境錯綜複雜，欲對其逐一作明確規範，實有困難，必須從實施臨檢當時「從個案中加以審查」以確定所為之判斷是否合理、客觀。 例如：接獲相關單位通報或民眾檢舉，知有通緝犯或犯罪嫌疑人駕駛車輛朝某方向逃逸，對其所可能經由之路段及利用之相同類型車輛，予以實施攔檢，即是基於客觀合理之判斷。
其他足資識別之特徵	指該交通工具之稀有零件廠牌、規格、批號及其所有人所為之特殊識別記號（如車身紋身）等。警察因前項交通工具之駕駛人或乘客有異常舉動而合理懷疑其將有危害行為時，得強制其離車；有事實足認其有犯罪之虞者，並得檢查交通工具。

伍、不服警察身分查證之救濟

依警察職權行使法第29條規定：「義務人或利害關係人對警察依本法行使職權之方法、應遵守之程序或其他侵害利益之情事，得於警察行使職權時，當場陳述理由，表示異議。前項異議，警察認為有理由者，應立即停止或更正執行行為；認為無理由者，得繼續執行，經義務人或利害關係人請求時，應將異議之理由製作紀錄交付之。義務人或利害關係人因警察行使職權有違法或不當情事，致損害其權益者，得依法提起訴願及行政訴訟。」

故依法條文義解釋，警察在行使查證身分職權時，民眾如果當場表示異議，警察認為無理由時，仍可以繼續執行。此時民眾如未再提出請求，即不必給予任何異議理由紀錄證明單；但是如果經民眾再次提出請求時，則應將異議之理由製作紀錄交付之。

第五節 資料蒐集與處理

壹、資料蒐集與處裡之概念

一、蒐集治安資料之概念

（一）蒐集治安資料之意義

資料有如行政引擎運轉中之燃料，沒有它，行政機關將不能明智地依法行政。

蒐集治安資料，指以法定方式取得為維護治安或為防止犯罪等因素所進行資料蒐集之行為。蒐集治安資料之行為如下：

1. 攝影、錄音或科技工具：集會遊行或公共活動。
2. 攝影或科技工具：屬動態及靜態的資料蒐集。
3. 監視器：屬靜態的資料蒐集。
4. 目視或科技工具之監視活動：包括靜態之監視及動態之跟監。
5. 第三人（線民）秘密蒐集：屬秘密方式蒐集特定對象資料。

（二）本法有關資料蒐集之規定

為配合刑事訴訟法嚴格證據主義，健全人證之供述，警察職權行使法有關

資料蒐集之條文如下：

1.第9條以攝影、錄音或科技工具蒐集資料

警察依事實足認集會遊行或其他公共活動參與者之行為，對公共安全或秩序有危害之虞時，於該活動期間，得予攝影、錄音或以其他科技工具，蒐集參與者現場活動資料。資料蒐集無法避免涉及第三人者，得及於第三人。

2.第10條以攝影、科技工具或裝設監視器蒐集資料

警察對於經常發生或經合理判斷可能發生犯罪案件之公共場所或公眾得出入之場所，為維護治安之必要時，得協調相關機關（構）裝設監視器，或以現有之攝影或其他科技工具蒐集資料。

3.第11條以目視或科技工具蒐集資料

警察對於下列情形之一者，為防止犯罪，認有必要，得經由警察局長書面同意後，於一定期間內，對其無隱私或秘密合理期待之行為或生活情形，以目視或科技工具，進行觀察及動態掌握等資料蒐集活動：(1)有事實足認其有觸犯最輕本刑五年以上有期徒刑之罪之虞者；(2)有事實足認其有參與職業性、習慣性、集團性或組織性犯罪之虞者。

4.第12條及第13條以三人秘密蒐集資料

第12條：警察為防止危害或犯罪，認對公共安全、公共秩序或個人生命、身體、自由、名譽或財產，將有危害行為，或有觸犯刑事法律之虞者，得遴選第三人秘密蒐集其相關資料。前項資料之蒐集，必要時，得及於與蒐集對象接觸及隨行之人。

第13條：警察依前條規定遴選第三人秘密蒐集特定人相關資料，應敘明原因事實，經該管警察局長或警察分局長核准後實施。蒐集工作結束後，警察應與第三人終止合作關係。

二、蒐集治安資料之目的

（一）為了防止危害所進行之情報蒐集：治安機關蒐集資料之目的主要是為了其治安維護任務之遂行，而治安任務又可以分為危害防止和犯行追緝兩部分，就危害防止而言，於危害發生之前，治安機關依其特有之職責必須進行犯罪預防工作。

（二）為了處分犯行所進行之情報蒐集：治安機關為了掌握犯罪或違反法

令之情形，乃著手實施調查以了解諸般情事，而調查之結果，倘若確信被調查者有犯罪事實或違反法律行為，並且有對其行使處分之必要，治安機關即對該被調查者予以處分或起訴。

（三）為了規劃政策所進行之情報蒐集：治安機關基於其組織法之法定職權從事其與治安相關之政策、計畫或命令之擬訂，本應與社會現實生活相結合，才不至於擬訂出與社會現實脫節甚或窒礙難行的政策、計畫或命令。故為了提供治安計畫參考之目的，亦為資料蒐集目的之一。

三、警察治安資料蒐集之方法

（一）以監視手段為之

監視為偵查人員為達成其偵查犯罪之任務，對特定之人、事、物、地等對象所實施之一種秘密而持續之觀察活動。其類型依監視活動方式可概分為靜態監視及動態監視，依時間之長短分為長期監視及短期監視，依器材使用與否分為器材監視及目視監視，無論監視之類型如何，其作用與目的常是一致的，即是在於蒐集為達成治安任務之線索或證據。

（二）藉科技工具手段為之

藉科技工具蒐集資料最常見者莫過於利用電子器材（錄）影、監聽或錄音。攝影與錄音涉及資料保護法中所謂個人資料之保護。該項措施一方面是在確認關係人之身分，另一方面作為曾參加某一特定活動之證明。治安機關為達成其任務，確有必要蒐集適當資料，惟必須在嚴格之法定條件下始得為之，藉科技工具以蒐集資料之法律要件與性質，只要具備「目的的正當性」、「行為的必要性」、「行為的相當性」三要件，便是適法之行為。

（三）以線民手段為之

線民又稱義工，係指非屬治安機關之人員，卻長期從事秘密支援治安工作之人，其身分原則上是隱密的，與一般在個別案件中，因刑事機關之保證，而提供消息之人有別；或指受信賴且有意願就個別犯罪事件向治安機關提供消息之人。

（四）以臥底手段為之

臥底又稱秘密調查者或內線工作者，即視案情需要，秘密派員潛伏臥底或布置內線，潛入不法集團內部，深入偵查蒐證謂之。此種內線工作或派遣臥

底，在美國執法單位頗為盛行，一般稱為「間諜偵查」。[2]

四、蒐集治安資料與隱私權之保障

（一）隱私權之概念

隱私，包括自主權（autonomy）及資訊隱私（information privacy）。隱私權，可分為「空間隱私」與「私密隱私」兩部分：

1. 所謂空間隱私，係指保障個人生活私密領域免於他人侵擾及個人資料之自主控制。

2. 所謂私密隱私，係指保障人民決定是否揭露其個人資料、及在何種範圍內、於何時、以何種方式、向何人揭露之決定權，並保障人民對其個人資料之使用有知悉與控制權及資料記載錯誤之更正權。

隱私權與人格權一樣，是一種權利，所以當權利受到損害時，就會有「救濟」行為。生存的自然人才受個資法保護，死的人不在此限。

（二）資料自決權

是指每個人有決定是否將其資料提供他人使用的權利。個人資料非經本人同意不得任意蒐集、儲存、運用、傳遞。對於資料的提供或使用，個人除有消極抗拒他人侵犯之自由權利外，更有積極參與或形成的決定權。故國家機關僅得基於「為防止妨礙他人自由、避免緊急危難、維持社會秩序或增進公共利益」等目的，於必要之情形下，以法律限制該資料之自決權。

（三）警察職權行使法優於個人資料保護法適用

警察職權行使法第1條所揭之立法目的為「為規範警察依法行使職權，以保障人民權益，維持公共秩序，保護社會安全，特制定本法。」同法第2條第2項之名詞定義，蒐集資料係警察依法執行職務所採取之一種措施。由此可見，警察蒐集資料之行為，應優先適用警察職權行使法，個人資料保護法之於警察蒐集資料之行為，則僅為普通法之地位。

---

[2] 參洪文玲、蔡震榮、鄭善印合著，《警察法規》，頁255～256。

（四）無秘密或合理隱私期待之情形

1.合理的隱私期待

所謂合理的隱私期待，乃是主觀上當事人必需表現出有合理隱私期待，且在客觀上社會認為該期待乃合理。例如：DNA檢測、抽血、驗尿、指紋。而國民一開始在身分證或各種證件上，都允許貼上照片，所以，其對照片幾乎沒有任何隱私期待。

2.無秘密或合理隱私期待之行為或生活情形

所謂無秘密或合理隱私期待之行為或生活情形，指一個人對其行為或生活情形，在主觀上，並無保持秘密或有隱私之期待，而在客觀上（即從一般社會觀念來看）亦屬合理的。尤以現今資訊科技高度發展及相關設備之方便取得，個人之私人活動受注視、監看、監聽或公開揭露等侵擾之可能大為增加，個人之私人活動及隱私受保護之需要，亦隨之提升。是個人縱於公共場域中，亦應享有依社會通念得不受他人持續注視、監看、監聽、接近等侵擾之私人活動領域及個人資料自主，而受法律所保護。惟在公共場域中個人所得主張不受此等侵擾之自由，以得合理期待於他人者為限，亦即不僅其不受侵擾之期待已表現於外，且該期待須依社會通念認為合理者。系爭規定符合憲法課予國家對上開自由權利應予保護之要求。

例如：一個人在公共電話亭打電話，不把門拉上，且講話時旁若無人；此時，其電話中談論內容，即不得主張有秘密或合理隱私期待。又如，一個人在家裡裸露身體，未將窗簾拉起來，且其房間玻璃又是透明的，正巧被其對面鄰居看到，則其裸露行為，亦屬無秘密或合理的隱私期待可言。

另美國法院有一著名案例垃圾案：美國加州警察去撿嫌犯放在院子垃圾桶裡面的東西，天天去蒐集，結果有一天發現毒品分裝袋，警察就拿該分裝袋去化驗，結果有毒品反應，即據以向法官聲請搜索票，後來被告律師主張警察翻閱院子裡的垃圾桶是非法搜索，因為被告對垃圾桶有隱私期待。這個案子，加州最高法院認定是非法搜索，不過被美國聯邦最高法院推翻，因美國聯邦最高法院認為放在院子內的垃圾隨時可能被貓、狗咬出，根本不可能有秘密或合理的隱私期待。

（五）警察對人民隱私權之保護

1.在無秘密或合理隱私期待情形下不致侵害人民隱私權

一般而言，公共場所或公眾得出入之場所，對人民並無秘密及合理的隱私期待（亦即爲公開之活動）。因此，尚不致侵害人民之隱私權。

2.進行監聽須依據法律規定之程序與要件

監聽侵害個人隱私及其他人權，亦限制憲法所保障之言論自由及秘密通訊自由。故依憲法第23條對基本人權之保障，必須依據法律規定之程序與要件，始得進行監聽。因此，警察如須實施監聽，應依通訊保障及監察法之規定，而非依本法之規定。即警察於調查犯罪時，如欲以監聽方式蒐證，尚須依通訊保障及監察法之規定，聲請法院核發通訊監察書，始得爲之。

3.如以衛星定位追蹤汽車使用人屬於違反隱私權之保障

大法官釋字第689號解釋宣示，基於人性尊嚴理念，維護個人主體性及人格自由發展，人民免於身心傷害之身體權、行動自由、生活私密領域不受侵擾之自由、個人資料之自主權，均屬憲法第22條所保障之基本權利。對個人前述自由權利之保護，並不因其身處公共場域，而失其必要性，是個人縱於公共場域中，亦應享有依社會通念得不受他人持續注視、監看、監聽、接近等侵擾之私人活動領域及個人資料自主權利，蓋個人之私人生活及社會活動，隨時受他人持續注視、監看、監聽或公開揭露，其言行舉止及人際互動即難自由從事，致影響其人格之自由發展。

衛星定位追蹤器對於汽車財產所有與使用情形雖無大礙，但對個人行動自由不能否認有重大限制。車體外觀雖不具有合理期待的隱私權，但在車體底盤裝設衛星定位追蹤器如果不構成隱私權的侵犯，則任何都可因處於眾人可共見共聞的狀態下，任意在他人車體底盤、甚至衣服裝置衛星定位追蹤器，已屬利用設備窺視他人非公開活動，違反了法律保障之隱私權。

貳、集會遊行或公共活動之蒐證

一、集會遊行資料蒐集之行使

警察依事實足認集會遊行或其他公共活動參與者之行爲，對公共安全或秩序有危害之虞時之蒐證方式：

（一）於該活動期間，得予攝影、錄音或以其他科技工具，蒐集參與者現場活動資料。

（二）資料蒐集無法避免涉及第三人者，得及於第三人。

二、集會遊行蒐證立法理由

（一）警察於集會遊行或其他公共活動期間，為防止有不法行為嫌疑之參與者造成公共安全或社會秩序之危害。實務上，有運用照相、錄影、錄音或其他科技工具，蒐集其現場活動資料之必要，故於警察職權行使法第9條第1項前段予以明定。又所謂之「其他公共活動」，係指集會遊行法所定集會、遊行以外之活動，例如選舉期間依公職人員選舉罷免法舉行之競選活動等。

（二）資料蒐集措施之相對人，原則上為危害肇因者；非參與者不得為該措施之客體，但於技術上或其他事實上之原因，不可避免會被波及時，則例外亦應准予蒐集其資料，故於同條第1項後段予以明定。

三、集會遊行所蒐集資料之銷燬

（一）無其他違法：活動後即行銷燬，但為調查犯罪或其他違法行為，而有保存之必要者，不在此限。

（二）有犯罪或其他違法行為而有保存必要：除經起訴且審判程序未終結者外，應於一年內銷毀。

如檢察官認為有犯罪，但於一年內尚未起訴者，可先行轉嫁檢方，將前揭資料列為證物送檢偵辦，如一年內尚無法移送，仍應報請檢方先行處理，並將資料送署列為證物為宜，以免影響該證據之證據能力。

參、裝設監視器蒐集資料

一、裝設監視器蒐集資料之規定

警察對於經常發生或經合理判斷可能發生犯罪案件之公共場所或公眾得出入之場所，為維護治安之必要時，得協調相關機關（構）裝設監視器，或以現有之攝影或其他科技工具蒐集資料。

依前項規定蒐集之資料，除因調查犯罪嫌疑或其他違法行為，有保存之必要者外，至遲應於資料製作完成時起一年內銷毀之（警察職權行使法第10條）。

二、裝設監視器蒐集資料之目的

社區巷弄裝設攝（錄）影機，其裝設之目的如下：

（一）交通部編審之交通工程手冊，載有錄影或照相偵測法，其主要目的在於記錄車輛流動狀況及了解各式車輛交通進出情形，俾作為交通管理的參考。

（二）目前各地所裝設之錄影監視系統，大部分均由民間自行裝設，政府僅依據內政部「建立全國社區治安維護體系守望相助再出發推行方案」推廣裝設，其目的係為積極改善社會治安，有效監控治安死角，藉以強化社區犯罪預防及加強偵查、蒐證犯罪功能，以期達到預防、嚇阻犯罪之最大效果。

（三）公共場所或公眾得出入之場所，對人民並無秘密及合理的隱私期待（亦即為公開之活動）。因此，尚不致侵害人民之隱私權。

肆、以目視或科技工具進行監視

一、以目視或科技工具進行監視之概念

警察得以目視或科技工具進行監視，用以防止犯罪行為，然而警察之監視屬於預防犯罪之警察行政措施，與犯罪發生後偵查行為監視之警察司法作用不同。監視限於對無隱私或秘密合理期待之行為或生活情形為資訊蒐集，縱盡可能排除隱私權之干預，但對個人行為自由已產生制約，限制一般人格權，應注意程序之正當與比例原則之遵守。

再者，人民之住居自由係受憲法之明文保障，非依法不得隨便進入。警察得以目視或科技工具進行監視之規定，係對特定人無秘密或合理隱私期待之行為或生活情形，始得利用目視或其他科技工具（如錄影、錄音等），對其進行靜態觀察或動態行蹤掌握等資料蒐集活動，故不容許進入私人住宅裝設竊聽、錄影設備，以進行秘密蒐集資料活動。

二、以目視或科技工具進行之資料蒐集

（一）資料蒐集之要件

警察對於下列情形之一者，為防止犯罪，認有必要，得經由警察局長書面同意後，於一定期間內，對其無隱私或秘密合理期待之行為或生活情形，以目視或科技工具，進行觀察及動態掌握等資料蒐集活動：

1. 有事實足認其有觸犯最輕本刑五年以上有期徒刑之罪之虞者。
2. 有事實足認其有參與職業性、習慣性、集團性或組織性犯罪之虞者。

（二）蒐集資料期間及銷毀

期間每次不得逾一年，如有必要得延長之，並以一次為限。已無蒐集必要者，應即停止之。

蒐集之資料，於達成目的後，除為調查犯罪行為，而有保存之必要者外，應即銷毀之。

三、警察以目視或科技工具行使監視與通訊保障及監察法、刑法315條之1規定之競合

（一）本條規定並不包含通訊監察，警察如須實施通訊監察自應依通訊保障及監察法相關規定辦理。

（二）刑法第315條之1窺視竊聽竊錄罪，以無故（即無正當理由）利用工具或設備窺視、竊聽、竊錄他人非公開之活動、言論或談話，為構成要件；而依本條規定，為秘密蒐集他人活動之相關資料，係有法律明定「為防止重大危害或重大犯罪必要」之正當理由，而非無故為之，故不致構成刑法第315條之1窺視竊聽竊錄罪。

四、警察職權行使法第11條相關詞語解析

（一）職業性犯罪：指以職業之意思傾向，反覆實行同種行為之犯罪。另參照最高法院85年台上字第510號判例「刑法上所謂常業犯，係指反覆以同種類行為為目的之社會活動之職業性犯罪而言，至於犯罪所得之多寡，是否恃此犯罪為惟一之謀生職業，則非所問，縱令兼有其他職業，仍無礙於常業犯罪之成立」。

（二）習慣性犯罪：指以習慣性之意思傾向，反覆實行同種行為之犯罪；其具有機會就犯之企圖、意圖或不務正業等習性，以排除偶發、突然、一時間之犯罪態樣。例如一般所稱的「竊盜慣犯」、「煙毒慣犯」等即是。

（三）集團性犯罪：指以集體行動或分工方式，從事不法行為之犯罪態樣；其具有以眾暴寡之特性，必須要有三人以上共同從事犯罪之事實，排除個別不法行為與偶發共犯。例如竊車犯罪集團，其犯罪成員包括竊盜、贓物、偽造文書及走私等罪犯；另目前的信用卡盜刷案件，亦多屬集團性之經濟犯罪。

（四）組織性犯罪：指以組織型態從事犯罪而言；該犯罪組織內部結構階層化，並有嚴密之控制關係。例如組織犯罪防制條例，所規範之犯罪即是；該條例所稱犯罪組織，依其第2條定義，係指三人以上，有內部管理結構，以犯罪為宗旨或以其成員從事犯罪活動，具有集團性、常習性及脅迫性或暴力性之組織。

（五）職業性、習慣性犯罪與刑法所規定常業犯之不同：刑法所規定之「常業犯」指行為人意圖於一定期間內取得固定之收入來源，並以重覆同種類之刑罰行為為之者，如刑法第322條常業竊盜罪、第331條常業強盜罪、第340條常業詐欺罪等，本條第1項第2款所列之職業性、習慣性犯罪者，亦屬「常業犯」之犯罪態樣之一。

伍、運用第三人秘密蒐集資料

一、第三人秘密蒐集資料之概念

（一）第三人之意義：所稱「第三人」，係指非警察人員而經警察遴選，志願與警察合作之人。實務上稱之為「線民」，是一個身處於相關環境以及犯罪組織的關係下，在某些程度上可得到這些資料或資訊的人。運用第三人秘密蒐集資料，屬秘密方式蒐集特定對象資料之方式。

（二）第三人之權利義務：經遴選為第三人者，除得支給實際需要工作費用外，不給予任何名義及證明文件，亦不具本法或其他法規賦予警察之職權。其從事秘密蒐集資料，不得有違反法規之行為。

（三）授權訂定法規命令：第三人之遴選、聯繫運用、訓練考核、資料評鑑及其他應遵行事項之辦法，由內政部定之。內政部據此於民國92年11月發布警察遴選第三人蒐集資料辦法。

二、運用第三人秘密蒐集資料之目的及對象

（一）遴選第三人蒐集資料之目的：為防止危害或犯罪。得遴選第三人秘密蒐集其相關資料。

（二）遴選第三人蒐集資料之對象：為對公共安全、公共秩序或個人生命、身體、自由、名譽或財產，將有危害行為，或有觸犯刑事法律之虞者。必要時得及於與蒐集對象接觸及隨行之人。

三、警察機關對於運用第三人（線民）秘密蒐集資料之程序

（一）警察依警察職權行使法第13條規定遴選第三人秘密蒐集特定人相關資料，應敘明原因事實，經該管警察局長或警察分局長核准後實施。

（二）蒐集工作結束後，警察應與第三人終止合作關係。但新發生前條第1項原因事實，而有繼續進行蒐集必要且經核准者，得繼續合作關係。

（三）依第三人秘密所蒐集關於涉案對象及待查事實之資料，如於相關法律程序中作爲證據使用時，應依相關訴訟法之規定。該第三人爲證人者，適用關於證人保護法之規定。

四、運用第三人（線民）蒐集資料之責任

（一）線民不同於其他人力資源，必須在警察機關之控制或指導下才可提供消息。線民雖然不具警察人員身分，但是其所爲，事前既係受警察委託，且非出於私人動機，目的又在協助警察履行對抗犯罪之任務，因此其所進行之引誘教唆等行爲，應可歸責於警察者，自亦應由警察承擔其責任。

（二）第三人（線民）之運用僅在蒐集資料，並未從事實際偵查犯罪工作，且其從事祕密蒐集資料工作，不得有違反法規之行爲，如其違反法規，侵害他人權益者，應自負其責，警察無連帶責任。

（三）參酌刑事訴訟法規定，第三人（線民）亦可能成爲刑事案件中之「告發人」或「證人」。

陸、通知到場

一、通知到場之規定

警察職權行使法第14條規定：「警察對於下列各款之人，得以口頭或書面敘明事由，通知其到場：

一、有事實足認其能提供警察完成防止具體危害任務之必要資料者。

二、有事實足認爲防止具體危害，而有對其執行非侵入性鑑識措施之必要者（第1項）。依前項通知到場者，應即時調查或執行鑑識措施（第2項）。」

二、通知到場之要件

（一）經警察機關主管長官核准：依警察職權行使法第2條第3項說明意旨警察行使職權，涉及人民自由權利者，必須由具有相當層級之警察長官核准後

方得為之。因此，如有符合本條規定得通知人民到場之情形時，原則上應報經警察機關主管長官（地區警察分局長或其相當職務以上長官）核准後實施。

（二）不得使用強制力：因本條並無「得使用強制力」之明文，故依本條規定通知到場者，尚不得使用強制力。

（三）書面通知或口頭通知：第14條之通知僅規定敘明事由，且得以口頭或書面為之，並未嚴格要求一定的要式記載。因此只要敘明事由及到場之時間、地點為已足；惟如以口頭通知，宜有書面紀錄（例如電話紀錄），以明權責。又行政程序法第39條規定「行政機關基於調查事實及證據之必要，得以書面通知相關之人陳述意見。通知書中應記載詢問目的、時間、地點、得否委託他人到場及不到場所生之效果。」亦可為參照。

 名詞解析

警察職權行使法第14條

鑑識措施	指對人而言，當警察對人所進行之盤查，對其查驗身分及檢驗文件，若無法得知身分資料或執行時有很大困時，得進行鑑識措施。
非侵入性鑑識措施	指對身體外部採行之鑑識措施，諸如量身高體重、照相、錄音、錄影或採取指紋、掌紋等。

三、強制到場之依據

（一）強制到場之依據

1. 刑事訴訟法：警察得依刑事訴訟法規定得使用通知書通知犯罪嫌疑人或證人到場詢問（刑事訴訟法第71條之1、第196條之1），但此通知僅為任意處分，犯罪嫌疑人或證人並不因此產生到場之義務。

2. 社會秩序維護法：社會秩序維護法第41、42條規定，為調查違反社會秩序維護法行為之事實，應通知嫌疑人，並得通知證人或關係人，對於現行違反社會秩序維護法之行為人得逕行通知其到場，其不服通知者，並得強制其到場。

3. 警察職權行使法：除前述依刑事訴訟法、社會秩序維護法所為之通知外，警察為防止具體危害，對於能提供警察完成防止具體危害任務之必要資料

或有對其執行非侵入性鑑識措施之必要者，有通知其到場以便調查，或者進行鑑識措施之必要者，故於警察職權行使法第14條第1項明定其相關要件及程序。

刑事訴訟法、社會秩序維護法關於通知之規定，屬特別法，應優先於警察職權行使法第14條之適用。

（二）強制到場之程序

1. 核可機關：應可考慮將部分干預性質較強之強制到場，要求必須有司法令狀，以確保人民權益，若無司法令狀，至少應有「長官保留」之規定，就後者而言，可參考警察職權行使法第6條、第7條第2項、第11條、第13條等之規定。

2. 告知義務：應通知其指定之親友或律師。

3. 時限及其期間計算：其時間自攔停起，不得逾三小時。

4. 異議之處理：義務人或利害關係人對警察依本法行使職權之方法、應遵守之程序或其他侵害利益之情事，得於警察行使職權時，當場陳述理由，表示異議。前項異議，警察認為有理由者，應立即停止或更正執行行為；認為無理由者，得繼續執行，經義務人或利害關係人請求時，應將異議之理由製作紀錄交付之。

柒、治安顧慮人口之定期查訪

一、治安顧慮人口定期查訪之規定

（一）法條依據：警察職權行使法第15條。

（二）定期查訪之目的：警察為維護社會治安，並防制治安顧慮人口再犯。

（三）治安顧慮人口之對象：

1. 曾犯殺人、強盜、搶奪、常業竊盜、放火、性侵害、恐嚇取財、擄人勒贖、組織犯罪之罪，經執行完畢或假釋出獄者。

2. 受毒品戒治人或曾犯製造、運輸、販賣、持有毒品或槍砲彈藥之罪，經執行完畢或假釋出獄者。

3. 經列入輔導或感訓處分執行完畢之流氓。

（四）查訪期間：以徒刑執行完畢、感訓處分執行完畢、流氓輔導期滿或

假釋出獄後三年內爲限。但假釋經撤銷者，其假釋期間不列入計算。

（五）授權訂定法規命令

警察職權行使法第15條第3項規定：「治安顧慮人口查訪項目、方式及其他應遵行事項之辦法，由內政部定之。」

內政部根據此項規定遂於民國92年11月27日發布「治安顧慮人口查訪辦法」，該辦法嗣於101年1月修正。

二、治安顧慮人口查訪之法律性質

（一）個別行政調查

警察之治安顧慮人口查訪活動乃是爲了發現查訪對象有無違法之虞，以便以勸告或以其他適當方法，促其不再犯。此種查訪活動一般是在蒐集查訪對象之工作、交往、生活情形，以及其他有助於維護社會治安及防制查訪對象再犯之必要資料，就此而言，查訪在性質上通常是一種資料蒐集活動，屬於個別行政調查。

（二）任意性調查

任意性調查，係指無刑罰或行政制裁爲擔保，亦不能強制實施，純賴受調查者之協助、配合方能達成調查目的者，例如透過訪談、自動提供資訊等。

有關治安顧慮人口查訪之規定，其雖係對特定個人所爲之個別行政調查，但並無以罰則作爲相對人履行義務之擔保，亦無得強制實施查訪之授權，故於實施查訪之際非但不得以直接、物理的方式，亦不得以間接、心理上的強制使其接受查訪；換言之，縱使警察職權行使法第15條有查訪之規定，亦無課予受查訪人接受查訪義務之強制力，相對人並不負有一般性的忍受義務，故此種調查爲純粹的任意性措施。

概念區辨

行政調查的分類

行政調查
指行政機關爲達成行政目的，依其職權對一定範圍內的相對人所爲之檢查、要求提供文件紀錄、回答問題或兼備任何前述行爲之各種資料蒐集活動。

依事務性質分類	
一般性調查	通常是為了獲得形成某些政策之基礎資料所為之資料蒐集活動，如國勢調查、工商普查。
個別性調查	係為確保行政機關適當地行使特定且個別的行政決定，或為直接、個別之目的而蒐集情報資料的作用或作業，其調查手段包括要求相對人提出報告、進入其土地或住宅檢察、詢問等，通常於相關法規予以規定，並以罰則來擔保該調查之實現，如公平會對違反公平交易法之調查。
依可否實施強制手段分類	
任意性調查	指無刑罰或行政制裁為擔保，亦不能強制實施，純賴受調查者之協助、配合方能達成調查目的者，例如透過訪談、自動提供資訊等。
強制性調查	指行政機關依法律規定經由強制性手段所實施之調查。即以罰則規定來擔保該調查目的之實現。

三、治安顧慮人口及項目

依內政部訂定之治安顧慮人口查訪辦法之規定，其定期查訪之次數及項目如下：

（一）定期查訪之次數：治安顧慮人口由戶籍地警察機關每個月實施查訪一次。必要時，得增加查訪次數。

（二）實施查訪之項目：1.查訪對象之工作、交往及生活情形；2.其他有助於維護社會治安及防制查訪對象再犯之必要資料。

四、治安顧慮人口查訪之程序

（一）須明示身分並告知事由

實施定期訪查，須由有查訪權限之警察進行查訪，故為使受查訪人確信警察查訪行為之適法性，警察於查訪時，須使受查訪人確知其身分，並應告知查訪之事由（治安顧慮人口查訪辦法第7條）。警察實施查訪時，若未著制服，亦未出示證件以表明身分，受查訪人得以拒絕之。

（二）須告知得拒絕查訪並取得相對人任意性同意與協助

治安顧慮人口之查訪在本質上為須相對人配合之活動，蓋相對人若不願或不能配合查訪，警察之查訪根本無法實施。然而由警察職權行使法第15條文義

以觀，對不配合查訪之相對人未課予一定之法律效果，其既未課予相對人配合查訪之義務，亦未賦予警察得違背相對人之意思強行查訪之職權，基於干預人民權利之事項必須有法律之明確授權，警察職權行使法既然未課予人民配合查訪之義務，亦未賦予警察強行查訪之職權，則警察實施查訪自應取得相對人之任意性同意與協助始可，不得有脅迫、強制之成分存在，即使被相對人拒絕也不得施予強制力。

捌、傳遞個人資料

一、個人資料之概念

　　根據個人資料保護法第2條第1款規定，所謂個人資料，所謂個人資料，指自然人之姓名、出生年月日、國民身分證統一編號、護照號碼、特徵、指紋、婚姻、家庭、教育、職業、病歷、醫療、基因、性生活、健康檢查、犯罪前科、聯絡方式、財務情況、社會活動及其他得以直接或間接方式識別該個人之資料。其中，個資法第6條又特別把醫療、基因、性生活、健康檢查、犯罪前科等資料歸納於特種資料範圍內，明令此類資料除非特殊情形，不得蒐集、處理或利用。

二、警察職權行使法第16條

　　警察職權行使法第16條規定：「警察於其行使職權之目的範圍內，必要時，得依其他機關之請求，傳遞與個人有關之資料。其他機關亦得依警察之請求，傳遞其保存與個人有關之資料（第1項）。前項機關對其傳遞個人資料之正確性，應負責任（第2項）。」

　　例如里長請求警察機關給予治安顧慮人口相關資料，如無其他法律特別規定下，警察機關不得任意提供。

玖、蒐集資料之利用

一、警察職權行使法第17條

　　警察職權行使法第17條規定：「警察對於依本法規定所蒐集資料之利用，應於法令職掌之必要範圍內為之，並須與蒐集之特定目的相符。但法律有特別

規定者，不在此限。」

二、第17條詞語解析

1. 與蒐集之特定目的相符：即所謂目的拘束原則，其又可分為明確化原則及限制利用原則，前者指個人資料於蒐集時目的即應明確化，其後利用之目的亦應明確化。後者指個人資料之利用，除法律另有規定或當事人同意外，亦應與蒐集目的相符，不得為特定目的以外之利用。

2. 法令：本條所稱「法令」，係指法律及依法律授權之法規命令。

拾、資料之註銷或銷毀

一、資料註銷或銷毀之概念

（一）註銷：就文義及現行立法例上的意義而言，係指有權機關對於以書面表示之資格、決議、權利及證照等，使之失其效力。所謂資料之註銷，係指將警察蒐集之個人資料，自登記（列管）簿冊或電腦檔案中註記移除；其意義如同少年事件處理法第83條之1規定，對於少年前科紀錄及有關資料之「塗銷」，而與上述情形有別。

（二）銷毀：指將警察蒐集之個人資料，完全消除或毀滅而言。參照機關檔案保存年限及銷毀辦法第12條規定，檔案銷毀之方法如下：

1. 化為碎紙或溶為紙漿。
2. 焚化。
3. 擊碎至檔案內容無法辨識。
4. 化為粉末。
5. 消磁。
6. 消除電子檔或重新格式化。
7. 其他足以完全消除或毀滅檔案內容之方法。

二、警察職權行使法第18條

（一）資料應註銷或銷毀之情形：警察依法取得之資料對警察之完成任務不再有幫助者，應予以註銷或銷毀。但資料之註銷或銷毀將危及被蒐集對象值得保護之利益者，不在此限（第1項）。

（二）禁止應註銷或銷毀資料之傳遞與利用：應註銷或銷毀之資料，不得

傳遞，亦不得爲不利於被蒐集對象之利用（第2項）。

（三）所蒐集資料之註銷或銷毀期間：除法律另有特別規定者外，所蒐集之資料，至遲應於資料製作完成時起五年內註銷或銷毀之（第3項）。

第六節　警察即時強制

壹、即時強制之重複立法情形

警察職權行使法即時強制章部分條文係仿行政執行法即時強制章條文，於警察職權行使法審議階段，曾有部分機關代表及學者質疑有無重複立法的必要。因行政機關一般具強制性之公權力措施，大都爲警察在執行，且先進民主國家亦不乏將「即時強制」規範於警察法之立法例，例如德國聯邦與各邦統一警察法標準草案、日本警察官職務執行法、韓國警察官職務執行法等，爲完備警察職權法制，故將行政執行法有關「即時強制」部分，納入警察職權行使法並針對警察特性予以補充增列部分相關條文。

貳、警察即時強制之概念

一、警察即時強制之意義

行政機關爲阻止犯罪、危害之發生或避免急迫危險，而有即時處置之必要時，得爲即時強制。即時強制不以義務存在爲前提要件。此外，即時強制通常由警察人員爲之，故又稱爲警察即時強制。即時強制發動之要件如下：

（一）須爲阻止犯罪、危害之發生或避免急迫危險。（危害尚未發生，依客觀上之認知）

（二）須有即時處置之必要性。（是否急迫之考量）

（三）須於法定職權範圍內爲之。（依法令之行爲）

即時強制之實例如：1.高速公路發生車禍，警察人員爲搶救扭曲車體所擠壓之傷患，所爲切割車體之行爲；2.甲、乙兩人雙雙臥軌等火車來，被鐵路警察丙發現帶回警局加以管束；3.颱風來襲，發生山坡地崩塌且造成土石流，警察爲搶救災害並強迫附近人民搬離住家暫時移居到安全處；4.逮捕槍擊要犯攻

堅時之借用民宅；5.因遏止SARS傳染病，致臺北市立和平醫院封院，不准人民任意進出之管制措施。

二、警察即時強制之特徵

（一）除去目前急迫障礙。

（二）若嚴格遵守行政法規所定程序，恐緩不濟急。

（三）無須經過預爲告誡程序。

（四）以實力直接加以人民身體或財產。

三、警察即時強制之法律性質

（一）屬警察之緊急權，無須法律特別規定即可發動。

（二）集合告誡、確定與執行於一身之強制執行行爲，屬於行政事實行爲。

（三）其處分程序無詳細規定，爲非要式處分。

四、即時強制之方法

（一）對於人之管束。

（二）對於物之扣留、使用、處置或限制其使用。

（三）對於住宅、建築物或其他處所之進入。

（四）其他依法定職權所爲之必要處置。

參、對於人之管束

一、對人管束之概念

（一）意義：警察基於特定目的，針對無法保護自己之人，在一定條件之下，違反當事人意願或未經其同意，爲排除目前急迫危害，以實力暫時拘束其行動自由之即時措施。

（二）目的：由於救助被管束者本人，或維護社會秩序之必要，非以犯罪爲其原因。而係屬於行政上之保安處置，乃警察維護公安之手段。

二、對人管束之規定

依警察職權行使法第19條第1項有關管束之規定如下：

（一）得為管束之情形：對於人之管束，以合於下列情形之一者為限：

1. 瘋狂或酗酒泥醉，非管束不能救護其生命、身體之危險，及預防他人生命、身體之危險者。

2. 意圖自殺，非管束不能救護其生命者。

3. 暴行或鬥毆，非管束不能預防其傷害者。

4. 其他認為必須救護或有害公共安全之虞，非管束不能救護或不能預防危害者。

其他認為必須救護或有害公共安全之虞，例如嗑藥而陷入昏迷狀態、小孩迷失乏人照顧、路旁發現棄嬰。

（二）管束之時間：警察為前項管束，應於危險或危害結束時終止管束，管束時間最長不得逾二十四小時。若於二十四小時後仍未清醒，應可認為其為宿醉之人，仍具管束原因，而再做另一次管束。若再做另一次管束時，可經由法官許可後而為之，以符合憲法第8條規定。

（三）通知或交由其家屬或其他關係人：應即時以適當方法通知或交由其家屬或其他關係人，或適當之機關（構）或人員保護。

（四）得檢查受管束人之身體及所攜帶之物：警察依規定為管束時，得檢查受管束人之身體及所攜帶之物。

（五）強制力不得逾必要之程度：對於人之管束，應注意其身體及名譽。執行人員以強制力實施者，不得逾必要之程度。

三、對人管束之分類

對人管束之要件，於學理上可分三類如下：

（一）保護性之管束

為了保護當事人或他人生命、身體而為之管束。例如下列情形：

1. 瘋狂，例如精神病者，拿刀自殘或攻擊他人。另依精神衛生法規定，警察於執行職務時，發現精神疾病人有傷害他人或自己或有傷害之虞者，應通知當地（衛生）主管機關，並視需要要求協助處理或共同處理；除法律另有規定外，應即護送前往就近適當醫療機構就醫。

2. 酗酒泥醉，例如警察執行巡邏勤務時，見有醉漢揮舞酒瓶當街叫罵，使過往行人驚恐不已、泥醉仍駕駛車輛、或倒地不省人事等。

3. 意圖自殺，例如準備跳樓、開瓦斯或持刀械自殺之情形。

（二）安全性之管束

暴行或鬥毆，其發生場所大多屬於公開場所，而導致危及公共安全與秩序，為了不讓事態繼續發展，以確保公共安全，故乃有管束之必要。例如無線計程車之占用馬路，集體械鬥之情形而為之管束。

（三）其他認為必須救護或有害公共安全之管束

1. 必須救護，應視當事人或他人生命、身體之危險狀況，公務員有救助或保護之義務，係針對保護性管束之概括規定。

2. 有害公共安全之虞，係補充安全性管束所列舉規定之不足。

3. 公共安全，指法益、個人權利、國家法益或其他國家公權力主體設施之活動存續不可侵害。

四、得使用警銬或戒具

（一）警銬或戒具之意義：警銬：為警察機關配備警械種類之一，此工具之目的在控制或限制特定人之行動自由。學說上亦將腳銬涵蓋於警銬之概念中；戒具：指手銬、腳鐐、聯鎖、捕繩及防暴網。

（二）使用警銬或戒具之情形：依警察職權行使法第20條，警察依法留置、管束人民，有下列情形之一者，於必要時，得對其使用警銬或其他經核定之戒具：

1. 抗拒留置、管束措施時。

2. 攻擊警察或他人，毀損執行人員或他人物品，或有攻擊、毀損行為之虞時。

3. 自殺、自傷或有自殺、自傷之虞時。

（三）不得依管束規定之情形：執行管束可在不超過必要範圍內使用警銬或戒具。但對人民實施查證身分或其他詢問，不得依管束之規定，令其供述。

肆、對於物之扣留、使用、處置

關於扣留、使用、處置規定於警察職權法第21條至25條，相關說明如下：

一、扣留之概念

（一）扣留之意義：係將軍器、兇器或其他危害物暫時予以保管，即剝奪所有權人或其他有權者事實上的支配權，其目的在於預防危害發生。

（二）預防危害必要之判斷：是否有預防危害之必要，因屬不確定法律概念，執行機關應依據現實的客觀環境，加以判斷。

（三）扣留與扣押之區別：扣留僅對危害物暫時予以保管，其與刑事訴訟法規定之扣押並不相同。所謂扣押，係指對於可以作為證據或得沒收之物，所為占有保管之強制處分，目的在於保全證據，防止物之湮滅、變造、偽造及保全得沒收之物，以利將來對物之執行。

二、得扣留之危險物——警察職權行使法第21條

（一）軍器、凶器：軍器：指軍方各種制式武器；凶器：泛指對人民生命、身體構成傷害，或對社會安全構成危害之器械，例如槍砲彈藥及公告查禁之刀械。

（二）其他危險物：指軍器、凶器以外，對對社會安全構成危害之物品，諸如社會秩序維護法規定之查禁物及其他法令所規定之違禁物品。防彈背心，應視其有無危害情形而定，苟無危害之可能，即不得將之遽予扣留。

三、扣留之程序——警察職權行使法第22條

（一）簽發扣留物清單：警察對於依法扣留之物，應簽發扣留物清單，載明扣留之時間、處所、扣留物之名目及其他必要之事項，交付該物之所有人、持有人或保管人；依情況無法交付清單時，應製作紀錄，並敘明理由附卷。

（二）標示妥善保管：依法扣留之物，應加封緘或其他標示妥善保管。因物之特性不適於由警察保管者，得委託其他機關或私人保管之，並通知所有人、持有人或保管人。必要時，得以處分之相對人為保管人。

（三）扣留期間與除外規定：扣留之物除下列3者外，其扣留之期間不得逾三十日；扣留原因未消失時，得延長之，其延長期間不得逾二個月：

1. 沒入。
2. 沒收。
3. 毀棄或應變價發還。

四、扣留物之變賣——警察職權行使法第23條

（一）變賣之意義：不經拍賣程序，將扣留之物以相當之價格賣卻（僅適用於動產）。

（二）變賣扣留物之情形：有下列情形之一者，扣留之物得予變賣：

1. 有腐壞或價值重大減損之虞。

2. 保管、照料或持有所費過鉅或有其困難。

3. 扣留期間逾六個月，無法返還所有人、持有人或保管人，且不再合於扣留之要件。

4. 經通知三個月內領取，且註明未於期限內領取，將予變賣，而所有人、持有人或保管人未於期限內領取。

（三）通知所有人、持有人或保管人：扣留物變賣前，應將變賣之程序、時間及地點通知所有人、持有人或保管人。但情況急迫者，不在此限。

（四）公開方式變賣：物之變賣，採公開方式行之。因物之性質認難以賣出，或估計變賣之費用超出變賣所得時，得不經公開方式逕行處置之；扣留之物，於六個月內未賣出者，歸屬各該級政府所有，並得將該物提供公益目的使用。

（五）不能變賣時銷毀：扣留之物因腐壞、腐敗等理由而不能變賣者，得予銷毀之。

五、扣留物或變賣價金之返還——警察職權行使法第24條

（一）扣留物之返還：扣留之物無繼續扣留之必要者，應將該物返還所有人、持有人或保管人；所有人、持有人或保管人不明時，得返還其他能證明對該物有權利之人。

（二）扣留及保管費用：扣留及保管費用，由物之所有人、持有人或保管人負擔。扣留之物返還時，得收取扣留及保管費用。

（三）變賣價金之返還：物經變賣後，於扣除扣留費、保管費、變賣費及其他必要費用後，應返還其價金與所有人、持有人或保管人。

（四）繳交公庫：所有人、持有人或保管人不明時，經公告一年期滿無人申請發還者，繳交各該級政府之公庫。

伍、對於住宅、建築物或其他處所之使用、處置或進入

一、使用、處置人民之土地住宅或建築物之要件與限制：警察遇有天災、事變或交通上或公共安全上有危害情形，非使用或處置人民之土地、住宅、建築物、物品或限制其使用，不能達防護之目的時，得使用、處置或限制其使用（警察職權行使法第25條）。

二、進入住宅救護之要件與限制：警察因人民之生命、身體、財產有迫切之危害，非進入不能救護時，得進入住宅、建築物或其他處所。例如：地震後，進入建築物搶救傷患或有人自殺非進入無法制止時（警察職權行使法第26條）。

 名詞解析

■ 警察職權行使法第25條

天災	例如大地震後，工務局主動拆除傾斜之危樓，係屬對於家屋之處置。
事變	例如搶劫或命案之保留現場、強制將水災淹水之災民護送至安全處所。
交通上有危害情形	例如交通事故現場或橋樑塌陷之封鎖現場，限制車輛繼續使用、道路障礙之排。
公共安全上有危害情形	例如遭竊之現場保留、火災之處理。

概念區辨

■ 直接強制之扣留與即時強制之扣留不同

直接強制之扣留	即時強制之扣留
行政執行法第32條規定，經間接強制不能達成執行目的，或因情況急迫，如不及時執行，顯難達成執行目的時，執行機關得依直接強制方法執行之。直接強制之執行方法規定於同法第28條中，即包括扣留，而本條所稱之扣留，其主體主要係指於公法上有金錢給付義務之義務人所有之動產、不動產。	軍器、兇器或其他危害物，為預防危害之必要，得扣留之，警察職權行使法所稱之扣留，係指為預防危害發生，而將軍器、兇器或其他危害物暫時予以保管，若非為第21條所指之之具有危險之軍器、兇器等器具，即不得依本條規定加以扣留。

陸、驅離或禁止進入

警察行使職權時，為排除危害，得將妨礙之人、車暫時驅離或禁止進入。前揭所謂驅離，指警察以腕力或其他工具所實施之積極攻擊性之強制力。

柒、警察即時強制之概括規定

一、行使職權或採取措施之限制

警察職權行使法第28條規定：「警察為制止或排除現行危害公共安全、公共秩序或個人生命、身體、自由、名譽或財產之行為或事實狀況，得行使本法規定之職權或採取其他必要之措施。警察依前項規定，行使職權或採取措施，以其他機關就該危害無法或不能即時制止或排除者為限。」

以上就是即時強制之概括規定，由於這些概念缺乏足夠學理、判決、解釋加以詮釋，但因概括條款具有補充性功能，即一般行政機關對於其業務職掌範圍內之危害，於其無法及時處理時，警察機關得介入予以輔助。

補充性原則之規定目的，係為落實行政一體之精神，填補人權保障之闕漏。該危害本屬其他行政機關之事物管轄範圍，故警察介入行使職權，以其他行政機關無法或不能即時制止或排除該危害者為限。

二、警察職權行使之補充性原則

（一）補充性原則之意義

1. 依警察職權行使法第28條第2項之規定，警察機關行使職權或採取措施，處於補充性之地位，亦即以其他行政機關無法或不能制止或排除危害時，始得補充為之。

2. 就人民私權之保護或私權紛爭之介入（例如勞資爭議紛爭），警察相對應於民事法院之保護，應退處補充性地位。

3. 就政府政策之推動，警察亦僅具補充性地位，即不應積極推動特定的政府政策。

（二）警察法之補充性原則

為避免法院或其他行政機關職權之行使，與警察職權行使產生重複或競合之關係，不僅浪費警力，同時，警力的介入亦會造成人權之直接損害，故而警

察法上之補充性原則，主要重心在於權限行使地位之補充性。

　　凡是其他行政機關負有職權（亦有法定義務）去履行時，警察機關即應退居第二線，不得越職代理；只有在其他行政機關及法院無法執行（包含因法律上或事實上之因素）其職權，或有急迫之情事時，警察基於補充者的角色，始又屬於第一線，執行其職權，以維持社會秩序或避免緊急危難。

　　屬於警察機關職權行使之特徵：

　　(1)危害之防止在時間上具有其急迫性。

　　(2)該危害防止之執行應經常使用強制力。

　　(3)若此二特徵同時存在，該危害之防止應賦予警察，其餘原則上交由一般行政機關負責。若一般行政機關在執行上確有困難者，再依補充性原則即職務協助原則由警察機關介入。

第七節　救　濟

　　依警察職權行使法第29條規定：「義務人或利害關係人對警察依本法行使職權之方法、應遵守之程序或其他侵害利益之情事，得於警察行使職權時，當場陳述理由，表示異議。前項異議，警察認為有理由者，應立即停止或更正執行行為；認為無理由者，得繼續執行，經義務人或利害關係人請求時，應將異議之理由製作紀錄交付之。義務人或利害關係人因警察行使職權有違法或不當情事，致損害其權益者，得依法提起訴願及行政訴訟。」

　　故依法條文義解釋，警察行使職權時，民眾如果當場表示異議，警察認為無理由時，仍可以繼續執行。此時民眾如未再提出請求，即不必給予任何異議理由紀錄證明單；但是如果經民眾再次提出請求時，則應將異議之理由製作紀錄交付之。

　　有關警察行使職權之救濟，第十章「警察行為之法律救濟」第四節之參「警察職權行使法規定之救濟程序」有更詳細之說明。

CHAPTER

6

行政執行法

第一節　總則

壹、行政執行之概念

一、行政執行之意義

　　行政執行，即行政上強制執行，是指行政機關以自己的強制方法，對不履行行政上義務的相對人，強迫其履行，使其實現與已履行義務同一狀態之行政權作用。依行政執行法第2條之規定，其強制方法，包括公法上金錢給付義務、行為或不行為義務之強制執行，以及即時強制。

二、行政執行之特質

　　（一）行政執行係執行相對人因行政處分所負擔之義務為原則。

　　（二）行政執行係行政機關以行政法關係當事人一方之資格自行採取強制措施，以貫徹行政目的。

　　（三）行政執行除強制相對人（即義務人）履行其義務外，亦包括以其他方法產生與履行義務同一事實狀態在內。

　　（四）行政執行屬於行政程序之一部分，仍須遵守行政程序法相關規定。在強制執行程序部分，其採用所謂階段式之執行程序，可稱其為多階段之執行行為。

三、行政執行之種類

（一）本於法令之行政處分、法院裁定或契約之強制

　　即依已存在之行政處分、法院之裁定或契約有應履行義務。此種情形又可分為二種類型：

　　1. 公法上金錢給付義務之強制執行：例如罰鍰處分之執行。

　　2. 行為或不行為義務之強制執行：例如拆除違建處分之執行。

（二）直接依法令規定之強制

　　指直接依法令之規定而為之強制執行，而無需履行義務之行政處分、法院之裁定或契約存在。又分：

　　1. 即時強制：大多係於情況急迫或不必以行政處分為前提。

　　2. 直接執行：義務人不在場，於狀況急迫時之直接執行措施。

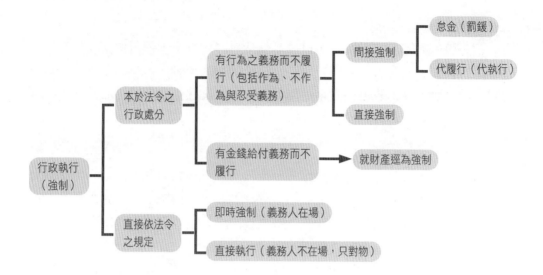

四、執行機關

行為或不行為義務之執行，由原行政處分機關或該管行政機關，其依職權為行政執行之發動；公法上金錢給付義務逾期不履行者，則移送法務部行政執行署所屬行政執行處執行之。

貳、執行之限制

一、執行時應注意比例原則

行政執行，應依公平合理之原則，兼顧公共利益與人民權益之維護，以適當之方法為之，不得逾達成執行目的之必要限度（行政執行法第3條）。行政執行在於強化行政權之功能，其執行結果直接影響人民之財產、自由及名譽，因此，行政執行應本於比例原則為之。即於行政執行時，應依下列原則為之：

（一）採取之執行方法須有助於執行目的之達成。

（二）有多種同樣能達成執行目的之執行方法時，應選擇對義務人、應受執行人及公眾損害最少之方法為之。

（三）採取之執行方法所造成之損害不得與欲達成執行目的之利益顯失均衡。

二、執行時間之限制

　　行政執行不得於夜間、星期日或其他休息日為之。但執行機關認為情況急迫或徵得義務人同意者,不在此限。日間已開始執行者,得繼續至夜間。執行人員於執行時,應對義務人出示足以證明身分之文件;必要時得命義務人或利害關係人提出國民身分證或其他文件(行政執行法第5條)。

三、執行時效之限制

　　行政執行,自處分、裁定確定之日或其他依法令負有義務經通知限期履行之文書所定期間屆滿之日起,五年內未經執行者,不再執行;其於五年期間屆滿前已開始執行者,仍得繼續執行。但自五年期間屆滿之日起已逾五年尚未執行終結者,不得再執行(行政執行法第7條第1項)。

　　前項規定,法律有特別規定者,不適用之(同條第2項)。例如社會秩序維護法就罰鍰之處罰,其執行時效規定為三個月,則應優先適用該法之規定,而不適用行政執行法五年時效之規定。

　　第一項所稱已開始執行,如已移送執行機關者,係指下列情形之一:

　　(一)通知義務人到場或自動清繳應納金額、報告其財產狀況或為其他必要之陳述。

　　(二)已開始調查程序(同條第3項)。

　　前揭執行時效,並不適用於即時強制,此乃因我國的即時強制並不以義務存在為前提,多係阻止犯罪、危害之發生或避免急迫危害而有及時處置之必要,此係即時強制多出於緊急狀況,在性質上有別於其他以義務為前提行政上之強制措施,因此,不宜用時效規定。

參、執行機關得請求其他機關協助

一、執行機關請求行政協助

　　執行機關遇有下列情形之一者,得於必要時請求其他機關協助之(行政執行法第6條):

　　(一)須在管轄區域外執行者。

　　(二)無適當之執行人員者。

　　(三)執行時有遭遇抗拒之虞者。

（四）執行目的有難於實現之虞者。

（五）執行事項涉及其他機關者。

二、警察機關協助其他機關行政強制執行

（一）警察機關依行政執行法第6條規定協助其他機關為行政強制執行，稱為執行協助，執行協助屬職務協助在行政執行方面之稱謂。

（二）警察職權行使法第28條第2項規定：「警察依前項規定，行使職權或採取措施，以其他機關就該危害無法或不能實時制止或排除者為限。」由於本法條係概括條款，以致無論是「職務協助」，抑或是「執行協助」，只要其他行政機關提出上揭之協助事項，警察機關便難以拒絕。

肆、行政執行之開始與執行命令

一、行政執行之開始

行政執行之開始，指執行機關依執行名義（行政處分或法院之裁定）或對其他依法令負有義務者，開始進行執行程序。

行政執行採職權進行主義，行為或不行為義務之執行，應由執行機關依職權發動，而公法上金錢給付義務之執行，則由專設之各行政執行處為執行機關，各行政執行處亦須俟原處分機關或其他權責機關移送後，始得為之。該移送執行除不合法定要件，經執行機關不予受理外，應認為執行之開始。

二、執行命令之性質

（一）行為或不行為之強制執行：強制執行機關須有執行命令，行政機關經由此執行命令而開始，行為或不行為強制執行之執行命令並非創造一新規定，而只是執行原行政處分之內容，因此，執行命令本身多非屬行政處分（少數屬行政處分者，例如怠金之連續處罰即是）。

（二）公法上金錢給付義務之執行：係由原處分機關移送行政執行處，行政執行處此時為行政機關，仍須有一執行命令作為執行之開始，因此種執行命令通常涉及義務人之自由及財產，因此，應多屬於行政處分之性質。

伍、行政執行之終止

行政執行之目的在於強制義務人履行義務，如義務人已全部履行義務，或其應履行之義務經執行完畢，或行政處分、裁定因全部、一部撤銷、變更致其義務全部、一部消滅、變更、或其義務經證明為執行不可能者，例如義務人死亡、執行標的物已滅失者，因行政目的已達成或已無執行的原因，自無繼續執行之必要。

第二節 公法上金錢給付義務之強制執行

壹、執行要件

一、義務人負有公法上金錢給付義務：公法上金錢給付之義務，依行政執行法第11條規定，來自於：

（一）依法令，

（二）或本於法令之行政處分，

（三）或法院之裁定，

（四）法院依法律就公法上義務所為之假扣押、假處分之裁定經主管機關移送者。

二、須義務人之給付義務已屆履行期間：給付義務逾期情形包括如下：

（一）其處分文書或裁定書定有履行期間或有法定履行期間者。

（二）其處分文書或裁定書未定履行期間，經以書面限期催告履行者。

（三）依法令負有義務，經以書面通知限期履行者。

三、須經限期催告後，義務人逾期不履行：公法上金錢給付義務事件在移送執行機關前，除法令另有規定或以執行憑證移送執行外，主管機關應對義務人「儘量催繳」，並允許義務人視其能力決定繳納方式。

四、須經主管機關移送至執行機關：執行機關即法務部行政執行署及其所屬行政執行處。

貳、執行機關

一、法務部行政執行署：公法上金錢給付義務之執行事件，由法務部行政執行署及其所屬行政執行處之行政執行官辦理之，不受非法或不當之干涉。

二、公法上金錢給付義務事項得委託團體或個人：行政執行處為執行行政執行法第4條第1項之公法上金錢給付義務事項，得將權限之一部分委託民間團體或個人辦理。

參、執行方法與程序

一、通知義務人到場或報告財產狀況

所謂財產狀況，指義務人最近期間財產變動狀況及現在所擁有之資產。通知到場或報告，通常係在不能發現義務人應交付之財產或已發現義務人之財產，不足清償公法上之給付時，以書面定期限通知到場陳述或命其據實報告。

二、查封、拍賣、變賣、強制管理、參與分配

（一）查封：查封亦稱扣押，乃為保全金錢給付義務得以實施，而限制義務人對於執行標的物為處分之執行行為。

查封之財產須為義務人所有且非禁止查封之物。

（二）拍賣：係指將查封之動產與不動產，以公開競爭之方式售賣，以拍定之價金清償義務人之金錢給付。

（三）變賣：僅適用於動產，係指查封之物因特別原因，如易腐蝕性或保管困難不經拍賣程序，而以相當之價格賣出之執行方法。

（四）強制管理：是指執行機關對於已查封之不動產，選任管理人實施管理，以其所得收益，清償金錢給付義務之執行行為。

（五）參與分配：指債權公平分配原則，即指行政執行處實施強制執行義務人之財產，其所得之金額，相關債權人亦得聲請平均受償之謂。

三、提供擔保、限制住居

義務人有下列情形之一者，得命其提供相當擔保，限期履行，並得限制其住居（行政執行法第17條第1項）：

（一）顯有履行義務之可能，故不履行者。

（二）顯有逃匿之虞。

（三）就應供強制執行有隱匿或處分之情事者。

（四）於調查執行標的物時，對於執行人員拒絕陳述者。

（五）經命其報告財產狀況，不為報告或為虛偽之報告者。

（六）經合法通知，無正當理由而不到場者。

四、拘提、管收

（一）拘提、管收之意義

拘提、管收係以拘束人身自由之手段所形成之壓力，藉以達成執行之目的，為實現金錢給付義務之間接強制方法。其內涵如下：

1. 拘提是指強制義務人到場訊問之處分。

2. 管收是指對義務人或有為義務人清償金錢給付義務之人的身體自由，予以拘束之強制處分。

（二）拘提、管收之原因

義務人經行政執行處命其限期履行，卻逾期不履行，亦不提供擔保者，行政執行處得聲請該管地方法院裁定拘提管收之。

（三）拘提、管收之對象

拘提管收之對象除義務人本人外，下列各款之人亦適用之：

1. 義務人為未成年人或受監護宣告之人者，其法定代理人。

2. 商號之經理人或清算人；合夥之執行業務合夥人。

3. 非法人團體之代表人或管理人。

4. 公司或其他法人之負責人。

5. 義務人死亡者，其繼承人、遺產管理人或遺囑執行人。

（四）管收期限

管收期限自管收之日起算，不得逾三個月。有管收新原因發生或停止管收原因消滅時，對於義務人仍得聲請該管地方法院裁定再行管收。但以一次為限（行政執行法第19條）。

（五）管收之禁止或停止

行政執行法第21條規定，義務人或其他依法得管收之人有下列情形之一者，不得管收；其情形發生於管收後者，行政執行處應以書面通知管收所停止

管收：

1. 因管收而其一家生計有難以維持之虞者。
2. 懷胎五月以上或生產後二月未滿者。
3. 現罹疾病，恐因管收而不能治療者。

（六）被拘提或管收之人之釋放

行政執行法第22條規定，有下列情形之一者，行政執行處應即以書面通知管收所釋放被管收人：

1. 義務已全部履行或執行完畢者。
2. 行政處分或裁定經撤銷或變更確定致不得繼續執行者。
3. 管收期限屆滿者。
4. 義務人就義務之履行已提供確實之擔保者。

第（一）節　本於行政處分之行為或不行為義務之強制執行

壹、強制執行前提

以行政強制手段貫徹公法上之義務，除有急迫之情形，得直接依據法令外，應以行政處分作為過度（以法院裁定或行政契約情形較少），以之將義務人之義務內容，予以具體的確定，再據以執行，方不致影響人民之權益過鉅。

貳、執行程序

一、告戒：須先踐行以書面為告戒程序，即以處分書或另以書面限定相當期間履行。不依限履行時將予強制執行。

二、強制方法之確定：告戒後，義務人如未依限履行其義務時，所為決定施以強制方法之表示。

三、強制方法之實施：執行機關依所確定之強制方法，實施強制執行措施。

參、執行方法

一、間接強制

指行政機關非以直接強制之方式，而以「代履行」和「怠金」等間接之方式，以迫使義務人履行其行政法上之義務。其方法有二如下：

（一）怠金

怠金是對於依法令或行政處分，負有不可代替之行為義務而不為，或負有不行為義務而為之者，科以金錢之負擔，強迫義務人履行法定義務，又稱為「強制金」。此外，又以義務人所違反的是不可替代之義務，或不作為義務，故此種強制金又稱為「執行罰」。

依現行行政執行法第30條之規定，負有行為義務而不為，其行為不能由他人代為履行者，依其情節輕重處新臺幣5,000元以上30萬元以下怠金。依法令或本於法令之行政處分，負有不行為義務而為之者，亦同。

此外，處以怠金仍不履行義務者，得連續處以怠金。連續處以怠金前，原則上仍應以書面限期履行。

怠金和罰鍰雖然都是國家對違反行政義務者所為之行為，但二者本質上仍有不同。前者性質上係對違反行政法上不行為義務或不可代替的行為義務者處以一定數額的金錢，使其心理上發生強制作用，間接督促其自動履行的強制執行手段，其目的在於促使人民未來履行其義務，本質上並非處罰，故無「一事不二罰」原則之適用；後者則係針對義務人過去違反其行政法上的義務所為的處罰，而有「一事不二罰」原則之適用。

（二）代履行

1.代履行之要件

指負有行為義務而不為，其行為能由他人代為履行者，執行機關得委託第三人或指定人員代履行之。如義務人不履行拆除違建之義務時之代履行是。又，代履行之費用，由執行機關估計其數額，命義務人繳納；其繳納數額與實支不一致時，退還其餘額或追繳其差額。

代履行以義務由第三人代為履行，再由義務人負擔費用為特徵，而在行政機關為代履行前，應先「告戒」義務人應履行之義務，以促使其履行；及至採取代履行之行動前，須再發一次書面「通知」。此為典型的要式行為。

2.代履行與直接強制之區別

(1)意義不同：代履行是由第三人代義務人履行其可代替之行為義務，並非代替行政機關對義務人為執行；直接強制則是由行政機關運用公權力，以實力（公權力）直接實現與履行義務同一內容狀態之方法。

(2)是否需自行著手不同：代履行，執行機關得委託第三人或指定人員履行之，因此，若行政機關自行履行，則屬直接強制。如建築物之拆除，由行政機關自行為之，則屬直接強制。

(3)繳納費用方式不同：代履行費用，同樣為公法上金錢給付義務之一種，義務人逾期未繳納者，移送法務部行政執行署所屬行政執行處執行之。代履行費用現已改採預繳制，使執行機關得於事前判斷，以代履行達成執行目的之可能性，而於義務人事前無力繳納或拒絕繳納時，得斟酌情況轉換執行方法，依行政執行法第32條規定實施直接強制，以便迅速達成執行目的。

舉例說明之，搭建違章建築者，經主管機關通知限期自行拆除並預為告戒，義務人逾期仍不履行時，此項義務係屬可代替之行為義務，如執行機關委託第三人拆除則屬代履行，雇工拆除費用則應向義務人徵收。如執行機關命其所屬拆除隊執行則為直接強制，不生繳納費用之問題；惟建築法等其他相關法規有特別規定者，自應依該規定辦理。

二、直接強制

直接強制，係直接以實力加諸義務人之身體或財物，迫使義務人履行其行政法上之義務。其實施前提及直接強制方法如下：

（一）直接強制實施前提

1. 間接強制優先於直接強制原則：按直接強制方法係行政機關以實力直接強制義務人實現與履行義務同一內容狀態的最後手段，為充分保障義務人之權益，行為或不行為義務之執行，原則上須經間接強制不能達成執行目的，或因情況急迫，如不及時執行，顯難達成執行目的時，執行機關始得依直接強制方法執行之。

2. 不得違反比例原則：由於以實力直接強制關係義務人權益甚大，故執行時須特別注意比例原則，選擇對義務人損害最少之方法為之。

（二）直接強制方法

1. 扣留、收取交付、解除占有、處置、使用或限制使用動產、不動產。
2. 進入、封閉、拆除住宅、建築物或其他處所。
3. 收繳、註銷證照。
4. 斷絕營業所必須之自來水、電力或其他能源。
5. 其他以實力直接實現與履行義務同一內容狀態之方法

（三）直接強制之程序

1. 以書面限定相當期間履行（書面預告，即書面告戒），並載明不依限履行將採取直接強制之具體方法，此即為告戒制度，同時也是行政行為之內容應明確之原則。於行為或不行為義務之強制執行中，告戒之方法可分兩種：

(1)在處分書中直接告戒，亦即處分書同時載有履行期限者。

(2)在處分書之外，另外以書面限定相當期間告戒其履行者。

2. 經間接強制不能達成執行目的，或因情況急迫，如不及時執行，顯難達成執行目的時，執行機關得依直接強制方法執行之。

第四節　即時強制

壹、即時強制之概念

一、即時強制之意義

行政機關為阻止犯罪、危害之發生或避免急迫危險，而有即時處置之必要時，得為即時強制。即時強制不以義務存在為前提要件。此外，即時強制通常由警察人員為之，故又稱為警察即時強制。

二、即時強制之方法

（一）對於人之管束

（二）對於物之扣留、使用、處置或限制其使用。

（三）對於住宅、建築物或其他處所之進入。

（四）其他依法定職權所為之必要處置。

貳、行政執行法與警察法規之關係

一、行政執行法為基本法

行政執行法第1條：「行政執行，依本法之規定；本法未規定者，適用其他法律之規定。」係將該法定位為基本法，於該法作一般性規定，若在該法中無規定者，才適用其他法律，故未來行政機關遇有行政強制執行事務時，如該法及其他法律均有規定，且其規定不同時，則應優先適用行政執行法之規定。如二者規定均相同時，則適用任何一種，其結果均無差異。

二、警察職權行使法之即時強制規定為行政執行法之補充規定

警察職權行使法第三章所規定即時強制部分，雖與行政執行法第四章即時強制有重複規定情形，惟因不論適用任何一種，其結果均無差異，尚不致發生適用問題，僅屬重複立法情形而已。至於行政執行法未規定而警察職權行使法有特別規定部分，因行政執行法第1條後段並未排除適用其他法律之特別規定，則本章有關即時強制之不同規定部分，可以認係行政執行法之補充規定而加以適用，將不致發生法律適用問題。

三、社會秩序維護法之執行時效規定優於行政執行法

行政執行法第7條第2項有關行政執行時效之規定，若法律有特別規定者，即不適用之。社會秩序維護法就罰鍰之處罰，其執行時效規定為三個月，則應優先適用社會秩序維護法，而不適用行政執行法五年時效之規定。即行政執行法時效規定相對於社會秩序維護法，係屬普通條款，社會秩序維護法之規定為特別條款。

行政執行法第四章即時強制，既與警察職權行使法第三章所規定警察即時強制部分為重複立法。故有關即時強制之說明，請參閱第四章「警察職權行使法」中第六節「警察即時強制」，本節不再贅述。

🔍 **概念區辨**

■ 直接強制與即時強制之區別

	直接強制	即時強制
意義	直接以實力加諸義務人之身體或財物,迫使義務人履行其行政法上之義務。	行政機關以維護公共利益為目標,並對無違反行政義務之人,仍以強制執行之方法所採行之緊急措施,通常屬於「廣義」警察職權中之危害管理與控制之。
人民義務存在之有無	有。	無。
行政處分程序之有無	須先經行政處分之程序。	無須先經行政處分之程序。
預為告戒之有無	因人民有義務存在,強制執行須經預為告戒之程序。	人民並無義務存在,為應付急迫之危險的措施,不須預為告戒。
強制方法	包括扣留、收取交付、解除占有,處置、使用或限制使用動產、不動產。進入、封閉、拆除住宅、建築物或其他處所。收繳、註銷證照。斷絕營業所必須之自來水、電力或其他能源。其他以實力直接實現與履行義務同一內容狀態之方法。	包括對於人之管束。對於物之扣留、使用、處置或限制其使用。對於住宅、建築物或其他處所之進入。其他依法定職權所為之必要處置。

第五節　行政執行之救濟

壹、聲明異議

　　所謂異議,是指不服行政行為,向原行為之機關請求為適正之表示。義務人或利害關係人對執行命令、執行方法、應遵守之程序或其他侵害利益之情事,得於執行程序終結前,向執行機關聲明異議。前項聲明異議,執行機關認其有理由者,應即停止執行,並撤銷或更正已為之執行行為;認其無理由者,

應於十日內加具意見，送直接上級主管機關於三十日內決定之。行政執行，除法律另有規定外，不因聲明異議而停止執行。但執行機關因必要情形，得依職權或申請停止之。

貳、國家賠償

行政執行，有國家賠償法所定國家應負賠償責任之情事者，受損害人得依該法請求損害賠償。

參、損失補償

一、人民因執行機關依法實施即時強制，致其生命、身體或財產遭受特別損失時，得請求補償。但因可歸責於該人民事由者，不在此限。

二、前項損失補償，應以金錢為之，並以補償實際所受之特別損失為限。

三、對於執行機關所為損失補償之決定不服者，得依法提起訴願及行政訴訟。經過五年者，不得為之。

四、損失補償，應於知有損失後，二年內向執行機關請求之。但自損失發生後，警察職權行使法規定之行政執行救濟，容待於第十章「警察行為之法律救濟」中第四節「警察特別行政救濟」之肆「行政執行法規定之救濟程序」中再予詳述。

CHAPTER

7

社會秩序維護法

第一節 緒 論

壹、社會秩序維護法之概念

一、社會秩序維護法之意義

社會秩序維護法（本章以下或稱作本法、社維法）乃規定違反社會秩序行為與其罰則及如何處罰之法律。其特徵如下：

（一）以維護公共秩序，確保社會安寧為目的。

（二）具有制裁及防阻繼續違法之效果。

（三）以刑罰以外之處罰為手段。

（四）屬不利益之處分。

（五）對於過去所為之處罰。

（六）原則上以警察機關為處罰主體，例外由法院處罰。

二、社會秩序維護法之處罰性質

（一）違反社會秩序行為屬於秩序不法：凡為維持社會公平正義，針對犯罪行為給予適當之懲罰，係屬刑法範圍。但違反淺顯道德或社會生活秩序較輕度之行為，則屬秩序不法，因秩序不法內容較輕微，由警察機關負責舉發處理，因其非屬刑事不法，故不由法院處罰。

（二）社會秩序維護法之處罰屬於行政秩序罰：社會秩序維護法僅保護週邊較輕微的社會生活利益，僅對尚未構成犯罪之輕微違反秩序行為予以制裁。即以行政罰處以拘留或罰鍰即已足夠，因此，即使真的有這類之違序行為，也不至於會有「前科」紀錄。

三、社會秩序維護法之法律性質

（一）社會秩序維護法為國內法：因社會秩序維護法乃基於國家主權之發動，適用國家主權所及之範圍。故本法為國內法。

（二）社會秩序維護法為公法：社會秩序維護法所規定者，係國家與人民間權力服從關係之法律，為國家對違反社會秩序者有制裁權之法律，故為公法。

（三）社會秩序維護法為強行法：社會秩序維護法因具絕對適用之效力，

不容人民自由變更或選擇，而必須絕對遵守者，故本法為強行法。

（四）社會秩序維護法為行政法：社會秩序維護法乃基於警察行政目的而制定，且係有關國家暨其他行政主體與人民權利義務關係之法，故為行政法，屬於警察作用法之一種。

（五）社會秩序維護法為成文法：社會秩序維護法係為明文規定之成文法典。因此，本法為成文法。

（六）社會秩序維護法為實體法兼程序法：社會秩序維護法不但規定違反社會秩序行為之法律要件及其法律效果之實體內涵，而且對於違反者之處罰程序規定於第三編，故本法為實體兼程序法。

貳、社會秩序維護法之立法經過

一、違警罰法經大法官宣告違反憲法第8條規定

民國32年訂頒之違警罰法定有拘留、罰役、矯正處分，由警察機關負責偵訊、裁決處罰，嗣經大法官釋字第166、251號解釋，宣示其違反憲法第8條人身自由保障之規定。

二、制定社會秩序維護法以取代原違警罰法。

民國80年6月29日制定社會秩序維護法，同時廢止違警罰法，本法之公布施行，有三點重要意義：

（一）警察之權限縮減，除了只能裁處罰鍰、沒入、申誡之案件外，對於有關裁處拘留、停止營業、勒令歇業之案件，不得處理，須移交簡易法庭法官裁定，不得有建議意見。

（二）對於過失犯不處拘留，對故意犯拘留期限只有三天以下，比以前拘留七天縮短一半，較符合人性。

（三）對於軍人觸犯社會秩序維護法，不再像以前移由軍法機關或其單位來處理，而改由警察機關、司法機關來處理，完全符合法律公平性。

三、為配合兩國際公約施行及大法官解釋進行修正

為符合「公民與政治權利國際公約」及「經濟社會文化權利國際公約」保障人權之意旨總統於民國98年4月22日公布「公民與政治權利國際公約及經濟社會文化權利國際公約施行法」，為配合該施行法，以及大法官釋字第666號

解釋所示之平等原則，立法院於100年6月修正通過社會秩序維護法，刪除留置之全部規定，並刪除收容、習藝等處罰規定。

四、適應社會發展與需要修正部分條文

105年間修正如下條文：

（一）增訂第18條之1：為遏止不法業者利用公司、商業等營業場所執行業務而犯妨害風化罪、妨害自由罪、妨害秘密罪或犯人口販運防制法、通訊保障及監察法之罪，增訂公司或商業之負責人、代表人、受雇人或其他從業人員因執行業務而犯上述之罪，經判決有期徒刑以上之刑者，得處該公司或商業勒令歇業，以避免違法營業行為死灰復燃。

（二）第85條：增定第4款，無故撥打警察機關報案專線，經勸阻不聽者。

（三）第91條之1：增定直轄市、縣（市）政府得因地制宜，制定自治條例，規劃得從事性交易之區域及其管理。在性交易專區設置前，除於現有公娼地點與合法公娼所從事之性交易行為外，從事性交易之娼、嫖雙方均為取締之對象，若經查獲，均須處罰。

參、社會秩序維護法與刑法之區別

一、自法之性質言：社會秩序維護法立法精神，為維護公共秩序、確保社會安寧，而其處罰性質為行政罰，屬行政法之範圍；刑法立法精神，為維持社會秩序、正義原則、嚇阻犯罪並兼顧人權保障，其處罰性質為刑罰，屬司法之範圍。

二、自侵害法益言：社會秩序維護法對危害社會可能者，不問法益是否發生實害均應處罰，故為危險法；刑法注重實害法益之行為，故為實害法。

三、自處罰之觀點言：社會秩序維護法非以制裁行為之惡性為觀點；刑法係純以制裁違反社會道德觀念上之惡性為觀點。

四、自行為動機言：社會秩序維護法較注重客觀之行為；刑法較注重主觀之犯意。

五、自行為完成言：社會秩序維護法只處罰著手實行完成之行為，並沒有處罰未遂犯或預備犯之規定；刑法對侵害國家法益重大者，採前置性保護主義，所以有處罰未遂犯、預備犯之規定。

六、對他人行為負責而言：社會秩序維護法並沒有強調刑止一身之原則，關於未滿十八歲、心神喪失、精神耗弱之人所為之違序行為，得轉罰其法定代理人或監護人，經營特種工商業之代表、受雇人或其他從業人員關於業務上違反社會秩序維護法之行為，得併罰其營業負責人；刑法則強調刑止一身，例如所犯為刑法不違背職務受賄罪，即使公務員的家人皆因不正利益而受惠，刑法仍只會針對犯罪構成的主體（該公務員）懲處刑罰。

肆、社會秩序維護法與他法之關係

一、與刑法之關係

（一）與刑法是一種補充關係

社會秩序維護法所制裁之行為類型與法律效果，係介於刑事不法與行政不法之間，其與刑法之關係是一種補充關係。故社會秩序維護法第38條明定，違反本法之行為，涉嫌違反刑事法律或少年事件處理法者，應移送檢察官或少年法庭依刑事法律或少年事件處理法規定辦理。但其行為應處停止營業、勒令歇業、罰鍰或沒入之部分，仍依本法規定處罰。

（二）依刑法優先原則，對構成犯罪要件之情形應依法移送法院檢察署

依刑法優先原則，對構成犯罪要件之情形應依法移送法院檢察署。惟依社會秩序維護法之沒入或其他具有制裁性質之不利行政處分，則可例外地併予宣告；倘該行為尚未達到刑法之範疇致未受罪之宣告者，如符合社會秩序維護法之要件，則仍可予以處罰。

二、與少年事件處理法之關係

社會秩序維護法第38條規定：違反本法之行為，涉嫌違反刑事法律或少年事件處理法者，應移送檢察官或少年法庭依刑事法律或少年事件處理法規定辦理。但其行為應處停止營業、勒令歇業、罰鍰或沒入之部分，仍依本法規定處罰。

易言之，相對於少年事件處理法，社會秩序維護法屬補充法性質，少年事件應優先移送少年法庭處理。

三、與行政罰法之關係

行政罰，指為維持行政上之秩序（多數為一般人之反射利益，造成輕度傷害），達成行政目的，而對違反政上義務者，所科之制裁。行政罰法包括：罰鍰、沒入及其他具裁罰性之不利處分。

至於違反社會秩序維護法，就警察機關管轄之專處或選處罰鍰、沒入等案件，除社會秩序維護法有特別規定者外，亦有行政罰法之適用。

社會秩序維護法對違規行為之處罰有許多實體與程序之特別規定與行政罰法不同，應優先適用。至於社會秩序維護法未規定之部分，自可適用行政罰法補充之。

易言之，社會秩序維護法為行政罰法之特別法。行政罰法為普通法。

四、與行政程序法之關係

行政程序法第3條第1項：「行政機關為行政行為時，除法律另有規定外，應依本法規定為之。」明白揭示本法以適用行政行為為原則，其他法律對於行政程序事項有特別規定者，優先適用其規定，例如行政罰法、社會秩序維護法等。

易言之，行政程序法屬普通法之性質，適用時之補充法，社會秩序維護法為行政程序法之特別法，社會秩序維護法未規定者，可適用行政程序法。

五、與行政執行法之關係

行政執行法第1條規定：行政執行，依本法之規定；本法未規定者，適用其他法律之規定。可知，相對於社會秩序維護法，行政執行法係各種行政法中有關行政執行之基本規定，屬於基本法性質，社會秩序維護法成為補充法，兩者就行政執行相關規定相同時，以適用行政執行法為主。

第二節 總則

壹、概 說

一、總則與分則為體用關係

總則乃規定違序之一般構成要件（裁罰之原理原則），而分則係規定違序之特別構成要件（各種違序行為類型），兩者具有不可劃分性。

二、違反本法行為之成立要件

> 一般構成要件（總則）＋特別構成要件（分則）＝成立違序行為

一般構成要件（總則）之成立包含違法性與有責性，前者須檢視是否有阻卻違法事由，亦即是否為依法令、正當防衛、緊急避難、因外力所迫無力抗拒之行為，若行為有上述事由則可阻卻違法；後者則須檢視行為人之責任條件與責任能力。當行為無阻卻違法事由且行為人為有責性時，一般構成要件即為成立。

特別構成要件（分則）規定於社會秩序維護法第63條至第91條之1，須各別檢視各條文中之規定。

貳、法 例

法例，指法律適用之通則，為原則性之共同適用規定。社會秩序維護法第1章法例之規定如下：

一、立法目的

為維護公共秩序，確保社會安寧，特制定社會秩序維護法（社會秩序維護法第1條）。

二、處罰法定主義

違反社會秩序行為之處罰，以行為時本法有明文規定者為限（社會秩序維護法第2條）。

三、時之效力 —— 從新從輕原則

（一）社會秩序維護法之規定

社維法第3條規定：「行為後本法有變更者，適用裁處時之規定。但裁處前之規定有利於行為人者，適用最有利於行為人之規定。」

易言之，社會秩序維護法是原則從新，例外從輕之法律，即指在其處理程序終結前，據以准許之法規有變更者，適用新法規，但舊法規有利於當事人而新法規未廢除或禁止所聲請之事項者，適用舊法規。

（二）中央法規標準法之從新從輕原則

1. 從新原則：依中央法規標準法第18條前段規定：「各機關受理人民聲請許可案件適用法規時，除依其性質應適用行為時之法規外，如在處理程序終結前，據以准許之法規有變更者，適用新法規。」

2. 從輕原則：依中央法規標準法第18條但書規定：「但舊法規有較利於當事人而新法規未廢除或禁止所聲請之事項者，適用舊法規。」該條但書規定如舊法規較有利於人民，則優先適用舊法規，此即「從輕原則」。

四、人與地之效力

（一）屬地主義

1.法條依據

社會秩序維護法第4條規定：「在中華民國領域內違反本法者，適用本法。在中華民國領域外之中華民國船艦或航空器內違反本法者，以在中華民國領域內違反論。」

例如現役軍人於營區外吸食強力膠之行為，仍適用社會秩序維護法處罰。

2.屬地主義之概念

我國法律關於人之效力，係採屬地主義，即在中華民國領域內之人民均適用我國法律為原則，並以屬人主義為例外，即凡我國國民不論身在何國，均適用本國法律之折衷主義。

3.領域之概念

領域，分實質領域與想像領域。實質領域包括領土、領海、領空；想像領域指具有中華民國國籍之船艦或航空器。

（二）屬地主義關於地之效力例外

於我國國內不適用社會秩序維護法，屬地之例外者為外國國營航空器內、外國籍民營航空器內、外國籍船艦內及駐華外國機構。

（三）屬地主義關於人之效力例外

關於人之效力例外，包括國內法上及國際法上之例外：

1.國內法上之例外

(1)總統之刑事豁免權。

(2)立法委員及地方民代之特權：言論免責權及不受逮捕特權。

2.國際法上之例外

(1)外國元首。

(2)大使館：外交關係公約第22條1款：「使館館舍不得侵犯，接受國官吏非經使館館長許可，不得進入使館館舍。」

(3)外國使節及其家屬。

(4)經允許駐屯之外國軍隊、軍艦及公船船員。

 -

1. 中華民國船艦自美返航經塞班島附近，某丙在船內有違反社會秩序維護法之行為，於返抵基隆港後停泊，則船艦本籍地或基隆港之地方法院或警察機關有管轄權。

2. 某甲於美國紐約加暴行於乙，經美國法院處罰後返回臺北，乙向警察檢舉甲加暴之事，則因其行為不在我國境內，故不適用社會秩序維護法。

3. 某甲自美國搭乘我國籍之飛機返國途中，於飛行夏威夷上空在機內公然以猥褻言語調戲乙小姐之行為以在我國領域內論，適用社會秩序維護法。

4. 外國外交官如因故與臺灣人鬥毆，則外交官不適用社會秩序維護法，臺灣人適用。

5. 於尼加拉瓜駐華大使館內，如有尼籍傭僕互相鬥毆，其行為如經大使請求處理時可依社會秩序維護法辦理。

- -

五、以上、以下、以內之定義

（一）立法解釋：指立法機關對法律所為之解釋。蓋因立法時已預見疑

義，爲避免將來適用困難，而事先加以解釋。

（二）稱以上、以下、以內者，俱連本數計算：指用以計數時，連同本數計算。本數，指一定範圍內之起點或終點之任何一端數目。如反面解釋，稱未滿、逾者，則均不含本數。

六、執行解散命令等之要式處分

本法第6條：本法規定之解散命令、檢查命令、禁止或勸阻，應以書面爲之。但情況緊急時，得以口頭爲之。

（一）解散命令、檢查命令、禁止

解散命令、檢查命令、禁止：屬下命處分之一種，其性質屬於對人之一般處分。

1. 解散命令，指負有維持公共秩序職責之公務員，對非法聚合之多數人，所爲要求分散離去之意思表示。

2. 檢查命令，指負有維持公共秩序職責之公務員，對可疑之人或物所爲要求之強制性行政檢查之意思表示。

3. 禁止，須經個別禁止，如不聽從，方得處罰。

（二）勸阻

勸阻，表示對一定事實之認識或期望行爲，僅屬觀念通知，非屬下命處分之一種。

參、行爲之有責任性

一、有責性之概念

一個行爲所以被社會秩序維護法認爲是違序，大致有下列三個層面的評價：

（一）違反行政法上義務之「構成要件該當性」：行爲違反行政法上義務、且符合行政法規所規範的各該類型處罰所規定之構成要件。

（二）行政處罰之「可歸責性」：含責任能力與責任意思。

（三）期待可能性：法律可期待行爲人選擇做合法的行爲，如果行爲人別無選擇合法行爲之可能，係出於不得已而爲違法行爲，則不能將責任歸責於該行爲人，故行爲人欠缺期待可能性，即應阻卻其刑事責任。

　　本法寓有期待可能性之規定有：1.未滿十四歲人之行爲不罰；2.心神喪失人之行爲不罰；3.有阻卻違法事由者不罰。

二、責任意思

（一）責任意思之規定

　　社會秩序維護法第7條規定：「違反本法行爲，不問出於故意或過失，均應處罰。但出於過失者，不得罰以拘留，並得減輕之。」

（二）責任意思之意義

　　責任意思係指行爲人在違反社會秩序維護法時之意思或表現，又稱爲責任條件。主要係指行爲人之主觀犯意，即行爲人能對其行爲有一定之意思決定，因此若決定爲法益之侵害，即得對其非難，要求其負責。責任意思有二種，即故意與過失：

　　1. 故意：是指行爲人對於違反社會秩序行爲之事實，明知並有意使其發生，或預見其發生，而其發生並不違背其本意而言。

　　2. 過失：是指行爲人雖非故意，但按其情節應注意並能注意而不注意者，或對於違反社會秩序行爲之事實，雖預見其能發生而確信其不發生者而言。

　　行爲人非出於故意行使之行爲，即爲過失責任；行爲人在能辨識違序事實情況下，卻仍然決定行使之行爲，即爲故意責任。

　　甲於練習踢腿之際，乙卻突然自旁衝入，致甲無法及時反應而踢中乙，其非出於故意或過失，不罰。

三、責任能力

（一）責任能力之意義

　　責任能力，指行爲人精神成熟且健全，而能辨別是非善惡，並依此而爲行爲，足以使其負擔法律制裁之資格而言。

（二）責任能力之區分

責任能力即為受罰能力，即違反社會秩序行為人在接受處罰時，視其年齡、心智等之個別差異，其受罰程度亦有所不同。本法大致可區分為三種：

1. 無責任能力人：下列各款之人之行為，不罰：

(1)未滿十四歲人。

(2)心神喪失人。

2. 限制責任能力人：又稱減輕責任能力者。下列各款之人之行為，得減輕處罰：

(1)十四歲以上未滿十八歲人。

(2)滿七十歲人。

(3)精神耗弱或瘖啞人：所謂瘖啞人，指出生後自幼瘖啞而言，瘖而不啞，或啞而不瘖者，均不適用之。

3. 完全責任能力人：滿十八歲人至未滿七十歲，且精神狀態健全之人。

四、保安處置

（一）保安處置之概念

對無責任能力者雖然不罰，但須輔予保安處置，以防再犯。故保安處置包括寓有教育、預防性質之管教、收容、監護、治療等措施，因保安處置並非本法之處罰種類，故不須經過宣告。

（二）保安處置對象及措施

1.責付管教

(1)十四歲以上未滿十八歲人有違反本法之行為者，於處罰執行完畢後，得責由其法定代理人或其他相當之人加以管教（社會秩序維護法第9條第2項）。

(2)未滿十四歲人有違反本法之行為者，得責由其法定代理人或其他相當之人加以管教（同法第8條第2項前段）。

1.廟會時，已達無意識狀態之滿20歲之乩童有違反社會秩序維護法之行為者，其行為不罰。

2.滿11歲人攜帶類似真槍之玩具槍，違反社會秩序維護法，則不罰，但得單獨宣告沒入該玩具槍；若因疏於管教所致，則得處罰疏於管教之父母。

2.責付監護

(1)精神耗弱或瘖啞人有違反本法之行為者，於處罰執行完畢後，得責由其監護人加以監護（同法第9條第3項前段）。

(3)心神喪失人有違反本法之行為者，得責由其監護人加以監護（同法第8條第3項前段）。

3.交少年或兒童福利機構收容

未滿十四歲人有違反本法之行為者，無人管教時，得送交少年或兒童福利機構收容（同法第8條第2項後段）。

4.交療養處所監護或治療

(1)精神耗弱或瘖啞人有違反本法之行為者，無人監護或不能監護時，得送交療養處所監護或治療（同法第9條第3項後段）。

(2)心神喪失人有違反本法之行為者，無人監護或不能監護時，得送交療養處所監護或治療（同法第8條第3項後段）。

案例

某甲對某乙不滿，決定前往乙宅滋擾，為壯膽乃喝下大量烈酒，至乙宅時酒性大發，於精神喪失情況下滋擾，則其行為不能免除責任仍應處罰。（原因自由行為）（註：因某甲辨識而行為之能力顯著降低，是出於其喝酒行為所致。因故意或過失自行招致結果之行為，不適用不罰或減輕處罰之規定。）

 概念區辨

保安處置	保安處分
係社會秩序維護法所規定，雖然對無責任能力者不罰，但仍須輔予保安處置為補充，以防再犯，其方式包括寓有教育、預防性質之管教、收容、監護、治療等措施。	又稱之為教育刑，是刑法因無責任能力人不罰，而在刑罰之外，另輔以替代自由刑之方式，以避免犯罪行為人再犯，包括要求犯罪人進行感化教育、監護處分、禁戒處分、強制工作、強制治療、保護管束、驅逐出境等七種措施。

五、轉嫁罰

（一）轉嫁罰之概念：疏忽義務之轉嫁罰責任，即代位責任。

（二）轉嫁罰之對象：1.未滿十八歲人：其法定代理人；2.精神耗弱人、心神喪失人：其監護人。

（三）轉嫁罰處罰之限制：以罰鍰或申誡為限。

 案例

1. 甲男育有一子乙，現年14歲，因甲平日疏於管教，致其個性乖張。某日乙攜帶開山刀一把外出，為警查獲，則甲（父親）依社會秩序維護法之規定，可被處以罰鍰。
2. 某甲為年甫17歲之兒子某乙的法定代理人，某甲因經商忙碌而疏於管教某乙，致其屢次發生違反社會秩序維護法之行為，經警查獲，則對某甲得處以罰鍰。

肆、阻卻違法

一、阻卻違法之概念

係指行為人已經擁有具體違法事實，卻因為某些特定之情況下，可以排除其違法性。換言之，就是不罰。

二、阻卻違法之事由

（一）依法令之行為

1.法條規定

社會秩序維護法第11條：「依法令之行為，不罰。」法令，係指刑事法令、民事法令、行政法令。在實例上，例如公務員之職權或職務行為、現行犯之逮捕及利害關係人逮捕通緝犯之行為、具親權者所為之懲戒行為、自力救濟行為等均屬之。

2.依法令行為之要件

(1)須行為人有依法令實施行為之意思：行為人在主觀上，須認識其所實施者為權利行為或義務行為，且有行使權利或履行義務之意思始可。

(2)行為人之行為須有法律之明文規定：法令不問中央或地方法令，亦不問其規定之內容為實體事項或程序事項，凡對於一定行為之實施予以命令或容許者，皆屬之。

(3)須行為未逾法令之限制：行為人應以適當之手段，行使其權利或履行義務。行為雖係依據法令，仍不得有權利濫用之情形。例如逮捕現行犯雖然得以武力排除抵抗，但其程度以足以達到逮捕之目的為止，若超越必要程度，即非法之所許。

 案例

1. 警察於逮捕現行犯時，手擊中對方之腰部未成傷，則警察之逮捕行為係依法令之行為。
2. 未滿10歲之某甲，因欺侮鄰居小孩，經告知甲之父親後，甲父以棍懲戒，則甲父之行為係依法令之行為。
3. 警察人員於需要時得查察當舖係依法令之行為。

（二）正當防衛

1.法條規定

社會秩序維護法第12條：「對於現在不法之侵害，而出於防衛自己或他人權利之行為，不罰。」所謂侵害，指依一定的活動而對於一定的權利或被法律保護的狀態引起危害而言。

2.正當防衛之要件

(1)侵害現實存在：無侵害即無所謂防衛，故正當防衛的成立以侵害存在為前提。

(2)侵害正在進行：指侵害行為已經著手、現正實行或尚未完畢之意思。又對於侵害已經完畢以及對過去的侵害為反擊之行為，亦非此所謂現在之侵害。

(3)侵害須屬不法：須對於不法侵害為之，從而對於一切合法行為，即無防衛可言。例如對於司法警察依法拘捕之行為，縱使有害自由，亦不能進行防衛。

(4)針對侵害人防衛：防衛行為的發動乃由於他人的加害，故屬於被動迎

擊而非主動攻擊。被打擊的對象須為加害人，故如因反擊而侵害到加害人以外的第三人，除有時可認為係緊急避難之外，仍應負法律上之責任。

(5)防衛自己或他人權利之行為：所謂權利，包含甚廣，舉凡生命、身體、自由、財產、名譽等各種權利均屬之。又權利不以自己者為限，屬於他人的權利也可以成為防衛的對象。又他人包含自然人和法人，法人則包含公法人和私法人。

1. 某甲遇見情敵某乙，乃驅使其犬咬乙之際，乙乃拾起地上棍子擊退該犬，依社會秩序維護法規定，乙之行為屬正當防衛之行為。
2. 警察於執行職務時，突然遭到遭歹徒以刀襲擊，乃以旁邊之椅子反擊之行為係正當防衛之行為。
3. 警察學校之在學學生，於支援聚眾活動時遭歹徒襲擊，乃以警棍為適當之反擊行為係正當防衛之行為。
4. 某乙對暴徒的反擊而自衛，但暴徒對乙之自衛再予反擊，依社會秩序維護法規定，暴徒之行為係加暴行於人之行為而非正當防衛。
5. 某甲與某乙出於攻擊互相鬥毆，被警查獲，甲與乙皆主張正當防衛，則正當防衛不成立（註：最高法院84年臺非字第208號裁判：衡之一般社會經驗法則互毆，係屬多數動作構成單純一罪而互為攻擊之傷害行為，縱令一方先行出手，而還擊一方在客觀上苟非單純僅對於現在不法之侵害為必要排除之反擊行為，因其本即有傷害之犯意存在，則對其互為攻擊之還手反擊行為，自無主張防衛權之餘地）。

（三）緊急避難

1.法條規定

社會秩序維護法第13條：「因避免自己或他人之緊急危難，而出於不得已之行為，不罰。」

2.緊急避難之要件

(1)須有危難存在：至於危難之由來，包含人類行為所造成之災害，例如車禍、沉船等。也包含人類行為以外的一切事變與災害而言，例如水災、火災、地震之類。

(2)危難須屬緊急：緊急，便是現在發生，迫在目前之意思。所以過去和未來之危難，都不能成為緊急避難之原因。

(3)須為避免自己或他人之危難：須自己或他人之生命、身體、自由、財產猝遇危險之際，非侵害他人法益別無救護之途。

(4)須出於不得已：不得已，即須係避免法益受侵害之唯一辦法，也就是除該避難行為之外，別無他法可以避免危難之意，如有他法，即不得輕言避難。

1. 甲於街上行走之際，突有狂犬撲來欲咬甲腳，甲拿棍子予以擊退，則甲之行為屬緊急避難之行為。

2. 某甲於山上行走之際，突然看見火山爆發，於不得已情況下，逃至乙之庭院並撞擊丙成傷，致違反社會秩序維護法者屬緊急避難行為。

3. 某甲看見火車即將輾斃平交道上之某乙，於不得已情況下乃趨前即時將乙推倒，致違反社會秩序維護法者屬緊急避難行為。

4. 某甲看見乙停放之汽車後退即將撞到縣政府大門，在不得已情況下乃趨前擅駛乙車，致違反社會秩序維護法者屬緊急避難行為。

5. 旅社發生大火之際，正在洗澡之某甲來不及穿衣，立刻裸奔到街上並撞到他人，致違反社會秩序維護法者屬緊急避難行為。

（四）不可抗力之免責

1. 社會秩序維護法第14條：「因不可抗力之行為，不罰。」

2. 不可抗力：指出於自然力或人力原因，使人無法抵抗的強制力。包括自然災害、如颱風、洪水、冰雹，及政府行為，如徵收、徵用、社會異常事件如罷工、騷動等。

1. 某甲騎摩托車返家途中，忽遇颱風將其吹走，而撞擊某乙之行為，違反社會秩序維護法加暴行於人之行為，甲之行為屬不可抗力之行為。

2. 大力士甲，欲借助乙加暴行於丙，乙不從，乃擅自持乙之手打丙，違反社會秩序維護法，則乙之行為屬不可抗力之行為。

3. 某甲以硫酸毀容相威脅，逼迫其同居人乙，從事媒合暗娼賣淫之違反社會秩序維護法行為，則乙之行為屬不可抗力之行為。

伍、違序之狀態

一、單獨違序

（一）意義：指一人實行違反社會秩序維護法所為，並無他人加助之情形。

（二）構成要件：1.須有責任能力之人；2.包括單獨之違反及同時犯之違反。

（三）處罰規定：均由本人負違反本法之責任。

甲、乙兩人事先並無聯絡，卻同時出手加暴行於丙，則甲乙兩人依社會秩序維護法應單獨處罰。

二、共同違序

（一）意義：數人共同實施違反本法之行為，謂之共同違序；其共同實施之數人，謂之共同違序人。

（二）構成要件：

1. 須二人以上行為人：但無責任能力人不包括在內，僅包括完全責任能力之人或限制責任能力之人。

2. 須有共同之違序意思之聯絡；此為主觀要件，係指每一違序人都認識犯罪事實，並有意與他人共同分擔實施。至於有無違反意思之聯絡，應以著手實行之時為準，但違序意思之聯絡，不限於違序行為之前，在違序行為中始形成者亦屬之。又間接之意思聯絡，例如甲分別邀約乙、丙，但乙和丙並無直接聯絡亦屬之。

3. 須共同實行同一違序行為：指有共同著手於違序行為之實行。在理論上，須有行為實施之分擔或並進，同時，只需其行為共同即可，並非共同行為

的全部階段均必須參與，分擔實行仍不失為共同行為。換言之，即使分擔行為的一部分，仍應負起行為全部的責任。

（三）處罰規定：二人以上，共同實施違反本法之行為者分別處罰。即共同違序人，各負單獨之違序責任，其有特定身分關係，致有加減處罰或免除其處罰者，分別予以適當之處罰。

1. 某甲教唆某乙採折他人之水果，因見乙難以完成，甲乃加入採折終於達到目的，則兩人依共同違序分別處罰。

2. 甲、乙兩人約好共同出資經營瓦斯行，以甲之名取得執照後，實際由乙經營卻超量儲存瓦斯，則甲乙兩人依社會秩序維護法規定應分別處罰（註：因甲、乙兩人之違序行為乃屬共同違序情形，故應分別處罰）。

3. 甲購買電影票，再由乙加價售出，賺取差價後平均分攤，則甲乙兩人依社會秩序維護法應分別處罰。

4. 甲約乙於某日到丁宅藉端滋擾，而乙又瞞著甲再約丙同往，屆時三人一起滋擾之行為依社會秩序維護法應分別處罰（註：犯意之間接聯絡者，仍成立共同違序，故甲、丙二人雖無直接犯意聯絡，仍屬於共同違序，分別處罰之）。

三、間接違序

（一）意義：指行為人利用無責任能力或無責任條件之人，以遂行違序者。

（二）構成要件：1.被利用人係為無責任能力或無責任條件之人；2.須有利用他人以遂行違反社會秩序維護法規定之違反行為者。

（三）處罰規定：其所利用他人實施者，依其所利用之行為處罰之。

1. 某甲唆使一智能障礙者乙戴鬼面具藏身暗巷驚嚇其仇人丙。某甲之行為為利用他人違序。

2. 張三唆使12歲學童毆打李四，依社會秩序維護法規定，則張三之行為構成利用他人實施違序行為。

四、教唆違序

（一）意義：指教唆他人實施違反本法之行為，此他人應本無違反本法之意，其方法無論是言語挑撥、文字唆使、舉動示意等，均包括在內。若他人本有違反本法之意，教唆者從旁開導、指示、鼓勵或唆使，乃為幫助或共同實施，皆不成立教唆。

（二）構成要件：

1. 須被教唆人為有責任能力人：即被教唆人以完全責任能力人為限。

2. 須被教唆人原無違反意思，經教唆後才下定違反決心：教唆乃是對原無違序意思之人為之，若被教唆人早已具有違序決意，則已無教唆之餘地，此時，行為人之參與謀議或堅定其違序決意，應屬共同違序或幫助違序之行為。

3. 須經教唆後實施違反本法行為：經教唆後才定決心違反社會秩序維護法者。

（三）處罰規定：教唆他人實施違反本法之行為者，依其所教唆之行為處罰。

案例 --

1. 甲教唆有責任能力之乙，到丙宅實施藉故滋擾之行為達二小時之久，則甲應依其所教唆之行為處罰。

2. 某甲教唆某乙以猥褻言語調戲異性某丙，而某乙不但調戲某丙，並與某丙共同吸食強力膠，則某甲只負調戲異性之違反本法處罰責任。

3. 某甲教唆某乙採折他人之白菜，某乙並未採折反而加暴行於他人，則乙依單獨違序處罰，甲不罰。

4. 某甲教唆某乙加暴行於丙，乙卻誤丁為丙而加暴行於丁，則甲依教唆加暴違序處罰，乙依加暴違序處罰（註：雖然乙將甲視為丙，造成客體錯誤（即目的物錯誤），然其所要保護的法益均屬生命法益，故為構成要件之客體錯誤，甲、乙兩人均不得主張構成要件錯誤而阻卻故意）。

五、幫助違序

（一）意義：凡提供助力幫助他人實施違反本法之行為者，謂之幫助違序。

（二）幫助之方式：不管是否爲積極、消極或爲物質、精神均不論。

（三）構成要件：

1. 須有違序行爲存在：因幫助違序的幫助行爲依附在違序行爲，且此違序行爲須是故意違序之行爲，始成立幫助違序。故須有違序行爲與幫助行爲之存在。又幫助行爲並非一經完成便成立幫助違序，必須該幫助行爲或影響力持續至違序人實施違序行爲始能成立。

2. 須有幫助他人違序之故意：即幫助者主觀上須有幫助他人違序之故意。

3. 須有幫助違序之行爲：即對實施違反社會秩序維護法行爲者，予以助力或便利幫忙，使其容易達成違反社會秩序維護法之目的。幫助之方法不論積極或消極、物質或精神，均屬之。

4. 須於他人實施違序行爲之前或實施中予以幫助：若違序人之違序行爲已經完成，縱予幫助，對於違序行爲之成立亦無影響，而應就其具體情形，論爲獨立之違序行爲，故此時便無成立幫助違序。

（四）減輕處罰規定：幫助他人實施違反本法之行爲者，得減輕處罰。

案例 ---

1. 代購強力膠供他人吸食者，仍應處罰但得減輕。因代購者乃幫助他人實施違序之行爲，依社會秩序維護法第17條之規定，得減輕處罰。

2. 甲提供梯子助成年人乙完成擅採他人花卉之行爲，則甲得減輕處罰。

3. 某甲於借麻將牌給乙之際，明知乙係要轉借給丙作賭博之用，若丙因賭博行爲被查獲，則甲屬間接幫助違序，得減輕處罰。

4. 某甲把住宅借給乙、丙、丁等人，由乙抽頭共同賭博財物被警查獲，仍屬間接幫助違序，得減輕處罰。

六、特種工商業之併罰負責人

（一）特種工商業之範圍：特種工商業，指與社會秩序或善良風俗有關之營業。其範圍，由內政部定之。

內政部於民國81年公告如下：爆竹煙火業、委託寄售及舊貨業、汽機車修配保管業、公共危險物品及高壓氣體、旅宿業、理髮業、當舖業、沐浴業、酒

家業、酒吧業、特種咖啡茶室業、舞廳業、舞場業、歌廳、戲劇院業、視聽歌唱業、隔間式錄影節目帶播映場業、電動玩具類、按摩業、妓女戶、警械業。

（二）併罰負責人之規定：特種工商業之負責人教唆其受僱人實施關於業務上違反本法之行為，該負責人應依其所教唆之行為處罰之。

某甲經營旅社，其從業人員某乙之業務上行為違反本法，依法除了處罰乙外，亦得併罰甲。

七、公司商業人員因執行業務而犯刑法妨害風化罪等罪，得勒令歇業

（一）公司、有限合夥或商業之負責人、代表人、受雇人或其他從業人員，因執行業務而犯刑法妨害風化罪、妨害自由罪、妨害秘密罪，或犯人口販運防制法、通訊保障及監察法之罪，經判決有期徒刑以上之刑者，得處該公司、有限合夥或商業勒令歇業。

（二）前項情形，其他法律已有勒令歇業規定者，從其規定（社會秩序維護法第18條之1）。

陸、處　罰

一、處罰之種類

社會秩序維護法第19條第1項第1款規定之處罰之種類，包括拘留、勒令歇業、停止營業、罰鍰、沒入、申誡等六種。茲分述如下：

（一）拘留

1. 拘留期間：一日以上，三日以下；遇有依法加重時，合計不得逾五日。

2. 拘留之意義：拘留，為社會秩序維護法處罰種類之一，屬行政罰，即將被處罰人拘禁於拘留所內，以拘束其身體自由之處罰。寓有「閉門悔過、自我教育」作用，亦為該法最嚴重之處罰。因拘留屬自由罰，依法律保留原則僅能由法院裁定之，警察機關依法無此職權。

3. 拘留須交由簡易法庭裁定：對於限制人身自由的拘留處罰，依本法規

定不能逕行由警察機關裁定，而須交由簡易法庭法官裁定，這種處理程序符合憲法第8條人權保障之規定。

4. 拘留之裁處：得與沒入、停止營業併同裁處。

（二）勒令歇業

1. 勒令歇業之意義：指勒令歇閉其營業行為，永久剝奪其營業權利之處罰或制裁。易言之，違反本法被裁處勒令歇業係指營業證照予以撤銷或廢止。

2. 勒令歇業須交由簡易法庭裁定：勒令歇業係指營業證照予以撤銷，屬營業罰，僅能由法院裁定之，不宜由警察機關逕行加以處罰。

3. 裁處多數勒令歇業之執行：裁處多數勒令歇業，其營業處所相同者，執行其一；營業處所不同者，併執行之。

（三）停止營業

1. 停止營業期限：一日以上，二十日以下。

2. 停止營業之意義：停止營業指剝奪一定期間之合法營業權利，於該期間經過後，即主動恢復原營業權利之處罰或制裁。

3. 停止營業須交由簡易法庭裁定：屬營業罰，僅能由法院裁定之。

4. 裁處多數停止營業之執行：裁處多數停止營業者，併執行之；同一營業處所停止營業之期間，合計不得逾二十日。

5. 勒令歇業或停止營業之裁處：同一營業處所分別受有勒令歇業及停止營業之處罰時，本法規定僅就勒令歇業執行之，此係採用吸收原則所為之立法。

（四）罰鍰

1. 罰鍰額度：新臺幣300元以上，3萬元以下；遇有依法加重時，合計不得逾新臺幣6萬元。

2. 罰鍰之意義：指對違序人科以一定數額的金錢之處罰或制裁。

3. 罰鍰得由法院或警察機關裁處：屬財產罰，依社會秩序維護法規定，法院或警察機關均得裁處之，其數額為新臺幣300元以上、3萬元以下；遇有依法加重，合計不得逾新臺幣6萬元。

4. 罰鍰不得易科沒入，申誡、拘留均不得易科罰鍰。

5. 罰鍰之裁量基準：內政部警政署82年函：分則各條款之法定罰鍰額度，上下限幅度相差甚大，裁量之空間極為寬廣，為避免同類案件量罰差距過

大，警察機關於裁處罰鍰時，如無加重、減輕或從重、從輕之特別情狀時，其宣告罰宜以違反條款法定罰上限二分之一至三分之一範圍內予以量定為妥適。

🔍 概念區辨

▊ 罰金與罰鍰之區別

罰金	罰鍰
刑罰的種類之一，屬財產刑。其乃是命令犯人繳納一定金額的刑罰。刑法總則規定罰金的最低額為新臺幣1,000元以上，以百元計算之。其最高額則於分則中分別依各種犯罪行為而為規定。	行政罰中警察罰之一種，乃科予違規人完納一定金錢之處罰。與刑法上罰金相似，但性質不同。

▊ 社會秩序維護法之罰鍰與刑事訴訟法之罰鍰之區別

社會秩序維護法中所稱之罰鍰	刑事訴訟法中所稱之罰鍰
由警察機關依社會秩序維護法之規定認定受裁定人違序，可制作處分書移送該管簡易庭裁定，並法庭除須審問或調查者外，應迅速制作裁定書；或警察機關對於情節輕微而事實明確之違反社會秩序維護法案件，可直接逕行處分。其對於「罰鍰」有明確之規定，例如社會秩序維護法第19條第1項第4款規定：「罰鍰：新臺幣三百元以上，三萬元以下；遇有依法加重時，合計不得逾新臺幣六萬元。」	指在刑事訴訟程序中，證人、鑑定人或通譯無正當理由，無故不配合案件之偵辦或法院之裁示，經由法院宣判科予罰鍰之處分，依檢察官之命令執行之。類似行政執行法所規定，為迫使義務人履行法定義務之怠金。

（五）沒入

1. 沒入之意義：指裁處機關剝奪行為人對特定物之所有權。亦即裁處機關剝奪違序人對於與違序行為有特定關係之特定物（例如：滋事所持之棍棒等）之所有權或非法取得權，加以沒入充公之處罰或制裁。

2. 查禁物之沒入：不論是否屬於行為人均沒入。

3. 沒入得由法院或警察機關裁處：沒入屬財產罰，法院或警察機關均得裁處之。

4. 沒入物品之處分：

(1)依社會秩序維護法規定沒入之物品，於裁處確定後由原處分或原移送

之警察機關處分。但上級警察機關認有必要時，得指定所屬警察機關處分之（沒入物品處分規則第2條）。

(2)沒入物品，依下列方法分別處分之：留作公用、拍賣或變賣、廢棄或銷燬、移送有關機關（沒入物品處分規則第4條）。

(3)違反社會秩序維護法案件應沒入之物，警察機關作成處分時，漏未併予沒入，依法務部釋示意見，除有得單獨宣告沒入之情形外，不得再為沒入之處分。

（六）申誡

1. 社會秩序維護法第19條第1項第6款規定：「申誡：以書面或言詞為之。」

2. 申誡之意義：屬精神罰，乃裁處機關對違序人以書面或言詞之方式，予以申明告誡，規勸其向善之處罰，其侵害程度最低。

3. 申誡之機關：法院或警察機關均得裁處之。

概念區辨

■ 沒入與沒收之區分

沒入	沒收
行政罰之用語，是由行政機關剝奪違反義務者之物所有權，而將之移轉予公法人之行為，沒入屬終局性剝奪物之所有權之行為，一經沒入，所有權即強制移歸沒入機關所屬之公法人，因而與行政扣留之概念有所不同。	刑法用語，即刑法中之罰則從刑，由法院於有罪判決中併予宣告，原則上以屬於犯罪被告所有者為限。

二、裁處勒令歇業或停止營業應符合比例原則

（一）社會秩序維護法第19條第2項規定：「勒令歇業或停止營業之裁處，應符合比例原則。」

（二）符合比例原則之概念：此非一範圍廣泛之「裁量權」，而是執法者「法益衡量」應遵循之原則。比例原則又稱為禁止過當原則、損害最小原則，

在於要求「方法」與「目的」之均衡。亦即不得為求目的不擇手段。例如處停止營業即能達行政目的者，不得處勒令歇業。

柒、罰鍰繳納與易以拘留

一、罰鍰之繳納

（一）罰鍰繳納之期限

1. 罰鍰應於裁處確定之翌日起十日內完納。

2. 被處罰人依其經濟狀況不能即時完納者，得准許其於三個月內分期完納。但遲誤一期不繳納者，以遲誤當期之到期日為餘額之完納期限。

（二）裁處確定之情形

1. 經警察機關處分之案件，受處分人未依法聲明異議者，其處分自處分書送達之翌日起，至第五日期滿時確定。

2. 地方法院或其分院簡易庭關於聲明異議案件之裁定，於裁定宣示或送達時確定。

3. 簡易庭就社會秩序維護法第45條案件所為之裁定，受裁定人及原移送之警察機關未依法提起抗告者，其裁定自裁定書送達之翌日起，至第五日期滿時確定。

4. 地方法院或其分院普通庭關於抗告案件之裁定，於裁定宣示或送達時確定。

5. 捨棄抗告權、撤回聲明異議或抗告之案件，其裁處於捨棄或撤回書狀到達受理機關或原裁處機關時確定（社會秩序維護法案件處理辦法第5條）。

二、罰鍰易以拘留

（一）罰鍰易以拘留之原因

1. 警察機關聲請：罰鍰逾期不完納易以拘留者，警察機關應依社會秩序維護法第45條第1項規定以聲請書移送該管簡易庭裁定。

2. 被處罰人請求：被處罰請求易以拘留者，應以書面載明請求意旨，提出於原處分或原移送機關依本法第45條第1項規定移送該管簡易庭裁定。聲請易以拘留案件，被處罰人欲完納罰鍰者，應予准許。

（二）易以拘留之計算

1. 罰鍰易以拘留，以新臺幣300元以上900元以下折算一日。但易以拘留期間不得逾五日。

2. 罰鍰總額折算逾五日者，以罰鍰總額與五日之日數比例折算。

3. 易以拘留不滿一日之零數不算。

4. 易以拘留期內繳納罰鍰者，以所納之數，依裁定所定之標準折算扣除拘留之期間。

某甲被處罰鍰6,000元，警察機關准其分六期繳納，但甲只繳兩期即拒繳，應將4,000元聲請易以拘留。

三、沒入之宣告

（一）沒入物之種類及限制

下列之物沒入之：

1. 因違反本法行為所生或所得之物。

2. 查禁物。

（二）沒入物之限制

1. 前項第1款沒入之物，以屬於行為人所有者為限；第2款之物，不問屬於行為人與否，沒入之。

2. 供違反本法行為所用之物，以行為人所有者為限，得沒入之。但沒入，應符合比例原則。

（三）單獨宣告沒入之情形

沒入，與其他處罰併宣告之。但有下列各款情形之一者，得單獨宣告沒入：

1. 免除其他處罰者。

2. 行為人逃逸者。

3. 查禁物。

案 例 ---

1. 某甲於其家中，未經主管機關許可，加工製造沖天炮供國內市場銷售，被警查獲，則該沖天炮屬因違序所生之物應沒入。

2. 警察據報有人於空地上吸食強力膠，抵達時行為人早已逃逸，現場查獲強力膠四支、雨傘兩把、類似真槍之玩具槍一支，則警察得單獨宣告沒入強力膠、玩具槍。

3. 某甲於其營業之店中剛陳列金撲克電動玩具，尚未插電營業即被警查獲，該賭博性電動玩具內有新臺幣3,000元係準備營業用者，依法不得沒入（註：依社會秩序維護法第22條第1項所規定，沒入物須為違反社會秩序維護法行為所生或所得之物）。

4. 警察機關對丙之違序行為依法處分並送達後，發現丙尚有應沒入之查禁物漏未處分，應不論時效皆得單獨沒入之。

（四）處分時漏未併予沒入之處理

　　司法院81年廳刑2字第13702號函：關於違反社會秩序維護法案件應沒入之物，警察機關作成處分時漏未併予沒入，除有符合社會秩序維護法第23條但書規定得單獨宣告沒入之情形外，不得再另為沒入之處分。

捌、數違序行為之競合

一、想像競合違反

　　（一）想像競合違反之意義：指出於一個犯意實施一行為，卻產生二以上之結果，並皆違反本法者。根據一行為一處罰原則，想像競合違反只能予以一次處罰。

　　（二）想像競合違反之種類：

　　1. 異種想象競合：若一行為二結果觸犯不同條款，亦即其數結果為異種者，如舉棍加暴行於人，同時又不慎毀損路燈，應從一重處罰。

　　2. 同種想象競合：若一行為二結果觸犯同一條款，亦即其數結果為同種者，如投一石不慎毀損二個路燈，應從重處罰。

二、數行為之處罰

（一）分別處罰：違反本法之數行為，分別處罰。

 ----

1. 甲於3月9日加暴行於人未成傷，於3月10日又吸食強力膠，此二違序行為應分別處罰。
2. 某甲經營遊藝場，於3月3日公然陳列賭博性電動玩具，被警員查獲並於現場紀錄表上簽字之後，又於3月4日被查獲，則甲之二違序行為應分別處罰。
3. 以甲、乙各自為首之兩幫人馬，平日不睦，某日因隙怨，各自邀集同夥，分持開山刀聚集在公園角落處談判，茲因談判破裂，雙方劍拔弩張之際，適為據報趕到的警察及時制止，而未釀大禍。有關甲之違序行為，甲攜帶開山刀及意圖鬥毆而聚眾之行為，係屬數行為應分別處罰。
4. 無正當理由攜帶電擊棒，尾隨夜歸婦女，經勸阻不聽者，其各該違序行為應依社會秩序維護法分別處罰。

（二）加重處罰
1.得加重其處罰之意義

指連續數個本可獨立構成違反社會秩序維護法之行為，而違反本法同一條款之規定者，依社會秩序維護法第24條第1項規定：「違反本法之數行為，分別處罰。但於警察機關通知單送達或逕行通知前，違反同條款之規定者，以一行為論，並得加重其處罰。」例如連續數日散佈不實謠言，均足以影響公共之安寧者，此數行為本均違反本法第63條第1項第5款之規定，本應予數次處罰，惟其乃連續之數行為，違反本法同一條款，侵擾同一合目的秩序，究與數侵擾行為不同，本法對此明定「以一行為論，並得加重其處罰」，係為杜絕僥倖與紛爭。

2.得加重其處罰之情形

(1)連續違序：指連續數行為，違反本法同一條款之規定，侵擾同一目的秩序者。如連續數日散播不實謠言。

(2)累次違序：另依本法第26條規定：「經依本法處罰執行完畢，三個月內再有違反本法行為者，得加重處罰。」故累次違序之行為，亦得加重處罰。

1. 某甲於2月3日、5日、7日分別強賣物品,至10日又強賣物品時為警查獲經逕行通知到場,則其四次行為應以一行為論,得加重處罰(註:某甲之行為當適用社會秩序維護法第24條第1項後段之規定,故其強賣物品之數行為以一行為論,並得加重其處罰)。

2. 甲於遭取締前,有三次意圖得利與人姦淫之行為,此三次違序行為應以一行為論,並得加重其處罰。

3. 某甲於1月2日毀損路燈,經警察機關逕行通知前,又於1月7日再毀損路燈,則甲之二行為依社會秩序維護法應加重處罰。

4. 甲因加暴行於人受拘留之裁處確定,執行完畢後第三天又吸食強力膠,此吸食強力膠行為得加重處罰。

三、從一重處罰

(一)法條規定

社會秩序維護法第24條第2項前段規定:「一行為而發生二以上之結果者,從一重處罰。」

(二)從一重處罰之概念

從一重處罰之事由,為不同種類想像競合之違序行為。即一行為違反社會秩序維護法數項規定,發生二種以上之結果者,其行為在法律上,本應依數規定予以處罰,惟就其既出於行為人之單一決定,僅對之科處一處罰,即足以達到維護社會秩序之目的。

例如舉棒毆人(未成傷),不慎同時擊毀路燈一盞,此乃一行為(舉棒毆人),發生二結果(加暴行於人及毀損路燈),係違反同法第75條第2款及第87條第1款之規定,從一重處罰,故罰其違反同法第87條第1款之規定。

(三)從一重處罰原則

1. 相競合之規定皆科處罰鍰,擇其金額較高者裁處。
2. 相競合之規定皆停止營業,擇其期間較長者。
3. 相競合之規定,一者勒令歇業,另一者則停止營業,依前者處罰。

1. 某甲投擲一石，打中路人後彈起又毀損一旁之路燈，依法應依本法從一重處罰。
2. 某甲無正當理由，攜帶具有殺傷力且類似真槍之玩具槍，而有危害安全之虞者，應從一重處罰（註：攜帶具有殺傷力之玩具槍，其行為係違反社會秩序維護法第63條第1項第1款「無正當理由攜帶具有殺傷力之器械、化學製劑或其他危險物品者。」又攜帶類似真槍之玩具槍，其行為係違反同法第65條第3款「無正當理由，攜帶類似真槍之玩具槍，而有危害安全之虞者。」故此時屬於一行為同一時違反二種規定，應適用同法第24條第2項之規定：一行為而發生二以上之結果者，從一重處罰；其違反同條款之規定者，從重處罰。因所違反之二種規定非屬同一條款，故應適用該項前段，從一重處罰）。

四、從重處罰

（一）法條規定

社會秩序維護法第24條第2項規定：「一行為而發生二以上之結果者，從一重處罰；其違反同條款之規定者，從重處罰。」

（二）從重處罰之概念

從重處罰之事由為同種類想像競合之違序行為。即一行為發生數結果，違反同一條款之規定者，從重處罰。例如：拋石一次，不慎同時擊毀路燈兩盞，係違反社會秩序維護法第75條第2款規定，此時應「從重處罰」，亦即依該條款規定處罰一次，於該條款法定罰範圍內，科以較重之處罰即可，並非謂應從最高罰度處罰也。

1. 某甲揮一拳打中二人，依本法應從重處罰。
2. 某甲投一石不慎同時毀損三個路燈，應從重處罰。
3. 某甲擅自操縱交通號誌，致電線走火毀損該交通號誌，依本法規定應從重處罰（註：擅自操縱交通號誌、致電線走火毀損該交通號誌，兩種結果皆規定於社會秩序維護法第75條，故某甲之行為屬於同種類想像競合之違序行為，依社會秩序維護法第24條第2項後段規定，從重處罰）。

五、多次違序之分別裁處、分別執行

（一）法條規定

社會秩序維護法第25條規定：「違反本法之數行為，分別裁處並分別執行。但執行前之數確定裁處，依下列各款規定執行之：

一、裁處多數拘留者，併執行之，合計不得逾五日。

二、裁處多數勒令歇業，其營業處所相同者，執行其一；營業處所不同者，併執行之。

三、裁處多數停止營業者，併執行之；同一營業處所停止營業之期間，合計不得逾二十日。

四、分別裁處勒令歇業及停止營業，其營業處所相同者，僅就勒令歇業執行之；營業處所不同者，併執行之。

五、裁處多數罰鍰者，併執行之，合計不得逾新臺幣六萬元；如易以拘留，合計不得逾五日。

六、裁處多數沒入者，併執行之。

七、裁處多數申誡者，併一次執行之。

八、裁處不同種類之處罰者，併執行之。其中有勒令歇業及停止營業者，依第4款執行之。」

（二）分別處罰之概念

指同一個違序行為人，在未經由法律裁處前，或裁處後處罰未執行完畢前，又作出另一個違序之行為而被查獲，並且二者行為間其違序法規各自獨立。多次違序之處罰依社會秩序維護法第24、25條規定分別處罰，即分別裁處、分別執行。

（三）執行前數確定裁處之合併執行

1. 由繫屬在先之警察機關依社會秩序維護法第25條規定，製作合併執行書定其應執行之處罰，交付被處罰人，並執行之。

2. 執行中或執行後發覺有應合併執行之處罰而未合併者，應更定其應執行之處罰並就未執行部分執行之。更定之合併執行書，發覺在執行中者當場交付，在執行後者送達之。

3. 前2項定其應執行之處罰者，被處罰人或其法定代理人、配偶，亦得請求繫屬在先之警察機關辦理之。

　　4. 第1項、第2項執行情形應通知有關警察機關（違反社會秩序維護法案件處理辦法第48條）。

----

1. 某甲經營遊藝場，於3月3日公然陳列賭博性電動玩具，被警員查獲並於現場紀錄表上簽字之後，又於3月4日被查獲，則甲之二違序行為應分別處罰。
2. 某甲與某乙互相鬥毆，被裁定拘留3日確定，於拘留所執行至第2日時又加暴行於同在拘留所中之丙，則甲之行為屬多次違序應分別處罰。
3. 某甲於民國92年2月3日因公然陳列經主管機關公告查禁之器械，經裁處拘留，尚未執行，又於同年5月9日無正當理由攜帶具有殺傷力之化學製劑，兩次均曾分別經警查獲，則兩次行為均須移送法院簡易庭裁定，兩次違反社會秩序維護法之行為，得分別處以拘留，若執行前之此兩次違反均經裁處拘留確定，併執行之，合計不得逾5日。
4. 某人有三行為分別違反社會秩序維護法，分別由甲、乙、丙三分局處分確定後，由繫屬在先之甲分局依規定且併同乙分局之處分製作合併執行書執行中或執行後，又發現丙分局的處分未合併執行，則應更改其應執行之處罰，並就未執行部分執行之。

玖、處罰之加重、減輕及免除

一、累次違序之加重

　　（一）社會秩序維護法第26條規定：經依本法處罰執行完畢，三個月內再有違反本法行為者，得加重處罰。

　　（二）累次違序之概念：指違序行為人已經由裁定違序處罰，且執行處罰完畢，在完畢之日算起三個月內，再次作出違反本法之行為。

----

1. 甲因加暴行於人受拘留之裁處確定，執行完畢後第三天又吸食強力膠，此吸食強力膠行為得加重處罰（註：甲之行為屬於累次違序）。
2. 某甲於民國92年2月3日因公然陳列經主管機關公告查禁之器械，經裁處拘留，尚未執行，又於同年5月9日無正當理由攜帶具有殺傷力之化學製劑，兩

次均曾分別經警查獲，則兩次行為均須移送法院簡易庭裁定，兩次違反社會秩序維護法之行為，得分別處以拘留，若執行前之此兩次違反均經裁處拘留確定，併執行之，合計不得逾5日。

二、再次違序之加重

（一）再次違序之概念：指其違序行為皆違反社會秩序維護法同一條款的情況下，無論本次違序行為與前次違序行為中間相隔多少時間，或是其處罰是否執行完畢，均依再次違序之型態加重處罰，可處罰種類規定於社會秩序維護法之分則中。經由裁定確定後，得處或併處停止營業或勒令歇業、罰鍰等。

（二）社會秩序維護法第63條第2項、第76條第2項之規定：1.本法第63條第2項規定：前項第7款、第8款其情節重大或再次違反者，處或併處停止營業或勒令歇業；2.第76條第2項規定：前項第1款其情節重大或再次違反者，處或併處停止營業或勒令歇業。

🔍 概念區辨

■ 累次違序、再次違序、多次違序之差異

累次違序	再次違序	多次違序
指違序行為人已經由裁定違序處罰，且執行處罰完畢，仍不悔改，在完畢之日算起3個月內，再次作出違反本法之行為；其處罰方式規定於社會秩序維護法之總則中，依本法第26條規定：經依本法處罰執行完畢，3個月內再有違反本法行為者，得加重處罰。	指其違序行為皆違反本法同一條款的情況下，無論本次違序行為與前次違序行為中間相隔多少時間，或是其處罰是否執行完畢，均依再次違序之型態加重，可處罰種類規定於本法之分則中。經由裁定確定後，得處或併處停止營業或勒令歇業、罰鍰等。例如本法第63第2項、76條第2項規定：「前項第一款其情節重大或再次違反者，處或併處停止營業或勒令歇業。」即屬再次違序。	指同一個違序行為人，在未經由法律裁處前，或裁處後處罰未執行完畢前，又作出另一個違序之行為而被查獲，並且二者行為間其違序法規各自獨立。多次違序之處罰依本法第24條、第25條規定分別處罰，即分別裁處、分別執行。

■ 得加重處罰、從一重處罰、從重處罰之不同

得加重處罰	從一重處罰	從重處罰
如累次違序之處罰，如與初次違序完全相同並不合理，故得加重之，一般對累犯係加重本罰至二分之一。	因想像競合違序行為，故應選最重高罰度之法條處罰。	即科以較重之罰即可，並非謂應從最高罰度處罰也。

三、得減與必減之情形

（一）得減之情形：1.過失違序者；2.減輕責任能力人；3.幫助違序者；4.情節可憫恕者。

（二）必減之情形：自首者。

四、自首

（一）自首之概念

1. 自首之意義：是指違序人在違序未發覺前，自行向警察機關或警察人員，坦白陳述、而應受其處分者也。

2. 自首必須符合下列要件：(1)必須在事實未被發覺以前；(2)必須告知自己所為之違序行為；(3)必須向警察機關或警人員為之並受裁處。

（二）法條規定

社會秩序維護法第27條規定：「違反本法之行為人，於其行為未被發覺以前自首而受裁處者，減輕或免除其處罰。」

（三）自首必減之理由

本法採絕對減輕主義，或免除其處罰，以激勵犯行者改過向善，並可得知共同違反人，以及省略通知手續，且可免累及無辜。

五、量罰輕重與酌量

（一）量罰之自由裁量權

指警察機關做出行政處罰時，可在法定的處罰幅度內選擇，包括在處罰種類幅度和處罰種類的選擇。

（二）量罰輕重之一般標準

違反社會秩序維護法之案件，量罰時應審酌一切情狀，尤應注意下列事項，為量罰輕重之標準：

1. 違反之動機、目的。
2. 違反時所受之刺激。
3. 違反之手段。
4. 行為人之生活狀況。
5. 行為人之品行。
6. 行為人之智識程度。
7. 行為人與被害人之關係。
8. 行為人違反義務之程度。
9. 行為所生之危險或損害。
10.行為後之態度。（社會秩序維護法第28條）

（三）裁決上酌減或免除其處罰

違反本法行為之情節可憫恕者，得減輕或免除其處罰。

依法令加重或減輕者，仍得依前項之規定，減輕其處罰。（社會秩序維護法第29條）

（四）處罰之加減標準

社會秩序維護法處罰之加重或減輕標準如下：

1. 拘留或罰鍰之加重或減輕，得加至或減至本罰之二分之一（社會秩序維護法第30條）。

2. 因處罰之加重或減輕，致拘留有不滿一日、罰鍰不滿新臺幣300元之零數者，其零數不算。

3. 因處罰之減輕，致拘留不滿一日、罰鍰不滿新臺幣300元者，易處申誡或免除之（社會秩序維護法第30條）。

案例 --

1. 某甲不聽勸阻連續擅入他人土地釣魚，違反社會秩序維護法第91條第3款，經警察機關加重本罰二分之一後，如依同法第30條第2款規定除去零數後，某甲被裁罰2,250元，依前條規定可扣除250元，故最高可裁罰2,000元。

拾、時　效

一、時效制度之概念

　　指在法律上，因時間之經過及其他要件之具備，使當事人間之權利義務關係發生得、喪、變更各種效果之制度。時效制度主要為避免長期不行使法律權利，致使訴訟上舉證困難，或造成新的事實狀態，影響原有法律秩序之正常維持。因此有提醒權利人及時行使權利，維護法律秩序安定性之作用。民法上有「消滅時效」和「取得時效」，刑法上有「追訴時效」和「行刑時效」。

二、違序處罰權之消滅時效

　　本法之時效僅限於消滅時效，且可分為二種如下：
　　（一）追究權時效：消滅未確定之處罰追究權。
　　（二）執行權時效：消滅已確定之處罰執行權。

三、追究權時效

（一）追究權時效期間

　　違反本法行為，逾二個月者，警察機關不得訊問、處罰、並不得移送法院。

（二）二個月追究時效之起算標準

　　1. 自違反本法行為成立之日起算。
　　2. 但其行為有連續或繼續之狀態者，自行為終了之日起算。

案例 --

1. 某甲於4月10日在某乙汽車上畫刻，迄7月10日某乙始向警察機關報案，依社會秩序維護法之規定，不得訊問、處罰、移送。

2. 某甲於5月5日檢舉某乙於3月1日加價販賣電影票圖利，但時效已過，不得訊問、處罰、移送。

3. 某甲經營登山用品社，於90年1月8日進貨陳列販售類似真槍之玩具槍，因經營不善於6月1日歇業。8月8日經人檢舉，但追究權時效已消滅，不得調查訊問。

4. 某甲於3月3日毀損路燈後，路燈的毀損狀態持續至4月1日始經修復而終了，則某甲之行為追究時效自3月3日起算。

（三）查禁物單獨宣告沒入不適用時效之規定

法務部81年函：按社會秩序維護法第23條係對於「物」所爲單獨宣告沒入之規定；同法第31條第1項係對於「行爲人之行爲」處罰之時效規定，二者規範對象各有不同，合先敘明。又前揭同法第23條但書第3款既規定查禁物得單獨宣告沒入，應不以有行爲人存在爲前提，亦不以有違反社會秩序行爲爲必要，縱令無行爲人或違反社會秩序行爲，均得就查禁物單獨宣告沒入，自無同法第31條第1項就行爲人行爲處罰時效規定之適用。

四、執行權時效

（一）執行權之時效期間

1. 違反本法行爲之處罰爲停止營業、罰鍰、沒入、申誡者，自裁處確定之日起，逾三個月未執行者，免予執行。

2. 爲拘留、勒令歇業者，自裁處確定之日起，逾六個月未執行者，免予執行。

（二）三個月執行時效之起算標準

1. 分期繳納罰鍰而遲誤者，前項三個月之期間，自其遲誤當期到期日之翌日起算。

2. 經易以拘留者，自法院裁定易以拘留確定之日起，逾三個月未執行者，免予執行。

案例 --

1. 某甲因違反社會秩序維護法而於93年1月2日被裁處拘留5日確定，卻遲至同年7月1日23時50分才主動前往執行之警察機關，但受理時已是7月2日1時，則已逾執行時效，免於執行。

2. 某丙因違反社會秩序維護法被裁處拘留5日，正在執行中卻遇警察機關發生火災而不能執行，則其執行時效繼續計算，不因任何原因而中斷。

3. 某甲因違反社會秩序維護法而於83年3月5日被裁處拘留3日確定，於拘留所執行2日時，因甲之父喪亡而停止執行，待其處理喪事完畢，已逾執行時效，則其所剩1日之拘留應免於執行。

4. 某甲於3月5日被處罰鍰5萬元，並於3月7日送達後，經准予分五期繳納但只繳兩期，至4月10日即拒繳，則所剩罰鍰之執行時效自4月11日起算3個月。

5. 某甲於2月2日被裁定拘留3日後，提起抗告，經普通庭於2月7日裁定駁回並於2月9日宣示或送達，則甲之拘留執行時效自2月9日起算。

6. 某甲於實施違序行為時精神正常，遭裁處拘留3日，至執行拘留時心神喪失，則待其精神恢復正常後，若未逾執行時效者應予執行。

7. 某甲於3月5日被處罰鍰3萬元，並於3月7日送達後，未聲明異議，依法其處分自處分書送達之翌日起，至第5日期滿時確定，則甲之罰鍰時效自3月12日24時起算。

第 一 節　處罰程序

　　違序處罰的程序，為管轄、調查、裁處、執行、救濟，以下分述之。

壹、管　轄

一、管轄範圍之概念

　　（一）管轄範圍之意義：指法院或警察機關在特定區域內有處理特定違反社會秩序維護法案件職權之範圍。其劃分管轄範圍之方式有：

　　1. 事務管轄：指按事務之類別，劃分管轄權之歸屬。

　　2. 土地管轄：指事務管轄所涵蓋之地理範圍。

二、違反社會秩序維護法案件之管轄機關

　　（一）實質領域之管轄機關：違反本法之案件，由行為地或行為人之住所、居所或所在地之地方法院或其分院或警察機關管轄。

　　（二）想像領域之管轄機關：在中華民國領域外之中華民國船艦或航空器內違反本法者，船艦本籍地、航空器出發地或行為後停泊地之地方法院或其分院或警察機關有管轄權。

三、警察機關之管轄

　　（一）警察局及其分局：警察局及其分局，就該管區域內之違反本法案件有管轄權。

（二）交通不便地區之警察所、警察分駐所：在地域遼闊交通不便地區，得由上級警察機關授權該管警察所、警察分駐所行使其管轄權。

（三）專業警察機關：專業警察機關，得經內政部核准就該管區域內之違反本法案件行使其管轄權。專業警察機關如下：

1. 內政部警政署保安警察第二總隊。
2. 內政部警政署航空警察局。
3. 內政部警政署國道公路警察局。
4. 內政部警政署鐵路警察局。
5. 內政部警政署基隆港務警察總隊。
6. 內政部警政署臺中港務警察總隊。
7. 內政部警政署高雄港務警察總隊。
8. 內政部警政署花蓮港務警察總隊。

（四）管轄爭議之處理：違反本法案件，數警察機關有管轄權者，由受理在先之警察機關管轄。但其有繼續調查必要不能及時處分，而行為人之住居所不在其轄區內者，得移由其住居所地之警察機關處理（違反社會秩序維護法案件處理辦法第15條）。警察機關管轄案件有爭議者，由共同直接上級警察機關指定其管轄（違反社會秩序維護法案件處理辦法第16條）。

四、地方法院或其分院之管轄

（一）簡易庭及普通庭之設置：地方法院或其分院為處理違反社會秩序維護法案件，視警察轄區及實際需要，分設簡易庭及普通庭。簡易庭及普通庭之組織如下：

1. 簡易庭：以法官一人獨任行之。
2. 普通庭：以法官三人合議行之。

（二）簡易庭之裁處種類：地方法院簡易庭得裁定之處罰種類包括拘留、勒令歇業、停止營業、罰鍰、沒入、申誡。

五、違反社會秩序維護法與刑事法律或少年事件處理法相牽連之管轄

（一）原則移送檢察官或少年法庭管轄：違反本法之行為，涉嫌違反刑事法律或少年事件處理法者，應移送檢察官或少年法庭依刑事法律或少年事件處理法規定辦理。前揭所稱違反本法之行為涉嫌違反刑事法律或少年事件處理法者，係同一之行為或牽連之行為涉嫌違反刑事法律或少年事件處理法而言。

（二）例外仍依本法規定處罰：但其行爲應處停止營業、勒令歇業、罰鍰或沒入之部分，仍依本法規定處罰。

（三）警察機關之處理程序：違反刑事法律或少年事件處理法部分，應即依本法第38條規定，移送該管檢察官或少年法庭依法辦理。應依本法第38條但書規定處罰部分，依本法第43條第1項及第45條第1項規定處理（違反社會秩序維護法案件處理辦法第18條）。

 案 例 --

　　甲（13歲人）參加不良組織有危害社會秩序，其行為違反社會秩序維護法部分雖然不罰，但可將甲移送少年法庭處理。

貳、調　查

一、調查之概念

指對於違反本法行爲之事實，實施訊問等方法以查明眞相，蒐集相關違反本法證據，俾供裁處上之根據，亦爲裁處前之準備程序。

二、調查原因之開始

調查違反本法嫌疑者之開始，其原因有四：

（一）因警察人員發現。

（二）民眾舉報。

（三）行爲人自首。

（四）其他情形知有違反本法行爲之嫌疑者。

三、證據或應予沒入之物之保管

可爲證據或應予沒入之物，應妥予保管。但在裁處確定後，保管物未經沒入者，予以發還所有人、持有人或保管人；如無所有人、持有人或保管人者，依法處理（社會秩序維護法第40條）。

四、書面通知到場

（一）通知書應載明事項：警察機關爲調查違反本法行爲之事實，應通知

嫌疑人，並得通知證人或關係人。前項通知書應載明下列事項：

1. 被通知人之姓名、性別、出生年月日、籍貫及住所或居所。
2. 事由。
3. 應到之日、時、處所。
4. 無正當理由不到場者，得逕行裁處之意旨。
5. 通知機關之署名。

（二）基本資料不明時之變通：被通知人之姓名不明或因其他情形有必要時，應記載其足資辨別之特徵；其出生年月日、籍貫、住所或居所不明者，得免記載。

（三）訊問嫌疑人之要領：訊問嫌疑人，應先告以通知之事由，再訊明姓名、出生年月日、職業、住所或居所，並給予申辯之機會。

（四）嫌疑人得委任代理人到場：嫌疑人於審問中或調查中得委任代理人到場。但法院或警察機關認為必要時，仍得命本人到場。

（五）證人或關係人得書面陳述意見：證人或關係人經合法通知，有正當理由不能到場者，得許其以書面陳述意見；其書面陳述尚欠明確，或無正當理由不到場者，仍得再行通知其親自到場（違反社會秩序維護法案件處理辦法第20條）。

五、對現行違反本法行為人逕行通知與強制到場

（一）逕行通知與強制到場之手續

1. 對於現行違反本法之行為人，警察人員得即時制止其行為，並得逕行通知到場。

2. 其不服通知者，得強制其到場。但確悉其姓名、住所或居所而無逃亡之虞者，得依社維法第41條規定辦理（社會秩序維護法第42條）。

（二）強制到場之考量情形

1. 警察人員對於不服逕行通知到場者，應否強制其到場，宜就下列情況審酌之：

(1)有無強制到場之必要。

(2)有無強制到場之能力。

(3)綜觀環境是否許可。

(4)行為人身體健康及財物損害之程度。

2. 依社會秩序維護法規定強制行為人到場者，以腕力或其他方法為之，並得視必要情形依法使用警銬、警繩。但應注意其身體及名譽，並不得逾必要之程度。

六、訊問

（一）訊問之態度

1. 訊問，應出於懇切之態度，不得用強暴、脅迫、利誘、詐欺或其他不正之方法（違反社會秩序維護法案件處理辦法第23條）。

2. 證人、關係人或違反本法之行為人、嫌疑人到場後，應即時訊問，並將到場時間及訊問起訖時間記明筆錄（違反社會秩序維護法案件處理辦法第24條）。

（二）訊問處所

訊問，應在警察機關內實施。但有下列情形之一者，得於其他適當處所為之：

1. 現行違反本法之行為人，「非」即時訊問，證據有散失或湮滅之虞者。

2. 證人、關係人或違反本法之行為人、嫌疑人不能到場而有訊問之必要者。

（三）製作訊問筆錄

1. 實施訊問，應採問答方式，並當場製作筆錄，其記載要點如下：

(1)受訊問人之姓名、性別、出生年月日、國民身分證統一編號、職業、住所或居所。

(2)違反行為之事實。

(3)訊問之年月日時及處所。

2. 違反本法之行為人或嫌疑人接受訊問時如有申辯者，應告知就其始末連續陳述，其陳述有利之事實者，並應告知其指出證明之方法（違反社會秩序維護法案件處理辦法第27條）。

3. 違反本法之行為人或嫌疑人有數人時，得隔離訊問之；為發現真實之必要，得命對質；其有請求對質者，除顯無必要外，不得拒絕（違反社會秩序維護法案件處理辦法第28條）。

4. 筆錄不得竄改或挖補，如有增刪、更改或附記者，應由製作人及受訊問人在其上簽名、蓋章或按指印，其刪除處應留存原字跡，並於眉欄處記明其字數。製作後應向受訊問人朗讀或令其閱覽，詢以記載有無錯誤。受訊問人請求將記載增刪、變更者，應將其陳述附記於筆錄。筆錄經受訊問人認明無誤後，應令受訊問人於緊接其記載之末行簽名、蓋章或按指印（違反社會秩序維護法案件處理辦法第29條）。

參、裁　處

一、裁處之概念

　　裁處為法院裁定和警察機關處分之簡稱，乃管轄機關對於違反社會秩序維護法行為人，根據同法罰則規定，確定違反事實，所為決定處分之意思表示，而具有拘束力之作用。

二、警察機關之處分

（一）訊問後即作成處分書

　　下列各款案件，警察機關於訊問後，除有繼續調查必要者外，應即作成處分書：

1. 違反本法行為專處罰鍰或申誡之案件。
2. 違反本法行為選擇處罰鍰或申誡之案件。
3. 依第1款、第2款之處分，併宣告沒入者。
4. 單獨宣告沒入者。
5. 認為對第1款、第2款之案件應免除處罰者。

（二）處分書應載明之事項

　　前項處分書應載明下列事項：

1. 行為人之姓名、性別、出生年月日、國民身分證統一號碼、職業、住所或居所。
2. 主文。
3. 事實及理由，得僅記載其要領。
4. 適用之法條。
5. 處分機關及年、月、日。

6. 不服處分者，得於處分書送達之翌日起五日內，以書狀敘述理由，經原處分之警察機關，向該管簡易庭聲明異議（即救濟方法之教示）。

 名詞解析

教示制度
所謂教示，係指行政機關為行政處分時，或訴願審理機關為決定時，對於接受行政處分或訴願決定，及其他有利害關係者，說明提起行政救濟之相關規定，使該等人民能藉由行政機關之指導，以了解其救濟之方法，俾得到應有之救濟。其他現行法律規定： 1. 行政程序法第96條：行政處分以書面為之者，應記載下列事項：一、…。六、表明其為行政處分之意旨及不服行政處分之救濟方法、期間及其受理機關。 2. 訴願法第91條：訴願決定書應附記，如不服決定，得於決定書送達之次日起2個月內向高等行政法院提起行政訴訟。

（三）輕微案件之直接逕行處分

1. 警察機關對於情節輕微而事實明確之違反本法案件，得不經通知、訊問逕行處分。但其處罰以新臺幣1,500元以下罰鍰或申誡為限。（社會秩序維護法第44條）

2. 此罰鍰數額應為宣告罰。依本法規定，處罰應於裁處確定後執行。

（四）對通知且無正當理由而不到場者之逕行裁處

警察機關對於違反本法之嫌疑人，經合法通知，無正當理由不到場者，得逕行裁處之（社會秩序維護法第48條）。

本條為缺席逕行裁處之規定，其處罰種類並無限制，由裁處機關依法處罰之；其與同法第44條規定之不經通知、訊問逕行處分者不同，不受其處罰以新臺幣1,500元以下罰鍰或申誡之限制。

（五）應由簡易庭裁定案件應即時移送

社會秩序維護法第43條第1項所列各款以外之案件，警察機關於訊問後，應即移送該管簡易庭裁定。例如：因加暴行於人者，其罰則為處三日以下拘留或新臺幣1萬8,000元以下罰鍰，乃屬同法第45條之案件應移送法院簡易庭裁定。

🔍 概念區辨

■ 即時處分、逕行處分與缺席逕行裁處之不同

即時處分	逕行處分	缺席逕行裁處
為速辦速決，依社會秩序維護法第43條之規定，警察機關於訊問後，除有繼續調查必要者外，下列各款應即作成處分書：(1)違反本法行為專處罰鍰或申誡之案件。(2)違反本法行為選擇處罰鍰或申誡之案件。(3)依第1款、第2款之處分，併宣告沒入者。(4)單獨宣告沒入者。(5)認為對第1款、第2款之案件應免除處罰者。	俗語說「芝麻小事簡單辦」簡易逕行處分之謂。即遇到行為人違序行為情節輕微、且事實明確之案件，警察機關不須再經調查和訊問，可逕行處分之行為，但僅能宣告罰鍰或申誡。即本法第44條規定：警察機關對於情節輕微而事實明確之違反本法案件，得不經通知、訊問逕行處分。但其處罰以新臺幣1,500元以下罰鍰或申誡為限。	法律不保護睡眠人，當警察「等無人」時，得以不得已之方式逕行對嫌疑人裁處，即本法第48條規定：警察機關對於違反本法之嫌疑人，經合法通知，無正當理由不到場者，得逕行裁處之。

三、法院簡易庭之裁定

（一）簡易庭認不應審理案件之退回：簡易庭審理依社會秩序維護法第45條第1項移送之案件，發現違反本法行為係屬本法第31條第1項或第43條第1項各款所列之案件者應將該案件退回原移送之警察機關處理（違反社會秩序維護法案件處理辦法第43條）。

（二）警察機關對簡易庭不予處罰案件之處理：警察機關移請裁定之案件，該管簡易庭認為不應處罰或以不處拘留、勒令歇業、停止營業為適當者，得逕為不罰或其他處罰之裁定。

（三）簡易庭之裁定書：法院受理警察機關移送之違反本法案件後，除須審問或調查者外，應迅速制作裁定書。簡易庭裁定書應載明之事項如下：

1. 行為人之姓名、性別、出生年月日、國民身分證統一號碼、職業、住所或居所。

2. 主文。

3. 事實及理由，得僅記載其要領。

4. 適用之法條。

5. 裁定機關及年、月、日。

6. 不服裁定者，得於裁定書送達之翌日起五日內，以書狀敘述理由，經原裁定之簡易庭，向同法院普通庭提起抗告。

（四）裁定書或處分書之交付時機：違反本法案件之裁定書或處分書作成時，受裁定人或受處分人在場者，應宣示或宣告之，並當場交付裁定書或處分書。

（五）裁定書或處分書送達：未經當場宣示或宣告或不經訊問而逕行裁處之案件，其裁定書或處分書，應由警察機關於五日內送達之。

肆、執　行

一、執行之概念

（一）執行之意義：執行，乃警察機關就違反本法行為遭裁處機關為確定科罰之宣示獲宣告，依其裁處之內容，予以執行而發生制裁之效果。

（二）執行機關：處罰之執行，由警察機關為之。即由原處分或原移送之警察機關執行之。

（三）處罰之執行時機：違反本法案件之處罰，於裁處確定後執行。

二、罰鍰之執行

（一）裁處罰鍰確定之案件，警察機關應於確定後即以執行通知單，通知被處罰人依限完納（違反社會秩序維護法案件處理辦法第55條）。

（二）被處罰人依其經濟狀況不能即時完納罰鍰者，得於執行通知單送達之日起五日內，向執行之警察機關申請許可分期繳納。其准以分期繳納者，並應載明每期應繳納之日期、金額及不按期繳納之法律效果。

（三）收繳處理違反本法案件之罰鍰，應依使用統一收據，並應解繳各該警察機關所屬之公庫。

三、拘留之執行

（一）執行拘留不到場之處理：裁定拘留確定之案件，警察機關應於確定後即以執行通知單，通知被處罰人到場執行，其無正當理由不到場接受執行者，得以執行到場通知單強制其到場。

（二）拘留執行之處所：拘留，應在拘留所內執行之。

（三）拘留執行之起算：拘留之執行，即時起算，並以二十四小時為一日。

（四）拘留之停止其執行：執行拘留有下列情形之一者，於其事故消滅前，停止其執行：

1. 生產或流產後未滿二個月者。

2. 懷胎滿五個月。

3. 被拘留人之父母、配偶或子女重病或喪亡，須其親自處理者。

4. 現罹疾病，因執行致身體健康有重大影響者。（違反社會秩序維護法案件處理辦法第51條）

（五）拘留之釋放及其時間限制：前項執行，期滿釋放。但於零時至八時間期滿者，得經本人同意於當日八時釋之。

四、停止營業或勒令歇業之執行

（一）通知停止或歇閉其營業：裁定停止營業或勒令歇業確定之案件，警察機關應於確定後即以執行通知單，命被處罰人於通知送達之翌日起，停止或歇閉其營業。

（二）未停業者張貼公告於營業場所：被處罰人經通知後未停止或歇閉其營業者，得製作公告張貼於營業場所之明顯處或以其他適當方法強制其停業或歇業（違反社會秩序維護法案件處理辦法第57條）。

（三）必要時，並得派警強制執行：裁定停止營業或勒令歇業確定之案件，經送達執行通知後，應隨時派員了解執行情形，被處罰人未停止或歇閉其營業者，必要時，並得派警強制執行。

五、申誡之執行

申誡之執行，被處罰人在場者，以言詞予以告誡，其未在場者，應將處分書或裁定書送達之。（違反社會秩序維護法案件處理辦法第58條）。

伍、救　濟

社會秩序維護法第2編處罰程序第5章救濟，係規定該法救濟程序分聲明異議與抗告二種，不適用訴願法、行政訴訟法之救濟程序。

一、聲明異議

（一）聲明異議之提起：被處罰人不服警察機關之處分者，得於處分書送達之翌日起五日內聲明異議。聲明異議，應以書狀敘明理由，經原處分之警察機關向該管簡易庭為之。

（二）原處分警察機關對於聲明異議之處理：原處分之警察機關認為聲明異議有理由者，應撤銷或變更其處分；認為不合法定程式或聲明異議權已經喪失或全部或一部無理由者，應於收受聲明異議書狀之翌日三日內，送交簡易庭，並得添具意見書。

（三）地方法院簡易庭受理聲明異議之處理：簡易庭認為聲明異議不合法定程式或聲明異議權已經喪失者，應以裁定駁回之。但其不合法定程式可補正者，應定期先命補正。簡易庭認為聲明異議無理由者，應以裁定駁回之。認為有理由者，以裁定將原處分撤銷或變更之。

（四）對地方法院簡易庭之裁定不得抗告：對於簡易庭關於聲明異議所為之裁定，不得抗告。亦即聲明異議之救濟程序到此終結。

二、抗告

（一）抗告之提起：受裁定人或原移送之警察機關對於簡易庭就社會秩序維護法第45條移送之案件所為之裁定，有不服者，得向同法院普通庭提起抗告；對於普通庭之裁定，不得再行抗告。

（二）抗告之期間及方式：抗告期間為五日，自送達裁定之翌日起算。提起抗告，應以書狀敘述理由提出於簡易庭為之。

（三）抗告權之捨棄與撤回：

1. 被處罰人或原移送之警察機關，得捨棄其抗告權。前項捨棄，應以書狀向原裁定機關為之。

2. 抗告於裁定前得撤回之。抗告，應以書狀向受理機關（普通庭）為之。但於該案卷宗送交受理機關以前，得向原裁處機關為之。

（四）抗告之裁定：經提起之抗告，普通庭如認其抗告有理由者，應以裁定將原裁定撤銷並自為裁定；如認抗告無理由者，應以裁定駁回。

案例 --

　　甲乙丙三人共同實施違序行為，經簡易庭裁定送達後，甲認為處罰太重不服而提出抗告，則抗告效力只及於甲本人。

　　本法規定之救濟程序，容待於第十章「警察行為之法律救濟」之第四節警察特別行政救濟之貳中再予詳述。

概念區辨

聲明異議與抗告之行使對象比較

	聲明異議	抗告
行使對象	由違反社會秩序維護法之被處罰人對於警察機關之處分有異議時提出。	指受裁定人或原移送之警察機關對於簡易法庭裁定有異議時提出。

第四節 分 則

　　一、分則之結構：本法分則係已規定各種違反行為之特別要件及應科之罰則為內容。易言之，分則規定在法條結構上屬於完全法條，亦即包括法律構成要件及法律效果二者，法律構成要件係客觀的之認識裁量，屬於事實判斷部分，而法律效果則為應科以違反者適當之罰則，屬於主觀之評價裁量。

　　二、分則條文之安排：分成妨害安寧秩序章、妨害善良風俗章、妨害公務章、妨害他人身體財產章，共4章，計29條，各條之法定罰多不相同，罰度亦有互異，主要在使裁處機關有充分之裁量權，藉以審慎權衡，科以適當之處罰。以下依章次及條文順序解析。

壹、妨害安寧秩序——第63～79條

社會秩序維護法第63條

有下列各款行為之一者，處三日以下拘留或新臺幣三萬元以下罰鍰：

一、無正當理由攜帶具有殺傷力之器械、化學製劑或其他危險物品者。

二、無正當理由鳴槍者。

三、無正當理由，攜帶用於開啓或破壞門、窗、鎖或其他安全設備之工具者。

四、放置、投擲或發射有殺傷力之物品而有危害他人身體或財物之虞者。

五、散佈謠言，足以影響公共之安寧者。

六、蒙面偽裝或以其他方法驚嚇他人有危害安全之虞者。

七、關於製造、運輸、販賣、貯存易燃、易爆或其他危險物品之營業，未經主管機關許可；或其營業設備及方法，違反法令規定者。

八、製造、運輸、販賣、攜帶或公然陳列經主管機關公告查禁之器械者。

前項第7款、第8款，其情節重大或再次違反者，處或併處停止營業或勒令歇業。

■ 名詞解釋

1. 無正當理由：指習慣上所不容許者，如工匠攜帶之刀、鋸、家用之廚刀等，皆為習慣上所容許者，即不屬無正當理由。

2. 具有殺傷力之器械：指具有殺傷人畜功能之器物械具，例如藍波刀、西瓜刀、開山刀等。

3. 其他危險物品：指除器械、化學製劑以外之其他具有殺傷力而有危險性之物，例如以毒殺魚類之盧藤。

4. 有危害安全之虞：指尚未有危害安全之實害發生。

5. 許可：指禁止一般人為之特定作為，對於特定人，或關於特定事項，解除其禁止，使其得以適法為之行為。

6. 公告查禁之器械：指主管機關，依據對該公告行為之要件及標準為具體明確規定之法律，所為適法之公告而言，尚不得以該條款規定，作為發布限制人民自由權利公告之授權依據，此公告為補充要件之公示行為。例如：

   (1) 教育部81年1月公告查禁賭博性或色情電動玩具案。

(2) 內政部81年4月公告查禁警察機關配備警械種類案。

7. 再次違反：其違序行為皆違反社會秩序維護法同一條款的情況下，無論本次違序行為與前次違序行為中間相隔多少時間，或是其處罰是否執行完畢，均屬再次違序予以加重處罰，經由裁定確定後，得處或併處停止營業或勒令歇業、罰鍰等。

■ **重要規定與實務見解**

1. 特別法優於普通法原則：同一事項有特別規定者，該法優於社維法而優先適用，例如：
   (1) 特別刑法：如槍砲彈藥刀械管制條例、毒品危害防制條例、懲治走私條例。
   (2) 行政法中之行政刑罰：如鐵路法、戶籍法、勞基法、就業服務法等。
   (3) 普通刑法：刑法。
   (4) 行政法中之行政罰：如兒童及少年福利法、動物保護法、道路交通管理處罰條例。

2. 槍砲彈藥刀械管制條例之相關禁止持有刀械之規定：
   第4條第3款：所稱刀械指武士刀、手杖刀、鴛鴦刀、手指虎、鋼（鐵）鞭、扁鑽、匕首及其他經中央主管機關公告查禁，非供正當使用具有殺傷力之刀械。
   第6條：第4條第2項第3款所列之各式刀械，非經主管機關許可，不得製造、販賣、運輸、轉讓、出租、出借、持有。

3. 攜帶防身噴霧器，若意在「防身」，自屬有正當理由，不能依社會秩序維護法第63條第1項第1款之規定予以處罰（司法院刑事廳研究意見）。

4. 主管機關公告查禁之器械屬於實質意義之法規命令：
   公告，是一種政府機關對外意思表示之行為。依公文程式條例第2條第1項第5款定義為「各機關對公眾有所宣布時用之」。就此，公告屬機關對不特定大眾宣告之行為。法律授權主管機關以公告作為規範事項者，屬於實質意義之法規命令。此種公告係因規範內容具有行政上特殊需求、社會或經濟發展需要、變動頻繁或急迫性，或專門技術性質，雖對外發生法效果，且反覆施行，但因內容簡單，無須以法規條文形式定之，或複雜繁瑣，必須彙集成冊，未能以法規條文形式定之者。故以公文程式「公告」發布，

並刊登政府公報，其不適用中央法規標準法所定法規名稱、法條形式之規定。本條規定「經主管機關公告查禁之器械」之公告，就是實質意義之法規命令。

例如教育部81年1月公告查禁賭博性或色情電動玩具，及內政部81年4月公告警察機關配備警械種類規格表之器械，非經許可不得製造、運輸、販賣、攜帶或公然陳列，如有違反依法處罰。

5. 經營雜貨店者公然陳列賭博性電動機具，被查獲時並未插電，機具內亦無錢幣，惟因專供賭博性電動機具已公告禁止，站在維護社會秩序之立場，應依社會秩序維護法第63條第1項第8款予以處罰（司法院業務研究會結論）。

6. 社維法所稱情節重大，應審酌下列事項認定之（違反社會秩序維護法案件處理辦法第10條）：

(1) 手段與實施之程度。

(2) 被害之人數與受害之程度。

(3) 違反義務之程度

(4) 行為所生危險或損害之程度。

(5) 行為破壞社會秩序之程度。

 ----

1. 金門縣甲男到乙女家談婚嫁事宜時，與乙父發生口角，甲男要載乙女離開時，乙父追出要攔阻，但甲男要丙姓友人來當和事佬勸說，未料丙男竟帶著鯊魚劍出現，警方以違反社會秩序維護法將丙男處罰。

2. 臺北市內湖區兩名男子買了空氣動力的狙擊槍，為了測試威力，竟隨機挑選路人射擊，一位男學生走在路上無辜遭殃，向派出所報案，警方循線找到兩男，依社會秩序維護法移請法院裁罰。

3. 無業男子羅男騎機車至基隆就業服務中心門口，從置物箱拿出一把三十公分長的鋸子對著空中亂劈揮舞，一名懷孕9個月的孕婦目擊驚嚇報警，警方循線逮人，依違反社會秩序維護法送辦，法官認為羅男無正當理由攜帶具有殺傷力器械，判罰8,000元。

4. 花蓮縣吉安鄉25歲呂姓男子，未經主管機關許可下，以每支新臺幣500元代價，向夜市老闆購買了一批電擊棒帶回花蓮，私下以每支800元的價格在網路

上販售。於103年12月27日遭吉安警分局北昌派出所員警循線查獲,當場查扣到6支手電筒式電擊棒,全案依違反社會秩序維護法,移送花蓮地方法院簡易庭裁處。

5. 新北市陳姓男子在捷運列車上,手拿著17.5公分的剪刀,嚇壞民眾報案處理,他卻辯稱是剪指甲。新北地院板橋簡易庭法官不予採信,認定違反社會秩序維護法,處拘留1日。

6. 在臉書上PO便當文的董小姐因涉嫌違反社會秩序維護法,遭臺北市中山分局約談。中山分局認定董小姐貼文不實,涉嫌違反社會秩序維護法「散佈謠言」,函送臺北地院簡易庭,依法可處3日以下拘留或3萬元以下罰緩。

7. 中興大學物理系二年級的蔣姓學生,在臉書轉貼文章,聲稱女友在知名店家宮原眼科前,險遭歹徒以情侶吵架手法當街擄走,吸引一萬兩千多名網友點閱轉載。警方傳喚蔣生到案,才發現竟是虛構,訊後依違反社會秩序維護法函送法辦。
警方說,透過網路散佈謠言,造成社會恐慌,依法可罰款3萬元以下或拘留3日。

8. 蔡姓男子在臉書散佈左營區管線路面部分已經隆起,喻指受到氣爆波及,引起市民恐慌,高市刑大逮捕蔡男,依違反社會秩序維護法函送法辦。

9. 無正當理由攜帶電擊棒,尾隨夜歸婦女,經勸阻不聽者,其各該違序行為應依社會秩序維護法分別處罰。

10. 一票難求的江蕙封麥演唱會,余姓男子將買來的四張4,800元門票,上網以8,000元轉賣,被大安分局,依違反社會秩序維護法函送裁罰,成為全臺首例查辦江蕙演唱會黃牛票案件。

11. 某甲於其家中,未經主管機關許可,加工製造沖天炮供國內市場銷售,被警查獲,則該沖天炮屬因違序所生之物應沒入。

12. 某甲從地下爆竹廠接受半成品,在自宅中用引線予以加工製造成爆竹賺取加工報酬之行為,屬營業行為,違反社會秩序維護法。

13. 某甲開設無照營業之遊藝場,擺設麻將電玩遭警查獲,業者已先遭縣政府依商業登記法處罰,惟該電玩僅有分數押注,無退幣口,警察機關之處理方式:麻將電玩屬於教育部公告查禁的賭博性電玩,尤其有分數押注,屬於投機的機種。

社會秩序維護法第64條

有下列各款行為之一者，處三日以下拘留或新臺幣一萬八千元以下罰鍰：

一、意圖滋事，於公園、車站、輪埠、航空站或其他公共場所，任意聚眾，有妨害公共秩序之虞，已受該管公務員解散命令，而不解散者。

二、非供自用，購買運輸、遊樂票券而轉售圖利者。

三、車、船、旅店服務人員或搬運工人或其他接待人員，糾纏旅客或強行攬載者。

四、交通運輸從業人員，於約定報酬後，強索增加，或中途刁難或雖未約定，事後故意訛索，超出慣例者。

五、主持、操縱或參加不良組織有危害社會秩序者。

■ 名詞解釋

1. 意圖滋事：指任意聚會集之原始本意係欲生事端，只要有此意圖即可，至於是否已滋生事端，則非所問。

2. 其他公共場所：指公園、車站、輪埠、航空站以外，供多數人公共使用或聚集之場所，例如：道路、廣場、餐廳、飯店、酒樓、廟宇、網咖、運動場。

3. 任意聚眾：指未經許可或同意糾合不確定多數人聚集。

4. 妨害公共秩序之虞：指尚未有具體妨害公共秩序實害發生，僅係具妨害可能或顧慮即可。

■ 重要規定與實務見解

1. 本法第64條第5款所稱「不良組織」，係指對於大眾生活及社會生存之規範與秩序有所妨害之不良組織而言。主持、操縱或參加上開不良組織而得依社會秩序維護法同條款予以處罰者，以其危害社會秩序者，始足當之（內政部警政署函釋）。

2. 鐵路法有關購買車票加價出售圖利之規定：

   第65條：購買車票加價出售或換取不正利益圖利者，按車票張數，處每張車票價格之五倍至三十倍罰鍰。加價出售車票或取票憑證圖利者，亦同。以不正方法將虛偽資料或不正指令輸入電腦或其相關設備而購買車票、取得訂票或取票憑證者，處五年以下有期徒刑或科或併科新臺幣300萬元以下

罰金。

案例 ---

1. 某甲購買職棒球賽門票加價轉售圖利，該行為之法律責任為成立依社會秩序維護法第64條第2款規定處罰。
2. 遊覽車司機於乘客上車前講好價錢後，卻故意敲竹槓之行為依社會秩序維護法第64條第4款規定處罰。

社會秩序維護法第65條
有下列各款行為之一者，處三日以下拘留或新臺幣一萬八千元以下罰鍰：
一、船隻當狂風之際或黑夜航行有危險之虞，而不聽禁止者。
二、對於非病死或可疑為非病死或來歷不明之屍體，未經報請相驗，私行殮葬或移置者。
三、無正當理由，攜帶類似真槍之玩具槍，而有危害安全之虞者。
四、不注意燃料物品之堆置使用，或在燃料物品之附近攜用或放置易起火警之物，不聽禁止者。

■ 名詞解釋

1. 不聽禁止：須經警察人員或行政官署個別禁止，如不聽從，方得處罰。
2. 似真槍之玩具槍：指外觀上與真槍近似，辨識極不容易，實則供作玩具用途之槍物。

■ 重要規定與實務見解

　　依社會秩序維護法第65條第3款規定，必須無正當理由，攜帶類似真槍之玩具槍，而有危害之虞者，始為構成違法要件，處三日以下拘留或新臺幣1萬8,000元以下罰鍰，惟其並未對於「持有」類似真槍之玩具槍，訂定處罰明文，參酌罪刑法定主義原則，並符合社會秩序維護法第2條所揭示有關「違反社會秩序行為之處罰，以行為時本法有明文規定者為限」之意旨，凡屬單純持有類似真槍之玩具槍者，自不得援引處罰（內政部警政署函釋）。

案 例

1. 某甲於路旁發現一具無名屍，出於憐憫善念未報請相驗，擅自將之埋葬，則其行為違反社會秩序維護法第65條第2款之規定。

2. 臺中市黃姓男子日前邀朋友出來喝酒，途中忽掏出一把手槍型打火機欲點菸，不料被友人誤會以為他要開槍，雙方便扭打成一團。警方到場處理才知是烏龍一場，黃男氣得破口大罵：「我只是要抽菸，你幹麼打我！」但因這只打火機與真槍太像，他仍被警方依違反社會秩序維護法移送法辦。

3. 警方接獲報案，指一名男子在新竹縣關西鎮一家餐廳前，乘坐小貨車、手持槍枝，沿路呈射擊狀態，並向用餐客人嗆聲「要不要試試看我這是真槍還是假槍？」警方逮捕該名男子，查獲BB槍一把。警方指出，這名男子持槍的動作與言行造成民眾驚恐，新埔分局表示，對於無正當理由攜帶類似真槍的玩具槍者，將依違反社會秩序維護法送辦。

> **社會秩序維護法第66條**
> 有下列各款行為之一者，處三日以下拘留或新臺幣一萬八千元以下罰鍰：
> 一、吸食或施打煙毒或麻醉藥品以外之迷幻物品者。
> 二、冒用他人身分或能力之證明文件者。

■ 名詞解釋

1. 迷幻物品：指該物經吸食或施打後，除有生理反應外，並產生心理之變化，能使個人知覺及經驗改變、情緒極端變化而與現實脫節，甚至有精神與軀體分離之感等情形而言。

2. 冒用：指冒充使用。

3. 身分或能力之證明文件：例如身分證、公司董事長當選證書，或自耕農能力證書等均是。

■ 重要規定與實務見解

1. 按「迷幻物」究何所指，社會秩序維護法（以下簡稱本法）並無立法解釋，經查係指吸食或施打後，除有生理反應外，並產生心理上之變化；能使個人知覺、經驗改變，情緒極端變化，與現實脫節，甚至有精神或軀體

分離之感等情形而言。按「甲苯」係屬苯類有機溶劑，且爲強力膠之主要成分，一般人於吸食後，心理與生理上會產生上述諸種現象，如有吸食之者，當有本法第66條第1款之適用（內政部警政署函釋）。

2. 毒品危害防制條例禁止擅自持有毒品及器具之規定：

   第11條之1：第三級、第四級毒品及製造或施用毒品之器具，無正當理由，不得擅自持有。無正當理由持有或施用第三級或第四級毒品者，處新臺幣1萬元以上5萬元以下罰鍰，並應限期令其接受四小時以上八小時以下之毒品危害講習。

   少年施用第三級或第四級毒品者，應依少年事件處理法處理，不適用前項規定。

3. 戶籍法有關僞造變造國民身分證處罰之規定：

   第75條：意圖供冒用身分使用，而僞造、變造國民身分證，足以生損害於公眾或他人者，處五年以下有期徒刑、拘役或科或併科新臺幣50萬元以下罰金。行使前項僞造、變造之國民身分證者，亦同。將國民身分證交付他人，以供冒名使用，或冒用身分而使用他人交付或遺失之國民身分證，足以生損害於公眾或他人者，處三年以下有期徒刑、拘役或科或併科新臺幣30萬元以下罰金。

 案 例 --

   　冒用他人學生證屬於違序行為，依社會秩序維護法第66條第2款之規定處罰。

社會秩序維護法第67條

有下列各款行爲之一者，處三日以下拘留或新臺幣一萬二千元以下罰鍰：

一、禁止特定人涉足之場所之負責人或管理人，明知其身分不加勸阻而不報告警察機關者。

二、於警察人員依法調查或查察時，就其姓名、住所或居所爲不實之陳述或拒絕陳述者。

三、意圖他人受本法處罰而向警察機關誣告者。

四、關於他人違反本法，向警察機關爲虛僞之證言或通譯者。

五、藏匿違反本法之人或使之隱避者。

六、偽造、變造、湮滅或隱匿關係他人違反本法案件之證據者。

因圖利配偶、五親等內之血親或三親等內之姻親，而為前項第四款至第六款行為之一者，處以申誡或免除其處罰。

■ 名詞解釋

1. 意圖：指行為人出於特定之目的，而致力於不法構成要件之實現，或期望不法構成要件之預定結果發生，以遂行其犯罪目的之主觀心態。

2. 誣告：即意圖他人受本法處罰，捏造假的事實，而向警察機關陳述申告之行為。

3. 血親：係基於血統關係而有所聯繫之親屬。就此又可以分為自然血親與法定血親，以及直系血親與旁系血親。就民法第967條規定：稱直系血親者，謂己身所從出或從己身所出之血親。稱旁系血親者，謂非直系血親，而與己身出於同源之血親。

■ 重要規定與實務見解

1. 社會秩序維護法第67條第1項第1款所謂禁止特定人涉足之場所，係指法律或法規命令明文禁止一定身分年齡之人出入之特定場所，例如少年福利法第19條第1項禁止少年出入酒家、酒吧、酒館（店）、舞廳、特種咖啡茶室及其他妨礙少年身心健康之場所即屬之，泡沫紅茶店或漫畫書店若變相從事妨礙少年身心健康之營業，即在前揭規定禁止之列（內政部警政署函釋）。

2. 社會秩序維護法第67條第1項第1款行為之構成要件，須以禁止「特定人」涉足「特定場所」之法令為依據，其與兒童及少年福利與權益保障法所規定者如有競合之情形，依特別法優於普通法之原則，應優先適用兒童及少年福利與權益保障法（內政部警政署函釋）。

3. 兒童及少年福利與權益保障法禁止兒童及少年出入危害其身心健康之場所之規定：

   第47條：兒童及少年不得出入酒家、特種咖啡茶室、成人用品零售店、限制級電子遊戲場及其他涉及賭博、色情、暴力等經主管機關認定足以危害其身心健康之場所。父母、監護人或其他實際照顧兒童及少年之人，應禁

止兒童及少年出入前項場所。第1項場所之負責人及從業人員應拒絕兒童及少年進入。第1項之場所應距離幼兒園、國民中小學、高中、職校二百公尺以上，並檢附證明文件，經商業登記主管機關登記後，始得營業。

第95條：父母、監護人或其他實際照顧兒童及少年之人，違反第47條第2項規定者，處新臺幣1萬元以上5萬元以下罰鍰。場所負責人或從業人員違反第47條第3項規定者，處新臺幣2萬元以上10萬元以下罰鍰，並公布場所負責人姓名。

4. 深夜11時許，有三男一女跑到臺北市廣慈博愛院後方的蔣介石銅像旁，以童軍繩綑綁銅像，信義分局福德街派出警員發現後，上前詢問意圖，其中二男一女出示證件配合盤查，但有一名二十六歲林姓男子卻堅不表明身分，警方只好將林男依違反社會秩序維護法第67條1項2款移送地院，法官裁處2,000元罰鍰。

 案 例 --

1. 某甲因違反社會秩序維護法，其配偶某乙乃將某甲藏匿，則某乙應處以申誡或免除其處罰。
2. 計程車行老闆拒不告知所屬車行違序司機姓名，應處3日以下拘留或新臺幣一萬2,000元以下罰鍰。

> **社會秩序維護法第68條**
> 有下列各款行為之一者，處三日以下拘留或新臺幣一萬二千元以下罰鍰：
> 一、無正當理由，於公共場所、房屋近旁焚火而有危害安全之虞者。
> 二、藉端滋擾住戶、工廠、公司行號、公共場所或公眾得出入之場所者。
> 三、強買、強賣物品或強索財務者。

■ 名詞解釋

1. 房屋近旁：即居家房屋附近之處。
2. 藉端滋擾：指假藉事由，經由外在不正當手段而對事實現存之法益或生活利益形成客觀、直接之妨害。
3. 強買、強賣：即未經對方同意、而強行買賣之意。

4. 強索：即不給而強行勒索或給少而索多，給此而索彼也。

■ 重要規定與實務見解

於政府機關辦公處所，任意兜售物品，不聽禁止者，係違反社會秩序維護法之妨害公務。

案例

1. 苗栗一名張姓女子連續接到電話對方都不出聲，讓她不堪其擾，警方調閱通聯紀錄查出身分，將一名林姓男子依違反社會秩序維護法移送法辦，但法官卻以打電話不出聲，不算違反社會秩序維護法，裁定不罰。

2. 某甲於其經營之超市開幕時，令職員到頂樓往下方之街道散發鈔票致交通大亂之行為，應依社會秩序維護法處罰。

3. 臺灣民政府公民記者洪女侮辱榮民一事發生後，何姓臺商跑到臺灣民政府臺北州辦公室撒冥紙、丟雞蛋抗議，事後還將撒冥紙、丟雞蛋照片PO上臉書，案發後警方依違反社會秩序維護法第68條第2款移送法院簡易庭裁處罰鍰900元。

4. 三名學生趁暑假打工，受雇於高雄某間行銷設計工作室，月薪2萬餘元，平時利用網路軟體LINE與公司總監聯繫指派工作，並在臺南火車站前強迫推銷路人一個300元的手機套。學生表示，公司教他們向民眾以「支持年輕人創業」為說詞，說服民眾掏錢買商品，若民眾願意買，再講些祝福或好聽話，讓民眾購買更多商品。許多民眾不知如何推辭，勉為其難掏錢買了價值不相當的商品。警方依違反社會秩序維護法處罰。

5. 胡姓男子在府中捷運站1號出口，向路過的王姓男子推銷購買愛心零錢包、愛心捲尺鑰匙圈，王男拒絕購買卻被擋住去路，不滿報警處理，新北地院板橋簡易庭認定胡男強賣物品，違反王男購買物品意願，客觀上已達妨害社會安寧秩序而有強迫之程度，依違反社會秩序維護法處罰鍰1,000元。

社會秩序維護法第69條

有下列各款行為之一者，處三日以下拘留或新臺幣一萬二千元以下罰鍰：

一、渡船、橋樑或道路經主管機關定有通行費額，而超額收費或藉故阻礙通行者。

二、無票或不依定價擅自搭乘公共交通工具或進入遊樂場所，不聽勸阻或不照章補票或補價者。

■ 名詞解釋

1. 超額收費：指於主管機關所定通行費額之外，另外加收費用之意。
2. 阻礙通行：指使通行遭受影響而不能順利或拒絕通行之意。

■ 重要規定與實務見解

　　鐵路法有關補收票價運費之規定：

　　第49條：旅客無票乘車或持用失效乘車票，應補收票價；如無正當理由者，並得加收百分之五十之票價。運送物之名稱、性質或數量，如鐵路機構對託運人之申報有疑義時，得檢驗之；檢驗不符，因而致運費不足者，補收四倍以下之差額。

社會秩序維護法第70條

有下列各款行為之一者，處三日以下拘留或新臺幣一萬二千元以下罰鍰：

一、畜養危險動物，影響鄰居安全者。

二、畜養之危險動物，出入有人所在之道路、建築物或其他場所者。

三、驅使或縱容動物嚇人者。

■ 名詞解釋

1. 畜養：指豢養於一定處所，飼以食物，不出豢養者之支配範圍。
2. 危險動物：指對人類生命具有威脅性，人懼不敢接近之動物類，例如虎、豹、獅等。

■ 重要規定與實務見解

1. 動物保護法有關寵物出入公共場所之規定：

　　第20條：寵物出入公共場所或公眾得出入之場所，應由七歲以上之人伴同。具攻擊性之寵物出入公共場所或公眾得出入之場所，應由成年人伴同，並採取適當防護措施。前項具攻擊性之寵物及其所該採取之防護措施，由中央主管機關公告之。

　　第29條第5款：違反第20條第2項規定，無成年人伴同或未採取適當防護措施，使具攻擊性寵物出入於公共場所或公眾得出入之場所，處新臺幣三萬元以上15萬元以下罰鍰。

2. 道路交通管理處罰條例有關疏縱或牽繫動物阻礙交通之規定
   第84條：疏縱或牽繫禽、畜、寵物在道路奔走，妨害交通者，處所有人或行為人新臺幣300元以上600元以下罰鍰。

 案 例 --

   某富商畜養危險動物獒犬，致違反社會秩序維護法之規定，其法定罰為3日以下拘留或新臺幣1萬2,000元以下罰鍰，該案應由法院簡易庭裁處之。

社會秩序維護法第71條
於主管機關明示禁止出入之處所，擅行出入不聽勸阻者，處新臺幣六千元以下罰鍰。

名詞解釋

1. 明示：即明確表示，至於表示之方法，或用公告或用木牌，或章標識繩索或派人看守等均可。
2. 擅行出入：指未得許可無權出入或無理由擅行進出之意。

重要規定與實務見解

1. 國家安全法有關入出管制區之規定：
   第5條：為確保海防及軍事設施安全，並維護山地治安，得由國防部會同內政部指定海岸、山地或重要軍事設施地區，劃為管制區，並公告之。人民入出前項管制區，應向該管機關申請許可。第1項之管制區，為軍事所必需者，得實施限建、禁建；其範圍由國防部會同內政部及有關機關定之。前項限建或禁建土地之稅捐，應予減免。
   第7條：違反第5條第2項未經申請許可無故入出管制區經通知離去而不從者，處六個月以下有期徒刑、拘役或科或併科新臺幣1萬5,000元以下罰金。違反第5條第4項禁建、限建之規定，經制止而不從者，處六個月以下有期徒刑、拘役或科或併科新臺幣1萬5,000元以下罰金。
2. 山地管制區執行取締未依規定申請許可入山案件，各單位取締時，無論以國家安全法抑或社會秩序維護法究處，均應未經申請許可無故擅行出入山地管制區之行為及經個別給予通知離去而不從（或不聽勸阻等）者，始構

成處罰之特定要件，反之，則不構成；另依社會秩序維護法第6條規定：「本法規定之解散命令……或勸阻，應以書面爲之。但情況緊急時，得以口頭爲之。」國家安全法雖無明文規定以書面爲之，但執行時原則仍以製作書面給予通知爲宜。是故，對於未申請許可擅入山地管制區者，如非經個別製作書面通話（或勸阻）交付之程序，即使於山地管制區登山口處樹立告示牌或已進入山地管制區達數小時者，尚難認定爲違法（內政部警政署函釋）。

3. 關於請釋對非法入山者，「經個別通知離去而不從而出於故意者，應優先適用國家安全法規定，否則視其情節依社會秩序維護法規定予以處罰」之確切意旨乙節，按國家安全法未有處罰過失犯之規定，而社會秩序維護法則明文規定兼罰過失行爲，則以擅入山地管制區非法行爲人主觀犯意之有無，而決定所適用之法令，其明顯出於故意者，優先適用國家安全法規定，否則即依社會秩序維護法第71條規定予以究處。至非法入山行爲是否出於「故意」，則以非法入山行爲被發現時，行爲人之言詞及態度等，綜合認定其入山之初是否確悉該地區爲山地管制區而有蓄意擅入之主觀犯意（內政部警政署函釋）。

4. 擅行出入商港管制區或於該區內非法釣魚之法律適用問題：

(1)社會秩序維護法第71條規定：「於主管機關明示禁止出入之處所，擅行出入不聽勸阻者，處新臺幣六千元以下罰鍰。」所謂「不聽勸阻」係指「行爲人接受口頭或書面勸阻後經過一定期間之行爲，如可認爲係前階段行爲之接續者，自可認係不聽勸阻，而逕予取締處罰。」設行爲人無視港務主管機關「無證不得進入港區」之明示禁止規定，經勸阻不聽而擅行出入，警察機關自得逕依上揭條文予以裁罰。

(2)若行爲人係合法進入管制區，卻於其內非法釣魚，依商港法第36條第1項第2款「在商港區內，不得爲採捕水產動、植物行爲」及同法第46條「違反第十八條規定之行爲人處三千元以上三萬元以下罰鍰」之規定，警察機關無須履行勸阻程序，於調查完竣後直接移由港務主管機關依商港法處罰。

(3)至於行爲人既係無證擅入港區而不聽從勸阻，復於其內非法釣魚者，基於社會秩序維護法第71條與商港法第71條兩者處罰目的、機關、罰則均有不同，應依商港法及社會秩序維護法併予處罰（內政部警政署函釋）。

社會秩序維護法第72條：

有下列各款行為之一者，處新臺幣六千元以下罰鍰：

一、於公共場所或公眾得出入之場所，酗酒滋事、謾罵喧鬧，不聽禁止者。

二、無正當理由，擅吹警笛或擅發其他警號者。

三、製造噪音或深夜喧嘩，妨害公眾安寧者。

■ 名詞解釋

1. 酗酒：指飲過量之酒。
2. 謾罵：即大聲叫罵之意。
3. 噪音：指噪音管制法令規定之管制標準之外，不具持續性或不易量測而足以妨害他人生活安寧之聲音而言。
4. 深夜：夜間12時至凌晨5時。

■ 重要規定與實務見解

1. 樓上惡鄰整天製造噪音報警，警察機關處理「噪音」問題，其性質需為人所製造出來且非具有持續性、不易測量之特質，處理警員身歷其境，噪音確實傳於戶外，又經鄰居證實難以忍受者，始可認其為妨害公眾安寧。故如要依社會秩序維護法取締，首要條件是必須有「鄰居出面指證並製作筆錄」（內政部警政署函釋）。

2. 對於製造噪音或深夜喧嘩之行為，如具有妨害公眾安寧之情形者，自得加以處罰。惟處罰時，參酌社會秩序維護法第7條：「違反本法行為，不問出於故意或過失，均應處罰。」之規定，仍應認定行為人有無故意過失。有關汽車防盜器失靈，徹夜響不停擾人安寧，能否適用同法第72條第3款規定處罰乙節，請參照前開說明，就具體個案本於職權審酌之（內政部警政署函釋）。

3. 一輛裝有麥克風的吉普車，沿街以高分貝音量播放不妥歌曲，應如何處置乙案，該輛吉普車如係行駛於噪音管制區內，其所發出之聲音如超過噪音管制標準，應由環保機關依噪音管制法第15條予以處罰（依同法13條規定警察機關負有通知之義務）；如該車輛非行駛於噪音管制區內，而有製造足以妨害公共安寧秩序之噪音者，則可由警察機關依社會秩序維護法第72條第3款裁處（內政部警政署函釋）。

4. 噪音管制法有關警察機關處理噪音之規定：

第6條：製造不具持續性或不易量測而足以妨害他人生活安寧之聲音者，由警察機關依有關法規處理之。

第8條：噪音管制區內，於直轄市、縣（市）主管機關公告之時間、地區或場所不得從事下列行為致妨害他人生活環境安寧：

一、燃放爆竹。

二、神壇、廟會、婚喪等民俗活動。

三、餐飲、洗染、印刷或其他使用動力機械操作之商業行為。

四、其他經主管機關公告之行為。

第21條：警察機關依第6條規定進行查察時，知悉有違反第9條第1項所定情事者，應即通知直轄市、縣（市）主管機關處理。

第23條：違反第8條規定者，處新臺幣3,000元以上3萬元以下罰鍰，並令其立即改善；未遵行者，按次處罰。

 案例

1. 李姓少年17歲騎機車搭載王姓同學，經過屏榮高中後門時，突然對身旁的路人大叫「哈！」一聲，驚嚇多名學生與女子，被害人記下車號報警，少年奔逃五百多公尺後被逮，被害人堅持提告。李姓少年供稱，被後座同學捏了腰一下，因太敏感叫了一聲「哈！」，警方調查當時是下課時間，路旁很多學生行走，受驚嚇的被害人與學生不只一人，指證歷歷，認為少年是蓄意嚇人。警方原欲以恐嚇罪嫌移送，檢方提示改以違反社會秩序維護法直接函送屏東地院審理。

2. 陳姓男子在斗南設置兩處犬隻繁殖場，其繁殖場與民宅只隔一面鐵皮圍籬，從早到晚狂吠，周圍住戶被吵到無法睡覺，已妨害到公眾安寧，斗南警察分局依違反社會秩序法裁罰3,000元。

社會秩序維護法第73條

有下列各款行為之一者，處新臺幣六千元以下罰鍰：

一、於學校、博物館、圖書館、展覽會、運動會或其他公共場所，口角紛爭或喧嘩滋事，不聽禁止者。

二、於自己經營地界內，當通行之處，有溝、井、坎、穴等，不設覆蓋或防圍
　者。

三、於發生災變之際，停聚圍觀，妨礙救助或處理，不聽禁止者。

四、污損祠宇、教堂、墓碑或公眾紀念之處所或設施者。

■ 名詞解釋

1. 喧嘩滋事：指取鬧滋生事端。
2. 災變之際：指天災事變當下，如水災、火災、重大刑案、車禍等均包括在
　 內。
3. 停聚圍觀：即行人停留不動，包圍觀看之意。
4. 污損：指污穢毀損或塗以不潔之物，或予以輕微損毀之意。
5. 祠宇：如忠烈祠、節孝祠及祠堂、廟宇、寺院等皆是。
6. 墓碑：指立於墓前記載死者姓名事蹟誌銘之碑物。
7. 公眾紀念之處所或設施：指公有建築物含有紀念之意義者皆是。

■ 重要規定與實務見解

　　文化資產保存法有關毀損古蹟之特別規定：

　　文化資產保存法施行細則第2條：古蹟及歷史建築，為年代長久且其重要
部分仍完整之建造物及附屬設施群，包括祠堂、寺廟、宅第、城郭、關塞、衙
署、車站、書院、碑碣、教堂、牌坊、墓葬、堤閘、燈塔、橋樑及產業設施
等。

　　文化資產保存法第103條：毀損古蹟、暫定古蹟之全部、一部或其附屬設
施，處六個月以上五年以下有期徒刑，得併科新臺幣50萬元以上2,000萬元以
下罰金。

　　甲、乙兩人於圖書館內因細故而有口角紛爭之行為，經該館管理員禁止不
聽者依社會秩序維護法處理。

社會秩序維護法第74條

有下列各款行為之一者，處新臺幣六千元以下罰鍰：

一、深夜遊蕩，行跡可疑，經詢無正當理由，不聽禁止而有危害安全之虞者。

二、無正當理由，隱藏於無人居住或無人看守之建築物、礦坑、壕洞、車、船或航空器內，而有危害安全之虞者。

三、收容或僱用身分不明之人，未即時向警察機關報告，而有危害安全之虞者。

四、未經警察機關許可，在公路兩旁，燃燒草木、雜物，有礙車輛駕駛人視線，影響交通安全者。

五、婚喪喜慶、迎神賽會結眾而行，未將經過路線報告警察機關，致礙公眾通行者。

六、無正當理由，停屍不殮、停厝不葬或藉故抬棺或抬屍滋擾者。

■ 名詞解釋

1. 行跡可疑：指舉動鬼鬼祟祟而言。
2. 隱藏：即避人耳目，藏匿其間之意。
3. 身分不明：指對其姓名、籍貫、住址、出身背景等不明瞭。
4. 雜物：指草木以外之一切其他種種物品，如紙箱、傢俱等。
5. 婚喪喜慶：指結婚或出殯或辦理其他喜事。
6. 停厝：指將棺材放置地面，未予埋葬之謂。

■ 重要規定與實務見解

1. 就業服務法禁止容留外國人非法工作之規定：

   第44條：任何人不得非法容留外國人從事工作。

   第63條：違反第44條或第57條第1款、第2款規定者，處新臺幣15萬元以上75萬元以下罰鍰。五年內再違反者，處三年以下有期徒刑、拘役或科或併科新臺幣120萬元以下罰金。法人之代表人、法人或自然人之代理人、受僱人或其他從業人員，因執行業務違反第44條或第57條第1款、第2款規定者，除依前項規定處罰其行為人外，對該法人或自然人亦科處前項之罰鍰或罰金。

2. 道路交通安全規則有關民間婚喪喜慶、迎神賽會應申請核准之規定：

第137條：行人結隊成行而行者，應靠路邊行進，並應依交通指揮人員之指揮或其所指定區間分段保持適當距離通行。民間婚、喪、喜慶、迎神賽會或其他類似之聚眾行為等須結隊成行通行者，應事先向警察機關申請核准。

 案 例 --

1. 李四於夜間去海邊，故意偷窺草叢中情侶做愛之行為，「未」違反社會秩序維護法。
2. 某甲藉故抬棺或抬屍滋擾之行為，依社會秩序維護法第74條第6款規定處罰。

> **社會秩序維護法第75條**
> 有下列各款行為之一者，處新臺幣六千元以下罰鍰：
> 一、擅自操縱路燈或交通號誌者。
> 二、毀損路燈、交通號誌、道旁樹木或其他公共設施者。

■ 名詞解釋

1. 交通號誌：指以規定之時間上交互更迭之光色訊號，設置於交岔路口或其他特殊地點，用以將道路通行權指定給車輛駕駛人與行人，管制其行止及轉向之交通管制設施。
2. 毀損：指對物質加以損壞而變更其原狀之謂。
3. 其他公共設施：指除路燈、交通號誌、道旁樹木以外，為公益而設置之物品，如公設之垃圾桶、涼亭、停車牌等均是。

■ 重要規定與實務見解

社會秩序維護法第75條第2款之毀損，與刑法毀損罪之區分如下（司法院第二廳研究結論）：

1. 刑法第354條之毀損罪不處罰過失犯，如過失毀損社會秩序維護法第75條第2款之物者，應可援引本款規定予以處罰。
2. 刑法第354條之毀損罪係告訴乃論之罪，故意毀損本款規定之物者。不論該物係公有或私有，如未經管理機關或所有人合法告訴，亦得援引本款規定予以處罰。

> **社會秩序維護法第76條**
> 有下列各款行為之一者,處新臺幣三萬元以下罰鍰:
> 一、當舖、各種加工、寄存、買賣、修配業,發現來歷不明之物品,不迅即報告警察機關者。
> 二、發現槍械、彈藥或其他爆裂物,而不報告警察機關者。
> 前項第一款其情節重大或再次違反者,處或併處停止營業或勒令歇業。

▓ 名詞解釋

1. 槍械:指具有殺傷力之槍枝器械。
2. 其他爆裂物:包括很廣,凡包藏炸藥而有爆炸性之物品皆是。

▓ 重要規定與實務見解

1. 當舖業法有關認有可疑報警處理之規定:
   第24條:當舖業收當物品時,如對持當人之身分或物品認有可疑時,除拒絕收當外,並應立即報告附近警察機關處理。
   第25條:當舖業接到警察機關通報失物查尋資料後,應與收當物品詳細核對,如發現有相似或可疑時,立即通知附近警察機關處理。

> **社會秩序維護法第77條**
> 公共遊樂場所之負責人或管理人,縱容兒童、少年於深夜聚集其內,而不即時報告警察機關者,處新臺幣一萬五千元以下罰鍰;其情節重大或再次違反者,處或併處停止營業或勒令歇業。

▓ 名詞解釋

1. 公共遊樂場所:指供不特定人娛樂、遊玩之場所,如KTV、卡拉OK、MTV、電子遊戲場、網路咖啡店、保齡球館、撞球場等均是。泡沫紅茶店或漫畫書店單純經營餐飲或漫畫出租,應非屬本條所定之「公共遊戲場所」。
2. 深夜:指夜間12時至凌晨5時。
3. 縱容:指明知其身分而主動放任或被動容許。
4. 聚集:指二人以上相聚合。僅一人在內消費,尚不構成聚集。

▓ 重要規定與實務見解

　　網路咖啡業者縱容兒童、少年於深夜聚集其內遊樂休閒，究否能依社會秩序維護法第77條處罰問題（內政部警政署函釋）：

1. 本條規定所稱「公共遊樂場所」，一般係指供不特定人娛樂、遊玩之場所，例如：KTV、卡拉OK、MTV、電子遊戲場、撞球場等均屬之。

2. 所謂「網路咖啡」業，乃指提供場所及電腦設備供人透過電腦連線擷取網路資源或利用電腦功能使用磁碟或光碟；其性質雖由經濟部商業司函示認為非屬電子遊戲場業管理條例第3條所定義之電子遊戲場業，惟基於其確有供不特定人遊戲娛樂之特性，故經濟部於90年公告「公司行號營業項目代碼表」中娛樂業項下增列「資訊休閒服務業」，將此類網路咖啡店納入。

3. 綜上所述，網路咖啡店依現行公司行號營業項目分類既屬娛樂業之一種，復具供不特定人於其內遊戲娛樂之特性，則就社會秩序維護法第77條保護兒童、少年及維持社會秩序之立法意旨而論，其屬該條之「公共遊樂場所」應無疑義。是以網路咖啡業者縱容兒童、少年於深夜聚集其內遊樂休閒，而不即時報告警察機關者，應依社會秩序維護法第77條予以裁罰。

社會秩序維護法第78條

有下列各款行為之一者，處新臺幣一萬五千元以下罰鍰：
一、影印、縮印、放大通用之紙幣，並散佈或販賣者。
二、製造、散佈或販賣通用紙幣、硬幣之仿製品者。

▓ 名詞解釋

1. 通用之紙幣：指新臺幣之紙鈔與鎳幣等皆是。
2. 仿製品：指非真品，係依真正之通用錢幣式樣、圖形加以模仿製造而成者。

▓ 重要規定與實務見解

1. 社會秩序維護法第78條第2款所指紙幣、硬幣，應係指國內一切具有強制法償效力之國家通貨，自不包括外國貨幣及大陸人民幣（司法院第二廳研究結論）。

2. 聯合自助日用品店印售實習銀行之玩具鈔票，樣本背面空白，正面並已標

示「實習銀行玩具鈔票」字樣，與將眞鈔影、縮、放大，可以完整正確重現其外觀者，尚屬有別，應無社會秩序維護法第78條第1款之適用；惟其類似眞鈔，如被利用於交易，一般大眾如不予特別注意，即易發生混同或誤認之虞。參照司法院院字第678號解釋及社會秩序維護法第78條第2款之立法意旨，似可認爲仿製；如有製造、散佈或販賣之行爲，尚非不得援引上開條款予以處罰（內政部警政署函釋）。

> **社會秩序維護法第79條**
> 有下列各款行爲之一者，處新臺幣三千元以下罰鍰或申誡：
> 一、於公共場所任意叫賣物品，妨礙交通，不聽禁止。
> 二、跨越巷、道或通道晾掛衣、物，不聽禁止者。
> 三、虐待動物，不聽勸阻者。

■ 重要規定與實務見解

1. 占用道路設攤，應係屬「於公共場所任意叫賣物品、妨礙交通」之行爲，如有不聽禁止者，得依社會秩序維護法第79條第2款規定處理；如其適用與道路交通管理處罰條例第83條第2款規定有競合之情形，宜依刑法想像競合犯法理，探從一重處分擇一適用（內政部函釋）。

2. 坊間「挫魚」、「挫鴨」、「挫鱉」、「射鴿」等行爲，如有虐待動物之情事，除法律另有規定應從其規定者外，請依社會秩序維護法有關規定勸阻、取締、處罰（內政部函釋）。

3. 道路交通安全規則對違反本規則應依相關法律處罰之規定：
   第7條：車輛所有人、駕駛人、行人或其他使用道路之行爲人，違反本規則之規定者，依道路交通管理處罰條例之規定處罰；道路交通管理處罰條例未規定者，依社會秩序維護法、公路法、市區道路條例及其他有關法律之規定處罰。

4. 動物保護法有關不得騷擾虐待或傷害動物之規定：
   第3條名詞定義：一、動物：指犬、貓及其他人爲飼養或管領之脊椎動物，包括經濟動物、實驗動物、寵物及其他動物。……十、虐待：指除飼養、管領或處置目的之必須行爲外，以暴力、不當使用藥品或其他方法，致傷

害動物或使其無法維持正常生理狀態之行為。

第6條：任何人不得騷擾、虐待或傷害動物。

第30條第1款：違反第6條規定，故意傷害或使動物遭受傷害，而未達動物肢體嚴重殘缺、重要器官功能喪失或死亡，或過失傷害或使動物遭受傷害，致動物肢體嚴重殘缺、重要器官功能喪失或死亡，處新臺幣1萬5,000元以上7萬5,000元以下罰鍰。

貳、妨害善良風俗 —— 第80～84條

社會秩序維護法第80條

有下列各款行為之一者，處新臺幣三萬元以下罰鍰：

一、從事性交易。但符合第九十一條之一第一項至第三項之自治條例規定者，不適用之。

二、在公共場所或公眾得出入之場所，意圖與人性交易而拉客。

■ 名詞解釋

1. 性交易：指一種以金錢換取性交、口交或者手交等與性器官接觸或者具備性意涵的服務。提供性服務的行業稱為賣淫，性工作者依其性別，稱為妓女或者男妓；以金錢換取性服務的行為俗稱買春或嫖妓，進行者俗稱為嫖客。

2. 性交：刑法第10條所稱性交者，謂非基於正當目的所為之下列性侵入行為：

   (1) 以性器進入他人之性器、肛門或口腔，或使之接合之行為。

   (2) 以性器以外之其他身體部位或器物進入他人之性器、肛門，或使之接合之行為。

3. 公共場所：指不特定人無須任何特定條件，均得自由進出之場所而言，例如馬路、廣場。

4. 公眾得出入之場所：指不特定人於特定條件下，得自由進出之場所，例如電影院、百貨公司。

5. 拉客：即擅拉客人之意，包括積極之拉扯行為，違反當事人之意思，而以

堵阻去路，強行糾纏等方式，以達其意圖與人性交易之目的者，亦視爲拉客之行爲。

▨ 重要規定與實務見解

1. 所謂「性交易」是指有對價之性交或猥褻行爲。故俗稱全套、半套等行爲，均爲本款所涵攝。其次社會秩序維護法第80條第1款之性交易必須雙方完成性交或猥褻行爲，並給付對價始成立違序行爲，故若雙方僅止於「合意」之階段，依法自不能予以處罰。依犯罪事實應依證據認定之，無證據不得認定犯罪事實、被告或共犯之自白，不得作爲有罪判決之唯一證據，仍應調查其他必要之證據，以察其是否與事實相符。刑事訴訟法第154條第2項、第156條第2項分別定有明文，上開規定，依社會秩序維護法第92條規定，於法院受理違反社會秩序維護法案件時準用之。另違反社會秩序維護法案件處理辦法第30條亦規定「違反本法行爲之事實，應依證據認定之。行爲人或嫌疑人之自白，非出於不正方法，且經調查與事實相符者，得爲證據。」綜上，實不宜僅以違序行爲人之自白爲唯一之證據，仍應有其他補強證據可資佐證始合乎相關規定。（司法院研究結論）

2. 兒童及少年性剝削防制條例之特別規定：
   第2條：本條例所稱兒童或少年性剝削，係指下列行爲之一：
   1. 使兒童或少年爲有對價之性交或猥褻行爲。
   2. 利用兒童或少年爲性交、猥褻之行爲，以供人觀覽。
   3. 拍攝、製造兒童或少年爲性交或猥褻行爲之圖畫、照片、影片、影帶、光碟、電子訊號或其他物品。
   4. 利用兒童或少年從事坐檯陪酒或涉及色情之伴遊、伴唱、伴舞等侍應工作。本條例所稱被害人，係指遭受性剝削或疑似遭受性剝削之兒童或少年。

   警察及司法人員於調查、偵查或審判時，詢（訊）問被害人，應通知直轄市、縣（市）主管機關指派社會工作人員陪同在場，並得陳述意見。
   第9條：警察及司法人員於調查、偵查或審判時，詢（訊）問被害人，應通知直轄市、縣（市）主管機關指派社會工作人員陪同在場，並得陳述意見。

案例

1. 私娼甲女在路上倚壁而站，但未拉客，其行為並未違反任何法令。

2. 意圖得利之私娼甲女與嫖客乙男談妥價碼後，於進入旅社前被警察查獲，其行為法無處罰明文，故不罰。

3. 甲女意圖得利接客賣淫，經警查獲屬實，並有加重事由，由法院簡易庭裁定並由警察機關執行拘留，若甲女未滿14歲，則不依社會秩序維護法處罰。然嫖客則依刑法第227條第1項規定處罰。

4. 男同性戀者意圖得利與另一同性戀者有不正當目的之陪宿行為，係違反社會秩序維護法第80條第1項第1款之規定。

5. 某旅館因生意欠佳，負責人甲為招徠生意，要求女服務生乙與男客丙姦宿，並從中抽取五成的姦宿交易費用，乙之行為應適用社會秩序維護法第80條規定處罰。

6. 一家美容護膚坊暗藏春色，警察當場在店內包廂查獲甲男一絲不掛躺在按摩床上，與女服務生乙女共處一室，一旁的垃圾桶內並留有疑似擦拭精液的衛生紙團。甲男子坦承與乙女服務生，從事俗稱打手槍的半套性交易。警方依社會秩序維護法第80條予以處罰。

社會秩序維護法第81條

有下列各款行為之一者，處三日以下拘留，併處新臺幣一萬元以上五萬元以下罰鍰；其情節重大者，得加重拘留至五日：

一、媒合性交易。但媒合符合前條第一款但書規定之性交易者，不適用之。

二、在公共場所或公眾得出入之場所，意圖媒合性交易而拉客。

 案例

　　甲未經主管機關核准商業登記，擅自開設美容按摩中心營業，並媒合私娼賣淫，其行為依社會秩序維護法處罰並依商業登記法處罰。

社會秩序維護法第82條
有下列各款行為之一者，處三日以下拘留或新臺幣一萬二千元以下罰鍰：
一、於公共場所或公眾得出入之場所，乞討叫化不聽勸阻者。
二、於公共場所或公眾得出入之場所唱演或播放淫詞、穢劇或其他妨害善良風俗之技藝者。
前項第二款唱演或播放之處所，為戲院、書場、夜總會、舞廳或同類場所，其情節重大或再次違反者，得處或併處停止營業或勒令歇業。

■ 重要規定與實務見解

1. 關於演藝公司或商號經營業務為妨害善良風俗行為，符合社會秩序維護法第82條第1項第2款構成要件而其演唱或播放之處所為戲院、書場、夜總會、舞廳或同類場所，且違法情節重大或再次違反者，依同條第2項規定得處或併處停止營業或勒令歇業。準此，自得依同法第45條規定移送法院簡易庭依法裁定。（內政部警政署函釋）

2. 彰化梁姓婦人，手腳纏著繃帶在基隆市路邊席地行乞，希望路過民眾發揮同情心施捨，當記者聯繫警方前來幫忙時，梁婦立即收拾物品拔腿就跑，健步如飛，已違反社會秩序維護法第82條第1款規定。

社會秩序維護法第83條
有下列各款行為之一者，處新臺幣六千元以下罰鍰：
一、故意窺視他人臥室、浴室、廁所、更衣室，足以妨害其隱私者。
二、於公共場所或公眾得出入之場所，任意裸體或為放蕩之姿勢，而有妨害善良風俗，不聽勸阻者。
三、以猥褻之言語、舉動或其他方法，調戲異性者。

■ 重要規定與實務見解

1. 凡個人客觀上顯然無欲公開其隱私活動，而有合理期待時，對侵害個人隱私權之行為，分別依刑法第315條之1或社會秩序維護法第83條第1款處罰之，來函所詢「於他人公開活動時，利用工具窺視或偷拍隱私部位」，是否涉及刑事責任，應依具體個案認定之（法務部解釋）。

2. 所謂猥褻，係客觀上足以刺激或滿足性慾，其內容可與性器官、性行為或性文化之描述與論述相連結，惟須以已引起普通人之一般羞恥或厭惡而侵害性的道德感情、有礙社會風化者為限（釋字第617號解釋）。

3. 公然猥褻罪名的成立關鍵，在於有性挑逗意味的猥褻動作。一個少女只是穿著薄紗，若隱若現裸露私處，足以使人產生色情淫慾的聯想，沒有扭腰擺臀的性挑逗猥褻動作，在法律上，恐怕不能認定是公然猥褻行為。刑法公然猥褻罪雖然不能規範檳榔西施的清涼暴露妝扮，但可以社維法處罰（司法院研究結論）。

4. 性騷擾防治法有關猥褻之特別規定：

   第2條：本法所稱性騷擾，係指性侵害犯罪以外，對他人實施違反其意願而與性或性別有關之行為，且有下列情形之一者：(1)以該他人順服或拒絕該行為，作為其獲得、喪失或減損與工作、教育、訓練、服務、計畫、活動有關權益之條件；(2)以展示或播送文字、圖畫、聲音、影像或其他物品之方式，或以歧視、侮辱之言行，或以他法，而有損害他人人格尊嚴，或造成使人心生畏怖、感受敵意或冒犯之情境，或不當影響其工作、教育、訓練、服務、計畫、活動或正常生活之進行。

   第25條：意圖性騷擾，乘人不及抗拒而為親吻、擁抱或觸摸其臀部、胸部或其他身體隱私處之行為者，處二年以下有期徒刑、拘役或科或併科新臺幣10萬元以下罰金。前項之罪，須告訴乃論。

 案例 --

1. 李四於夜間去海邊故意偷窺草叢中情侶做愛之行為，未違反社會秩序維護法。

2. 欣賞歌舞表演時，卻看到脫衣舞表演之觀眾未違反法令。

3. 花蓮市中原路附近出現偷窺狂，住戶裝監視器自保，果然在拍到有名男子跑到社區後方防火巷內，偷看浴室內洗澡的女子，警方依據車號、監視器畫面，通知陳姓涉嫌人到案，並坦承從窗戶偷看婦人洗澡，警方依社會秩序維護法第83條第1款處以6,000元罰鍰。

4. 當檳榔西施的妝扮已經清涼到放蕩程度時，警方可以引用社會秩序維護法第83條予以勸阻，勸阻不聽，再裁罰6,000元以下罰鍰。

5. 張姓男子平日常在中華路、火車站等公共場所，頂著光頭、穿著修行人士服

裝遊蕩。有女子在行經附近時，張男先是在她後方大喊：「親愛的老婆，我會永遠愛妳，老婆我會對妳很好！」接著跟著她去開車，又站在車旁說相同的話，她嚇得趕緊駕車離開。張男還辯解說，他自認是「修道人」，才理光頭及做出家人打扮，以致常有人「布施」，成為他主要的經濟來源。警方依違反社會秩序維護法處罰。

社會秩序維護法第84條

於非公共場所或非公眾得出入之職業賭博場所，賭博財物者，處新臺幣九千元以下罰鍰。

▓ 名詞解釋

1. 非公眾得出入場所：此指住宅或家屋而言。
2. 職業賭博場所：指有意圖營利情事、而供人聚賭之場所。
3. 賭博財物：所謂賭博：指依偶然之事實而決定財物得失之行為。所謂財物，包括金錢、有經濟價值之物以及財產上之利益。

▓ 重要規定與實務見解

1. 社會秩序維護法第84條所稱職業賭博場所，係指具有營利性之賭博場所而言（違反社會秩序維護法案件處理辦法第13條）。
2. 按旅館房間於出租予旅客時，該旅客對於該房間即取得使用與監督之權，此時該房間於客觀上即不失為住宅之性質。惟該房間究否屬於公共場所或公眾得出入之場所，仍應就具體個案衡酌案發當時該房間之實際使用情形而定。如旅客將其租用之旅館房間供多數人公同使用或聚集，例如供作開會之場所或以之供作不特定多數人隨時得出入之場所，則仍應視為公共場所或公眾得出入之場所（法務部函釋）。
3. 賭博沒入之物，應以違反「社會秩序維護法」行為當場查獲（內政部函釋）：
   (1) 提供違反「社會秩序維護法」行為所用之物，例如賭具。
   (2) 因違反「社會秩序維護法」行為所生所得之物，例如賭資、抵押物，以屬動產為限。支票亦可以沒入，並得執行執票人之權利。

1. 某甲與友人於某乙之住宅中賭博財物，每半小時由某乙抽取新臺幣200元充作場地費，經警查獲，某乙由法院依據刑法處罰。
2. 警察人員於值日室內賭博財物，被督察員查獲，應依刑法賭博罪處斷。
3. 甲、乙、丙、丁四人在戊家賭博財物，戊抽頭營利，己供給賭具被警查獲，依法處罰如下：甲、乙、丙、丁觸犯社會秩序維護法第84條，分別處新臺幣9,000元以下之罰鍰。意圖營利以其家宅供人賭博，觸犯刑法第268條之供給賭場罪，移送司法機關科處。己供給賭具，為幫助違序，得減輕處罰，賭具予以沒入。
4. 某甲於其家宅中經營職業賭場，某乙為賭客，被警查獲。某乙應依社會秩序維護法第84條規定，由警察機關處罰。
5. 張三涉足賭場，經查確無參與或幫助賭博之行為而不罰，其理由為法無明文規定故不處罰。
6. 甲與友人乙、丙約好晚上至甲宅賭博，屆時甲已將賭具、籌碼準備就緒，而乙、丙未到達前卻被警察發現，甲之行為屬行為未遂。

概念區辨

刑法第266條 VS. 社會秩序維護法第84條

	刑法第266條普通賭博罪	社會秩序維護法第84條
相異處——賭博場所	公共場所或公眾得出入場所。	非公共場所或非公眾得出入之普通住宅或家屋，從事職業賭博之行為（具有營利性者）。如未賭博財物之家庭麻將，並未違反社會秩序維護法。
相同處	同屬賭博財物行為。	

參、妨害公務——第85、86條

■ 名詞解釋

1. 公務員：指刑法所稱之公務員，包括：
   (1) 依法令服務於國家、地方自治團體所屬機關而具有法定職務權限，以及其他依法令從事於公共事務，而具有法定職務權限者。
   (2) 受國家、地方自治團體所屬機關依法委託，從事與委託機關權限有關之公共事務者。
2. 職務：係分配同一職稱人員所擔任之工作及責任。
3. 執行職務：實際執行法律、命令規定之公法上之一切工作事務而言，不包括執行私法上之行為事務。
4. 強暴：直接或間接對於人之身體施以暴力，以壓制被害人之抗拒之狀態而言。
5. 脅迫：指行為人以威嚇加之於被害人，使其精神上萌生恐懼之心理，以達到至使不能抗拒之程度。
6. 侮辱：乃對他人為輕蔑表示之行為，例如嘲弄或謾罵他人，且不問以言語、文字或舉動。
7. 阻礙公務進行：使公務不能照預定計畫如期完成之意。
8. 災害：災害防救法所稱之災害，指下列災難所造成之禍害：
   (1) 風災、水災、震災、旱災、寒害、土石流災害等天然災害。
   (2) 火災、爆炸、公用氣體與油料管線、輸電線路災害、礦災、空難、海難、陸上交通事故、森林火災、毒性化學物質災害等災害。

重要規定與實務見解

1. 公務員依法執行職務之際，以自殺行爲相威脅者，核與妨害公務之要件不合，應運用勸解方式多加開導，使其聽從爲宜。
2. 向該管公務員謊報災害者，依社會秩序維護法之規定，其處罰之責任條件爲僅限於故意時，方得處罰。
3. 消防法對謊報火警者，依第36條之規定，處新臺幣3,000元以上1萬5,000元以下罰鍰。

 案例

1. 清華大學女學生孫致宇朝行政院長江宜樺扔「紅白拖」聲援華隆自救會員工，她以丟鞋屬言論自由答辯，但法院認爲她的舉動未尊重社會中以「安定生活」爲重要價值的社群。經士林地方法院簡易庭依違反社會秩序維護法裁罰5,000元。
2. 信義分局新任局長上任首日當天，愛國同心會成員又到臺北101前，成員因違停不服勸導，與警方發生爭執，員警要求成員出示證件，卻被拒絕，高女更怒罵警方：「警察真是丟臉」，隨後即被警方逮捕，函送臺北地院簡易庭。法官勘驗現場錄影光碟、員警職務報告，認定高女對公務員不當言詞，但不到強暴脅迫或侮辱程度，依違反社會秩序維護法裁定罰鍰2,000元。
3. 臺北一家能源科技公司的董娘王女士搭乘賓利車違規停車，卻不滿執勤員警勸導，下車大聲嗆聲引發爭議，有民眾不滿她違規還這麼高調，告發涉嫌妨害公務。臺北地檢署偵查後，認爲未達妨害公務程度，全案偵結，但臺北地院簡易庭以王女士的行爲違反社會秩序維護法，裁罰她最高額罰款1萬2,000元。
4. 基隆林姓男子只要喝醉就會撥打110胡言亂語，經警方多次勸導仍不聽，某日晚間，林男半小時打了十四通電話到派出所搗蛋，警方決定不再縱容，依違反社會秩序維護法處罰3,000元。

社會秩序維護法第86條
於政府機關或其他辦公處所，任意喧嘩或兜售物品，不聽禁止者，處新臺幣三千元以下罰鍰或申誡。

名詞解釋

1. 其他辦公處所：指包括辦理一切業務之地點而言。
2. 任意喧嘩：指隨便高聲吵鬧之意。
3. 兜售物品：指推銷物品之意。

肆、妨害他人身體財產──第87～91條

社會秩序維護法第87條

有下列各款行為之一者，處三日以下拘留或新臺幣一萬八千元以下罰鍰：

一、加暴行於人者。

二、互相鬥毆者。

三、意圖鬥毆而聚眾者。

名詞解釋

1. 暴行：指強暴行為，或揮拳腳踢，或摑臉擊身，或假手器物，凡屬毆打行為皆是。
2. 聚眾：此指不特定多數人之集合，有隨時可能增加之狀況，若僅集合特定之多數人，不可能隨時增加其人數，不得謂為聚眾。

重要規定與實務見解

1. 本條之構成要件為加暴行於人，至於相對人有無受到傷害則在所不問，故和刑法傷害罪仍有不同。
2. 社會秩序維護法第87條加暴行於人處罰之構成要件，包括加暴者與加暴對象須為自然人、須無殺人之犯意、所加暴對象須非執行職務中之公務員。
3. 加暴行於祖母未成傷，係同時觸犯刑法與社會秩序維護法（註：然刑法第281條加暴行於直系血親尊親屬罪須告訴乃論。）
4. 家庭暴力防治法之特別規定：
   第2條：家庭暴力，指家庭成員間實施身體、精神或經濟上之騷擾、控制、脅迫或其他不法侵害之行為。
   第3條：本法所定家庭成員，包括下列各員及其未成年子女：(1)配偶或前配偶。(2)現有或曾有同居關係、家長家屬或家屬間關係者。(3)現為或曾為

直系血親或直系姻親。(4)現為或曾為四親等以內之旁系血親或旁系姻親。

 案例

1. 林姓男子酒後看張姓男子不順眼,雙方人馬在基隆廟口騎樓大打出手,雖然打完後大和解,互不提告傷害,不過法院認為街頭鬥毆,嚴重影響社會安寧,依違反社會秩序維護法第87條第1款,分別裁罰兩幫人馬4到6,000元不等罰緩。

2. 某甲欲加暴於乙,某日持棍誤丙為乙而加暴之,未至傷害,則甲之行為出於故意,應依社會秩序維護法第87條第1款加以處罰。

3. 甲因細故加暴於乙致普通傷害,但乙因與甲達成和解並未提出告訴,則甲之加暴行為應依社會秩序維護法處理(註:刑法第277條第1項普通傷害罪須告訴乃論,故儘管不依刑法處罰,仍得以社會秩序維護法第87條第1款予以處罰)。

4. 婆婆對媳婦之行為不滿,趁媳婦睡覺時用剪刀剪下其頭髮,則婆婆之行為侵害媳婦之身體權,違反社會秩序維護法。

社會秩序維護法第88條

有下列各款行為之一者,處新臺幣三千元以下罰緩:

一、未經他人許可,釋放他人之動物、船筏或其他物品,或擅駛他人之車、船者。

二、任意採折他人竹木、菜果、花卉或其他植物者。

▓ 名詞解釋

1. 船筏:指航行水面,可乘載人貨之交通工具而言。

2. 擅駛:即未得他人同意或允許,擅自駕駛之意。

▓ 重要規定與實務見解

按竊盜罪係以意圖為自己或第三人不法之所有為要件,即行為人須有竊盜故意及不法所有之意思,始足當之。如以供一時使用之意思,而侵害他人之物之支配,如使用竊盜,行為人並無不法所有之意圖,尚不構成竊盜罪責,即得依社會秩序維護法第88條第1款處理(司法院業務研究會結論)。

案 例

小強急著前往郵局辦事之際，見路旁停放小偉之機車，乃擅自騎走趕路，其行為無竊盜意圖者，即依社會秩序維護法第88條第1款規定處罰。

> **社會秩序維護法第89條**
> 有下列各款行為之一者，處新臺幣三千元以下罰鍰或申誡：
> 一、無正當理由，為人施催眠術或施以藥物者。
> 二、無正當理由，跟追他人，經勸阻不聽者。

■ 名詞解釋

1. 催眠術：能使人入於睡眠狀態之心理治療方法，使用催眠術可用來治療強迫症、憂鬱症、情緒問題等心理疾病。如在醫療範圍，未取得醫師執照即屬密醫行為，若非屬醫療範圍，如無正當理由，可依本條處罰。
2. 跟追他人：指以尾隨、盯梢、守候或其他類似方式，持續接近他人或即時知悉他人行蹤，跟追他人之後，或徘徊於前方與左右，不論徒步乘車騎馬皆包括在內。

■ 重要規定與實務見解

1. 社會秩序維護法第89條第2款規定，旨在保護個人之行動自由、免於身心傷害之身體權、及於公共場域中得合理期待不受侵擾之自由與個人資料自主權，而處罰無正當理由，且經勸阻後仍繼續跟追之行為，與法律明確性原則尚無牴觸。新聞採訪者於有事實足認特定事件屬大眾所關切並具一定公益性之事務，而具有新聞價值，如須以跟追方式進行採訪，其跟追倘依社會通念認非不能容忍者，即具正當理由，而不在首開規定處罰之列。於此範圍內，首開規定縱有限制新聞採訪行為，其限制並未過當而符合比例原則，與憲法第11條保障新聞採訪自由及第15條保障人民工作權之意旨尚無牴觸。又系爭規定以警察機關為裁罰機關，亦難謂與正當法律程序原則有違（大法官釋字第689號解釋）。

王姓記者為採訪新聞曾二度跟追並拍攝某知名電腦集團副總夫婦，經被跟追人委託律師二度勸阻無效，被跟人遂報警檢舉。中山警察分局以違反社會秩序維護法89條第2款，裁處罰鍰1,500元。嗣經聲明異議，經法院裁定無理由駁回而確定。認系爭規定，有牴觸憲法第11條新聞自由、第15條工作權及正當法律程序等之疑義，聲請大法官解釋。大法官於100年7月29日作出釋字第689號解釋，認為系爭規定不違憲。

> **社會秩序維護法第90條**
> 有下列各款行為之一者，處新臺幣三千元以下罰鍰或申誡：
> 一、污損他人之住宅題誌、店舖招牌或其他正當之告白或標誌者。
> 二、未經他人許可，張貼、塗抹或畫刻於他人之交通工具、圍牆、房屋或其他建築者。

■ 名詞解釋

1. 污損：指加以污穢毀損之意。
2. 住宅題誌：指住宅門首之堂號、里名、匾額、柱聯、姓名、門號牌等而言。
3. 告白：指廣告而言。
4. 標誌：如土地界碑、池塘禁止網魚牌等均是。

■ 重要規定與實務見解

　　未經允許在他人牆壁或車廂上塗鴉，雖然自認是藝術創作，但這行為已經違反社會秩序維護法第90條第2款：「未經他人許可，張貼、塗抹或畫刻於他人之交通工具、圍牆、房屋或其他建築物者。」應受罰鍰或申誡處分。若造成他人器物毀損，則會觸犯刑法第354條的毀損器物罪（法院見解）。

1. 某甲未經許可，以刀片刮傷已停在路旁車輛表漆達八公分長一公分寬之行為，屬違反社會秩序維護法之行為。

2. 臺北市文山區某店家鐵捲門遭人噴漆塗鴉，警方調閱上百支監視器，發現19歲江姓男子當時在附近出沒涉重嫌，經傳喚江姓男子到案說明並承認所為，稱因對街頭塗鴉藝術很有興趣，才趁雨夜來發揮所長，警方依違反社會秩序維護法第90條裁罰。

社會秩序維護法第91條

有下列各款行為之一者，處新臺幣一千五百元以下罰鍰或申誡：

一、污濕他人之身體、衣著或物品而情節重大者。

二、故意踐踏他人之田園或縱入牲畜者。

三、於他人之土地內，擅自釣魚、牧畜，不聽勸阻者。

四、於他人之土地內，擅自挖掘土石、棄置廢棄物或取水，不聽勸阻者。

■ 名詞解釋

1. 污濕：包括污穢和潑溼。
2. 踐踏他人之田園或縱入牲畜：指用腳在他人已種有植物，或已耕耘準備播種之土壤上踐踏，或是放縱牲畜而入此等稻田或菜圃而言。
3. 牧畜：指牧牲畜而言。

某甲不聽勸阻連續擅入他人土地釣魚，違反社會秩序維護法第91條第3款，經警察機關加重本罰二分之一後，如依同法第30條第2款規定除去零數後，某甲被裁罰2,250元，依前條規定可扣除250元，故最高可裁罰2,000元。

第五節 附則

壹、附則之概念

附則在一般分章法律中為最後一章，為整體包括總則及分則之輔助性、補充性之規定，又稱為附屬規定。附則大體上包含過渡規定、授權訂定施行細則、準用規定、施行日等，多屬對該法律實施有不可或缺的技術性規定者。

貳、附則條文——第91之1～94條

社會秩序維護法第91條之1

直轄市、縣（市）政府得因地制宜，制定自治條例，規劃得從事性交易之區域及其管理。

前項自治條例，應包含下列各款規定：

一、該區域於都市計畫地區，限於商業區範圍內。

二、該區域於非都市土地，限於以供遊憩為主之遊憩用地範圍內。但不包括兒童或青少年遊憩場。

三、前二款之區域，應與學校、幼稚園、寺廟、教會（堂）等建築物保持適當之距離。

四、性交易場所應辦理登記及申請執照，未領有執照，不得經營性交易。

五、曾犯刑法第二百三十一條、第二百三十一條之一、第二百三十三條、第二百四十條、第二百四十一條、第二百九十六條之一、兒童及少年性交易防制條例第二十三條至第二十七條或人口販運防制法之罪，經判決有罪者，不得擔任性交易場所之負責人。

六、性交易場所之負責人犯前款所定之罪，經判決有罪者，撤銷或廢止性交易場所執照。

七、性交易服務者，應辦理登記及申請證照，並定期接受健康檢查。性交易場所負責人，亦應負責督促其場所內之性交易服務者定期接受健康檢查。

八、性交易服務者犯刑法第二百八十五條或人類免疫缺乏病毒傳染防治及感染者權益保障條例第二十一條之罪者，撤銷或廢止其證照。

九、性交易服務者經健康檢查發現有前款所定之疾病者，吊扣其證照，依法通知其接受治療，並於治療痊癒後發還證照。

十、不得有意圖性交易或媒合性交易，於公共場所或公眾得出入之場所廣告之行為。

本法中華民國一百年十一月四日修正之條文施行前，已依直轄市、縣（市）政府制定之自治條例管理之性交易場所，於修正施行後，得於原地址依原自治條例之規定繼續經營。

依前二項規定經營性交易場所者，不適用刑法第二百三十一條之規定。

直轄市、縣（市）政府應依第八十條、本條第一項及第二項性交易服務者之申請，提供輔導轉業或推介參加職業訓練。

■ 名詞解釋

1. 都市計畫：都市計畫法所稱之都市計畫，指在一定地區內有關都市生活之經濟、交通、衛生、保安、國防、文教、康樂等重要設施，作有計畫之發展，並對土地使用作合理之規劃而言。

2. 撤銷執照：對於違反行政法上義務者之處罰，將其既有之執照，基於行政機關之處分予以剝奪，並自始失其效力。

3. 廢止執照：指基於法律上、政策上或事實上的原因，如所依據之法規或事實發生變更，而決定將其執照，使其自將來喪失效力的行為。

4. 吊扣證照：證照被扣在主管機關，等扣留期限屆滿就能領回。

■ 重要規定與實務見解

1. 性交易專區設置前，除於現有公娼地點與合法公娼所從事之性交易行為外，從事性交易之娼、嫖雙方均為取締之對象，若經查獲，均須處罰。

2. 查獲上揭違法案件，均依警察機關處理違反社會秩序維護法第80條、第81條及第91條之1案件應行注意事項所訂裁罰基準辦理裁罰。違反第80條規定從事性交易者，罰鍰由警察機關依法裁處，額度新臺幣（以下同）3萬元以下：

   (1) 第一次違反者，裁處1,500元以上，未逾6,000元。

   (2) 第二次違反者，裁處6,000元以上，未逾1萬2,000元。

   (3) 第三次以上違反者，裁處1萬2,000元以上至3萬元。

3. 違反第81條規定媒合性交易者，警察機關於訊問後，即移送地方法院簡易
   庭裁定；裁罰金額視犯罪情狀、是否累犯而有差異（警政署函釋）。

社會秩序維護法第92條
法院受理違反本法案件，除本法有規定者外，準用刑事訴訟法之規定。

　　違反本法案件屬於行政罰性質，與刑罰適用刑事訴訟法裁判不同，因恐法
院受理處理違反本法案件，因本法有規定者不足，而發生窒礙之情事，故特設
準用刑事訴訟法之規定。

概念區辨

準用與適用之不同

	準用	適用
範圍	只就某事項所定之法規，於性質不相牴觸之範圍內，變通、間接適用所援引之法規。換言之，準用非完全適用所援引之法規，而僅在應予準用事項之性質所容許之範圍內，始能類推適用而已。	立法時避免重複規定，而明定某種事項逕行適用同樣事項已有之規定。即完全依其規定直接辦理，不必變通。

社會秩序維護法第93條
違反本法案件處理辦法，由行政院會同司法院定之。
拘留所設置管理辦法、沒入物品處分規則，由行政院定之。

　　本法授權主管機關訂定之法規命令有三種如下：

1.社會秩序維護法案件處理辦法
　　為授權行政院會同司法院訂定違反社會秩序維護法案件處理辦法，其目的
在授權主管機關針對本法條文不確定概念部分進一步作細節性及技術性之解釋
或補充性規定，包括法條所定文義有關之質、量及程序之進一步詳細，如職務
分配、調查、移送、裁處、執行與救濟程序等。行政院會同司法院依此授權於

民國81年9月發布「社會秩序維護法案件處裡辦法」。

2.拘留所設置管理辦法

授權行政院訂定拘留所設置管理辦法，其目的在授權訂定各警察機關為拘留違反社會秩序維護法之被拘留人，應設拘留所。拘留之執行，應尊重被拘留人之基本人權，對其自由權利之拘束與限制，應以公平合理之方法為之，不得逾越所欲達成管理目的之必要限度。並規定入所及出所、安全管理、檢束、衣食及衛生、通信及接見等規定。

3.沒入物品處分規則

授權行政院訂定沒入物品處分規則，其目的在授權訂定依本法規定沒入之物品，於裁處確定後由原處分或原移送之警察機關處分。警察機關對於沒入物品，應備置違反社會秩序維護法案件沒入物品登記簿，妥為保管。貴重物品應妥為封存，由被處罰人及承辦人簽名蓋章，以資證明。沒入物品，依留作公用、拍賣或變賣、廢棄或銷燬及移送有關機關等四個方法分別處分之。

第六節　解答實例題要領

一、思考方向

1. 尋找可能犯違序之行為及爭點（尤其是構成要件該當性）。
2. 再依序確認行為人是否違序？
3. 依本題所假設之情節，檢討違序行為的相關問題（是否減輕、加重、從重、從一重）。
4. 結論。

二、解答要領

1. 應先判斷符合分則規定之各要件，例如社會秩序維護法第63條第1項第1款：「無正當理由攜帶具有殺傷力之器械、化學製劑或其他危險物品者。」其構成要件有無正當理由、攜帶、具有殺傷力、器械、化學製劑或其他危險物品，於法條涵攝的過程中，必須符合上述諸要件，方能認定行為人違反該條款之規定，而依該條款之罰則予以處罰。

2. 依順序以關鍵詞標示下列問題：

(1)構成要件該當性（是否存在有特別構成要件）

(2)違法性（是否有阻卻違法事由）

(3)有責性（責任能力）等是否肯定以及找出爭點何在。

3. 整理出解答的輪廓（建議先有草稿）。

4. 解答時三段論法句型

(1)（題示之……行為）可能成立社維法第○○條○○規定？（或該違序行為之構成要件為……）。

(2)本題甲（事實）……。

(3)甲應成立○○違序（或甲不成立）。

CHAPTER

8

警械使用條例

第 一 節　基本概念

壹、法理基礎

一、警械使用之概念

警械使用之行為，指警察人員為維護治安而利用武器器械等工具行使強制力而言。亦即依據警械使用條例所行使之各項警察行為。

二、警察使用警械之法源

依警察法第9條規定，警察人員使用警械，為警察職權之一；同法施行細則第10條規定，使用警械依警械使用條例之規定行之。因此，警察在避免非常變故，維持社會治安，騷動行為足以擾亂社會治安，拒捕、脫逃，警察生命、身體、自由、裝備遭受強暴或脅迫，或持有凶器者不聽從告誡拋棄等情況，得使用警械。

三、警察使用警械之法律屬性

（一）屬於警察急狀權：警察使用警械之職權為警察急狀權，乃為急迫而不得已行使，對特定人使其達警察上必要之狀態作用，故其目的在達成警察任務。

（二）屬於警察法中之作用法：警械使用條例（本章以下或稱本條例）乃警察使用警械時之行為規範，警械使用之時機、警械使用之主體、警械使用應注意事項、警械使用之原則及責任，都規範於本條例之中，屬於警察法中的作用法。

（三）屬於公法上職務之裁量權：警察人員執行職務時，始得依法使用警械，此項職務僅限於公法上職務，並含有容許警察人員依情況行使裁量權為前提。

（四）屬於事實行為之強制措施：警察人員逮捕脫逃人犯遭抗拒而使用警械之行為，為原無法效意思，因程序性之處置而卻發生法律效果之強制措施，性質上屬於物理上之動作，為公權力措施之事實行為。

貳、警械使用條例之主要內容

一、依法令之行為：警察人員依警械使用條例使用警械為依法令之行為。

二、警械種類：警械為棍、刀、槍及其他經核定之器械。

三、使用警棍依據：

（一）協助偵查犯罪，或搜索、扣押、拘提、羈押及逮捕等須以強制力執行時。

（二）依法令執行職務，遭受脅迫時。

（三）發生本條例第4條第1項各款情形之一，認為以使用警棍制止為適當時。

四、使用警槍及警刀依據：

（一）警察人員執行職務時，遇有依法應逮捕、拘禁之人拒捕、脫逃，或他人助其拒捕、脫逃時。

（二）警察人員所防衛之土地、建築物、工作物、車、船、航空器或他人之生命、身體、自由、財產遭受危害或脅迫時。

（三）警察人員之生命、身體、自由、裝備遭受強暴或脅迫，或有事實足認為有受危害之虞時，得使用警刀或槍械。

五、急迫及比例原則之要求：警察人員應基於急迫需要，合理使用槍械，不得逾越必要程度。

六、停止使用及注意義務之要求：

（一）警察人員使用警械之原因已消滅者，應立即停止使用。

（二）警察人員使用警械時，如非情況急迫，應注意勿傷及其人致命之部位。

七、政府負補償責任：

（一）警察人員應使第三人身體不受傷害、生命不受剝奪、財產不受損壞。

（二）警察人員於執行職務時，依法使用警械致第三人受有損害，應由政府支付相關費用。

第二節　使用警械之主體及警械之種類與規格

壹、使用警械之主體

一、適用警械使用條例規定之警察人員

（一）警察人員：本條例所稱之警察人員，指依警察人員人事條例任官、授階執行警察任務之警察官。是故警察人員執行職務時，不論是基於行政作用，執行一般警察職務，或基於輔助刑事司（軍）法作用，執行司法警察、軍法警察職務，始可依據警械使用條例之規定使用警械。

（二）暫支領警佐待遇人員：警察暫支領機關警佐待遇人員管理辦法規定之警佐待遇人員。自署長至警員、隊員均包括在內。

（三）警察大學、警察專科學校學生在校接受使用警械之訓練及現職人員射擊訓練，均不在此限。

至於警察機關一般行政人員、技術人員、人事人員、會計人員、雇員等，則非上述之警察人員，依法不得使用警械。

二、準用警械使用條例規定之人

（一）其他司法警察人員及憲兵執行司法警察、軍法警察職務或經內政部核准設置之駐衛警察執行職務時，準用之。

（二）有關調查人員、特勤人員及其他執行司法警察職務之人員、執行軍、司法警察職務之憲兵、經內政部核准設置之駐衛警察執行職務時，準用之。

（三）服警察役之役男，執行職務時，準用警械使用條例之規定，依替代役實施條例第58條規定，服警察役之役男，於執行職務時，得使用必要之警械，依警察役役男使用警械管理辦法規定使用警械。

（四）其他人員：經內政部或其授權之警察機關許可持有警械之人，包括僱（任）用警衛、保全人員、巡守人員或依法執行稽查公務人員之機關、機構、學校、公司、行號、工廠、民間守望相助組織。

貳、警械之種類及使用類型

一、警械之種類

（一）棍、刀、槍

1. 棍：木質警棍、膠質警棍、鋼（鐵）質伸縮警棍等。
2. 刀：警刀、各式警刀。
3. 槍：
(1)槍砲：各式手槍、各式衝鋒槍。
(2)步槍：半自動步槍、自動步槍、各式霰彈槍。
(3)機槍：輕機槍、重機槍。
(4)火炮：迫擊炮、無後座力炮、戰防炮。

（二）其他經核定之器械

1. 瓦斯器械類：瓦斯噴霧器、瓦斯槍、煙幕彈、瓦斯警棍（棒）、瓦斯電氣警棍（棒）、瓦斯噴射筒、瓦斯手榴彈煙幕彈（罐）、鎮撼（閃光）彈等。
2. 電氣器械類：電擊器、擊昏槍、擊昏彈包等。
3. 噴射器械：瓦斯粉沫噴射車、高壓噴水噴瓦斯車、噴射裝甲車等。
4. 應勤器械：警銬、警繩、防暴網。

二、警械使用之類型

（一）警察射擊行為：警察射擊行為性質上被視為直接強制中最強烈之形式，因其涉及基本人權至鉅，故本條例主要之規範即是針對警察射擊行為而來。

（二）其他警械使用行為：其他警械使用行為如使用警棍驅離群眾或使用警銬或其他經核定之戒具，屬於干預性事實行為。

第二節　使用警械之時機

壹、得使用警棍之時機

得使用警棍之時機，一為使用警棍指揮，二為使用警棍制止。

一、使用警棍指揮

（一）得使用警棍指揮之情形

警察人員執行職務時，遇有下列各款情形之一者，得使用警棍指揮：

1. 指揮交通。
2. 疏導群眾。
3. 戒備意外。

（二）得使用警棍指揮之立法原意

1. 指揮交通：以警棍表示方向、許可或禁止通行，乃使人民有所遵循的意思表示。例如十字路口的交通警察，將警棍向東西平伸時，即表示由西向東或由東向西的車輛，可以向東西通行；此時由南向北或由北向南的車輛，就必須停止行駛。

2. 疏導群眾：於人群眾多或秩序欠佳的場合，使用警棍整理出一條道路，可使之通行。例如慶典期間，參觀遊行的群眾將道路擁塞，以致遊行隊伍無法通過。警察人員可以數人分作兩排，在被阻塞的道路中，各將警棍拉成一線，疏導兩邊群眾，使其分別退後，讓出一條通路，好讓遊行隊伍通過。

3. 戒備意外：在執行勤務或警備勤務時，用警棍作為禁止或提防意外的器械。例如國賓訪臺時，歡迎群眾極為擁擠，警方深恐禮車到時，群眾擁向車前，因而妨害交通或發生意外，沿途警察人員便可面向群眾，使用警棍拉成一警戒線，阻止群眾超越。

二、使用警棍制止

（一）得使用警棍制止之情形

警察人員執行職務時，遇有下列各款情形之一者，得使用警棍制止：

1. 協助偵查犯罪，或搜索、扣押、拘提、羈押及逮捕等須以強制力執行

時。

    2. 依法令執行職務，遭受脅迫時。

    3. 發生警械使用條例第4條第1項各款情形之一，認為以使用警棍制止為適當時。

（二）得使用警棍制止之立法原意

    1. 所謂使用警棍制止，就是使用警棍（強）制、阻止特定人不為某一行為並強制其服從而言。

    2. 在執行上，例如依據刑事訴訟法第90條被告抗拒拘提、逮捕或逃脫者；第132條抗拒搜索者；第138條無正當理由拒絕提出或交付或抗拒扣押應扣押物者，均得使用強制力執行之。又如依刑事訴訟法第103條第1項之規定，執行羈押由司法警察將被告解送至指定之看守所。故警察人員執行上述職務，往往遭受違法者之抗拒，須使用警棍之強制力執行之。

    3. 警察人員依法令執行職務，乃代表政府公權力之行使，行政客體有服從之義務，不得以任何理由抗拒；倘如進而以脅迫之行為對付執法者，均構成違法。警械使用條例第2條第2款規定警察人員執行職務遭受任何人之脅迫時，得使用警棍，排除脅迫。至於制止之方式，應以脅迫之程度決定之，如有必要，使用警棍打擊脅迫者，乃為適法之行為。

    4. 警械使用條例第4條所列各種警械使用的時機，依規定得以「警刀」或「槍械」制止之，但警刀或槍械都有很強的殺傷力，假使在某種情況之下，只要使用警棍，便可以達到制止之目的時，則應儘量避免使用警刀或槍械。又例如群眾聚集騷動時，可使用警棍制止、疏導解散之。上述皆為行政行為比例原則適當性之運用。

貳、得使用警刀、警械或其他經核定器械之時機

一、使用警刀或槍械之原因

    依本法第4條規定：「警察人員執行職務時，遇有下列各款情形之一者，得使用警刀或槍械：

    （一）為避免非常變故，維持社會治安時。

    （二）騷動行為足以擾亂社會治安時。

    （三）依法應逮捕、拘禁之人拒捕、脫逃，或他人助其拒捕、脫逃時。

（四）警察人員所防衛之土地、建築物、工作物、車、船、航空器或他人之生命、身體、自由、財產遭受危害或脅迫時。

（五）警察人員之生命、身體、自由、裝備遭受強暴或脅迫，或有事實足認為有受危害之虞時。

（六）持有兇器有滋事之虞者，已受警察人員告誡拋棄，仍不聽從時。

（七）有前條第一款、第二款之情形，非使用警刀、槍械不足以制止時。
前項情形於必要時，得併使用其他經核定之器械。」

二、使用警刀或槍械之立法原意

（一）第1款所謂避免非常變故，指於非常事故尚未發生之時，予以預先處理，使其不致發生。若某不法行為尚未見諸行動，係在預備著手階段，如不予以即時制止，則勢必造成非常變故。例如警察據報有重要不法分子某甲等多人，在某一公寓樓房製造爆裂物（土製炸彈），經派員勘察屬實，乃奪門進入取締，某甲見員警前來，正欲將土製炸彈投擲，企圖製造社會治安事件，員警見狀，便先行舉槍射擊某甲身體適當部位，阻止其投擲炸彈，避免非常變故發生（若炸彈爆炸，很可能會引起樓房損毀、人員傷亡或火災等）。

（二）第2款行為實施的時機，要有騷亂行為破壞社會治安，例如不法之徒鼓動工人遊行、暴動、商人罷市，自得對騷動行為人使用警械予以制止。

維持社會安寧秩序，為警察的主要任務，因此，騷動行為足以擾亂社會治安，自為法所不許。故警械使用條例對於此種不法行為，賦予警察人員使用警刀或槍械的權力，以期達到制止之目的。

（三）第3款行為實施之時機，須為依法應逮捕、拘禁之人逃脫或拒捕以及他人助其拒捕、脫逃的時候。

依法應逮捕、拘禁之人包括現行犯、被通緝人、被拘提人、在看守所羈押之刑事被告、在監獄監禁之受刑人、在拘留所拘留之違序人及受保安處分令入勞動處所強制工作或受感訓之人等。

例如人犯逃脫或他人助其逃脫，警方已大鳴警笛、包圍喊話或鳴槍示警後，若即止步受捕，就不可再對其使用警刀或槍械或其他器械制止；反之，人犯仍繼續逃跑或負隅頑抗時，自得使用警刀、槍械或其他器械制止，並逮捕之。

（四）第4款行為實施之時機，要在警察人員所防衛之土地、建築物、工

作物、車、船、航空器或他人之生命、身體、自由、財產，遭受危害或脅迫，須使用警刀或槍械保護時，例如：

1. 警察奉令防衛禁區，不准外人進入，如有歹徒強行侵入，倘不能用勸導等和平方法，甚或運用腕力或警棍等亦不足以阻止時，自得使用警刀或槍械，用以遏止歹徒並保護禁區。又例如盜匪侵入民宅，搶劫財物，若無其他方法制止搶劫或不服逮捕時，自得以警刀或槍械保護之。

2. 匪徒意圖刺殺某人，正要舉槍擊發之時，因此時情況危急，警察人員自可逕行使用警刀或槍械，用以保護某人生命身體安全。又例如甲與乙有仇，甲正持刀向乙砍殺時，警察人員即立刻使用警刀或槍械予以制止。

3. 警察人員押解物資，途遇強盜攔截時，警察人員為保護物資或防衛人身，自得使用警刀或槍械，並進而逮捕之。

（五）第5款行為實施之時機，為警察人員之生命、身體、自由或其他應用裝備受到強暴或脅迫的時候，使用警刀或槍械來抵抗或自衛，以排除強暴、脅迫或危害。然而，若除使用警刀或槍械外，尚有其他辦法足以遏阻危害時，則仍應使用警刀或槍械以外之警械，或另以其他方法遏阻之。

例如歹徒於鐵門之外，手持器械，脅迫立於鐵門內之警衛開門時，此時警衛雖受脅迫，但是尚未達到使用警刀或槍械的時機，蓋除使用警刀或槍械之外，尚可藉警笛或電話等方式向外求援圍捕。

（六）使用警械，為國家賦予警察人員之法定職權，警察人員遇有本條例第4條第1項第4、5款之情形，雖然此種狀況符合刑法第23條正當防衛行為、或第24條緊急避難之行為，但警察人員係因執行職務，遇有上述情形時，依本條例第12條之規定：「警察人員依本條例使用警械之行為，為依法令之行為。」故使用警械以防衛自己或他人之行為，自屬「依法令之行為」，而非正當防衛或緊急避難之行為。

（七）警察人員如非執行職務時，而係使用警械之正當防衛或緊急避難之行為，依刑法第23、24條之規定，不罰；但其防衛或避難行為過當者，得減輕或免除其刑。惟關於避免自己危難之規定，於公務或業務上有特別義務者，不適用之。警察人員職司保護人民生命、身體、自由、財產之安全，為避免自己之危難，應注意當時之特別義務。

（八）所謂兇器，是指可供行兇的器具。不法之徒，攜帶兇器，意圖滋生事端，妨害公共秩序、社會安全，或直接危害人民生命、身體、自由、財產等事件之發生，警察人員執行任務，遇持有兇器之人，即可盤詰，依法取締。發現有滋事之虞者，警察人員為維護安全，即可告誡其拋棄兇器；倘若不聽從拋棄時，便得使用警刀或槍械，強制使用人拋棄兇器，消除危害之發生。

（九）有警械使用條例第3條第1、2款之情形，雖以使用警棍制止為原則，但遇有非使用警刀、槍械不足以制止時，亦得使用警刀、槍械之強制力執行職務，排除抗拒或脅迫，達成任務之遂行。

參、得使用警械之特定時機

一、執行取締盤查勤務時得採取之特定措施

（一）得命停止舉動或高舉雙手，並檢查是否持有兇器：警察人員依法令執行取締、盤查等勤務時，如有必要得命其停止舉動或高舉雙手，並檢查是否持有兇器。

（二）受到突擊之虞得使用警械：如遭抗拒，而有受到突擊之虞時，得依本條例規定使用警械。

二、使用警械特定時機之立法原意

（一）警察人員必須依法令執行取締、盤查等勤務時。

（二）執行各種勤務，而認為對受取締人或受盤查人有停止舉動或高舉雙手之必要時，並檢查是否持有兇器；如持有兇器即應先行依法扣留（行政執行法第38條、警察職權行使法第21條）。

（三）受取締、盤查之人抗拒取締、盤查、不停止舉動、高舉雙手，而警察人員有受到突擊之虞時，便得依警械使用條例，視其情況使用警棍、警刀、槍械或其他經核定之器械。

第四節 使用警械之程序與遵行事項

壹、使用警械之程序

一、警械使用與正當法律程序

（一）正當法律程序之概念

程序，是將權力控制在一定範圍之規則及依此公平處理事件之過程及手續。而正當程序保障又分爲程序上正當程序及實質上正當程序。前者即國家限制人民生命自由或財產權時，或國家限制人民生命、自由或財產權時，應經如何程序方爲正當之問題。後者指如何確保法律規定之內容合乎基本公平。

（二）警械使用所應遵循之正當法律程序

1. 程序上正當程序：本條例第3條至第5條所規定有關得使用警械之情形，亦即所稱警械使用發動之要件及其他使用警械前後之合理程序。

2. 實質上正當程序：本條例第6條至第9條所規定警械使用之制約與原則，如比例原則之運用、原因消滅應停止、勿傷及其他之人、勿傷及其人致命之部位等均是。

二、使用警械前後之合理程序

（一）出示警徽或身分證件

警察人員依本條例使用警械時，須依規定穿著制服，或出示足資識別之警徽或身分證件。但情況急迫時，不在此限。

（二）使用後報告該管長官

警察人員使用警械後，應將經過情形，即時報告該管長官。但使用警棍指揮者，不在此限。

警察人員無論在何種情況下使用警刀、槍械或使用警棍制止後，均應速將情形以口頭或書面報告上級長官。例如分局所屬分駐（派出）所員警、巡佐、主管、所長等，層報分局長；警察局保安（大）隊、交通（大）隊、刑警（大）隊警員或巡佐及隊員、偵查員、巡官等層報局長查核。既要根據實情，而且在時間上，亦不可有所耽擱；其因而消耗彈藥者，並應另行陳報核銷。由於使用警械，使用人與政府依法負有行政、刑事、民事責任，故本條規定之目

的，在於使該管長官能了解所屬人員使用警械之情形，考核其使用是否合法、適當、正確，並應視情節，適時蒐集、保全證據，以備他日因應發生訴訟案件之需用。然使用警棍指揮為經常方式，不受該條前段規定之限制。

貳、使用警械應注意之遵行事項

一、比例原則之運用

（一）使用槍械不得逾越必要程度

警察人員應基於急迫需要，合理使用槍械，不得逾越必要程度。

（二）比例原則之要則

使用槍械之比例原則中三項要則：

1. 目的性：基於急迫必要性，非適時使用槍械，則將失去阻止或排除法律上所保護權益之時機。故使用槍械應基於急迫需要行之。

2. 必要性：使用槍械必須合理適當，在何種情境、如何使用何種槍械，而不以過當使用來達成使用槍械之目的。即須合理適當使用之。

3. 衡量性：使用某種槍械，應對人及公眾損害最少之方法為之；且其所造成使用槍械之損害，不得與所欲達成使用目的之利益顯失均衡，要求兩者之間，有合理比例關係。故規定使用槍械不得逾必要程度（即學理上所稱之禁止過度）。

（三）比例原則之權衡標準

使用警械應符合比例原則，其權衡標準為：

1. 衡量犯罪者侵害利益之強度。
2. 衡量犯罪者的惡性之大小。
3. 衡量犯罪者的手法是否兇狠。
4. 衡量犯罪者的人數及體格。
5. 衡量時間是否急迫。
6. 使用警械須以達到任務為限。

二、使用原因已消滅應即停止

警察人員使用警械之原因已消滅者，應立即停止使用。使用原因已消滅者，則無繼續使用警械之必要，應停止使用警械，而採取其他必要之逮捕措

施，以保障人民權益。如：持有凶器經告誡拋棄者、已拋棄凶器等。

三、勿傷及其他之人

　　警察人員使用警械時，應注意勿傷及其他之人。因使用警械，尤其使用警刀與槍械，容易傷害人之身體、生命，自宜特別謹慎小心，切忌無因使用，更禁盲目使用。所謂注意勿傷及其他人，他人是指執行職務之人、路人、鄰人、埋伏勤務人員等。

四、勿傷及其人致命之部位

　　警察人員使用警械時，如非情況急迫，應注意勿傷及其人致命之部位。使用警械時，除遇有當時情況急迫之外，則仍以勿傷及其致命部位（例如頭部、胸部及腹部等），始爲適當。因此，人之四肢是使用警械之適宜部位。

第（五）節　使用警械之責任

　　警械之合法使用與非法使用，其法律效果牽涉有關賠償以及補償責任，亦關係著警械使用之行政救濟問題，茲分述如下：

壹、合法使用警械規定之政府責任

一、合法使用警械之要件

　　正當防衛或緊急避難行爲過當者，僅得減輕或免除其刑而已。故警察人員依法令而正確使用警械者，方受法律保障，其行爲應符合本條例下列各項規範：
　　（一）符合本條例第3條至第5條規定得使用警械之時機。
　　（二）基於急迫需要。
　　（三）應事先踐行出示身分或本條例第5條下命程序。
　　（四）未逾越必要之程度。
　　（五）符合本條例第7條至第9條之注意事項。

二、合法使用警械之責任

（一）政府支付醫療費、慰撫金、補償金或喪葬費

依據本條例規定使用警械，因而致第三人受傷、死亡或財產損失者，應由各該級政府支付醫療費、慰撫金、補償金或喪葬費。

（二）相關解釋

1.第三人

依內政部解釋令，警械使用條例第11條第1項規定中所稱之「第三人」，須為警察人員合法使用警械對象以外之人，亦即無辜之善意第三人，舉例如下：

(1)路過之民眾。

(2)遭歹徒挾持之人。

(3)同車之人，單純之駕駛與乘客關係。反之，駕駛人與乘客若為共犯關係，具有拒捕、脫逃等之犯意聯絡，甚至乘客教唆駕駛人衝撞員警等情事，則難謂該乘客為本條所稱之「第三人」。

2.有無國家賠償法之適用

據法務部解釋謂：

(1)警察人員於執行公務緝捕嫌疑犯時，依警械使用條例合法使用警械，致人民之財產權受損害者，應無國家賠償法之適用。

(2)警察人員於執行公務緝捕嫌疑犯時，因故意或過失違反警械使用條例，不法使用警械而侵害人民之財產權者，警械使用條例並無明文規定，如符合上開規定，自可適用國家賠償法之規定。

貳、不法使用警械規定之政府責任

一、政府支付醫療費、慰撫金、補償金或喪葬費之責任

警察人員執行職務時，違反警械使用條例規定，因而致任何人（包括相對人、第三人）受傷害，其各種法定給付由各該級政府承擔，負責支出，故本條例明定：警察人員執行職務違反本條例使用警械規定，因而致人受傷、死亡或財產損失者，由各該級政府支付醫療費、慰撫金、補償金或喪葬費。

二、政府對不法使用警械者之求償權

惟該使用人之行為出於故意，規定各該級政府得向其求償，該行為人負有民事責任。凡此規定，政府一方面承擔對被害人之救濟責任；另一方面對出於故意之行為人有求償權。求償其負民事責任，並藉以阻絕故意行為之萌生。其立法意旨，與國家賠償法第2條第3項規定之求償權相同，亦即賠償義務機關對其所屬公務員因故意不法行為所生國家賠償事件有求償權。

參、警察人員違反警械使用條例使用警械之責任

本條例經多次修正後，雖未規定違反本條例使用警械規定之行政、刑事責任，仍應依法規分別依其行為負行政、刑事或民事責任，茲分別敘述如下：

一、行政責任

警察人員合理使用警械，不得逾越必要程度，亦即若行使職權不符比例原則，自應負行政責任。

（一）懲戒責任：指國家於公務員違反義務行為時，為維護官紀所作之處罰。依公務員懲戒法規定，公務員違法執行職務、怠於執行職務或其他失職行為，依其程度應受有免除職務、撤職、剝奪、減少退休（職、伍）金、休職、降級、減俸、罰款、記過、申誡等懲戒處分。

（二）懲處責任：公務員之工作、言行或生活等違反效率、紀律或職務上要求等，由主管長官依公務人員考績法及其施行細則等予以懲處處分；警察人員則依警察人員人事條例及其獎懲標準為申誡、記過、記大過、免職、免官等懲處處分。

二、刑事責任

如因違反警械使用條例而傷人或致死者，則加害之警察人員應負刑法有關法條之責任。

（一）過失行為

1. 如因使用警械不注意，草率使用警械造成他人死亡，將可構成刑法第276條之過失致死罪。

2. 如因過失行為而造成傷害者，將構成刑法第284條之過失傷害罪。

（二）故意行為

1. 行為係出於故意或於非執行職務時，非法使用警械，致人受傷或死亡，除依刑法第271條殺人罪、第277條傷害罪或第354條毀損罪及違反槍砲彈藥刀械管制條例第7條處斷，並適用刑法第134條準職務犯。

2. 如基於傷害故意，而造成他人之傷害，則將構成刑法第277條普通傷害罪。其因而致人於死或重傷者，依刑法第277條第2項規定依加重結果犯處罰。

3. 如使用警械係假藉職務上之權力、機會或方法，故意犯刑法分則第四章瀆職罪以外各罪者，依刑法134條之規定，依法加重其刑至二分之一。但因公務員之身分已特別規定其刑者，不在此限。例如刑法第276條第2項業務過失殺人罪、第284條第2項業務過失傷害等。

三、民事責任

警察人員執行職務違反警械使用條例使用警械規定，因而致人受傷、死亡或財產損失者，由各該級政府支付醫療費、慰撫金、補償金或喪葬費，其出於故意之行為，各該級政府得向其求償，支付標準為內政部訂定之警察人員使用警械致人傷亡財產損失醫療費慰撫金補償金喪葬費支給標準。

第六節　使用警械傷亡費用支給標準

壹、授權訂定使用警械傷亡費用支給標準

警械使用條例第11條第3項規定，各該級政府支付醫療費、慰撫金、補償金或喪葬費之標準，由內政部定之。內政部據本條授權發布「警察人員使用警械致人傷亡財產損失醫療費慰撫金補償金喪葬費支給標準」，屬於法規命令性質。依據該標準規定，警察人員執行職務依本條例規定或違反本條例規定使用警械者，政府所支付費用標準均相同，並分致第三人受傷或死亡者之醫療費、慰撫金及喪葬費，及致第三人之財產損失金錢補償二種。

貳、致第三人受傷或死亡者醫療費、慰撫金及喪葬費之金額

一、受傷者：除支付醫療費外，並給與慰撫金，最高以新臺幣50萬元為

限。

二、身心障礙者：除支付醫療費外，並依下列規定給與一次慰撫金：

（一）極重度障礙者：新臺幣250萬元。

（二）重度障礙者：新臺幣150萬元。

（三）中度障礙者：新臺幣100萬元。

（四）輕度障礙者：新臺幣70萬元。

三、死亡者：除給與一次慰撫金新臺幣250萬元外，並核實支付喪葬費，最高以新臺幣30萬元為限。

四、因受傷或身心障礙死亡者：依前款規定補足一次慰撫金差額，並支付喪葬費。

參、致第三人財產損失者之金錢補償

警察人員執行職務使用警械致第三人之財產損失者，應以金錢補償其實際所受之財產損失。

例如警察追捕逃犯，開槍射擊，但因子彈偏離擊破路人停放路邊車輛之車窗，此時由政府支給車輛所有人之財產損失補償金，其性質，學理上係指準徵收補償。準徵收補償即基於公益，不法直接侵害人民具有財產價值之權利，惟因公務員不可歸責，基於公平分擔之思想，而由國家類推適用補償之法理，負損失補償之責任。

肆、其他相關規定

一、醫療費之核實支付：醫療費之支付，以就醫於公立醫療院所或全民健康保險特約醫院者為限。但傷勢嚴重必須急救者，得就近於私立醫療院所急救治療。急救五日內之醫療費核實支付，超過五日者，由該管警察單位專案報請所屬警察機關核定。

二、死亡者慰撫金及喪葬費之具領人：死亡者之慰撫金，由其繼承人具領，其具領順序依民法繼承編之規定，喪葬費由實際支出者具領。

三、各該政府編列預算：本標準所定醫療費、慰撫金、補償金及喪葬費，由各該級政府編列預算支應。

本法規定使用警械傷亡之救濟，容待於第十章「警察行爲之法律救濟」之第四節警察特別行政救濟之伍「警械使用條例規定之救濟程序（補償、賠償）」中再予詳述。

第七節　警械之管理

壹、警械製售、持有許可之限制

警械使用條例第14條規定：「警械非經內政部或其授權之警察機關許可，不得定製、售賣或持有，違者由警察機關沒入。但法律另有規定者，從其規定。

前項許可定製、售賣或持有之警械種類規格、許可條件、許可之申請、審查、註銷、撤銷或廢止及其他應遵行事項之辦法，由內政部定之。」

貳、自衛槍枝之許可持有

一、自衛槍枝持有之許可：機關團體因警衛必要，得向當地警察機關請求派駐警衛，其有置槍必要者，應依自衛槍枝管理條例之規定，報由當地警察機關核轉內政部核准申請許可（自衛槍枝管理條例第3條前段）。

二、自衛槍枝種類：依自衛槍枝管理條例第2條規定，所謂自衛槍枝有以下兩種：

（一）甲種槍類：凡各式手槍、步槍、馬槍及土造槍屬之。

（二）乙種槍類：凡具有自衛性能之各式獵槍、空氣槍、魚槍及其他槍枝屬之。

不論何種槍類，皆包括彈藥。

三、自衛槍枝執照期限：自衛槍枝執照限用二年，期滿應即繳銷，換領新照。

四、自衛槍枝之檢查：

（一）槍枝彈藥之每年總檢查：直轄市、縣（市）主管機關，每年應舉行自衛槍枝總檢查一次，並造具全境自衛槍枝彈藥清冊，轉報內政部備查。

（二）槍枝及執照之不定期檢查：各級警察機關為維持治安，必要時得派員檢查自衛槍枝及執照，遇有特殊情形，並得呈准舉行自衛槍枝臨時總檢查。

參、警械之許可定製售賣

內政部依據警械使用條例之授權訂定「警械許可定製售賣持有管理辦法」，其主要規定事項如下：

一、得申請許可之警械：警棍、警銬、電氣警棍（棒）（電擊器）、防暴網。

二、申請廠商及許可機關：申請廠商以公司為限。警械之許可，內政部得授權內政部警政署或直轄市、縣（市）政府警察局辦理。

三、購置警械之申請許可：

（一）申請機關（構）：僱（任）用警衛、保全人員、巡守人員或依法執行稽查公務人員之機關、機構、學校、公司、行號、工廠、民間守望相助組織。

（二）辦理許可機關：前述機關（構）得檢附下列文件向直轄市、縣（市）政府警察局申請許可購置警棍、電氣警棍（棒）（電擊器）、防暴網；其設有分支機構者，應由各該分支機構向直轄市、縣（市）政府警察局申請許可。

集會遊行法

第一節 概 說

壹、集會遊行及請願爲人民基本權利

集會遊行爲聚集多數人的群眾活動，其活動過程表現爲群眾行爲。而請願有個別活動的個人行爲，亦有聚集多數人的群眾行爲。如爲聚集多數人的請願，就變成是集會遊行，二者都是人民之基本權利，有時也難加以區別，分述如下：

一、憲法保障集會及結社之自由

憲法第14條規定：「人民有集會及結社之自由。」集會遊行，是表現（表意）自由的一種類型，與講學、著作、出版自由等量齊觀，前者是一般人民以行動爲主所表現的言論自由，後者則爲大多數由知識分子以語言、文字等表現之言論自由。制憲者將集會自由單獨類型化，其目的應係特別保障一般無法接近、掌握、利用媒體言論管道之人，或政治、經濟、社會地位上處於相對弱勢者，亦有公開表示其意見之可能性。就政治層面而言，集會遊行亦是各政黨取得執政地位有利方式之一，實乃落實國民主權相當重要的手段之一。

二、憲法賦予人民請願之權利

憲法第16條規定，人民有請願之權。請願，是一種向政府表達希望改變某種官方行爲的訴求活動。請願法所稱之請願係指人民對於政策施政、法令規章、公共利益甚或個人權益之維護，均可以向職權所屬之各級立法機關或是主管行政機關表達願望、陳述意見之謂；惟請願的行使亦有其限制，例如不得牴觸憲法或干預審判及依法應提起訴訟或訴願之項，是不可以作爲請願事項。而請願時不可有聚眾脅迫、妨害秩序、妨害公務或其他不法的情事；違反者，除了依法制止或處罰外，受理請願機關可不受理其請願。

貳、集會遊行進行管理之原因與方式

集會、結社是人類營群居生活之活動，更屬現代民主國家人民生活不可缺少之方式之一，然集會遊行是一種群眾行爲，具有容易感染及不可控制的特徵，對於社會治安可能產生潛在威脅。因此各國均以立法方式對集會遊行活動

進行管理，茲析述如下：

一、群眾行為特徵

群眾行為人們由於受「匿名性」、「感染性」和「從眾性」這三種心理作用的影響，因而使人們的行動很容易變得情緒化和失去控制。

（一）匿名性：是指個人處在群眾當中，由於人數眾多，不易被辨識出來，所以，會覺得自己責任意識趨於模糊，敢於做出平常不敢做的事。

（二）感染性：是指在群眾行為中，由於大家的責任意識減輕，所以，只要有人敢做出比較激烈的動作，旁邊的人就很容易受到感染，有樣學樣，跟著做出比較激烈之動作。

（三）從眾性：則是指一個群眾場合裡，當別人都表現出某種信念和態度之時候，如果你不跟著別人表現出同樣的信念和態度，就會被懷疑和排斥。所以，當某種信念和態度已經在群眾中感染蔓延開來之後，就會形成一股從眾壓力，迫使你表現出和大家一致之行動。

二、群眾行為之發展過程

（一）集結：促成群眾集結並主動加入行列之過程。

（二）溝通：群眾集體激動時，信息之傳達是很重要的。

（三）習慣化：集體激動劇烈時，群眾處在一種不知不覺，不合理之交互作用影響中，會產生社會傳染。

三、集會遊行管理之方式

各國立法例對於集會、遊行之管理方式有採報備制者，有採追懲制、有採預防制。一般而言，各國對室內集會多採追懲制，室外集會則採預防制。

（一）追懲制

所謂追懲制，乃指人民可以自由集會，無須向主管機關申請許可，也無須事先報告；如果集會過程有違法行為，事後依法加以追訴、懲罰。

（二）預防制

所謂預防制，乃指人民舉行集會之前，須事先向主管機關為一定之行為，方得舉行集會。預防制又有兩種管理方式：一為許可制，一為報告（報備）制。不論許可制或報告（報備）制，如集會過程中有違法行為，均應依法取

締，事後依法加以懲罰。

1. 許可制：指主管機關對於所陳報（未生效）之事項，必須加以合法性及適當性審查，並作成決定。許可制的基本就是「主管機關說可以才可以」，亦即集會遊行需要主管機關的允許才能進行。亦即許可制需「審核」，警方會依申請的範圍或規劃，視對交通影響、警力的配置，適當的給予建議或「限縮」，如申請者申請忠孝東路一段至七段、兩車道的遊行，警方即可適當的建議「限縮」為一車道。許可制需在六天前申請，警政署表示，遊行的交通管制、改道、維安要「布置」，六天的時間也較足夠。

2. 報備制：指使主管機關知悉擬執行方案之事項如何，但並不影響原決定方案之效力。報備制是則只需要向主管機關報備一聲，主管機關原則上沒有否決遊行的權力。亦即申請者在遊行日前三～三十天內都可申請，申請者只要申請程序完備，警方都要許可，這是報備制與許可制最大不同之處。

四、集會遊行法常受社會質疑之處

（一）許可制被質疑是一項惡法

集會遊行法（本章以下或有稱集遊法）之許可制給了警察極為有利之籌碼，常被批評侵害人權，除外，尚有傳統高壓政權所遺留下人民對政府之不信任。故屢遭社運團體及部分學者質疑許可制是一項惡法，而要求廢除之。但負責執行的警察機關仍堅持許可制，其所持主要理由在於我國經常有大型的集會遊行，需要有充分準備以為因應，如運送大型拒馬等。

（二）警察負責許可與執法有球員兼裁判之嫌

整個集會遊行的活動，由許可階段，到現場執行勤務以及對違反法令者的移送處罰等，除了司法判決外，都由警察機關單獨為之。亦即，整個集會遊行權之保障、限制及剝奪，完全操之於警察機關手中，警察機關對集會遊行活動之執法，難免遭到球員兼裁判之批評。

（三）警察現場舉牌行為涉及刑事處罰影響人權

警察現場執行勤務所為之下令處分部分，即警察所為之警告、制止及命令解散之行為等，由於現場人數眾多，警察通常以舉牌為之。因為舉牌效果涉及人民必須接受行政罰與刑事罰處罰效果，警察舉牌行為成為行政罰與刑罰的構成要件，對此行政行為之性質，學者稱為「行政的從屬性」，其效果對人民權

利影響至鉅。

五、集會遊行之準則主義

我國集會遊行法所採雖爲許可制，惟其性質非屬特許而近準則主義，尚未逾憲法第23條所定防止妨礙他人自由、避免緊急危難、維持社會秩序或增進公共利益所必要之程度。

準則主義乃指針對某種行爲，法律設有一定之條件，符合該條件者，即可爲某種行爲，不須事前經過許可。例如集會遊行法第8條但書（室外集會遊行不須申請許可之情形）即屬此類規定。

貳、集會遊行法立法與釋憲

一、立法過程

政府爲保障人民集會遊行之自由及維持社會秩序，特於民國77年制定公布集會遊行法，並歷經民國81年及民國91年二次修正後，即施行迄今，對人民集會自由基本權利之保障與社會公益之維護之貢獻極具實益。

惟隨著社會變遷，民主化亦越趨於成熟，人權理念之議題日益彰顯，爲配合公民與政治權利國際公約及經濟社會文化權利國際公約及其施行法之施行，並落實憲法保障人民各種基本權利，行政院於民國101年5月28日，將集會遊行法修正草案送交立法院審查，因未能於屆期內完成立法程序，而遭廢棄在案。

103年3月因緊急性及偶發性集會遊行許可案，大法官作成釋字第718號解釋，嗣行政院再向立法院提出集會遊行法修正草案，將備受爭議的「許可制」改爲「報備制」，並刪除集遊法中的行政刑罰，但迄今尚未完成立法程序。

二、大法官釋字第445號解釋

（一）案情摘要

高成炎等三人因臺灣高等法院判決所適用之集會遊行法有違憲之疑義，聲請解釋，大法官於民國87年1月作成釋字第445號解釋。

（二）解釋意旨

1. 集會遊行法第11條第1款規定違反同法第4條規定者，爲不予許可之要件，乃對「主張共產主義或分裂國土」之言論，使主管機關於許可集會、遊行

以前，得就人民政治上之言論而為審查，與憲法保障表現自由之意旨有違；同條第2款規定：「有事實足認為有危害國家安全、社會秩序或公共利益之虞者」，第3款規定：「有危害生命、身體、自由或對財物造成重大損壞之虞者」，有欠具體明確，對於在舉行集會、遊行以前，尚無明顯而立即危險之事實狀態，僅憑將來有發生之可能，即由主管機關以此作為集會、遊行准否之依據部分，與憲法保障集會自由之意旨不符，均應自本解釋公布之日起失其效力。

2. 集會遊行法第6條、第10條、第11條第4款、第11條第5款、第11條第6款，規定集會遊行之時間、地點及方式等未涉及集會遊行之目的或內容之事項，為維持社會秩序及增進公共利益所必要，屬立法自由形成之範圍，於表現自由之訴求不致有所侵害，與憲法保障集會自由之意旨尚無牴觸。

3. 集會遊行法第29條，對於不遵從解散及制止命令之首謀者科以刑責，為立法自由形成範圍，與憲法第23條之規定尚無牴觸。

4. 綜上，集會遊行法採許可制未必違憲、禁制區之劃定當然合憲、偶發性集會無許可制之適用、國家對集會遊行有保護義務。此解釋更可推出除遭其違憲宣告之三款事由以外之其餘不予許可集會遊行申請事由、以及集會遊行法第29條對於不遵從解散及制止命令之首謀者科以刑責等規定，均不牴觸憲法。

三、大法官釋字第718號解釋（緊急性及偶發性集會遊行許可案）

（一）案情摘要

臺北地院法官陳思帆、桃園地院刑六庭各為審理案件，認應適用之相關條文，有違憲疑義，及林柏儀認其經法院判決所適用之法條有違憲疑義，分別聲請解釋，大法官就各案受理後合併審理，於103年3月21日作成釋字第718號解釋，宣告集遊法第8條第1項室外集會、遊行應申請許可之規定，未排除緊急性及偶發性集會、遊行部分；第9條第1項但書與第12條第2項關於緊急性集會、遊行申請許可期間之規定，均違反比例原則，不符憲法第14條保障集會自由意旨，應自104年1月1日起失效。

（二）解釋意旨

1. 集會自由受憲法保障，以法律限制時，應符比例原則。

2. 為兼顧社會秩序維持並預為綢繆，須由舉行者提供集會遊行之人時地事等必要資訊，供主管機關就人力物力妥為配置，以協助集會、遊行順利進行

並降低影響。就此,立法者可採事前許可或報備程序,以取得資訊。因此第445號解釋肯認集遊法採原則事前許可制為合憲。

3. 惟事起倉卒之緊急性集會、遊行,依第9條第1項但書雖不受六日前申請之限制,但依第12條仍須等待至長二十四小時;又因特殊原因自發聚集無發起人之偶發性集會、遊行,亦無法事先申請或報備,但依第8條第1項仍應事先申請許可。此二情形均與第445號解釋所論,偶發性集會、遊行無事前許可制適用餘地之意旨有違。

4. 為維持社會秩序,立法規範緊急性及偶發性集會、遊行時,並非不能改採許可制以外侵害較小之手段。故上述相關部分之規定已屬對集會自由之不必要限制,有違比例原則。第445號解釋就此未予論述,應予補充。

第 二 節　集會遊行法之一般規定

壹、名詞定義

一、集會與遊行之定義

(一)集會:指於公共場所或公眾得出入之場所舉行會議、演說或其他聚眾活動。如多數人為共同目的,聚集而持布條、舉標語牌、呼口號、唱歌或其他足以表示其一定意思之行為者,即屬該法條所指「其他聚眾活動」之範圍。如聚眾示威、抗議或靜坐均屬之(請願則依請願法規定)。

(二)遊行:指於市街、道路、巷弄或其他公共場所或公眾得出入之場所之集體行進。

二、相關名詞解析

(一)公共場所:指不特定人按照一定之管理規範得以自由利用之處所而言。除市街、道路、巷弄外。

(二)公眾得出入之場所:指不特定人得以隨時進出之處所而言。如旅館、酒樓、寺廟之類。海上聚眾活動不適用本法。

(三)集體行進:雖無明文規定人數,但學理以三人以上,惟須有共同目的及一定意思表示。如學生、軍隊集體行進,則非屬集體行進範圍。民眾為請

願而持舉布條，如其有集體行進之事實者，依本條第2項之規定已構成遊行事實狀態；凡未經申請許可者，得視其情節依規定處理。

貳、主管機關

一、本法所稱之主管機關

（一）警察分局：集會、遊行所在地之警察分局。

（二）直轄市、縣（市）警察局：集會、遊行所在地跨越二個以上警察分局之轄區者，為直轄市、縣（市）警察局。

二、申請集會、遊行之受理機關

（一）室外集會、遊行應向所在地警察分局申請，如集會、遊行跨越二個以上警察分局之轄區者，應向警察局申請。

（二）跨越二個以上警察局轄區者，應分別向各該轄區警察局（或分局）申請。（警察機關辦理人民申請集會遊行作業規定第5點）

參、集會與遊行之限制

一、禁止妨害合法之集會遊行：對於合法舉行之集會、遊行，不得以強暴、脅迫或其他非法方法予以妨害。

二、禁止在經公告之禁制區及其週邊範圍內舉行：集會、遊行不得在下列區及其週邊範圍舉行。但經主管機關核准者，不在此限：

（一）總統府、行政院、司法院、考試院、各級法院及總統、副總統官邸。

（二）國際機場、港口（以上由內政部劃定公告）。

（三）重要軍事設施地區（國防部劃定公告，不得逾三百公尺）。

（四）各國駐華使領館、代表機構、國際組織駐華機構及其館長官邸（外交部劃定公告，不得逾五十公尺）。

三、禁止攜帶危險物品：集會、遊行之負責人，其代理人或糾察員及參加人均不得攜帶足以危害他人生命、身體、自由或財產安全之物品。

■ **重要實務見解**

1. 車站、月臺或火車上不得作為集會遊行之場所，如有申請，警察機關均不予受理。

2. 公司員工為自身權益集體至中央或地方有關機構請願時，自當依請願法有關規定辦理；惟請願活動中，如有構成集會、遊行之事實，或涉嫌妨礙交通、妨害自由、妨害公務及暴力行為時，則仍可依據集會遊行法及有關法令之規定處理（內政部警政署函釋）。

3. 類似拐杖之木棍、竹棒、鐵棍、汽油彈等物，若經認定足以危害他人生命、身體、自由或財產，得依集會遊行法第23條及行政執行法第38條規定處理（內政部警政署函）。

肆、負責人及相關人

一、負責人

（一）負責人之設置

1. 集會、遊行應有負責人。

2. 依法設立之團體舉行之集會、遊行，其負責人為該團體之代表人或其指定之人。

（二）負責人之權責

1. 室外集會、遊行，由負責人向主管機關申請許可。

2. 集會、遊行之負責人，應於集會、遊行時親自在場主持，維持秩序。

3. 集會處所、遊行路線於使用後遺有廢棄物或污染者，並應負責清理。集會遊行負責人或代理人未到場而舉行者，應依集會遊行法第27條處理，參加人如有違反規定時，應依有關法令規定處理。

4. 集會、遊行之負責人，得指定糾察員協助維持秩序。

5. 對於妨害集會遊行之人，負責人得予以排除。受排除之人，應立即離開現場。

6. 宣告中止或結束後之行為，應由行為人負責。但參加人未解散者，負責人應負疏導勸離之責。

二、代理人

集會、遊行之負責人，因故不能親自在場主持或維持秩序時，得由代理人代理之。

代理人之權責與負責人同。

三、糾察員

糾察員在場協助維持秩序時，應佩戴糾察員字樣臂章。

對於妨害集會遊行之人，糾察員得予以排除。受排除之人，應立即離開現場。

四、參加人

集會、遊行之參加人，應服從負責人或糾察員關於維持秩序之指揮。

集會、遊行之負責人，宣布中止或結束集會、遊行時，參加人應即解散。

伍、集會遊行審查與比例原則

一、大法官揭示集會遊行之審查應符合憲法第23條之比例原則

大法官釋字第445號理由書中指明：按集會、遊行有室內、室外之分，其中室外集會、遊行對於他人之生活安寧與安全、交通秩序、居家品質或環境衛生難免有不良影響。國家為防止妨礙他人自由、維持社會秩序或公共利益，自得制定法律為必要之限制。其規範之內容仍應衡量表現自由與其所影響社會法益之價值，決定限制之幅度，以適當之方法，擇其干預最小者為之。對於集會、遊行之限制，大別之，有追懲制、報備制及許可制之分。集會遊行法第8條第2項規定室內集會無須申請許可，同條第1項前段雖規定室外集會、遊行，應向主管機關申請許可，惟其但書則規定：「一、依法令規定舉行者。二、學術、藝文、旅遊、體育競賽或其他性質相類之活動。三、宗教、民俗、婚、喪、喜、慶活動」，則均在除外之列，可見集會遊行法係採許可制。對此事前行政管制之規定，判斷是否符合憲法第23條之比例原則，仍應就相關聯且必要之規定逐一審查，並非採用追懲制或報備制始得謂為符合憲政原則，採用事前管制則係侵害集會自由之基本人權。

二、集會遊行之不予許可、限制或命令解散皆應符合比例原則

憲法第23條規定：「以上各條列舉之自由權利，除為防止妨礙他人自由、避免緊急危難、維持社會秩序，或增進公共利益所必要者外，不得以法律限制之。」此條即為「比例原則」，故比例原則具有憲法上之位階，拘束行政、立法、司法行為。因此，集會遊行之不予許可、限制或命令解散，應公平合理考量人民集會、遊行權利與其他法益間之均衡維護，以適當之方法為之，不得逾越所欲達成目的之必要限度。

第二節　警察機關辦理集會遊行之申請許可

壹、室外集會遊行許可之申請

一、應申請許可之情形及例外

室外集會、遊行，應向主管機關申請許可。但下列各款情形不在此限：

（一）依法令規定舉行者。

（二）學術、藝文、旅遊、體育競賽或其他性質相類之活動。

（三）宗教、民俗、婚、喪、喜、慶活動。

室內集會無須申請許可。但使用擴音器或其他視聽器材足以形成室外集會者，以室外集會論。

警政署解釋令：所謂室外或室內，允宜依建築物來區分，如集合多數人在廟外露天搭帳棚，該因帳棚非屬法律上之建築物，故仍應依集會遊行法第9條申請許可。

二、申請期限及申請書應載明事項

集會遊行法第9條規定，室外集會、遊行，應由負責人填具申請書，載明下列事項，於六日前向主管機關申請許可。但因不可預見之重大緊急事故，且非即刻舉行，無法達到目的者，不受六日前申請之限制：

（一）負責人或其代理人、糾察員姓名、性別、職業、出生年月日、國民身分證統一編號、住居所及電話號碼。

（二）集會、遊行之目的、方式及起訖時間。

（三）集會處所或遊行之路線及集合、解散地點。

（四）預定參加人數。

（五）車輛、物品之名稱、數量。

第9條第1項第1款代理人，應檢具代理同意書；第3款集會處所，應檢具處所之所有人或管理人之同意文件；遊行，應檢具詳細路線圖。

貳、受理集會遊行許可案件之處理

一、隨到隨辦

警察機關受理人民申請集會、遊行案件，應隨到隨辦，如申請書記載不明或資料不足，應一次告知申請人補正。

二、負責人、其代理人或糾察員之限制條件

集會遊行法第10條規定，有下列情形之一者，不得為應經許可之室外集會、遊行之負責人、其代理人或糾察員：

（一）未滿二十歲者。

（二）無中華民國國籍者。

（三）經判處有期徒刑以上之刑確定，尚未執行或執行未畢者。但受緩刑之宣告者，不在此限。

（四）受保安處分或感訓處分之裁判確定，尚未執行或執行未畢者。

（五）受禁治產宣告尚未撤銷者（註：民法已將禁治產宣告修正為監護宣告）。

三、集會遊行許可之標準

集會遊行法第11條規定，申請室外集會、遊行，除有下列情事之一者外，應予許可：

（一）違反集會遊行法第6條或第10條規定者。

（二）有明顯事實足認為有危害國家安全、社會秩序或公共利益者。

（三）有明顯事實足認為有危害生命、身體、自由或對財物造成重大損壞者。

（四）同一時間、處所、路線已有他人申請並經許可者。

（五）未經依法設立或經撤銷、廢止許可或命令解散之團體，以該團體名

義申請者。

（六）申請不合同法第9條規定者。

四、准駁期限及通知義務

（一）室外集會、遊行申請之許可或不許可，主管機關應於收受申請書之日起三日內以書面通知負責人（集遊法第12條第1項）。

（二）依集會遊行法第9條第1項但書之規定提出申請者，主管機關應於收受申請書之時起二十四小時內，以書面通知負責人（同條第2項）。

（三）主管機關未在前2項規定期限內通知負責人者，視爲許可（同條第3項）。

五、通知書應載明事項

集遊法第13條規定，室外集會、遊行許可之通知書，應載明下列事項：

（一）負責人姓名、出生年月日、住居所；有代理人者，其姓名、出生年月日、住居所。

（二）目的及起訖時間。

（三）集會處所或遊行之路線及集合、解散地點。

（四）參加人數。

（五）車輛、物品之名稱、數量。

（六）糾察員人數及其姓名。

（七）限制事項。

（八）許可機關及年月日。

室外集會、遊行不予許可之通知書，應載明理由及不服之救濟程序。

六、許可附帶限制事項

集遊法第14條規定，主管機關許可室外集會、遊行時，得就下列事項爲必要之限制：

（一）關於維護重要地區、設施或建築物安全之事項。

（二）關於防止妨礙政府機關公務之事項。

（三）關於維持交通秩序或公共衛生之事項。

（四）關於維持機關、學校等公共場所安寧之事項。

（五）關於集會、遊行之人數、時間、處所、路線事項。

（六）關於妨害身分辨識之化裝事項。

七、許可之撤銷、廢止或變更

（一）室外集會、遊行經許可後，因天然災變或重大事故，主管機關為維護社會秩序、公共利益或集會、遊行安全之緊急必要，得廢止許可或變更原許可之時間、處所、路線或限制事項。其有集會遊行法第11條第1款至第6款情事之一者，應撤銷、廢止許可（集遊法第15條第12頁）。

（二）前項之撤銷、廢止或變更，應於集會、遊行前以書面載明理由，通知負責人；集會、遊行時，亦同（同條第2項）。

第（四）節　集會遊行法不服申復之救濟

壹、不服主管機關核定之申復

一、申復之概念

（一）申復之意義

申復者，乃室外集會、遊行之負責人，對於集會遊行主管機關之處分，包括不予許可、許可限制事項、撤銷許可、變更許可等事項，認為違反集會遊行法，致妨礙其集會、遊行之申請事項，依法定程序提出於原處分主管機關向其上級警察機關，請求審查該處分之是否適法，以決定撤銷或變更原處分之先行救濟程序（此即所謂的訴願先行程序。對負責人因不服主管機關核定不許可、許可限制事項、撤銷或變更許可事項所提出之申復案件，應依集會遊行法第16條第2、3項規定處理；其不服申復之決定提起訴願者，依訴願法之規定程序辦理。

（二）設置申復制度之理由

本法設置申復作為訴願先行程序之用意，在於集會遊行所選擇之時間往往具有急迫性和重要的意涵，若該集會遊行申請遭到駁回，勢必喪失其舉行集會遊行之意義，在面對緩不濟急的訴願和行政訴訟制度下，設以申復作為訴願先行程序，在時效上較為迅速，保障人民表意自由。

二、負責人提出申復之期限

室外集會、遊行之負責人，於收受主管機關不予許可、許可限制事項、撤銷、廢止許可、變更許可事項之通知後，其有不服者，應於收受通知書之日起二日內（不可預見者二十四小時內）以書面附具理由提出於原主管機關向其上級警察機關申復。但集會遊行法第12條第2項情形，應於收受通知書之時起二十四小時內提出。

三、原主管機關進行行政之自我審查

原主管機關認為申復有理由者，應即撤銷或變更原通知；認為無理由者，應於收受申復書之日起二日內連同卷證檢送其上級警察機關。但集會遊行法第12條第2項情形，應於收受申復書之時起十二小時內檢送。

四、上級警察機關對申復之決定

（一）上級警察機關決定之期限：上級警察機關應於收受卷證之日起二日內決定，並以書面通知負責人。但第12條第2項情形，應於收受卷證之時起十二小時內決定，並通知負責人。

（二）上級警察機關之意義：前揭之上級警察機關，指如下之警察機關：
1. 警察分局：為警察局。
2. 直轄市政府警察局：為內政部警政署。
3. 縣（市）政府警察局：亦為內政部警政署。

五、申復之效力

依集會遊行法第16條規定提出之申復，不影響原通知之效力（同法第17條）。

貳、不服申復決定之救濟

不服行政處分者，依法提起訴願之前，應經先行程序，此即為訴願先行程序。凡屬此類事件，受處分人應經訴願先行程序之救濟途徑，若仍有不服其決定，始得提起訴願，如不經此種程序，逕行提起訴願，受理機關將予以駁回。先行程序通常由原處分機關，依一般行政作業程序處理，無須依照訴願審議方式作成決定，較能迅速發揮經濟功能。

不服上級機關之決定者得依法提起訴願、行政訴訟。

集遊法規定不服申復決定之救濟，容待於第十章「警察行為之法律救濟」之第四節警察特別行政救濟之陸「集會遊行法規定之救濟程序」中再予詳述。

第 五 節　警察機關對集會遊行之處置

壹、對集會遊行之疏處原則

警察機關對集會遊行之疏處，應以保障合法，取締非法為原則，並採取下列之措施：

（一）主動作為

1.事前接觸溝通，勸導守法

警察機關應確實掌握轄區狀況，發現有群眾活動之徵候，應實施柔緩接觸，疏導化解，並了解其動態和企圖，以利先知先制。若發現有非法活動之虞者，除勸導依法處理之外，並即時通報訴求目標之主管機關迅速予以疏導，以免活動現場情況惡化。

2.事中適切處理，依法執行

群眾活動經判明有進行非法活動，或有合法演變成非法之虞時，應即掌握現況，依照既定計畫，視現場人數多寡，部署適當警力，依法適切處理。凡屬非法活動者，依法定程序警告、制止、命令解散者，得視狀況強制為之。所謂強制為之，乃以適當之實力促（迫）使其離散。例如運用各種隊形之集體警力，迫使群眾離散；並得依警械使用條例之規定，使用警械制止、迫使驅散。

3.事後依據蒐證，移送法辦

證據係法辦之基礎，不論當場逮捕之現行犯，或事後移送之嫌疑犯，均需要有確切證據。因此，應針對法辦要件，事中實施蒐證，事後清理蒐證資料，移送法辦。

（二）協調有關機關配合

1. 協調目的事業主管機關主動處理：依據群眾活動之目的，協調目的事業主管機關主動處理，尤以陳情請願案件，目的事業主管機關如能適時說明或

疏處，或可避免形成群眾活動或使活動現場狀況惡化。

2. 呼籲傳播媒體正確報導：呼籲傳播媒體平實報導新聞，發揮社會正義，批判非法和暴力行為，維護民眾與政府保持良好關係，促進社會在安定中求改善發展。

3. 移請司法機關依法處理：應視群眾活動需要，除事前協調檢察官到場指揮外，事後迅速整理事證資料移請司法機關依法處理。

貳、對集會遊行現場之秩序維護及蒐證

一、到場疏導交通及維持秩序

主管機關依負責人之請求，應到場疏導交通及維持秩序（集遊法第24條）。

二、以攝影錄音等科技工具蒐集參與者現場活動資料

依警察職權行使法第9條第1項規定：「警察依事實足認集會遊行或其他公共活動參與者之行為，對公共安全或秩序有危害之虞時，於該活動期間，得予攝影、錄音或以其他科技工具，蒐集參與者現場活動資料。資料蒐集無法避免涉及第三人者，得及於第三人。」對於非法集會遊行，以及集會活動中有犯罪行為者之攝錄影蒐證，固無疑問。惟對於合法集會遊行是否有全程錄影的必要，過當的攝（錄）影行為可能會造成人民之疑慮而排斥行使其集會自由權，反之，也可能會刺激參與者採蒙面偽裝之方式對抗，此往往又是衝突暴力滋生之源。至於所蒐集資料之利用，涉及肖像權、資訊隱私權、資訊自決權，其經大法官解釋已明確提升至憲法基本權利保障之層級（釋字第603號解釋參照），確有保護之必要。依警察職權行使法第9條第2、3項規定：「依前項規定蒐集之資料，於集會遊行或其他公共活動結束後，應即銷毀之。但為調查犯罪或其他違法行為，而有保存之必要者，不在此限。依第二項但書規定保存之資料，除經起訴且審判程序尚未終結或違反組織犯罪防制條例案件者外，至遲應於資料製作完成時起一年內銷毀之。」故針對集會遊行之攝錄影或以其他科技工具之蒐證，必須依照警察職權行使法規定處理之。[1]

---

[1] 參李震山著，《警察行政法論：自由與秩序之折衝》，頁292～293。

參、對非法集會遊行之處置

一、警告、制止或命令解散

(一) 警告、制止或命令解散之情事

有下列情事之一者，該管主管機關得予警告、制止或命令解散：

1. 應經許可之集會、遊行未經許可或其許可經撤銷、廢止而擅自舉行者。

2. 經許可之集會、遊行而有違反許可事項、許可限制事項者。

3. 利用集會遊行法第8條第1項各款集會、遊行，而有違反法令之行為者。

4. 有其他違反法令之行為者。

前項制止、命令解散，該管主管機關得強制為之（集遊法第25條）。

(二) 警告、制止或命令解散之裁量權

1. 前述所列情事之一者「得」警告、制止、命令解散，該條文之「得」除裁量權之賦予外，蓋集會遊行之舉行狀況多變，本條文賦予警察機關依據現場狀況採取不同措施，所以警察機關依據現場狀況行使裁量權做出警告、制止、命令解散，以保障民眾集會權的行政行為。

2. 警察的裁量標準是以概括的集會遊行法第26條來規定，而違反「解散命令」就當然構成行政罰（同法第28條）與刑罰（同法第29條）的要件。現實上，「解散」這種「即時執行完畢」的行政處分，很難受到司法審查。就算較有判斷力的檢察官或法官，在第26條的概括空洞標準下，多半也都會尊重行政裁量。

(三) 警告、制止、命令解散之性質

1. 警告：其係屬告誡性質，乃告誡其非法行為應自行停止或解散。

2. 制止或命令解散：係屬於警察之下令處分（不作為、作為之下令處分），兩者可以同時行使、單獨行使，亦可以交互行使。為了將警告、制止或命令解散之內容告知相對人，亦為了使集會遊行法第28、29條規定構成各該條處罰行為之成立有所依據。故內政部警政署通函規定，警察行使警告、制止或命令解散時均應以牌示形式（要式行為）表示之，同時錄影或拍照存證。

（四）舉牌警告

1.舉牌警告之意涵

集會遊行屬群體行為，違反者可能夾雜其中，連自身違反規定還不自知，因此有必要以舉牌及廣播方式，讓其清楚自身行為已觸犯法令。所以警察機關實務上使用的舉牌行為，其主要目的乃是要告知該行為已違反相關法令規定，應即刻停止或自行解散，否則將遭受行政處分或其他處罰。舉牌次數，並無限制。

2.舉牌警告之次數

依照執行方式來看，第一次舉牌，應屬警告性質的行為，也就是告知違反者其行為已屬違法，其並未附加任何法效果，故應屬行政作為之「事實行為」。至於第二次或更多次之舉牌，其與第一次之情況相同，並未附加法效果，所以本質上皆為相同，差別在於現場情形有無達到制止或命令解散等無法控制的情況。因此舉牌次數的多寡，乃是賦予現場指揮官裁量空間，並在舉牌的間隔時間中，能與聚集的群眾溝通及協調，讓事情圓滿解決。

3.舉牌的法律效果

集會遊行法第29條舉牌的法效果涉及所謂的刑法之「行政從屬性」的問題，刑法之行政從屬性，係指依據刑法條文之規定，某種行為其可罰性之依賴性取決於行政法或基於該法所發布之行政命令而言。其目的為確保行政強制、確保行政機關的管制和監控、維持行政法上之標準。

二、得強制執行制止、解散命令

（一）得強制之規定：集會遊行法第25條第2項規定：「前項制止、命令解散，該管主管機關得強制為之。」

（二）得強制之意義：指命令解散後，警察以腕力或其他工具所實施之積極攻擊性之強制力。如集會、遊行者仍不遵從制止、命令解散之下令處分時（含不得有集會遊行之行為、或應解散集會遊行之行為），該管主管得視情形，行使強制執行（其屬於直接強制執行），應以適當之方式或充分之實力促使、迫使其停止、解散違法之集會遊行。

（三）得使用警械進行強制：於集會或遊行之過程中，警察人員當得使用警械予以制止或迫使驅散。例如運用各種隊形之集體警力，迫使群眾離散。

三、對違反集會遊行犯罪行為之刑事偵處

集會遊行時，除對犯罪行為之防制包括蒐證，依法令規定執行之外，若有集會遊行法第29條（集會、遊行經該管主管機關命令解散而不解散，仍繼續舉行經制止而不遵從時對首謀之處置）、第30條（集會、遊行時，以文字、圖畫、演說或他法，侮辱、誹謗公署、依法執行職務之公務員或他人者）、第31條（對於合法舉行之集會、遊行，以強暴、脅迫或其他非法方法予以妨害）以及其他刑事法規定犯罪行為之嫌疑者，均應依刑事訴訟法等移送法院檢察署偵辦。

集會遊行違法人可視之為現行犯予以逮捕，然在實務上，因為集會遊行具有群眾行為之特性，此時必須把握警察職權行使之比例原則，以及視警力情形而決定，切忌貿然行之。惟須注意者，警察除依法防制犯罪、逮捕現行犯之外，尚得依行政執行法之規定，實施即時強制。

肆、對集會遊行違法行為之處罰

一、處以行政罰之警察罰或刑事罰

（一）處以行政罰之警察罰

1. 負責人或代理人違反集會遊行法第18條規定者，處新臺幣3萬元以下罰鍰。（註：第18條：負責人親自在場主持，維持秩序負責清理使用後之遺有廢棄物或污染）

2. 負責人未盡同法第22條第2項但書之責，致集會遊行繼續進行者，處新臺幣3萬元以下罰鍰。（註：第22條第2項：命令解散而不解散者，處集會、遊行負責人或其代理人或主持人新臺幣3萬元以上15萬元以下罰鍰。但參加人未解散者，負責人應負疏導勸離之責）

3. 集會、遊行，經該管主管機關命令解散而不解散者，處集會、遊行負責人或其代理人或主持人新臺幣3萬元以上15萬元以下罰鍰。

（二）處以刑事罰

1. 經該管主管機關命令解散而不解散，仍繼續舉行經制止而不遵從，首謀者處二年以下有期徒刑或拘役（前揭所稱首謀者，指未經申請許可或已申請許可舉行時為首之人，其人數不限）。

2. 集會、遊行時，以文字、圖畫、演說或他法，侮辱、誹謗公署、依法執行職務之公務員或他人者，處二年以下有期徒刑、拘役或科或併科新臺幣6萬元以下罰金。

3. 違反集會遊行法第5條之規定者，處二年以下有期徒刑、拘役或科或併科新臺幣3萬元以下罰金。（註：第5條：「對於合法舉行之集會、遊行，不得以強暴、脅迫或其他非法方法予以妨害。」）

（三）行政罰與刑事罰之不同

1. 行政罰，須以舉「命令解散」牌為必要。

2. 刑事罰，除須以舉「命令解散」牌為必要之外，尚須續有「制止」作為為必要。

伍、負責人與行為人之責任

一、連帶損害賠償責任：糾察員不法侵害他人之權利者，由負責人與行為人連帶負損害賠償責任。但行為人基於自己意思之行為而引起損害者，由行為人自行負責。

二、危險物品之扣留：集會、遊行之負責人，其代理人或糾察員及參加人均不得攜帶足以危害他人生命、身體、自由或財產安全之物品。集會遊行法第23條規定之物品，不問屬於何人所有，均得扣留並依法處理。

三、罰鍰之強制執行：依集會遊行法所處罰鍰，經通知繳納逾期不繳納者，移送強制執行。

CHAPTER

10

警察行為之法律救濟

第一節　警察行為法律救濟之概念

壹、警察行爲依法救濟之規定

一、警察行爲之合法性：警察職權中之兩大重要行爲包括警察命令與警察處分，應遵守依法行政原則、明確性原則、平等原則、比例原則等重要法律原則。行政程序法所定使行政機關各種行政行爲符合民主參與、公正公開之程序要求，警察機關訂定警察命令或作成警察處分時，亦須遵照該法規定之方式與程序進行，方能獲得合法有效之評價。

二、警察法有關行政救濟之規定：警察法第10條規定：警察所爲之命令或處分，如有違法或不當時，人民得依法訴請行政救濟。

法條中違法或不當之意義如下

（一）違法：指警察處分之違反法規而言，亦即指違反合法要件。

（二）不當：指警察處分內容雖未違法，但在客觀上不合理、不適宜或有害公益之謂。

貳、警察行爲行政救濟之種類

前揭警察法第10條所定，人民得依法訴請行政救濟之「依法」，可分爲一般之行政救濟及特別之行政救濟二大類。

一、警察行為之一般行政救濟

有權利就有救濟，憲法第16條規定人民有請願、訴願、訴訟權。對違法或不當警察行爲之救濟，根據我國法律規定，有訴願、行政訴訟、聲明異議、損害賠償與損失補償等法規，行政救濟以提起訴願或行政訴訟爲原則。

警察公權力之侵害若是以行政處分之型態出現者，又稱之爲警察裁罰處分。其處罰對象限於違反警察義務之人，包括自然人、法人、非法人團體或行政機關。其目的在以懲罰的手段，嚇阻違法者再度違犯，以達到警察治安目的。這些警察義務規定在各種警察業務法規之中，課予其作爲、不作爲或給付義務，而以罰則強制義務人履行義務。有關警察裁罰處分的法律不少，各法規定又不盡相同，故原則上適用行政罰法之總則及處罰程序等規定，人民不服處

罰者，應循由訴願、行政訴訟途徑請上級機關及行政法院救濟，一般稱爲「第一次權利保護」，被害人得再就其所受損害向國家請求賠償，此稱爲「第二次權利保護」。

二、警察行為之特別行政救濟

又可分爲對警察裁罰處分之救濟、對警察公權力措施之救濟兩種：

（一）對警察裁罰處分之特別救濟

警察罰是警察權行使的形式之一，以處分方式爲之，但若法律有特別規定者，則應依特別法之規定。例如：

1.聲明異議

社會秩序維護法規定，被處罰人不服警察機關之處分者，得於處分書送達之翌日起五日內聲明異議。

聲明異議是向原處分機關提起，透過機關的自我審查，如發現漏失，提早撤銷不法處分，得以迅速讓民眾伸張正義的一種救濟制度。

2.申復

集會遊行法第16條規定，室外集會、遊行之負責人，於收受主管機關不予許可、許可限制事項、撤銷、廢止許可、變更許可事項之通知後，其有不服者，應於收受通知書之日起二日內以書面附具理由提出於原主管機關向其上級警察機關申復。

3.逕向地方法院行政訴訟庭提起訴訟

道路交通管理處罰條例第87條規定：「受處分人不服第八條或第三十七條第五項處罰之裁決者，應以原處分機關爲被告，逕向管轄之地方法院行政訴訟庭提起訴訟；其中撤銷訴訟之提起，應於裁決書送達後三十日之不變期間內爲之。」故汽車所有人、駕駛人違反本條例，不服處罰機關之裁決，應於三十日向管轄之地方法院行政訴訟庭提起撤銷訴訟。

（二）對警察公權力措施之特別救濟

政府爲維護治安，預防犯罪，研訂許多治安策略，要求警察機關在街頭巡視，蒐集治安資訊，發現犯罪或失序徵候，俾能及時制止，防患於未然，弭患於無形，止患於初萌。這些治安策略，包括在公共場所裝置監視錄影器、實施治安顧慮人口查訪、進入酒店等特種營業臨檢查察取締等公權力措施均可能會

侵害人民哪些權利。

　　其次，警察為防止現正發生之危害，得依警察職權行使法規定採取即時強制措施，管束製造或遭受危害之人、扣留危險物、進入處所、處置私人土地或物品，私人對警察的「要求」及「執行」，有忍受的義務。故有表示異議或聲明異議之規定，例如：

1.警察職權行使法之表示異議

　　義務人或利害關係人對警察依本法行使職權之方法、應遵守之程序或其他侵害利益之情事，得於警察行使職權時，當場陳述理由，表示異議。

2.行政執行法之聲明異議

　　義務人或利害關係人對執行命令、執行方法、應遵守之程序或其他侵害利益之情事，得於執行程序終結前，向執行機關聲明異議。

第 二 節　一般行政救濟

壹、一般行政救濟之基本概念

一、行政救濟之意義

　　行政救濟又稱「行政爭訟」，乃指一般人民因行政機關的違法不當行為，致其權利或利益受有損害時，依法請求國家予以救濟的方法或制度，包括訴願及行政訴訟兩種程序。

二、行政救濟之方法

　　在我國現行法制下，行政院救濟之方法有正式及非正式途徑，非正式制度包括請願、陳情，正式制度除前述之行政爭訟外，尚有國家補償制度，包括國家賠償、損失補償等。

三、行政救濟之功能

　　（一）保障人民權益：人民冀望其所受損害得以回復、補償，使違法之行政處分被撤銷或變更。行政救濟對於人民權益之保障，具有直接效用。

　　（二）加強監督與矯正措施：授予被害人民申訴與舉發的權利，然後由有

權機關對有關的爭議案件，加以審查與覆審，以確定違法不當的情事，並予以適當的矯正，足以增進行政措施的合法性與合理性，進而維護政府威信。

（三）促進行政司法化：其所採程序及處理案件的方法與態度，均著重於吸收司法的精神，使行政爭訟獲得客觀公正、合法合理的裁決，故此種制度的實施，有助於促進行政司法化的發展。

（四）提高行政效率：行政權作用對效力的要求極為重視，因而對行政爭訟的解決，部分管轄權歸屬行政機關，適用簡易程序審理，使爭訟問題迅速獲得解決，對雙方當事人均屬有利。

貳、訴　願

一、訴願之意義

憲法第16條規定「人民有請願、訴願及訴訟之權。」訴願是指人民對於中央或地方機關之行政處分，認為違法或不當，致損害其權利或利益時，向原處分機關或其上級機關請求審查該處分是否合法、適當，並為決定之救濟制度。其可分廣狹二義：

（一）廣義之訴願

亦稱為「任意訴願」，即人民因行政機關違法或不當之行政處分，致其權利或利益受到損害時，依訴願法向原處分機關或該機關之上級機關請求救濟之措施，如申訴、申請復查、聲明異議、復核等訴願之行政程序均包括在內。

（二）狹義之訴願

亦稱「正式訴願」，即人民因行政機關違法或不當之行政處分，使其權利或利益受到損害時，依訴願法向原處分機關或該機關之上級機關請求審查該處分，以訴願決定予以救濟之方法。

受理訴願機關負有受理及審查之義務。經審查後，若認為原處分確屬違法或不當時，應將原處分撤銷或變更，原處分機關亦有遵守之義務，一般皆取狹義之概念。

二、訴願先行程序

（一）意義

訴願先行程序，係在立法政策上，針對行政行為中較具專業性、科技性或大量集體作成之處分，基於法律規定，於提起訴願前，要求人民依法定程序另向原處分機關表示不服，使行政機關有機會自我審查原行政處分是否違法或不當之稱。若不服原處分機關之決定，方得依訴願法提起訴願。

而訴願先行程序與行政訴訟中撤銷之訴與課予義務之訴所採「訴願前置原則」內涵有所不同，而後者是指行政訴訟之提起前，須經依法提起訴願，於不服受理訴願機關之決定時，始得提起。

（二）名稱

名稱頗不一致，約有如下：
1. 異議（警察職權行使法、專利法）。
2. 聲明異議（行政執行法、海關緝私條例）。
3. 復查（集會遊行法）。
4. 申請複查（稅捐稽徵法）。
5. 申請復核（藥事法）。

（三）功能

給行政機關一個自省的機會，減少上級機關負荷，以簡易快速的程序以發揮及增進行政功能為目標。

三、訴願前置主義

（一）意義

即「無訴願即無行政訴訟」，亦即須經訴願程序始得提起行政訴訟。因為訴願與行政訴訟所適用的法規範、程序、法律效果皆不同，最重要者乃訴願制度重在行政機關的自我審查、自我反省，就算訴願審議機關有相當之自主性或獨立性，仍然未脫離行政權體系，本質上仍然是行政程序而非司法程序。

（二）訴願之特殊功能

1. 給予行政機關內部自省救濟之機會：原處分機關對系爭事實較為了解，訴願程序使原處分機關或其上級機關有自我審查之機會，如發現處分有瑕疵，能較快自我更正，維護法律尊嚴，人民權益亦得保障。

2. 確保行政處分之合法性及妥當性：行政法院原則上僅對行政處分做合法性審查，至於行政處分之合目的性（適當性）則由訴願機關審查（訴願機關亦得爲合法性之審查），尤其行政機關基於行政權的行使，可以就該行政處分是否符合產業政策、政府效能、個案正義等情形廣泛檢討。並藉由訴願程序審查被訴行政處分之合法性，因而維持相關法規尊嚴，實現依法行政原則。

3. 減輕行政法院之負擔：訴願程序如能確實更正行政處分之瑕疵，則行政法院的訟源必然大量疏減，而人民如能在訴願程序再次檢視處分之合法性，亦能避免無謂的爭訟。

概念區辨

訴願與訴願先行程序之區別

	訴願	訴願先行程序
意義	人民因行政機關違法或不當之行政處分，使其權利或利益受到損害時，依訴願法向原處分機關或該機關之上級機關請求審查該處分，以訴願決定予以救濟之方法。	人民對於行政機關之行政處分表示不服，基於法律規定，於提起訴願前，須依法定程序另向原處分機關表示不服，使行政機關有機會自我審查原行政處分是否違法或不當之稱。
名稱	僅訴願一種。	名稱頗不一致，約有下列幾種： 1.商標法：異議。 2.警察職權行使法：表示異議。 3.行政執行法：聲明異議。 4.專利法：申請再審查。 5.稅捐稽徵法：申請復查。 6.集會遊行法：申復。
提起期間	爲30日內。	期間通常較短，例外專利法規定之異議期間爲3個月。
性質	係傳統之救濟方式，出於對原處分機關不信任，而請求上級機關救濟之制度。	乃是要求作成原處分之行政機關自省及謀求改進之制度。
目的	以維持行政統治以及維護法律尊嚴，以貫徹依法行政之目的者，其程序與組織相當司法化，從而嚴格審查其形式。	給行政機關一個自省的機會，減少上級機關負荷，以簡易快速的程序以發揮及增進行政效能爲目標。

四、特殊訴願程序

（一）公務員復審程序

公務人員保障法規定，公務人員對於服務機關或人事主管機關所為之行政處分，認為違法或顯然不當，致損害其權利或利益者，得提起復審，由原處分機關轉送公務人員保障暨培訓委員會審理。惟提起復審之理由，須足以改變公務人員身分，對於公務人員權利有重大影響，或基於公務人員身分所生之公法上財產請求權遭受侵害等。例如俸級、任用之審查或免職、停職處分。公務員復審程序等同於訴願程序。不服復審結果，可提起行政訴訟。

（二）教師申訴程序

教師法第16條第5款：「主管教育行政機關或學校有關其個人之措施，認為違法或不當致損害其權益者，得依法提起申訴。」教師若對各校措施認為其有違法或不當，須先向所屬學校教師申訴評議委員會提起申訴，對其決定再有不服，則可向教育部提出再申訴。若對再申訴結果不滿意，以原決定違法者為限，則可向行政法院提起行政訴訟。

（三）學生申訴程序

依大法官釋字第382號：「各級學校依有關學籍規則或懲處規定，對學生所為退學或類此之處分行為，足以改變其學生身分並損及其受教育之機會，自屬對人民憲法上受教育之權利有重大影響，此種處分行為應為訴願法及行政訴訟法上之行政處分。受處分之學生於用盡校內申訴途徑，未獲救濟者，自得依法提起訴願及行政訴訟。」，為此教育部訓令各級學校訂定「處理學生申訴案件實施要點」，以資學生得以提起申訴。此種申訴，相當於訴願先行程序。

（四）會計師懲戒覆審程序

大法官釋字第295號：「財政部會計師懲戒覆審委員會對會計師所為懲戒處分之覆審決議，實質上相當於最終之訴願決定，不得再對之提起訴願、再訴願。被懲戒人如因該項決議違法，認為損害其權利者，應許其逕行提起行政訴訟，以符憲法保障人民訴訟權之意旨。」是以，財政部會計師懲戒覆審委員會對會計師所為懲戒處分之覆審相當於訴願。

（五）不服經聽證作成行政處分之救濟

行政程序法第109條作成之行政處分者，其救濟程序，免除訴願及其先行

程序，經聽證程序作成之行政處分不服者，倘若仍率由舊章，必須踐行訴願或訴願先行程序，始得提起行政訴訟，則不符程序經濟及提高行政效能之目的，故行政程序法之行政處分聽證程序相當於訴願。

五、訴願之類型

（一）撤銷訴願

撤銷訴願，係指訴願法第1條第1項規定，人民對於中央或地方機關之行政處分，認為違法或不當，致損害其權利或利益者，得依本法提起訴願者。

此種類型主要作用再於除去違法或不當行政處分，但無法積極請求行政機關為一定之處分。

（二）課予義務訴願

1. 課予義務訴願，又稱給付訴願，係訴願法第2條准許人民對行政機關消極不作為，即拒絕處分，提起撤銷訴願，由訴願機關或行政法院撤銷違法之拒絕處分，命原處分機關另為適法之處分，並於決定或裁判理由中，就行政機關應否為一定處分作必要之說明或諭示，藉以達行政救濟之目的。

2. 又依行政機關是否曾作成駁回處分，可將課予義務訴願分成：

(1)駁回處分之訴願（拒絕處分之訴願、拒絕申請之訴願）。

(2)怠為處分之訴願。

六、訴願之提起

（一）訴願之主體

1.人民

所謂人民包括本國人及外國人，除自然人之外，法人或非法人團體（如籌備處、祭祀公業、寺廟、公寓管委會等設有代表人、管理人者）均得提起訴願。

2.公法人

地方自治團體直轄市、縣、市、鄉、鎮或縣轄市、農田水利會均為公法人。此外，行政法人中正文化中心等行政法人亦為公法人。

3.行政機關

實務上向承認行政機關立於與私法人同一地位受處分而遭受侵害時之訴願

主體資格。

（二）訴願之客體

1.須爲違法或不當之行政處分或違反作爲義務之消極行爲

(1)訴願之客體爲行政處分，提起訴願必須主張行政處分違法或不當，至於是否確屬違法或不當乃實體上應予審查之事項。

(2)除對積極作爲之行政處分有所不服，得提起訴願外，訴願之客體尚包括消極之不作爲。亦即拒絕處分，所謂拒絕，是指行政機關否定的決定。例如某人申請許可或申請免除某項義務而遭拒絕。

2.須損害相對人或第三人之權利或利益

行政處分之相對人或有利害關係之第三人，提起訴願時，須主張其權利或利益受損害。若行政處分或消極的不作爲雖屬違法或不當，但與訴願人本身之權益無關者，即欠缺訴願之權利保護要件，不得提起訴願。所謂利害關係，指對現在已存在之權利或合法利益有影響關係。此等利害關係尚須爲法律上之關係，而非事實上之利害關係。例如商標、專利關係人、建築法上之鄰人訴願。

（三）受理訴願之機關

訴願須向有管轄權之機關提起。關於訴願管轄之規定，本有簡單原則可循，即向原處分機關之事務管轄直接上級機關訴願，如原處分機關爲國家最高機關時，則以原處分機關爲受理訴願機關。

（四）訴願之程式

1. 須於法定期間內提起：行政處分之相對人應自處分達到或公告期滿之次日起三十日內提起訴願，若有利害關係之第三人提起訴願者，前項期間自知悉時起算。但自行政處分達到或公告期滿後，已逾三年者，不得提起。

2. 須依一定程式提出：提起訴願，應依法定之訴願書程式爲之。

七、訴願管轄機關

（一）基本管轄

訴願法第4條明訂各處分機關之訴願管轄機關，以下表表示之。

原處分機關	訴願管轄機關
鄉鎮市公所	縣市政府
縣市政府所屬機關	縣市政府
縣市政府	中央主管部、會、行、處、局、署
直轄市政府所屬機關	直轄市政府
直轄市政府	中央主管部、會、行、處、局、署
中央主管部、會、行、處、局、署所屬機關	中央主管部、會、行、處、局、署
中央各部、會、行、處、局、署	中央主管院
中央各院	原院

（二）比照管轄等級

人民對於前述以外機關之行政處分提起訴願時，應按其管轄等級，比照前述之規定為之。

（三）共同處分之管轄

對於二以上不同隸屬或不同層級之機關共為之行政處分，應向其共同之上級機關提起訴願。其情形有三：

1. 有共同直接上級機關者：例如國際貿易局和標準檢驗局之直接上級為經濟部。

2. 不同隸屬或不同層級之機關：例如臺北市政府與新北市政府共為之處分，應向有事物管轄之部、會、局、署提起訴願。

3. 二以上機關先後參與：例如多階段行政處分，原則上以實施行政處分時之名義為準，但上級交由下級執行者，以該上級機關為原處分機關。

（四）委託管轄

無隸屬關係之機關辦理受託事件，所為之行政處分，視為委託機關之行政處分，其訴願向原委託機關或其直接上級機關提起。

（五）委任管轄

有隸屬關係之下級機關依法辦理上級機關委任事件所為之行政處分，為受委任機關之行政處分，其訴願之管轄，比照前述基本管轄之規定，向受委任機關或其直接上級機關提起訴願。

（六）委辦管轄

直轄市政府、縣（市）、政府或其所屬機關及鄉（鎮、市公所）依法辦理上級政府或其所屬機關委辦事件，所為之行政處分，為受委辦機關之行政處分，其訴願之管轄，比照前述基本管轄之規定，向受委辦機關之直接上級機關提起訴願。

（七）委託行使公權力

依法受中央或地方機關委託行使公權力之團體或個人，以其團體或個人名義所為之行政處分，其訴願之管轄，同原委託機關提起訴願。

八、訴願審理程序

（一）原處分機關之答辯

1. 原處分行政機關對於訴願應先行重新審查原處分是否合法妥當，其訴願為有理由者，得自行撤銷或變更原行政處分，並陳報訴願管轄機關。

2. 原行政處分機關不依訴願人之請求撤銷或變更原行政處分者，應儘速附具答辯書，並將必要之關係文件，送於訴願管轄機關。

（二）書面審查原則

訴願法第63條第1項規定「訴願就書面審查決定之。」受理訴願機關，原則上應就行政處分機關依訴願法第58條第3項送案之訴願書、關係文件及答辯書等審查決定。

（三）得通知訴願人等陳述意見

訴願法第64條：「訴願審議委員會主任委員得指定委員聽取訴願人、參加人或利害關係人到場之陳述。」第63條第2項「受理訴願機關必要時得通知訴願人、參加人或利關係人到達指定處所陳述意見。」同條第3項「訴願人或參加人請求陳述意見而有正當理由者，應予到達指定處所陳述意見之機會。」

（四）得依職權行言詞辯論

訴願審議委員會認為有必要時，得依職權行言詞辯論。

九、訴願決定

（一）訴願決定之時間

訴願之決定，自收受訴願書之次日起，應於三個月內為之，必要時，得予

延長，並通知訴願人及參加人。延長以一次爲限，最長不得逾二個月。

（二）訴願決定之種類

1. 不受理之決定：程序上不合法、不合法定程式不能補正或不補正者。
2. 駁回：訴願上無理由之決定。
3. 訴願上有理由之決定：
(1)撤銷原處分：訴願有理由，決定撤銷原行政處分之全部或一部。
(2)變更原處分：訴願有理由，訴願機關得逕爲變更之決定，即所謂「自爲決定」（於訴願決定主文表示，被告機關應予以遵守，不必再另作一個處分）。
(3)發回原處分機關另爲處分：因事實未臻明確，或涉及原處分機關權責，或對拒絕處分提起之訴願認爲有理由者，應指定相當期間，命應作爲之機關速爲一定之處分。

（三）訴願決定之效力

1. 確定力：訴願一經確定，就同一事件不得再提起訴願或行政訴訟，是爲「一事不再理原則」。
2. 拘束力：訴願之決定確定後，就其事件，有拘束各關係機關之效力；就其依訴願法第10條提起訴願之事件，對於受委託行使公權力之團體或個人，亦有拘束力。
3. 執行力：訴願決定維持原行政處分者，並無訴願決定本身之執行力問題。受理訴願機關撤銷原行政處分，並自爲決定時，始有訴願決定執行力之問題。惟依訴願法第81條，不得爲更不利之變更決定。

（四）原處分之停止執行

1. 以不停止執行爲原則：原處分之執行除法律另有規定外，不因提起訴願而停止。
2. 停止執行之條件：
(1)行政處分之合法性顯有疑義。
(2)原處分之執行將發生難以回復之損害。
(3)有急迫情事，並非爲維護重大公共利益所必要者。
(4)依職權或依申請裁定停止執行。
行政法院亦得依聲請，停止執行（訴願人可擇一或一併申請或聲請）。

參、行政訴訟

一、行政訴訟之意義

（一）行政訴訟係指人民因行政機關的處分，而向行政法院提起訴訟，請求救濟的訴訟行為。

（二）行政訴訟法除於第2條明文規定：「公法上之爭議，除法律別有規定外，得依本法提起行政訴訟。」同法第3條並規定：「前條所稱之行政訴訟，指撤銷訴訟、確認訴訟及給付訴訟。」再者，行政訴訟法第5條所規定之課予義務訴訟，就內容而言，亦屬給付訴訟。

二、行政訴訟與訴願之區別

（一）相同點

皆屬憲法所賦予人民之基本權利，人民得主張該權利作為對瑕疵行政處分救濟之方法。

（二）相異點

1. 審理機關不同：訴願由原處分機關之上級機關，或該機關本身審理，行政訴訟則由行政法院。

2. 作用性質不同：訴願屬行政權作用；行政訴訟則屬於司法權作用。

3. 爭訟原因不同：訴願係因行政處分違法或不當，致損害人民之權益；行政訴訟除撤銷訴訟限於行政處分違法外。

4. 法定期間限制不同：訴願除法令有特別規定外，自行政處分書到達之次日起三十日內為之；行政訴訟則自訴願決定書到達之次日起兩個月內為之。

5. 審級多寡不同：訴願僅有一級；行政訴訟則採二審三級。

6. 審理範圍不同：訴願之審理範圍主要為行政處分之違法或不當，不得請求損害賠償；行政訴訟則為行政處分之違法及其他公法爭議，並得附帶請求損害賠償。

三、行政訴訟裁判權

（一）行政訴訟裁判制度

我國係採司法二元化制度，基於公法與私法之區分，就行政事件所生之公法上爭議，承認其異於民刑事件之處理法則，並交由特設機關行政法院處理為

原則。此有別於英美法系之國家及日本，實施司法一元化，凡屬爭訟事件，不論私法抑或是公法性質，悉由普通法院審理。

（二）行政訴訟裁判權之範圍

我國行政法院係以掌理行政事件之公法上爭訟爲原則，但也有例外。即依據法律特別規定，以下行政事件爭訟之審判權，被劃歸由普通法院管轄：

1. 公職人員選舉罷免訴訟。
2. 違反道路交通管理處罰條例事件（地方法院行政訴訟庭管轄）。
3. 違反社會秩序維護法事件涉及人身自由之處罰（拘留）。
4. 國家賠償事件。
5. 刑事補償事件。

四、行政訴訟之審級

（一）行政訴訟之三級二審制

我國行政訴訟審判的體制採三級二審制，即在原有的高等行政法院及最高行政法院外，於地方法院設置行政訴訟庭審理簡易訴訟程序及交通裁決等事件。三級二審制如下：

1. 地方法院行政訴訟庭：審理簡易程序事件及交通裁決事件之第一審、保全證據、保全程序及行政訴訟強制執行等事件。
2. 高等行政法院審理通常程序事件之第一審、簡易程序與交通裁決之上訴及抗告等事件，審理簡易程序與交通裁決之上訴案件時，爲法律審。
3. 最高行政法院除審理通常程序之上訴及抗告事件外，於有統一法律見解必要時，亦受理由高等行政法院裁定移送之簡易程序及交通裁決之上訴或抗告事件。

（二）地方法院行政訴訟庭

1.簡易訴訟程序事件

(1)關於稅捐課徵事件涉訟，所核課之稅額在新臺幣40萬元以下者。

(2)因不服行政機關所爲新臺幣40萬元以下罰鍰處分而涉訟者。

(3)其他關於公法上財產關係之訴訟，其標的之金額或價額在新臺幣40萬元以下者。

(4)因不服行政機關所為告誡、警告、計點、計次或其他相類之輕微處分而涉訟者。

(5)依法律之規定應適用簡易訴訟程序者。

2.交通裁決事件

交通裁決事件因質輕量多，如事證已臻明確，其裁判得不經言詞辯論為之。

行政訴訟審判系統表

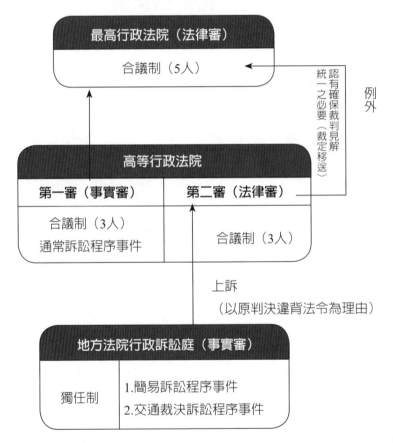

五、行政訴訟之種類

（一）撤銷之訴

行政訴訟法第4條，規定有撤銷訴訟之定義與要件：

1. 須有行政處分存在。
2. 原告須主張行政處分違法並損害其權利或法律上利益。
3. 須經訴願程序而未獲救濟。
4. 須於法定期間內提起。

前述第3項「須經訴願程序而未獲救濟」，但有下列情形則屬例外：

(1)提起訴願逾三個月不為決定，或延訴願決定期間逾二個月不為決定。

(2)訴願人以外之利害關係人，認為訴願決定損害其權利或法律上利益者。

(3)已用盡其他相當於訴願之程序而不服其決定者。如公務人員復審、教師申訴之救濟程序等。

(4)經聽證程序作成之行政處分（行政程序法109條）。

（二）確認之訴

確認判決不具有創設、變更或撤銷之法律效果，僅係在確認一當事人間法律關係之爭議狀況。其又分如下三種：

1. 無效確認之訴：無效確認之訴，指給予處分相對人，請求行政法院確認行政處分無效。

2. 追加確認之訴：追加確認之訴，指人民原提起撤銷訴訟，而於審理中，發現作為訴訟標的之行政處分為無效，或已執行完畢時，應轉換為請求確認其為無效或違法之追加訴訟。

3. 一般確認之訴：一般確認之訴，指確認公法上法律關係成立與不成立之訴訟。

（三）給付之訴

1.課以義務之訴

課以義務訴訟包含「怠為處分之訴」與「拒絕申請之訴」，均規定於行政訴訟法第5條，茲敘述如下：

(1)怠為處分之訴：指人民向行政機關申請作成行政處分，惟行政機關不作為而請求該機關「應為行政義務」之訴。

(2)拒絕申請之訴：指人民向行政機關申請作成行政處分，而行政機關以行政處分拒絕人民而請求該機關「應為特定內容之行政處分」之訴。

2.一般給付之訴

係指基於公法上原因，請求行政法院命對造為一定作為、不作為或容忍給付之訴訟，以積極實現其請求權或消極排除違法狀況。其要件如下：

(1)須因公法上原因發生之給付：有基於法規規定、基於公法契約之約定或因事實行為而生者，其發生之原因不一。

(2)須限於財產上之給付或請求作成行政處分以外之其他非財產上之給付。

(3)須主張給付義務之違反損害原告之權利。

(4)須不屬於得在撤銷訴訟中併為請求之給付。

一般給付訴訟之類型，如下：

(1)財產上給付訴訟：指基於公法債權關係，所產生之公法上財產給付請求權。包括金錢或物品之交付，例如公保、勞保等。

(2)非財產上給付訴訟：指不屬於行政處分之其他高權性質之作為或不作為而言。

3.公法上契約之給付訴訟

公法上契約及行政程序第135條以下所稱之行政契約。得依行政契約請求給付者，包括請求行政機關締結行政契約之權以及因公法上契約所發生之給付者，均得提起給付訴訟。

4.公法上不法結果除去訴訟

公法上不法結果除去訴訟，係指對於因違法行政處分之執行或其他行政行為所直接產生侵害，在該行政處分或行政行為被廢棄時，得請求予以排除損害使然其恢復原狀之權利，此種權利係屬公法上權利。例如鄰居乙主張甲取得之建築執照係違背防火間隔之公法規定，得提起行政訴訟，請求撤銷甲之建築執照。

5.預防的不作為訴訟

預防的不作為訴訟，係指人民訴請行政法院，判命行政機關未來不得對之作成可能損害其權益之行政處分或其他高權行為（職務行為）。如衛生署擬在某處興建垃圾掩埋場，一旦該案（經公聽會或核准）許可後，處於該垃圾場之

地主之土地必然被徵收或設於該地點旁之遊樂場生意必將大受影響，則將來再事爭執，已屬爲時已晚，而有不可回復之損害，故允許該地主可以提起預防的不作爲訴訟。

(四) 其他特種訴訟

1.公眾訴訟

行政訴訟法第9條規定：「人民爲維護公益，就無關自己權利及法律上利益之事項，對於行政機關之違法行爲，得提起行政訴訟。但以法律有特別規定爲限。」

所謂法律有特別規定者，現行法制中，多集中在環保法規上，例如空氣污染防制法第81條、土壤及地下水污染整治法第49條等。

2.選舉訴訟

選舉罷免事件，本質上係公法關係之事件。應屬行政訴訟，但現行法制將之列爲普通法院職權，係因臺灣公法法制最初的建置不健全，故由普通法院審理。

行政訴訟法第10條規定：「選舉罷免事件之爭議，除法律別有規定外，得依本法提起行政訴訟。」似有意思漸漸將本質上公法案件之選舉罷免事件回歸正常法制之意，所謂法律別有規定，指公職人員選舉罷免法、總統副總統選舉罷免法之相關規定。是以在選罷法未修正前，此類案件仍由普遍法院審理。

概念區辨

訴願、行政訴訟之區別

	訴願	行政訴訟
受理機關	訴願以由原處分機關的上級機關受理爲原則，例外情形則係由原處分機關受理，惟均屬行政機關。	行政訴訟則僅能由地方法院行政訴訟庭及行政法院受理。
爭訟原因	提起訴願的原因，係以行政處分違法或不當致使人民權利受到損害爲原因。	公法上爭議，除法律別有規定外，均得提起行政訴訟。
審級多寡	訴願係採一級制，僅有訴願一級。	行政訴訟則爲三級二審制，分由地方法院行政訴訟庭、高等行政法院、最高行政法院管轄。

	訴願	行政訴訟
程序繁簡	較爲簡單。	行政訴訟因係採用司法程序，故其程序較訴願爲繁複，且當事人答辯機會亦較訴願爲多。
審查範圍	行政處分有無違法或不當，不得附帶請求損害賠償。	行政處分有無違法，得合併提出損害賠償請求。
時間限制	除法令有特別規定外，自行政機關之處分書或決定書到達之次日起，應於30日內爲之。	訴訟種類之不同而有不同之時限規定。
作用性質	訴願係行政上的程序，故訴願在性質上屬行政權作用。	行政訴訟則由司法機關之地方法院或行政法院管轄，依司法程序審理，故在性質上屬司法權作用。

第 三 節　國家賠償與補償責任

壹、國家賠償與補償責任之概念

一、國家賠償與補償責任之意義

　　國家賠償與補償責任，指國家對人民所負之法律責任。而「責任」，即指國家所承擔之各種以彌補所失爲目的之給付義務。依憲法第24條規定：「凡公務員違法侵害人民之自由或權利者，除依法律受懲戒外，應負刑事及民事責任。被害人民就其所受損害，並得依法律向國家請求賠償。」此外，又依據憲法第15條「人民之財產權應予保障」之精神，國家亦有損失補償及其他財產權受侵害之填補責任，一併構成國家責任。

二、損害賠償與損失補償之意義

（一）損害賠償之意義

　　所謂行政上的損害賠償，係指人民因行政機關的「違法行爲」，致使其權益受到損害，由受害人向國家請求賠償，從而使國家對其負擔損害賠償的責任而言。

（二）損失補償之意義

所謂行政上的損失補償，係指人民因行政機關行使職權所作「適法行為」，致使其權益受到損害，由受害人向國家請求救濟，從而使國家對其所受損失設法予以補償；或由主管機關主動本於職權對其提供補償而言。

三、損害賠償與損失補償之區別

（一）相同點

皆係公權力之侵權責任，為國家在行政上對於人民所受財產損失之救濟方法。

（二）相異點

1. 原因不同：損害賠償責任係因違法行為所引起；損失補償則係合法行為所引起。

2. 性質不同：損害賠償具司法性質；而損失賠償則具行政性質。

3. 責任條件不同：損害賠償以有故意或過失的情形為條件；損失補償則不以故意或過失為條件。

4. 範圍不同：損害賠償，除法令或契約有特別規定外，應以填補受害人所受損害及所失利益為範圍；損失補償則僅限於填補人民現實直接所受之損失，故損失補償範圍較小。

5. 管轄機關不同：損害賠償本屬民事範圍，除在行政訴訟中附帶請求賠償應由行政法院判決外，由普通法院管轄；損失補償則全屬行政範圍，在原則上均由行政機關管轄，以雙方協議，或由行政法院審理之。

貳、國家賠償

一、國家賠償之法源與意義

（一）國家賠償法之法源：係依據憲法第24條制定。

（二）國家賠償之概念：國家賠償者，即公務員於執行職務行使公權力時，因故意或過失不法侵害人民之自由或權利，或公有之公共設施因設置或管理有欠缺，致人民之生命、身體或財產受損害，而由國家負賠償損害責任之一種制度。其性質應屬民法之特別法。

二、國家賠償制度之功能

（一）保障人民權利

在法制主義前提下，人民之權利如遭受侵害，依一般行政救濟制度言之，雖然有聲明不服、提起訴願、行政訴訟等途徑可循，但是行政爭訟僅能對違法或不當之行政行為，以撤銷、變更或確認無效等方法，除去其法律效果，卻不能回復其現實上所受損害之權益。國家賠償制度則以國家賠償義務人，對公務員執行職務行使公權力致人民權利遭受損害者，獲得適當之救濟。

（二）制裁違法行為

國家賠償制度具有制裁違法之功能，因國家賠償責任，以民事上損害賠償理論為基礎，為確保人民權利，由國家出面負起全體公務員侵權行為之賠償責任，至於對公務員不法行為之制度，由國家事後向該公務員求償。

（三）調整公益與私益

因國家公權利所為之行政活動，乃為實現公益目的之國家作用，行政活動使個人發生損害，以公的財產填補其損害，則為國家賠償制度上所發揮之調整功能。由於國家依租稅課徵方式，取自人民之財產，用之於填補個人在國家作用下之特別犧牲，不但謀求公用負擔之平等，且能調節公益與私益。

（四）貫徹法治目的

現代民主法制國家，為保障民權，增進福利，有保證其行政作用不侵害人民權利之責任。為貫徹此項責任，國家即全面地負擔損害賠償，從而督促各級公務員於執行職務時，認真、謹慎與奉公守法。否則，該公務員對於國家在民事上有償還責任，在行政上有懲戒責任，甚至還須負刑事責任。

（五）加強行政監督

現代國家基於社會情勢需要，其行政範圍日益擴大，公務員執行職務之範圍亦逐漸複雜，世界各國於加強行政機關權利之後，又致力於行政控制，對所屬機關及公務員嚴加監督，促使提高警覺，防止濫權，以維護民主體制的完整。

三、國家賠償之理論基礎

（一）國家無責任論

公務員違法執行職務，屬於違反職務授權，該行為自應視其為個人行為，故國家無必要負擔責任。

（二）國家代位責任論

國家對於被害人雖直接負賠償責任，但該賠償責任本質上是公務員個人賠償責任之替代，故國家賠償責任之成立，須該行為亦構成公務員個人賠償責任為必要，即公務員因該行為而須負起損害賠償責任時，國家始負賠償責任。

（三）國家自己責任論

亦稱為危險責任說或無過失責任說。換言之，對人民損害之發生如果是執行公務之結果，縱令公務員並無故意或過失，國家亦應負損害賠償責任。我國國家賠償法依前述採取綜合之立場如下：

1. 採「國家代位責任論」者：國家賠償法第2條第2、3項公務員違法行為之責任。

2. 採「國家自己責任論」之「無過失責任主義」者：國家賠償法第3條公有公共設施瑕疵之責任。

四、國家賠償之構成要件

可區分為「公務員違法行為責任」及「公有公共設施瑕疵責任」二大類。分述如下：

（一）公務員違法行為之國賠要件

國家賠償法第2條第2項規定：「公務員於執行職務行使公權力時，因故意或過失不法侵害人民自由或權利者，國家應負損害賠償責任。公務員怠於執行職務，致人民自由或權利遭受損害者亦同。」依此，國家或其他公法人之公務員違法行為之國家賠償責任，可分為積極作為與消極不作為兩種責任：

1.積極行為之責任

(1)須為公務員之行為。

(2)須為執行職務行使公權力之行為。

(3)須行為違法。

(4)須行為人有故意或過失。

(5)須侵害人民之自由或權利。

(6)須違法行為與損害結果之間有因果關係：此之所謂因果關係係採相當因果關係說。

2.消極不作為之國家賠償責任

(1)消極不作為國家賠償責任之意義：所謂消極不作為之國家賠償責任係指公務員怠於執行職務之國賠責任，符合違法性、歸責性（故意過失）及因果關係致人民自由或權利遭受損害之要件時，與積極作為同樣成立國家賠償責任。國賠法第2條第2項後段規定「…公務員怠於執行職務，致人民自由或權利遭受損害者亦同。」即屬之。

(2)怠於執行職務請求國賠之司法解釋：大法官釋字第469號解釋意旨謂：法律規定對主管機關應執行職務行使公權力之事項規定明確，該管機關公務員依此規定對可得特定之人所負作為義務已無不作為之裁量餘地，猶因故意或過失怠於執行職務，致特定人之自由或權利遭受損害，被害人得請求國家賠償。

(3)怠於執行職務請求國賠之行政解釋：公務員為特定職務行為，有公法上請求權存在，經請求其執行而怠於執行，致自由或權利遭受損害者，始得依規定請求國家負損害賠償責任。若公務員對於職務之執行，雖可使一般人民享有反射利益，人民對於公務員仍不得請求為該職務之行為者，縱公務員怠於執行該職務，人民尚無公法上請求權可資行使，以資保護其利益，自不得依上開規定請求國家賠償損害。對於符合一定要件，而有公法上請求權，經由法定程序請求公務員作為而怠於執行職務者，自有其適用。（法務部解釋）

(4)怠於執行職務請求國賠之裁判：民國84年臺中衛爾康餐廳國賠案，於92年由最高法院依據前揭釋字第469號解釋判決確定謂：臺中市工務局經查報明知衛爾康餐廳等建築務具「有礙防火避難設失事項」之事實，難謂對於損害之發生不可預見，據上所述，應認其裁量權已收縮至零，臺中市政府就衛爾康餐廳之違規使用，有依修正前之建築法第90條規定課予行政罰之義務，乃竟僅通知業者限期改善，且於期限經過後，既未予複查，亦未依法施於罰鍰、勒令停止使用或強制拆除等處分，任令該餐廳違規使用，其怠於執行職務之行為自屬違法。

（二）公有公共設施瑕疵之國賠要件

國家賠償法第3條第1項：「公有公共設施因設置或管理有欠缺，致人民生

命、身體或財產受損害者，國家應負損害賠償責任。」其要件如下：

1. 須有公有公共設施：係指供公共目的使用之物件或設備而言，舉凡道路、橋樑、公園、停車場、政府機關之辦公房舍、校園內之遊戲設施等均屬之。

2. 須設置或管理有欠缺：採取無過失主義。

3. 須人民之生命或財產遭受損害：損害之法益限於「生命、身體或財產」三項。

4. 須公共設施之瑕疵與損害發生之間有相當因果關係：若損害係出於天災地變等不可抗力者，即與公共設施之瑕疵無因果關係。

五、國家賠償之方法及範圍

國家賠償之方法：以金錢賠償為原則，回復原狀為例外。國家賠償之範圍：應適用民法之規定，包括積極性之所受損失及消極性之所失利益。

六、國家賠償之請求程序

（一）書面請求及協議先行程序

1. 協議先行主義：循訴訟程序請求者，應先以書面向賠償義務機關請求，以使請求之關係臻於明確。

2. 協議先行之目的：(1)便利人民並尊重賠償義務機關，使其有機會先行處理，以簡化賠償程序；(2)避免雙方當事人之訟累，可以疏減訟源。所以規定應以書面為之者。

（二）提起民事訴訟

賠償義務機關拒絕賠償，或自提出請求之日起逾三十日不開始協議，或自開始協議之日起逾六十日協議不成立時，請求權人得提起損害賠償之訴。

損害賠償之訴，除依國家賠償法規定外，適用民事訴訟法之規定。依此規定，國家賠償之訴，係由普通法院管轄。

七、國家之求償權

公務員違法侵害人民之自由或權利，依照憲法所定意旨及本法規定，國家固須負賠償責任，但公務員有故意或重大過失之情形時，如對其免於求償，易啟違法濫權之心，實非人民之福。故本法明文規定，賠償義務機關對其有求償

權。公有公共設施有欠缺致人之生命、身體或財產受損害者，就損害原因有應負責任之人時，賠償義務機關對之有求償權。又受委託之團體或個人，其執行職務者有故意或重大過失時，賠償義務機關對之亦有求償權。

（一）法律適用之順序：國家之損害賠償，本法及民法以外之其他法律有特別規定者，適用其他法律（國家賠償法第6條）。此係規定國家賠償法與其他特別法之關係。關於國家之損害賠償，在國家賠償法制定前已有若干特別法予以規定，例如土地法第68條、第71條，警戒使用條例第10條、冤獄賠償法及核子損害賠償等，此等規定，多以公務員特定行為侵害人民之權利，或因特定事故所生損害，為負擔損害賠償之要件，且各有其特殊之立法意旨，為貫徹各該特別法之立法意旨，自應優先於國家賠償法而適用。

（二）國家對公務員或委託行使公權力者之求償權：以執行職務之公務員或受委託執行職務之人，有故意或重大過失為限，賠償義務機關對該公務員、該個人或其隸屬團體有求償權。

（三）公有公共設施因設置或管理有欠缺之損害賠償：國家或其他公法人對應負責之人者，有求償權。

九、請求權時效

（一）請求權人之消滅時效：賠償請求權，自請求權人知有損害時起，因二年間不行使而消滅；自損害發生時起，逾五年者亦同。因此，消滅時效為二年，除斥期間為五年。

（二）國家求償權之時效：國家賠償法第8條第2項規定：「第二條第三項、第三條第二項及第四條第二項之求償權，自支付賠償金或回復原狀之日起，因二年間不行使而消滅。」。

參、國家補償及其他填補責任

一、一般損失補償責任

我國法制對於損失補償措施，並無一般性統一規定，其有關依據，分別散見於各種法規之中。適法行為之損失補償責任約可分為三類：

（一）公益徵收

公益徵收，又稱公用徵收，即對人民財產或具有財產價值之其他權利（如

專利權）以徵收方式將之剝奪，並轉為公用。其需具備要件如下：

1. 需為實現公共福祉為目的。
2. 須有明確法律授權基礎。
3. 須合乎比例原則。
4. 須予以補償。

（二）有徵收效力之侵害

即為社會公益為目的，限制私有財產之使用、收益，此雖非如前述公益徵收以剝奪權利手段，而以限制權利行使之手段，亦會造成與徵收相同之侵害，若該侵害是超出一般可忍受之程度、非當事人所情願，且附隨該合法行政行為而來，此時政府有依法補償之責，如依森林法，將私有林劃編為保安林。

（三）信賴利益受損

針對合法授益處分之廢止，以及違法授益處分之撤銷，皆屬行政上合法行為，相對人若有值得保護之信賴，因該處分致財產權受有侵害，應予補償。

二、類似徵收侵害之損失補償

類似徵收（又稱準徵收）侵害之損失補償，指公權力之行使直接造成財產權利之不法侵害。其中侵害之直接性係指侵害所形成之損害，係該具體高權措施所引起的。譬如垃圾場之設置衍生環境污染，因此種侵害之範圍、強度可能持久，造成相對人遭受特別的，且為他人無法忍受之犧牲時，即應給予補償。

三、因公益犧牲之損失補償

因公益犧牲之損失補償，即公權力為公益之目的而侵害人民非財產上之利益者，亦應對此人民之特別犧牲加以補償。其應具備之要件如下：

（一）受侵害者為非財產上之權利：例如生命、身體、健康、自由等屬於憲法或法律應予保障之法益。

（二）公權力強制：係指要求或強制人民作為之高權措施，如法定之預防注射。

（三）基於公共福祉：即人民被要求的作為係為謀求公共福祉。

（四）特別犧牲：因公權力之侵害造成個人不平等之負擔，例如預防注射後之不適、發熱，應由當事人自己承擔，逾越此一限度如導致麻痺、半身癱瘓、關節僵硬等，即可稱為特別犧牲。

第四節 警察特別行政救濟

壹、警察行為特別行政救濟之概念

現代化的法治國家，為了應付社會需要或是科技專業的考量，有時作成的行政處分，傳統訴願制度未必能妥善應付，乃發展出「訴願先行程序」，希望由原處分機關先行審查，如有瑕疵較快更正，除保護當事人權益外，更能減輕上級機關及行政法院之負擔，故法律要求人民在正式提起訴願前，必須先踐行一定之程序。從表面上觀察，訴願先行程序是對人民訴願權的限制，延滯人民尋求行政救濟的時間，若為此程序尋找正當性依據，則需該訴願先行程序更能發揮行政自我反省功能，或是該訴願先行程序能對專業性、特殊性的行政事件妥為處理，否則即有違憲之嫌。

警察行為包括對警察裁罰處分、對警察公權力措施，及道路交通管理處罰規定之特別行政救濟如下：

1. 社會秩序維護法規定之救濟程序：聲明異議、抗告。
2. 警察職權行使法規定之救濟程序：表示異議。
3. 行政執行法規定之救濟程序：聲明異議。
4. 警械使用條例規定之救濟程序：補償、賠償。
5. 集會遊行法規定之救濟程序：申復。
6. 道路交通管理處罰條例規定之救濟程序：逕向法院行政訴訟庭提起訴訟。

貳、社會秩序維護法規定之救濟程序

社會秩序維護法第2編處罰程序第5章救濟，係規定該法救濟程序分聲明異議與抗告二種，不適用訴願法、行政訴訟法之救濟程序。茲分述如下：

一、聲明異議

（一）聲明異議之種類

所謂「聲明異議」，係對於執行機關所為一定行為或不行為，請求其變更或撤銷之意思表示。現行法律中聲明異議之救濟管道通常有如下兩種：

1. 人民因行政處分損害其權益，不服主管機關所為之處罰，而向管轄地方法院聲明異議，請求審理裁定，撤銷或變更原處分之救濟程序。如社會秩序維護法之聲明異議。

2. 人民因行政處分損害其權益，而向主管機關請求再訊問調查，撤銷或變更原處分之救濟程序。如集會遊行法之申復。

（二）聲明異議之方式與期限

被處罰人不服警察機關之處分者，得於處分書送達之翌日起五日內聲明異議。聲明異議，應以書狀敘明理由，經原處分之警察機關向該管簡易庭為之。異議書狀，載明下列事項：

1. 聲明異議人之姓名、性別、出生年月日、國民身分證統一編號、職業及住所或居所。

2. 聲明異議之事實及理由。

3. 證據。

4. 原處分之警察機關及處分書之字號。

（三）原處分警察機關對於聲明異議之處理

原處分之警察機關認為聲明異議有理由者，應撤銷或變更其處分；認為不合法定程式或聲明異議權已經喪失或全部或一部無理由者，應於收受聲明異議書狀之翌日三日內，送交簡易庭，並得添具意見書。

（四）地方法院簡易庭受理聲明異議之處理

簡易庭認為聲明異議不合法定程式或聲明異議權已經喪失者，應以裁定駁

概念區辨

社會秩序維護法之聲明異議與其他法律之聲明異議不同之處

社會秩序維護法之聲明異議	其他法律之聲明異議
具有取代訴願程序之性質，此乃將公法上較為單純事件之爭議，交由普通法院管轄，而非透過訴願程序。例如本法及道路交通管理處罰條例之聲明異議。司法院大法官釋字第243、295號解釋，對於公務員之免職以及會計師之懲戒所提之復審，亦相當於訴願之程序。	其性質為訴願先行程序，此乃指在救濟程序上，須先提出聲明異議用以救濟，若對聲明異議之決定不服，方提出訴願。例如警察職權行使法之表示異議、行政執行法之聲明異議等。

回之。但其不合法定程式可補正者，應定期先命補正。

簡易庭認為聲明異議無理由者，應以裁定駁回之。認為有理由者，以裁定將原處分撤銷或變更之。

（五）聲明異議之撤回

聲明異議於裁定前得撤回之。撤回聲明異議，應以書狀向受理機關（簡易庭）為之。但於該案卷宗送交受理機關以前，得向原裁處機關為之。

（六）對地方法院簡易庭之裁定不得抗告

對於簡易庭關於聲明異議所為之裁定，不得抗告。亦即聲明異議之救濟程序到此終結。

二、抗告

（一）抗告之意義

即對於地方法院簡易庭就違反社會秩序維護法案件之裁定，受裁定人（亦被處罰人）或原移送之警察機關有不服者，得於送達裁定之翌日起五日內，以書狀敘述理由，經由簡易庭向同法院普通庭請求撤銷或變更原裁定之法律救濟程序。

（二）抗告之提起程序

受裁定人或原移送之警察機關對於簡易庭就社會秩序維護法第45條移送之案件所為之裁定，有不服者，得向同法院普通庭提起抗告；對於普通庭之裁定，不得再行抗告。

（三）抗告之期間及方式

抗告期間為五日，自送達裁定之翌日起算。

提起抗告，應以書狀敘述理由提出於簡易庭為之。

（四）抗告權之捨棄與撤回

1. 被處罰人或原移送之警察機關，得捨棄其抗告權。前項捨棄，應以書狀向原裁定機關為之。

2. 抗告於裁定前得撤回之。抗告，應以書狀向受理機關（普通庭）為之。但於該案卷宗送交受理機關以前，得向原裁處機關為之。

（五）抗告之裁定

經提起之抗告，普通庭如認其抗告有理由者，應以裁定將原裁定撤銷並自爲裁定；如認抗告無理由者，應以裁定駁回。

━━━━━━━━━━ 🔍 概念區辨 ━━━━━━━━━━

▓ 聲明異議及抗告之不同

聲明異議	抗告
由違反社會秩序維護法之「被處罰人」對於警察機關之處分有異議時提出。	指受裁定人或原移送之警察機關對於簡易法庭裁定有異議時提出。

▓ 裁定與判決之不同

裁定與判決均爲法院裁判之一種形式，但有如下之區別：

裁定	判決
針對程序法之審議決定。除依刑事訴訟法之規定應以判決行之者外，均應以裁定行之，裁定通常係依據當事人之書面聲請，故原則上不必經言詞辯論。針對裁定之不服要求再審議者，是抗告。	針對實體法之審議決定。判決通常以經當事人言詞辯論爲原則，不經言詞辯論爲例外。針對判決不服要求再審議，是上訴。上訴原則上有兩次的救濟機會，也就是二審及三審。

參、警察職權行使法規定之救濟程序

警察行使職權之樣態不一，勉強區分各該行爲樣態而分別規定，顯不符經濟原則，且現行法律對於行政救濟已有明文規定。故警察職權行使法第4章救濟所僅規定之救濟爲下列四種：

一、表示異議

（一）表示異議之意義

指不服警察行爲，向原執行職務之警察人員，當場陳述理由，請求爲適正之表示。

（二）表示異議之主體

聲明異議之主體為義務人或利害關係人。

1. 義務人，指警察依法職權行使時，法律上權益直接受到影響之人。
2. 利害關係人：指義務人以外，其法律上之權益，因警察行為而受侵害之人。

（三）表示異議之事由

義務人或利害關係人對警察依本法行使職權之方法、應遵守之程序或其他侵害利益之情事，得於警察行使職權時，當場陳述理由，表示異議。

（四）警察對異議之處理方式

1. 認為有理由者：應立即停止或更正執行行為。
2. 認為無理由者：得繼續執行，經義務人或利害關係人請求時，應將異議之理由製作紀錄交付之。

（五）要求交付異議理由紀錄之處理

1. 警察認為無理由時，仍可以繼續執行。此時民眾如未再提出請求，即不必給予任何異議理由紀錄證明單；但是如果經民眾再次提出請求時，則應將異議之理由製作紀錄交付之。
2. 異議理由紀錄證明之性質：並非提起救濟之標的，僅是受有警察職權作用干涉之證據，為受有一行政處分之證明，避免日後提起救濟時產生爭議，甚至對相對人產生不利。

二、提起訴願與行政訴訟

義務人或利害關係人因警察行使職權有違法或不當情事，致損害其權益者，得依訴願法及行政訴訟法規定提起訴願及行政訴訟，以保障義務人或利害關係人之權益。

三、請求損害賠償

（一）警察違法行使職權，有國家賠償法所定國家負賠償責任之情事者，人民得依法請求損害賠償。

（二）國家賠償法第2條規定：本法所稱公務員者，謂依法令從事於公務之人員。公務員於執行職務行使公權力時，因故意或過失不法侵害人民自由或權利者，國家應負損害賠償責任。公務員怠於執行職務，致人民自由或權利遭

受損害者亦同。前項情形,公務員有故意或重大過失時,賠償義務機關對之有求償權。

四、請求損失補償

（一）請求損失補償之程序

1. 警察依法行使職權,因人民特別犧牲,致其生命、身體或財產遭受損失時,人民得請求補償。但人民有可歸責之事由時,法院得減免其金額。

2. 前項損失補償,應以金錢為之,並以補償實際所受之特別損失為限。

3. 損失補償,應於知有損失後,二年內向警察機關請求之。但自損失發生後,經過五年者,不得為之。

（二）特別損失之認定

所謂特別損失,指警察依法行使職權,導致人民遭受不平等的損失,而受不可期待的犧牲;亦即該項損失,已超過人民應盡之社會義務及其所能忍受的範圍。

特別損失,應就具體事實狀況判斷該損失是否已超出人民應盡之社會義務及其所能忍受的範圍。例如:警察為救助車禍傷患,要求當時經過之私人車輛載送傷者至醫院急救,則該私人車輛駕駛人及乘客所遭受之損失,均屬社會義務所能忍受的範圍,而不得請求損失補償。又如警察為逮捕槍擊要犯,採取攻堅手段,使用震撼彈或槍戰引發火警,因而造成不知情屋主嚴重之損失,則已超出該屋主社會義務範圍內之忍受義務,故該屋主可依法向警察機關請求損失補償。

（三）不服損失補償決定之救濟

損失補償係就警察行使職權後所生之特別損失酌予補償,對於該管警察機關所為損失補償之決定不服時,其救濟程序宜依普通行政救濟之方式,依法提起訴願及行政訴訟。

肆、行政執行法規定之救濟程序

一、聲明異議

（一）聲明異議之意義

指當事人或利害關係人對於執行機關於執行程序中所為之行為或不行為，認為有違法或不當之情形，請求執行機關變更或撤銷之意思表示。例如行政執行署將債務人及其家屬所必須之衣服查封，債務人得聲明異議是。

（二）聲明異議之主體

聲明異議之主體為義務人或利害關係人。

1. 義務人，指行政執行程序中，負有公法上履行義務之人。

2. 利害關係人：指義務人以外，其法律上之權益，因執行行為而受侵害之人，如查封物為第三人所有之第三人屬之。事實上之利害關係，不包括在內，如工廠被查封，員工不能以失業為由聲明異議。

（三）聲明異議之事由

即義務人或利害關係人對執行命令、執行方法、應遵守之程序或其他侵害利益之情事，得於執行程序終結前，向執行機關聲明異議。

因行政執行法之聲明異議性質屬於對執行程序之措施，而非對基礎處分所為之救濟。所謂基礎處分係指本於法令所頒布具有執行力，以及不可撤銷並可立即執行之行政處分。

（四）聲明異議之程序

前項聲明異議，執行機關認其有理由者，應即停止執行，並撤銷或更正已為之執行行為；認其無理由者，應於十日內加具意見，送直接上級主管機關於三十日內決定之。

（五）聲明異議之效果

行政執行，除法律另有規定外，不因聲明異議而停止執行。但執行機關因必要情形，得依職權或申請停止之。

二、損失補償

（一）即時強制而致損失得請求補償

人民因執行機關依法實施即時強制，致其生命、身體或財產遭受特別損失

時，得請求補償。但因可歸責於該人民事由者，不在此限（行政執行法第41條第1項）。前項損失補償，應以金錢爲之，並以補償實際所受之特別損失爲限（同條第2項）。損失補償，應於知有損失後，二年內向執行機關請求之。但自損失發生後，經過五年者，不得爲之（同條第3項）。

（二）特別損失之認定

指執行機關依法行使職權，導致人民遭受不平等的損失，而受不可期待的犧牲；亦即該項損失，已超過人民應盡之社會義務及其所能忍受的範圍。亦即，特別損失，應就具體事實狀況判斷該損失是否已超出人民應盡之社會義務及其所能忍受的範圍。

（三）不服損失補償決定之再救濟

對於執行機關所爲損失補償之決定不服者，得依法提起訴願及行政訴訟。

三、國家賠償

行政執行，有國家賠償法所定國家應負賠償責任之情事者，受損害人得依該法請求損害賠償。

伍、警械使用條例規定之救濟程序（補償、賠償）

補　償

一、警械使用條例之規定

本條例第11條第1項規定：警察人員依本條例規定使用警械，因而致第三人受傷、死亡或財產損失者，應由各該級政府支付醫療費、慰撫金、補償金或喪葬費。

二、警械使用條例、行政執行法、警察職權行使法有關損失補償規定之不同

（一）主體及要件不同

1. 警械使用條例：
(1)主體須爲警察人員。
(2)使用警械之情形、原因、使用之停止等，須依本條例規定爲之。

(3)須因而致第三人受傷、死亡或財產損失者。

2. 行政執行法：

(1)主體：須爲原處分機關或該管行政機關。

(2)行政執行機關須依法律規定，而對於人民有所即時強制之行爲。

(3)須致人民生命、身體或財產遭受特別損失時。

3. 警察職權行使法第31條第1項：

(1)主體須爲警察。

(2)須依警察職權行使法規定行使各種職權之行爲。

(3)須因人民達到特別犧牲，致其生命、身體或財產遭受損害時。如警察爲逮捕槍擊要犯，採取攻堅手段，使用震撼彈或槍戰引發火警，因而造成不知情屋主嚴重之損失，則已超出該屋主社會義務範圍內之忍受義務，故該屋主可依法向警察機關請求損失補償。

（二）例外事由不同

1. 警械使用條例：無例外事由之規定。

2. 行政執行法第41條第1項但書：「但因可歸責於該人民之事由者，不在此限。」即表示依行政執行法，人民因執行機關依法實施即時強制，致其生命、身體或財產遭受特別損失時，得請求補償。但若該損失可歸責於該人民，則可不予補償。

3. 警察職權行使法第31條第1項但書：「但人民有可歸責之事由時，法院得減免其金額。」即警察依法行使職權，因人民特別犧牲，致其生命、身體或財產遭受損失時，人民得請求補償，但若是該損失可歸責於人民時，法院得斟酌減免其補償金額。

（三）損失補償之方式不同

1. 警械使用條例規定，由各該級政府支付醫療費、慰撫金、補償金或喪葬費。

2. 行政執行法第41條第2項及警察職權行使法第31條第2項均同樣規定：「損失補償，應以金錢爲之，並以補償實際所受之特別損失爲限。」

（四）不服損失補償之救濟不同

1. 警械使用條例：無不服損失補償得救濟之規定。

2. 行政執行法第41條第3項及警察職權行使法第31條第3項均同樣規定：

「對於執行（警察）機關所為損失補償之決定不服者，得依法提起訴願及行政訴訟。」

（五）請求補償之時效不同

1. 警械使用條例：無請求補償時效之規定。

2. 行政執行法第41條第4項及警察職權行使法第31條第4項法均同樣規定：「損失補償，應於知有損失後，二年內向執行（警察）機關請求之。但自損失發生後，經過五年者，不得為之。」

賠　償

一、警械使用條例之規定

本條例第11條第1項規定：警察人員執行職務違反本條例使用警械規定，因而致人受傷、死亡或財產損失者，由各該級政府支付醫療費、慰撫金、補償金或喪葬費；其出於故意之行為，各該級政府得向其求償。

由此可見，違反本條例規定因而致人受傷、死亡或財產損失者，已構成國家賠償要件，然該條例僅使用補償金，而非賠償金。惟另規定，出於故意之行為，各該級政府得向其求償。符合國賠求償權之意旨。

二、警械使用條例第11條規定與國家賠償法第2條第2項之關係

學者多數認為國家賠償法為有關於國家賠償事件之一般性規定，屬於普通法；而警械使用條例屬於特別法。因此，有關非法使用警械而造成之賠償問題，仍優先適用警械使用條例，而排除國家賠償法之適用。

陸、集會遊行法規定之救濟程序

一、申復之概念

申復，係訴願之先行程序方式之一，即申請室外集會時，申請人在收到主管機關不予許可之行政處分時，若要表示不服者，按照法律規定不能直接提起「訴願」，而是必須以書面附具理由提出「申復」；其目的在於避免警察機關逾權，並保障人民權益。

二、申復之程序

依集會遊行法第16條規定，對於警察機關核定集會遊行通知書內容不服時，在收受通知書二日內，向原申請警察機關提出書面申復；如果原申請警察機關認為申復有理由，即可變更或撤銷核定集會遊行通知書內容，另行製作核定集會遊行通知書，如果仍然維持核定內容，由原申請警察機關檢具所有卷宗、資料，陳送上級警察機關，由上級警察機關核定集會遊行內容，並變更、撤銷或維持原核定；如果再不服時，可依「訴願法」向所屬縣市政府提起訴願。

柒、道路交通管理處罰條例規定之救濟程序

一、逕向法院行政訴訟庭提起訴訟

道路交通管理處罰條例第87條規定：「受處分人不服第八條或第三十七條第五項處罰之裁決者，應以原處分機關為被告，逕向管轄之地方法院行政訴訟庭提起訴訟；其中撤銷訴訟之提起，應於裁決書送達後三十日之不變期間內為之。」故汽車所有人、駕駛人違反本條例，不服處罰機關之裁決，應於三十日向管轄之地方法院行政訴訟庭提起撤銷訴訟。

二、交通裁決事件訴訟程序

行政訴訟法第三章交通裁決事件訴訟程序，主要規定如下：

（一）交通裁決事件之定義

1. 不服道路交通管理處罰條例第8條及第37條第5項之裁決，而提起之撤銷訴訟、確認訴訟。

2. 合併請求返還與前款裁決相關之已繳納罰鍰或已繳送之駕駛執照、計程車駕駛人執業登記證、汽車牌照。

（二）受理訴訟機關

交通裁決事件，得由原告住所地、居所地、所在地或違規行為地之地方法院行政訴訟庭管轄（行政訴訟法第237條之2）。

（三）提起訴訟程序

交通裁決事件訴訟之提起，應以原處分機關為被告，逕向管轄之地方法院

行政訴訟庭爲之（行政訴訟法第237條之3第1項）。

交通裁決事件中撤銷訴訟之提起，應於裁決書送達後三十日之不變期間內爲之（同條第2項）。

前項訴訟，因原處分機關未爲告知或告知錯誤，致原告於裁決書送達三十日內誤向原處分機關遞送起訴狀者，視爲已遵守起訴期間，原處分機關並應即將起訴狀移送管轄法院（同條第3項）。

（四）原處分機關之處置方式

地方法院行政訴訟庭收受前條起訴狀後，應將起訴狀繕本送達被告。

被告收受起訴狀繕本後，應於二十日內重新審查原裁決是否合法妥當，並分別爲如下之處置：

1. 原告提起撤銷之訴，被告認原裁決違法或不當者，應自行撤銷或變更原裁決。但不得爲更不利益之處分。

2. 原告提起確認之訴，被告認原裁決無效或違法者，應爲確認。

3. 原告合併提起給付之訴，被告認原告請求有理由者，應即返還。

4. 被告重新審查後，不依原告之請求處置者，應附具答辯狀，並將重新審查之紀錄及其他必要之關係文件，一併提出於管轄之地方法院行政訴訟庭。被告依前項第1款至第3款規定爲處置者，應即陳報管轄之地方法院行政訴訟庭；被告於第一審終局裁判生效前已完全依原告之請求處置者，以其陳報管轄之地方法院行政訴訟庭時，視爲原告撤回起訴。

（五）得不經言詞辯論裁判

行政訴訟法第237條之7規定：「交通裁決事件之裁判，得不經言詞辯論爲之。」

公務人員行政中立法

第一節　公務人員行政中立之概念

壹、行政中立法之緣起

一、近年來由於社會變遷，國內政治生態環境產生極大變化，促成了政黨政治的實現，進而造就了行政中立的理念。

二、行政中立法可謂是政黨政治民主化發展下的必然結果，也是健全文官制度的先決條件。

貳、行政中立之意義

行政中立，是指行政層級系統中的公務員文官，對於政治事務保持中立超然的地位，不參與政黨政治，不受政治因素的影響，更不介入政治活動與政爭，與政治系統保持適度的分離，有利於行政事務系統順利推動，以維持社會穩定。

參、行政中立之內涵

就行政之立場與態度而言，其內涵至少包括以下三點：

一、在職期間應盡忠職守、盡心盡力，推動政府政策，造福社會大眾。

二、在處理公務上，其立場應超然、客觀、公正，一視同仁，既無偏愛也無偏惡。

三、在日常活動中不介入地方派系或政治紛爭，只盡心盡力為國為民服務。

肆、行政中立法之立法目的

為確保公務人員依法行政、執行公正、政治中立，並適度規範公務人員參與政治活動。

伍、行政中立法之性質

一、屬於通則性之法規範：（一）適用於具有公職身分之公務人員。（二）準用之人員及範圍。

二、其他法律另有較爲嚴格規定者，適用從嚴法規：例如：「法官或檢察官」等公職人員，依法官法第15條規定，法官於任職期間不得參加政黨及政黨活動等，則應適用相關之從嚴法規。

三、法規範間之交互適用：採法規範間之交互適用，例如：公職人員利益衝突迴避部分，則適用「公職人員利益衝突迴避法」之規定。

第 二 節　公務人員行政中立法之主要規定

壹、公務人員適用及準用之範圍

一、公務人員

（一）本法所稱之公務人員

本法所稱公務人員，指法定機關「依法任用、派用」之有給「專任人員」及「公立學校依法任用之職員」。

（二）非本法所稱之公務人員

1. 政務人員及民選地方行政首長：由於其性質與常任文官有別，故基於身分屬性政治任命或民選，及兼顧法律體系之一貫性，其遵守之行政中立事項及義務範圍，宜於政務人員法中另爲規範之。

2. 軍人及教師：應以其他法律，例如：教師法或軍事法令規範之。且依憲法第138、139條規定，亦可明晰軍人之效忠國家及行政中立義務。

3. 法官或檢察官：依憲法第80條規定，法官係依法獨立審判，而檢察官於刑事訴追及刑之執行之職務面向，具有廣義司法機關之地位，針對其獨立執行職務之範疇，並非本法規範之範圍，惟仍應適用法官法之嚴格規定；至於如法官審判外之行爲及檢察官非偵查訴追等行爲，審酌本法之基本規範性質，仍應適用本法之規定。

二、本法準用之人員

（一）公立學校校長及公立學校兼任行政職務之教師。

（二）教育人員任用條例公布施行前已進用未納入銓敘之公立學校職員及私立學校改制為公立學校未具任用資格之留用職員。

（三）公立社會教育機構專業人員及公立學術研究機構兼任行政職務之研究人員。

（四）各級行政機關具軍職身分之人員及各級教育行政主管機關軍訓單位或各級學校之軍訓教官。

（五）各機關及公立學校依法聘用、僱用人員。

（六）公營事業對經營政策負有主要決策責任之人員

（七）經正式任用為公務人員前，實施學習或訓練人員。

（八）行政法人有給專任人員。

（九）代表政府或公股出任私法人之董事及監察人。

三、獨立行使職權政務人員之準用

憲法或法律規定須超出黨派以外，依法獨立行使職權之政務人員，例如考試委員、監察委員、中選會委員、通訊傳播委員會委員等。

貳、公務人員應遵守行政中立之原則

一、依法行政原則：公務人員應嚴守行政中立，依據法令執行職務，忠實推行政府政策，服務人民。

二、公平對待原則：公務人員應依法公正執行職務，不得對任何團體或個人予以差別待遇，並以誠信公正原則處理事務。

三、國家利益優先原則：國家社會之公共利益應超越黨派利益。

參、政黨或其他政治團體活動之參與及限制

一、得加入政黨、政治團體，但介入黨政派系紛爭或兼任職務則禁止之

（一）公務人員「得加入」政黨或其他政治團體。但「不得兼任」政黨或其他政治團體之職務。兼任職務之避免，主要考量因素如下：

1. 基本性質：公務員之身分及執掌事務。
2. 角色混淆之避免。
3. 職務之不相容性。
4. 避免不當動用行政資源，導致違反行政中立義務。
（二）公務人員「不得介入」黨政派系紛爭。
（三）公務人員「不得兼任」公職候選人競選辦事處之職務。

二、不得利用職務，使他人加入或不加入政黨或政治團體之限制

限制加入政黨或其他政治團體有關之選舉活動，其範圍如下：
（一）總統副總統選舉罷免法及公職人員選舉罷免法規定之選舉、罷免活動。
（二）推薦公職候選人所舉辦之活動。
（三）內部各項職務之選舉活動。

三、登記為公職候選人之請假義務

公務人員欲為公職候選人，於登記後具有請假義務，如下：
（一）公務人員登記為公職候選人者，自候選人名單公告之日起至投票日止，應依規定請事假或休假。
（二）公務人員依前項規定請假時，長官不得拒絕。

肆、從事政黨或其他政治團體活動之相關限制

一、公務人員不得於上班或勤務時間，從事政黨或其他政治團體之活動

（一）原則：上班或勤務時間之判定，則應依下述規定判定之：
1. 法定上班時間。
2. 因業務狀況彈性調整上班時間
3. 值班或加班時間。
4. 因公奉派訓練、出差或參加與其職務有關活動之時間。
（二）例外：倘公務人員依其業務或公務執行之性質，依法原本即具有執行職務之必要，則不在禁止之列。例如：執行蒐證任務、警察人員依據相關法令，如國家安全局特種勤務實施辦法、中央政府機關首長及特定人士安全警衛

派遣作業規定等負責安全，以及秩序維護之必要行為等均屬之。

二、公務人員不得利用職務上權力、機會或方法，從事以下之行為

（一）使他人加入或不加入政黨或其他政治團體。

（二）要求他人參加或不參加政黨或其他政治團體有關之選舉活動。

（三）為政黨、其他政治團體或擬參選人要求、期約或收受金錢、物品或其他利益之捐助。

（四）阻止或妨礙他人為特定政黨、其他政治團體或擬參選人依法募款之活動。

（五）對於公職人員之選舉、罷免或投票，不得利用職務上權力、機會或方法，要求他人不行使投票權或為一定之行使。

三、公務人員從事特定政治活動或行為之限制

（一）動用行政資源編印製、散發、張貼文書、圖畫、其他宣傳品或辦理相關活動。

（二）在辦公場所懸掛、張貼、穿戴或標示特定政黨、其他政治團體或公職候選人之旗幟、徽章或服飾。

（三）主持集會、發起遊行或領導連署活動。

（四）在大眾傳播媒體具銜或具名廣告。

（五）對職務相關人員或其職務對象表達指示。

（六）公開為公職候選人站臺、助講、遊行或拜票。例外：公務人員之配偶及二親等以內血親、姻親為公職候選人者，公務人員可以具名不具銜廣告、站臺、助講、遊行或拜票。

四、行政資源之運用不得有差別待遇

於職務上掌管之行政資源，受理或不受理政黨、其他政治團體或公職候選人依法申請之事項，其裁量應秉持公正、公平之立場處理，不得有差別待遇。

伍、機關首長或主管人員之行政中立義務

一、禁止政黨、公職候選人或其支持者之造訪活動

各機關首長或主管人員於選舉委員會發布選舉公告日起至投票日止之選舉

間，應禁止政黨、公職候選人或其支持者之造訪活動；並應於辦公、活動場所之各出入口明顯處所張貼禁止競選活動之告示。

二、各機關首長、主管人員、長官不得為違反行政中立義務之要求

（一）長官不得要求公務人員從事本法禁止之行為。

（二）長官違反前項規定者，公務人員得檢具相關事證向該長官之上級長官提出報告，並由上級長官依法處理；未依法處理者，以失職論，公務人員並得向監察院檢舉。

陸、公務人員恪守行政中立義務之保障

一、不公平對待或不利處分之禁止：公務人員依法享有之權益，不得因拒絕從事本法禁止之行為而遭受不公平對待或不利處分。

二、不公平對待或不利處分之救濟：公務人員遭受前項之不公平對待或不利處分時，得依「公務人員保障法」及其他有關法令之規定，請求救濟。

柒、違反本法之公務員責任

公務人員違反本法，應按情節輕重，依公務員懲戒法、公務人員考績法或其他相關法規予以「懲戒或懲處」；其涉及「其他法律責任」者，依有關法律處理之。

概念區辨

政務官與事務官之區別

政務官	事務官
參與國家大政方針之決策並隨政黨政治選舉或政策改變而進退之公務員，例如行政院各部部長、不兼部會首長之政務委員、各部政務次長、副縣長。政務官無任用資格之限制。	依照既定方針執行之永業性公務員，原則上政務官以外之一般公務員皆屬之。事務官任用有一定資格，並受文官保障，非依法定程序，不得將其罷免。

國家圖書館出版品預行編目資料

警察法規概論／羅傳賢著. －－初版.－－臺
北市：五南，2018.01
　面；　公分
ISBN 978-957-11-9389-2（平裝）
1.警政法規
575.81　　　　　　　　　106015335

1RA6

警察法規概論

作　　　者 — 羅傳賢（412）

發 行 人 — 楊榮川

總 經 理 — 楊士清

主　　　編 — 張若婕

責任編輯 — 雷化豪、孫綾馨、呂伊真

封面設計 — 姚孝慈

出 版 者 — 五南圖書出版股份有限公司

地　　　址：106台北市大安區和平東路二段339號4樓

電　　　話：(02)2705-5066　　傳　　真：(02)2706-6100

網　　　址：http://www.wunan.com.tw

電子郵件：wunan@wunan.com.tw

劃撥帳號：01068953

戶　　　名：五南圖書出版股份有限公司

法律顧問　林勝安律師事務所　林勝安律師

出版日期　2018年 1 月初版一刷

定　　　價　新臺幣580元